MW01670843

Managementwissen für Studium und Praxis

Herausgegeben von

Professor Dr. Dietmar Dorn und
Professor Dr. Rainer Fischbach

Bisher erschienene Werke:

Behrens · Kirspel, Grundlagen der Volkswirtschaftslehre
Bichler · Dörr, Personalwirtschaft – Einführung mit Beispielen aus SAP® R/3® HR®
Bontrup, Volkswirtschaftslehre
Bradtke, Mathematische Grundlagen für Ökonomen
Bradtke, Statistische Grundlagen für Ökonomen
Busse, Betriebliche Finanzwirtschaft, 4. Auflage
Clausius, Betriebswirtschaftslehre I
Dorn · Fischbach, Volkswirtschaftslehre II, 3. Auflage
Ellinghaus, Werbewirkung und Markterfolg
Fank, Informationsmanagement
Fank · Schildhauer · Klotz, Informationsmanagement: Umfeld – Fallbeispiele
Fiedler, Einführung in das Controlling
Fischbach, Volkswirtschaftslehre I, 10. Auflage
Frodl, Dienstleistungslogistik
Haas, Marketing mit EXCEL, 2. Auflage
Hardt, Kostenmanagement
Heine · Herr, Volkswirtschaftslehre
Hofmann, Globale Informationswirtschaft
Hoppen, Vertriebsmanagement
Koch, Marketing
Koch, Marktforschung, 2. Auflage
Koch, Gesundheitsökonomie: Kosten- und Leistungsrechnung
Krech, Grundriß der strategischen Unternehmensplanung
Kreis, Betriebswirtschaftslehre, Band I, 5. Auflage
Kreis, Betriebswirtschaftslehre, Band II, 5. Auflage
Kreis, Betriebswirtschaftslehre, Band III, 5. Auflage
Lebefromm, Controlling – Einführung mit Beispielen aus SAP® R/3®, 2. Auflage
Lebefromm, Produktionsmanagement – Einführung mit Beispielen aus SAP® R/3®, 4. Auflage
Martens, Statistische Datenanalyse mit SPSS für Windows
Mensch, Kosten-Controlling
Olivier, Windows-C – Betriebswirtschaftliche Programmierung für Windows
Piontek, Controlling
Piontek, Beschaffungscontrolling, 2. Auflage
Piontek, Global Sourcing
Posluschny, Kostenrechnung für die Gastronomie
Posluschny · von Schorlemer, Erfolgreiche Existenzgründungen in der Praxis
Reiter · Matthäus, Marketing-Management mit EXCEL
Rudolph, Tourismus-Betriebswirtschaftslehre
Rüth, Kostenrechnung, Band I
Schaal, Geldtheorie und Geldpolitik, 4. Auflage
Scharnbacher Kiefer, Kundenzufriedenheit, 2. Auflage
Schuchmann · Sanns, Datenmanagement mit MS ACCESS
Schuster, Kommunale Kosten- und Leistungsrechnung
Stahl, Internationaler Einsatz von Führungskräften
Steger, Kosten- und Leistungsrechnung, 2. Auflage
Weindl · Woyke, Europäische Union, 4. Auflage

Werbewirkung und Markterfolg

Marktübergreifende Werbewirkungsanalysen

Von

Dr. Uwe Ellinghaus

For my dear friend James
It is not worth translating
it.
Best wishes
Uwe

BMW-Fachbibliothek München
WIR 011
2084417-01

R. Oldenbourg Verlag München Wien

Meinen Eltern

Die Deutsche Bibliothek - CIP-Einheitsaufnahme

Ellinghaus, Uwe:
Werbewirkung und Markterfolg : marktübergreifende Werbewirkungsanalysen / Uwe Ellinghaus. – München ; Wien : Oldenbourg, 2000
(Managementwissen für Studium und Praxis)
Zugl.: Diss.
ISBN 3-486-24993-2

© 2000 Oldenbourg Wissenschaftsverlag GmbH
Rosenheimer Straße 145, D-81671 München
Telefon: (089) 45051-0, Internet: http://www.oldenbourg.de

Das Werk einschließlich aller Abbildungen ist urheberrechtlich geschützt. Jede Verwertung außerhalb der Grenzen des Urheberrechtsgesetzes ist ohne Zustimmung des Verlages unzulässig und strafbar. Das gilt insbesondere für Vervielfältigungen, Übersetzungen, Mikroverfilmungen und die Einspeicherung und Bearbeitung in elektronischen Systemen.

Gedruckt auf säure- und chlorfreiem Papier
Gesamtherstellung: WB-Druck, Rieden

ISBN 3-486-24993-2

Inhaltsverzeichnis

Abkürzungsverzeichnis

a.a.O.	am angegebenen Ort
Aad	Attitude toward the Ad
AB	Attitude toward the Brand
Abb.	Abbildung
AGFI	Adjusted Goodness of Fit Index
ARF	Advertising Research Foundation
ATS	Advertising Tracking System (Instrument der GfK)
Aufl.	Auflage
DWLS	Diagonally Weighted Least Squares
ed.	Editor
eds.	Editors
ELM	Elaboration Likelihood Model
erg.	ergänzte
erw.	erweiterte
et al.	et alteri
f.	folgende Seite
ff.	folgende Seiten
FMCG	Fast Moving Consumer Good
GFI	Goodness of Fit Index
GfK	Gesellschaft für Konsum-, Markt- und Absatzforschung
GLS	Generalized Least Squares
GW	Gestützte Werbeerinnerung
GWA	Gesamtverband Werbeagenturen
Hrsg.	Herausgeber
IMP	Institut für Markt und Preis
LISREL	Linear Structural Relationship (Software)
ln	Logarithmus naturalis
ML	Maximum Likelihood
MSI	Marketing Science Institute
No.	Number
Nr.	Nummer

o.J.	ohne Jahrgang
o.V.	ohne Verfasser
p.	Page
PIMS	Profit Impact of Market Strategies
POS	Point of Sale
pp.	Pages
RMR	Root Mean Square Residual
RMSEA	Root Mean Square Error of Approximation
S&P	Schmidt & Pohlmann
S.	Seite
SPSS	Superior Performing Software System (früher: Statistical Package for the Social Sciences)
STAS	Short Term Advertising Strength (Meßverfahren der Werbewirkung)
Tab.	Tabelle
TDM	Tausend Deutsche Mark
u. a.	und andere / unter anderem
überarb.	überarbeitete
ULS	Unweighted Least Squares
UM	Ungestützte Markenbekanntheit
USP	Unique Selling Proposition
Vol.	Volume
vollst.	vollständig
WLS	Weighted Least Squares
ZFP	(Marketing) Zeitschrift für Forschung und Praxis

Abbildungsverzeichnis

Tabellenverzeichnis

Vorwort

Die Literatur zum Thema Werbewirkung ist so umfangreich, daß die Frage, welchen Erkenntnisfortschritt eine weitere wissenschaftliche Arbeit zu diesem Thema überhaupt bieten kann, mehr als berechtigt erscheint.
Im Fall der vorliegenden Studie stützt sich die Hoffnung des Verfassers, einen solchen Erkenntnisfortschritt zu bieten, neben der Konzentration auf zentrale Desiderate der Werbewirkungsforschung nicht zuletzt auf die umfangreiche Datenbasis, die für die empirische Untersuchung im Rahmen dieser Arbeit zur Verfügung stand. Die Beschaffung dieser Daten wäre ohne die Hilfe anderer nicht möglich gewesen.
Ich möchte daher an dieser Stelle Herrn Dipl.-Kfm. Siegfried Högl, Geschäftsführer der GfK-Marktforschung, und Herrn Dipl.-Volkswirt Andreas Rother, ehemaliger Ressortdirektor Kommunikationsforschung I der GfK-Marktforschung, stellvertretend für die vielen ehemaligen Kolleginnen und Kollegen der GfK-Marktforschung danken, die mir bei der Beschaffung der Datenbasis behilflich waren. Mein Dank gilt ferner Herrn Manfred Denk, GfK-Panel-Services, für die Bereitstellung der Panelrohdaten.

Wertvolle Ratschläge und Hinweise verdanke ich Herrn Dipl.-Hdl. Stefan Krapp, Herrn Dipl.-Kfm. Uwe Schwenke de Wall sowie Frau Dr. Tanja Marlen Schulz. Ihnen allen gebührt dafür herzlicher Dank.

Mein ganz besonderer Dank gilt Herrn Dr. Stefan Reinheimer, Lehrstuhl für Wirtschaftsinformatik II der Friedrich-Alexander-Universität Erlangen-Nürnberg, der die zur Aufbereitung der Daten erforderlichen Makros programmierte und mir darüber hinaus bei einer Vielzahl EDV-technischer Fragestellungen und einer kritischen Durchsicht des Manuskripts außerordentlich hilfreich zur Seite stand.

Last, but not least bedanke ich mich bei meinem Doktorvater, Herrn Prof. Dr. Bernd Erichson, für die Betreuung dieser Arbeit sowie bei Herrn Prof. Dr. Lutz Hildebrandt, Humboldt-Universität Berlin, und Herrn Prof. Dr. Karl Inderfurth, Otto-von-Guericke-Universität Magdeburg, für die Übernahme der Korreferate.

Uwe Ellinghaus

1 EINLEITUNG

„My very first boss in market research - 20 years ago - told me that it was impossible to isolate the effect of advertising on sales accurately because of complicating factors like variations in pricing, distribution, special offers, etc. This, he said, was a jolly good thing! Because it allowed people like us to earn an honest living by guessing *at the effect on sales by asking people questions, questions about the advertising, and questions about the advertised brand; and having endless, irresolvable arguments about which were the most valid.“* [1]

Gordon Brown

1.1 Problemstellung

Die Anzahl wissenschaftlicher wie nichtwissenschaftlicher Publikationen zum Thema Werbewirkung ist kaum überschaubar. Das große Interesse der Marketing-Forschung an der Frage, ob und wie Werbung wirkt, ist angesichts jährlicher Werbeaufwendungen von mehr als 62 Milliarden DM allein in der Bundesrepublik Deutschland wenig erstaunlich.[2] Nicht nur die Höhe der Werbeausgaben, sondern auch die strategische Bedeutung der Werbung im Rahmen des Marketing-Mix rechtfertigt die intensive Auseinandersetzung mit Fragen der Werbewirkung in Forschung und Praxis. Leider steht der Umfang der Werbewirkungsforschung jedoch in einem deutlichen Mißverhältnis zu den Resultaten. Dies liegt zum einen an der Schwierigkeit, die Wirkung der Werbung zu messen, zum anderen aber auch daran, daß bis heute keine allgemein akzeptierte Auffassung darüber besteht, welche Größen durch Werbemaßnahmen beeinflußt werden und welche davon sinnvollerweise als Zielgrößen zur Messung des Werbeerfolgs herangezogen werden sollten.[3] Die Absatzmenge ist aus betriebswirtschaftlicher Sicht zwar eine naheliegende Zielgröße, die Wirkungskontrolle ist hier aber besonders schwierig, da der Absatz von anderen Marketing-Mix-Variablen, Konkurrenzaktivitäten und Umweltfaktoren wie z. B. saisonalen Schwankungen oder dem Marktwachstum abhängig ist.

---

[1] Brown, Gordon (1985): Tracking Studies and Sales Effects: A U.K. Perspective, in: Journal of Advertising Research, Vol.25, No.1, February/March 1985, p.52, Hervorhebung im Original.

[2] Vgl. A.C. Nielsen Werbeforschung S & P, in: Gruner und Jahr [Hrsg.] (1998): Werbetrend, Hamburg.

Die meisten dieser Einflußgrößen lassen sich zwar durch ein entsprechendes Forschungsdesign berücksichtigen, aber die z. T. widersprüchlichen Ergebnisse der Anwendung solcher Marketing-Mix-Modelle[4] und eine Reihe ungelöster Probleme der Modellspezifikation haben dazu geführt, daß viele Werbefachleute wie Wissenschaftler es ablehnen, die Absatzmenge oder den Marktanteil als Zielgrößen der Werbung zu betrachten, zumal in hochkompetitiven Märkten bereits das Halten eines Marktanteils einen großen Erfolg darstellen kann.[5] Vor dem Hintergrund dieser Probleme stehen im Mittelpunkt der kommerziellen wie wissenschaftlichen Werbewirkungsforschung seit Jahrzehnten die sogenannten außerökonomischen Erfolgsgrößen der Werbewirkung wie etwa Markenbekanntheit, Werbeerinnerung, Sympathie- und Präferenzwerte usw.[6] Die Aufnahme derartiger Größen rechtfertigt sich durch das S-O-R-Paradigma des Neobehaviorismus, nach dem zwischen dem Stimulus Werbung und der Reaktion in Form des Kaufverhaltens eine Reihe psychologischer Vorgänge („Organism") stattfindet, denen eine Prädiktorfunktion für das nachfolgende Kaufverhalten zukommt und die im Gegensatz zu den ökonomischen Zielgrößen in geringerem Ausmaß von anderen Marketing-Mix-Aktivitäten oder Umweltfaktoren beeinflußt werden, wodurch die Messung und die kausale Zuordnung einer Änderung der Zielgröße auf Werbemaßnahmen leichter fallen.[7] Die Nützlichkeit der außerökonomischen Zielgrößen insbesondere für die inhaltliche Konzeptionalisierung und Gestaltung der Werbung ist unbestritten, dennoch ist darauf hinzuweisen, daß

---

3 Vgl. dazu Steffenhagen, Hartwig / Siemer, Silke (1996): Untaugliche Werbezielformulierungen der Praxis, in: Marketing ZFP, Heft 1, 1996, S.45-54.

4 Vgl. z. B. die Literaturübersicht bei Aaker, David A. / Carman, James M. (1982): Are You Overadvertising?, in: Journal of Advertising Research, Vol.22, No.4, August/September 1982, pp.57-70, sowie die Metaanalyse ökonometrischer Modelle bei Assmus, Gert / Farley, John U. / Lehmann, Donald R. (1984): How Advertising Affects Sales: Meta-Analysis of Econometric Results, in: Journal of Marketing Research, Vol.21, February 1984, pp.65-74, ferner die Synopse empirischer Studien bei Rao, Vithala R. / Sabavala, Darius J. (1986): Measurement and Use of Market Response Functions for Allocating Marketing Resources, Technical Working Paper, MSI Report No.86-105, Cambridge, MA, p.8, sowie Little, John D. C. (1979): Aggregate Advertising Models: The State of the Art, in: Operations Research, Vol.27, September/October 1979, pp.629-667. Lodish, Leonard M. et al. (1995): A Summary of Fifty-Five In-Market Experimental Estimates of the Long-Term Effect of TV-Advertising, in: Marketing Science, Vol.14, No.3, Part 2 of 2, 1995, pp. G133-G140. Eine Übersicht empirischer Studien der Marktreaktionsmessung mit besonderer Berücksichtigung von Carryover-Effekten der Werbewirkung findet sich bei Leone, Robert P. (1995): Generalizing What Is Known About Temporal Aggregation and Advertising Carryover, in: Marketing Science, Vol.14, No.3, Part 2 of 2, 1995, pp.G143/144.

5 Vgl. z. B. Barnard, Neil R. / Ehrenberg, Andrew S. (1995): Werbung als Markenpflege, in: Planung und Analyse 1/95, S.10.

6 Vgl. z. B. Nieschlag, Robert / Dichtl, Erwin / Hörschgen, Hans (1991): Marketing, 16., durchges. Aufl., Berlin, S.503-508. Mayer, Hans (1990): Werbewirkung und Kaufverhalten unter ökonomischen und psychologischen Aspekten, Stuttgart, S.22-24.

7 Vgl. Erichson, Bernd / Maretzki, Jürgen (1993): Werbeerfolgskontrolle, in: Berndt, Ralph / Hermanns, Arnold [Hrsg.] (1993): Handbuch Marketing-Kommunikation, Wiesbaden, S.524.

die Erreichung derartiger Ziele Werbeinvestitionen nicht rechtfertigen kann.[8] Dies ergibt sich unmittelbar aus der zentralen Zielfunktion der Unternehmung, die verlangt, die Rentabilität des eingesetzten Kapitals zu maximieren und dabei die Nebenbedingungen Liquidität und Sicherung des langfristigen Erfolgspotentials zu wahren.[9] Wenn es nicht gelingt, den Erfolgsbeitrag der Werbung zu diesen Zielen offenzulegen und zu quantifizieren, werden Werbeaufwendungen angesichts der zunehmenden Kostenorientierung vieler Unternehmen immer mehr unter Rechtfertigungszwang geraten.[10]

Diese Rahmensituation berücksichtigend, geht die vorliegende Arbeit auf der Basis einer umfangreichen empirischen Untersuchung der Frage nach, ob Werbung, die hinsichtlich der außerökonomischen Zielgrößen erfolgreich ist, auch am Markt zu entsprechenden Erfolgen führt. Zu diesem Zweck werden außerökonomische Werbewirkungs- und Marktreaktionsdaten zusammengeführt.

1.2 Gang der Untersuchung

Kapitel 2 gibt einen Einblick in den derzeitigen Stand der kommerziellen Werbetrackingforschung als Grundlage der nachfolgenden Untersuchung, unter Berücksichtigung wissenschaftlicher Erkenntnisse der Werbewirkungsforschung. Zunächst sind Begriff und Aufgabe der Werbetrackingforschung zu klären und in den Kontext der Werbewirkungsforschung einzuordnen. Danach soll eine kritische Würdigung der Werbetrackingforschung folgen. Dabei werden als zentrale Ansatzpunkte der Kritik empirische Voraussetzungen, theoretische Grundlagen und normative Aspekte unterschieden. Im Mittelpunkt der Kritik der empirischen Voraussetzungen stehen die Repräsentanz der Stichprobe der Werbetrackingerhebungen sowie die Reliabilität und Validität der Messungen. Werbewirkungsmodelle bilden die theoretische Grundlage für die in Werbetrackingstudien erhobenen Variablen. Daher ist im Rahmen der theoretischen Kritik eine Bestandsaufnahme des Einsatzes von Werbewirkungsmodellen erforderlich. Die zentralen Werbetrackingvariablen (Werbekenntnis, Markenbekanntheit, Einstellungen und Kaufabsichten) werden hinsichtlich der Probleme ihrer Operationalisierung, ihrer Reagibilität auf unternehmerische Aktivitäten und der Kaufverhaltensrelevanz in ausgewählten zentralen Werbewirkungsmodellen diskutiert. Die normative Kritik beschäftigt sich mit der Frage,

8 Vgl. a.a.O.: S.525.
9 Vgl. Steinmann, Horst / Schreyögg, Georg (1997): Management - Grundlagen der Unternehmensführung, 4., überarb. und erw. Aufl., Wiesbaden, S.84.

inwieweit das derzeitige kommerzielle Werbetracking den wesentlichen Anforderungen, die von Wissenschaft und Praxis an derartige Erhebungen gestellt werden, gerecht wird; dazu zählen die Messung der Werbeeffizienz, die Messung des Beitrags der Werbung zum Markterfolg sowie ein Beitrag zur Bestimmung des Markenwerts. Abschließend werden die Ergebnisse der kritischen Würdigung zusammengefaßt und der daraus resultierende Forschungsbedarf skizziert.

Kapitel 3 umfaßt die Konzeption eines Untersuchungsdesigns zur Bestimmung der Zusammenhänge zwischen (außerökonomischer) Werbewirkung und Markterfolg, die sich als ein zentrales Desiderat der Werbewirkungsforschung erweisen werden. Die Darstellung der methodischen Grundlagen zu Beginn des dritten Kapitels beinhaltet eine Einführung in die Denkweise und Anwendung von Kausalmodellen in der sozialwissenschaftlichen Forschung unter besonderer Berücksichtigung des LISREL-Ansatzes der Kausalanalyse sowie dessen Bewertung für das Forschungsvorhaben dieser Arbeit. Die Modellentwicklung, die ebenfalls Bestandteil des dritten Kapitels ist, beginnt mit einer Beschreibung der Anforderungen an das Modell sowie einer Präzisierung der Antezedenzbedingungen zur Eingrenzung seiner Gültigkeit. Es folgt die Darstellung der Herkunft und der Operationalisierung der Modellvariablen und schließlich die Spezifikation und Identifikation der Modellstruktur.

Im Mittelpunkt von Kapitel 4 steht der Test des spezifizierten Kausalmodells, mit dessen Hilfe die Zusammenhänge zwischen außerökonomischer Werbewirkung und Markterfolg bestimmt werden sollen. Dazu werden zu Beginn des Kapitels Umfang, Struktur und deskriptive statistische Maße der Datenbasis erläutert. Neben dem Modelltest umfaßt Kapitel 4 den Test einer modifizierten Modellversion sowie eine Bewertung der Ergebnisse.

Kapitel 5 beschäftigt sich mit den Konsequenzen der Ergebnisse des Modelltests für die Messung der Werbeeffizienz als weiterer zentraler Aufgabe des Werbetracking und versucht, im Rahmen einer zweiten empirischen Untersuchung, den Einfluß von Elementen der Werbemittelgestaltung auf die Werbeeffizienz zu ermitteln. Dieses Vorgehen trägt der Erkenntnis Rechnung, daß neben der Werbequantität, die in das Modell in Form von Werbeausgaben eingeht, auch die Gestaltung der Werbemittel einen Einfluß auf die Effizienz ausüben kann.

---

[10] Vgl. o.V. (1996): Werbeerfolg muß besser meßbar sein. - Interview mit Heinz Wiezorek, Vorsitzender des Aufsichtsrates der Coca-Cola Deutschland GmbH, in: Werben und Verkaufen 39/96, S.70-74.

Kapitel 6 faßt die Ergebnisse der Arbeit zusammen und gibt einen Ausblick auf denkbare Ansätze für weitere wissenschaftliche Untersuchungen zur Überprüfung und Weiterentwicklung der im Rahmen dieser Arbeit gewonnenen Erkenntnisse.

2 STAND DER WERBETRACKINGFORSCHUNG

2.1 Begriff und Aufgabe der Werbetrackingforschung

Der Begriff „Tracking" leitet sich vom englischen Verb „to track" ab, was soviel wie „eine Spur verfolgen" bedeutet.[11] Obwohl es den Begriff „Tracking" in unterschiedlichen betriebswirtschaftlichen Fachgebieten gibt,[12] ist sein Gebrauch im Marketing und hier v. a. im Bereich der Werbewirkungsforschung am bekanntesten. Gablers Wirtschaftslexikon definiert „Tracking-Forschung" als „regelmäßige systematische Kontrolle der psychologischen Werbewirkung durch Mehrfachbefragungen [...]"[13] Mit „Tracking" wird folglich der Versuch veranschaulicht, „die Spur zu verfolgen", die Werbeaktivitäten beim Konsumenten hinterlassen haben. Ein weiteres Beispiel für diesen Gebrauch des Tracking-Begriffs liefert Vahlens Großes Marketinglexikon, welches unter dem Eintrag „Tracking studies" auf den Begriff des Tracking verweist und dieses definiert als „kontinuierlichen Post-Test im Rahmen von Standardinformationsdiensten, bei dem die eingetretenen Wirkungen im Zeitablauf anhand bestimmter Wirkungsmeßwerte erfaßt und den tatsächlichen Werbeausgaben gegenübergestellt werden."[14] Die bis hierher formale Definition läßt zunächst offen, welche Wirkungsgrößen im Rahmen von Trackingstudien erhoben und wie diese gemessen werden. Präzisiert wird dagegen, daß das Tracking

- sich auf kontinuierliche, also nicht nur auf gelegentliche (ad hoc-) Überprüfungen der Werbewirkung bezieht,
- den Posttests der Werbewirkungsforschung zuzuordnen ist; d. h. der Kontrolle bereits laufender Werbung dient (im Gegensatz zu klassischen Pretests),
- Studien kennzeichnet, die weitgehend standardisiert von Marktforschungsinstituten angeboten werden, d. h. auf grundsätzlich einheitlichen Fragebögen beruhen.

---

11 Schöffler, Herbert (1978): Pons-Globalwörterbuch Englisch-Deutsch, 1. Aufl., Stuttgart, S.1048.

12 So z. B. im Berich der Logistik, wo unter „Tracking" die simultane und unter „Tracing" die Ex-post-Kontrolle des Transportwegs eines Frachtguts verstanden wird, vgl. Reinheimer, Stefan / Bodendorf, Freimut (1996): Electronic Market Mechanisms in the International Aircargo Business, in: Coelho, David et al. (1996): Proceedings of the 4th European Conference on Information Systems, Lisboa, July 2nd to 4th , Vol.2, p.1019.

13 o.V. (1998): Gablers Wirtschaftslexikon, 14. Aufl., CD-ROM, Wiesbaden.

Die genannten Definitionen machen deutlich, daß der Begriff „Tracking" implizit mit dem Begriff „Werbetracking" gleichgesetzt und auf kontinuierliche oder zumindest regelmäßige Erhebungen zur Messung der außerökonomischen Werbewirkung eingegrenzt wird. Bedenkt man, daß das Ziel, jene „Spur zu verfolgen", die Werbung hinterlassen hat, letztlich auch die Erfassung der Marktreaktion einschließen muß, erscheint diese Eingrenzung nicht zielführend. Der Begriff „Trackingforschung" sollte daher um die Erfassung der Marktreaktion erweitert werden. Auch die inhaltliche Beschränkung auf Werbung ist durch das Verb „to track" keineswegs vorgegeben. ERICHSON / TWARDAWA verstehen deshalb im Gegensatz zur traditionellen Definition unter „Trackingforschung" alle regelmäßigen oder kontinuierlichen Erhebungen der quantitativen Primärforschung des Konsumentenverhaltens zum gleichen Thema, d.h. sowohl Panelerhebungen (mit gleichbleibender Stichprobe) als auch Wellenerhebungen (mit wechselnder Stichprobe).[15] Diesem Begriffsverständnis folgend, wird in der vorliegenden Arbeit von „*Werbe*tracking" gesprochen, wenn es um die traditionellen Studien zur Erfassung der psychologischen Werbewirkung geht, von „Tracking" dagegen bei kontinuierlichen Studien zur Ermittlung des Konsumentenverhaltens im allgemeinen und bei einer Verknüpfung von „Werbetracking" und „Marktreaktionstracking" im besonderen.

Die Erhebungsinhalte traditioneller Werbetrackingstudien unterscheiden sich zwar geringfügig zwischen den konkurrierenden Anbietern[16], können aber dennoch grob klassifiziert werden durch die Messung von:

- Aufmerksamkeitswirkungen (z. B. ungestützte/gestützte Werbeerinnerung im Konkurrenzumfeld, medienspezifische Werbeerinnerung)
- Kommunikationsleistungen (z. B. Erinnerung an Werbeinhalte, Sloganbekanntheit, Herstellerzuordnung)
- Markenimages (z. B. allgemeine Markensympathie, Ausprägungen bestimmter Imagedimensionen)
- Motivationsänderungen (z. B. Markenpräferenz, Kaufabsicht)

Die bekanntesten Werbetrackinginstrumente sind in Deutschland der GfK-Werbeindikator ATS®[17] und der IVE-Werbemonitor.[18] Methodisch basieren beide auf (mehr oder weniger)

---

14 Diller, Hermann [Hrsg.] (1992): Vahlens Großes Marketinglexikon, München, S.1313.

15 Erichson, Bernd / Twardawa, Wolfgang (1994): Bedeutung der Konsumentenforschung für die Markenpolitik, in: Bruhn, Manfred [Hrsg.] (1994): Handbuch Markenartikel, Stuttgart, S.297.

16 Vgl. dazu die Übersicht bei: Erichson, Bernd / Maretzki, Jürgen (1993): S.555-556.

regelmäßigen Befragungen, sogenannten „Wellen“, mit repräsentativen Stichproben von mindestens 300 Personen pro Welle, in Abhängigkeit von Produktfeld und Zielgruppe auch mehr. Die Fragebögen sind zwar grundsätzlich standardisiert, doch ist eine kundenindividuelle Anpassung möglich. Bei den Befragungen wird nicht eine Marke isoliert betrachtet, sondern es werden auch Fragen zu konkurrierenden Marken und deren Werbemitteln gestellt, um das Konkurrenzumfeld möglichst umfassend zu berücksichtigen. Die o.g. Erhebungsinhalte werden den Werbeausgaben gegenübergestellt, um die Effizienz einer Werbekampagne zu ermitteln. Daneben ist ein Abgleich der Ergebnisse mit von den Instituten gepflegten Datenbanken möglich, so daß die erzielten Werbewirkungswerte beurteilt werden können, da diese weniger in ihrer absoluten Höhe als vielmehr relativ zu anderen Wettbewerbern aussagekräftig sind.

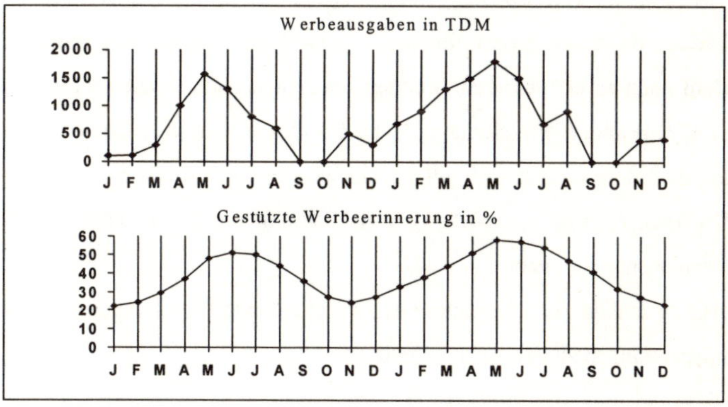

Quelle: GfK-Werbeindikator ATS®

Abb. 1: Darstellung der Werbeeffizienz in Werbetrackingstudien

Die Hauptaufgabe der Werbetrackingforschung ist die Werbeerfolgskontrolle. Unter dem Begriff Werbeerfolgskontrolle versteht man sowohl die Kontrolle der Erreichung von *Werbezielen* im Sinne eines Soll-Ist-Vergleichs als auch die Kontrolle der Wirkung von *Werbemaßnahmen* im Sinne einer kausalen Zuordnung von Änderungen der Zielgrößen auf Maßnahmen.[19] Die Werbeerfolgskontrolle ist wiederum ein wesentlicher Bestandteil der Werbewirkungsforschung, so daß eine Abgrenzung der Werbetrackingforschung zu den anderen Teil-

[17] Vgl. Högl, Siegfried / Hubel, Walter (1990): Der GfK-Werbeindikator - Anwendung und Weiterentwicklung, in: Planung und Analyse 3/90, S.91-96 sowie Högl, Siegfried (1988): Wann Werbung erinnert wird, in: Absatzwirtschaft 9/88, S.80-88.

[18] Vgl. Juchems, Arthur (1985): Aus der Werbemonitorpraxis: Werbung messen und verstehen, in: Holm, Karl-Friedrich [Hrsg.] (1985): Werbewirkungsforschung ohne Wirkung? Referate des 1. Planung und Analyse-Symposiums am 7. und 8. März 1985 in Neu-Isenburg, Band II, Hamburg, S.111-145.

[19] Vgl. Erichson, Bernd / Maretzki, Jürgen (1993): S.524.

gebieten der umfangreichen Werbewirkungsforschung notwendig erscheint, um die vorliegende Arbeit präziser in die wissenschaftliche Auseinandersetzung mit der Wirkung von Werbung einordnen zu können.

2.2 Werbetrackingforschung im Kontext der Werbewirkungsforschung

Angesichts der großen Zahl wissenschaftlicher wie populärwissenschaftlicher Studien zur Wirkung der Werbung erstaunt es nicht, daß es in der Literatur nur wenige Versuche gibt, das Aufgabenfeld der Werbewirkungsforschung zu strukturieren.[20] Verschärft wird diese Unübersichtlichkeit noch durch die Vielfalt der untersuchten Fragestellungen, Wirkungskriterien und Meßmethoden. Die Ergebnisse vieler Untersuchungen sind dadurch kaum vergleichbar, der Erkenntnisgewinn bleibt oft gering. Im folgenden soll der Vorschlag von STEFFENHAGEN aufgegriffen werden, die Werbewirkungsforschung anhand wirkungsanalytischer Fragestellungen zu gliedern, da dieser Ansatz für die folgende Untersuchung aus verschiedenen, im weiteren Verlauf noch zu erläuternden Gründen am geeignetsten erscheint. Das bedeutet natürlich nicht, daß eine andere Einteilung, z. B. nach Untersuchungszwecken oder eingesetzten Methoden, grundsätzlich weniger sinnvoll ist, nur werden diese Ansätze dem Ziel dieser Arbeit, einen Erklärungsbeitrag zur Wirkung von Werbung mit Hilfe der Werbetrackingforschung zu leisten, weniger gerecht.

STEFFENHAGEN schlägt zur Einordnung der verschiedenen Forschungsansätze vor, diesen durch vier Fragestellungen zu begegnen, nämlich:

1. Welche Art werblicher Handlung löst
2. bei welchen speziellen Personen(typen)
3. in welcher speziellen Situation
4. welche Art von Wirkung (in Höhe und zeitlicher Verteilung) aus?[21]

Es handelt sich hierbei folglich um ein Raster, das aus den vier Dimensionen Aktivitäten, Personen, Situationen und Wirkungsarten besteht. Die Wirkungsarten oder -kategorien als zentrale Dimension der Werbewirkungsforschung unterscheidet STEFFENHAGEN in:

---

[20] Ein Beispiel für einen derartigen Versuch findet sich bei Vakratsas, Demetrios / Ambler, Tim (1996): Advertising Effects: A Taxonomy and Review of Concepts, Methods, and Results From the Academic Literature, MSI Working Paper, Report No.96-120, Cambridge, MA. Einen historischen Überblick gibt Hansen, Flemming (1995): Recent Developments in the Measurement of Advertising Effectiveness: The Third Generation, in: Marketing and Research Today, November 1995, pp.259-269.

[21] Vgl. Steffenhagen, Hartwig (1985): Ansätze der Werbewirkungsforschung im Überblick, in: Holm, Karl-Friedrich [Hrsg.] (1985): Werbewirkungsforschung ohne Wirkung?, Referate des 1. Planung und Analyse-Symposiums am 7. und 8. März 1985 in Neu-Isenburg, Band I, Hamburg, S.22.

- momentane Reaktionen
- dauerhafte Gedächtnisreaktionen
- finale Verhaltensreaktionen[22]

Die Werbetrackingforschung im Sinne der genannten Definition beschäftigt sich ausschließlich mit der Wirkungskategorie der dauerhaften Gedächtnisinhalte, sie stellt somit lediglich ein Teilgebiet der Werbewirkungsforschung dar. Da der Begriff Werbetrackingforschung sich zudem nur auf kontinuierliche oder zumindest häufig wiederholende Messungen dieser Gedächtnisinhalte bezieht, ist auch hinsichtlich der Häufigkeit der Erhebung eine Abgrenzung gegeben. Gedächtnisinhalte werden fallweise z. B. auch im Rahmen von Usage-and-Attitude-Studien erhoben. Ferner scheiden auch alle klassischen Pretests wie z. B. AD*VANTAGE® aus der folgenden Untersuchung aus, da es sich bei Werbetrackingstudien immer um Posttests, d. h. um die Analyse der Wirkung bereits im Markt befindlicher Werbemittel („on air") handelt. Abb. 2 veranschaulicht die Einordnung der Werbetrackingforschung in den Kontext ausgewählter Ansätze der Werbewirkungsforschung graphisch.

[22] Vgl. a.a.O.: S.23.

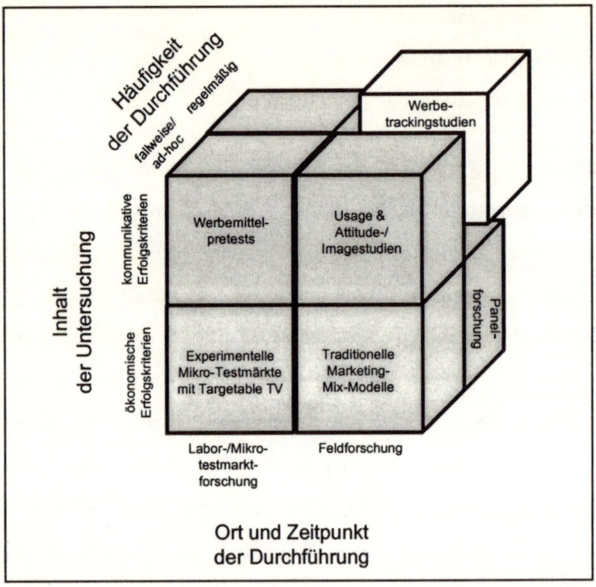

Quelle: Eigene Darstellung

Abb. 2: Werbetrackingstudien im Kontext ausgewählter Studien der Werbewirkungsforschung

Elektronische Mikro-Testmärkte mit Targetable TV, d. h. mit der Möglichkeit der Einschaltung bestimmter TV-Spots in die Testmarkthaushalte, sind ein Beispiel für den Single-Source-Ansatz der Kaufverhaltensforschung.[23] Unter Single-Sourcing versteht man die Verknüpfung des realen Kaufverhaltens mit Werbemittelkontakten, wodurch grundsätzlich eine verbesserte Zurechnung des Einflusses der Werbung auf das Kaufverhalten möglich.[24] Single-Source-Ansätze werden aber nicht nur in der Testmarkt-, sondern auch in der Panelforschung angewendet, indem z.B. Haushaltspaneldaten und Werbemittelkontakte verknüpft werden. Die Kontroverse um das Meßinstrument „STAS" (Short Term Advertising Strength) hat jedoch gezeigt, daß der Versuch, Werbewirkungsforschung auf der Basis von Single-Source-Ansät-

[23] Vgl. die Darstellungen des Single-Source-Konzeptes bei Milde, Heidrun (1993): Single Source, in: Planung und Analyse, 1/93, S.24-29. Griese, Ursula (1994): Single Source, in: Planung und Analyse 6/93, S.58-62. Kritisch dazu: Wildner, Raimund (1994): Die Grenzen von Single Source, in: Planung und Analyse 1/94, S.22-27. Weitere Darstellungen finden sich bei McDonald, Colin (1995a): Single Source, in: Planung und Analyse 5/95, S.52-58. Jones, John Philip (1995b): Single-Source Research Begins To Fulfill Its Promise, in: Journal of Advertising Research, May/June 1995, pp. 9-16.

[24] Vgl. Abraham, Magid M. / Lodish, Leonard M. (1990): Getting the Most Out of Advertising and Promotion, in: Harvard Business Review, May/June 1990, pp.50-60. Litzenroth, Heinrich A. (1996): Ökonomische Werbewirkung: Reales Kaufverhalten als Beurteilungsmaßstab für den Werbeerfolg, in: Werbeforschung und Praxis, 4/96, S.16-30.

zen durchzuführen, mit einer Reihe methodischer Probleme behaftet ist, die an dieser Stelle nicht weiter erörtert werden können, die aber erklären, warum Single-Sourcing trotz seiner theoretischen Überlegenheit konventionelle Studien zur ökonomischen Werbewirkung, die Daten aus verschiedenen Quellen integrieren, keineswegs verdrängt hat.[25] Unbestritten ist jedoch, daß v.a. experimentelle Forschungsdesigns unter Nutzung elektronischer Testmärkte kombiniert mit den Ergebnissen von Pretests zu einer Reihe interessanter Erkenntnisse der ökonomischen Werbewirkung geführt haben.[26]

2.2.1 Erfolgskriterien der Werbewirkung im Rahmen des Werbetracking

Die Erfolgskriterien der Werbewirkung im allgemeinen werden in der Regel in außerökonomische und ökonomische Erfolgskriterien eingeteilt.[27] Die ökonomischen Erfolgskriterien betreffen primär monetäre Größen oder deren Mengengerüst, wie z. B. Absatzmenge oder Umsatz. Aber auch positive Veränderungen speziellerer Zielgrößen des aggregierten Kaufverhaltens werden hierzu gezählt, wie etwa die Käuferreichweite und die Wiederkaufrate. Die außerökonomischen Ziele werden häufig mit kommunikativen Wirkungen gleichgesetzt,[28] wobei diese Größen in Werbetrackingstudien immer als Personenaggregate betrachtet werden, denn es interessiert nicht das Ausmaß z. B. der Werbeerinnerung bei einzelnen Individuen, sondern bei der Gesamtheit der zugrundeliegenden Zielgruppe. Es erscheint jedoch sinnvoller, die kommunikativen Wirkungen von den Werbekontakten als weiteren außerökonomischen Erfolgskriterien zu trennen, so wie in Abb. 3 geschehen, denn die Werbekontakte dienen als Zielgrößen ausschließlich der Media- und Streuplanung. Sie stellen keine Wirkungsgrößen dar, sondern geben Aufschluß über den erzielten Werbedruck. Ob die so hergestellten Kon-

25 Vgl. zu STAS die Darstellung bei Jones, John Philip (1994): When Ads Work: New Proof of How Advertising Triggers Sales, Working Paper No.719, The Advertising Research Foundation, Chicago 1994 sowie ausführlich: Jones, John Philip (1995a): When Ads Work: New Proof of How Advertising Triggers Sales. New York, 1995, pp.1-77. Kritisch dazu: Graf, Christine / Wildner, Raimund (1995): STAS - Werbewirkung oder was?, Sonderdruck aus Planung und Analyse 4/95, S.1-6. Ebenfalls kritisch: Broadbent, Simon (1995): Single-Source - The Breakthrough?, in: Admap, June 1995, pp.29-33. Vgl. auch die Erwiderung auf Broadbent von: Jones, John Philip (1995c): We Have a Breakthrough, in: Admap, June 1995, pp.33-35. Eine vermittelnde Position vertritt McDonald, Colin (1995b): Breakthrough or Bun-Fight?, in: Admap, June 1995, pp.35-38.

26 Vgl. Lodish, Leonard M. / Lubetkin, Beth (1992): General Truths? - Nine Key Findings From IRI Test Data, in: Admap, Feburary 1992, pp.9-15. Henderson Blair, Margaret / Rosenberg, Karl E. (1994): Convergent Findings Increase Our Understanding of How Advertising Works, in: Journal of Advertising Research, May/June 1994, pp.35-45. Jones, John Philip / Blair, Margaret H. (1996): Examining 'Conventional Wisdoms' About Advertising Effects With Evidence From Independent Sources, in: Journal of Advertising Research, November/December 1996, pp.37-52.

27 Dieser Einteilung folgen die meisten Standardwerke des Marketing, vgl. z. B. Nieschlag, Robert / Dichtl, Erwin / Hörschgen, Hans (1991): S.503-508.

28 So z. B. bei Meffert, Heribert (1991): Marketing, 7. Aufl., Wiesbaden, S.454.

taktchancen zu (momentanen oder dauerhaften) Reaktionen geführt haben, läßt sich mit diesen Größen nicht nachweisen.

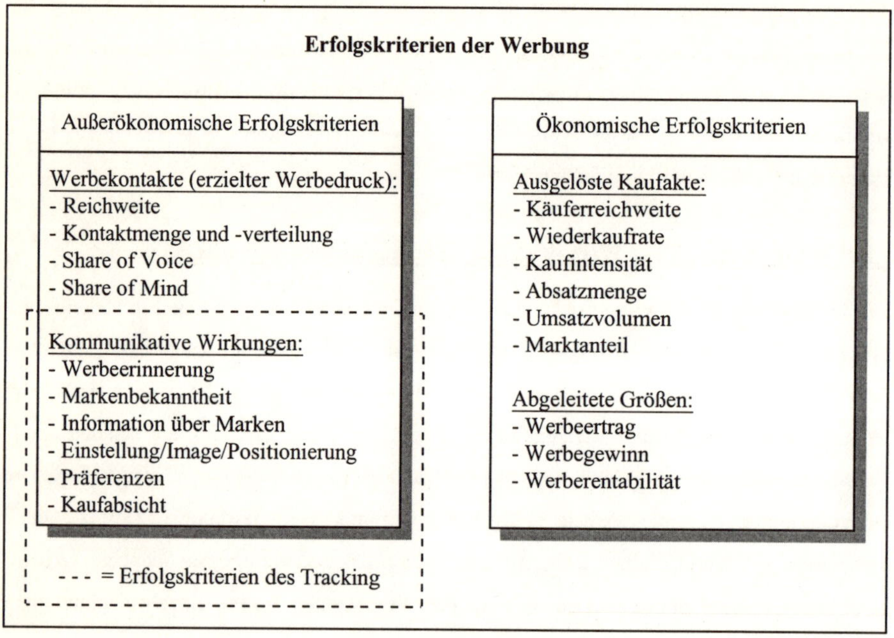

Quelle: in Anlehnung an: Erichson, Bernd / Maretzki, Jürgen (1993): S.528

Abb. 3: Erfolgskriterien der Werbewirkung und des Werbetracking

Im Gegensatz zu den ökonomischen Zielgrößen wie Absatzmenge und Marktanteil weisen die außerökonomischen Zielgrößen den Vorteil auf, daß sie nicht oder in geringerem Maße durch andere Marketing-Mix-Variablen, Konkurrenzaktivitäten und Umweltfaktoren beeinflußt werden. Dadurch fällt insbesondere die kausale Zuordnung von Änderungen der Zielgröße auf Werbemaßnahmen leichter. Die außerökonomischen Werbeziele besitzen damit zwar eine höhere Operationalität als ökonomische Werbeziele, dennoch muß man darauf hinweisen, daß das letztliche Ziel der Werbung die positive Beeinflussung der Nachfrage ist und die außerökonomischen Werbeziele oder Erfolgskriterien daher nur „Surrogatcharakter" besitzen.[29]
Die Erfolgskriterien der Werbetrackingforschung sind die dauerhaften Gedächtnisreaktionen und damit ausschließlich kommunikative Wirkungsgrößen. Das Kaufverhalten als finale Verhaltensreaktion wird vorwiegend im Rahmen der Panel-Forschung untersucht, die Wir-

[29] Erichson, Bernd / Maretzki, Jürgen (1993): S.545. Koschat, Martin A. / Sabavala, Darius J. (1995): Measuring Immediate Response to Advertising: What You See May Not Be What You Get, in: Journal of Advertising Research, May/June 1995, p.26. Roberts, Andrew (1994): Media Exposure and Consumer Purchasing: An Improved Data Fusion Technique, in: Marketing and Research Today, August 1994, p.159.

kungskategorie der momentanen Reaktionen steht im Mittelpunkt vieler apparativer Verfahren der Werbewirkungsmessung, wie z. B. Blickaufzeichnungen und Hautwiderstandsmessungen. Diese Verfahren werden i.d.R. als Pretests zur Auswahl von Werbemitteln verwendet.[30] Es stellt sich die Frage, wodurch die den Werbetrackingstudien immanente Beschränkung der Werbewirkungsmessung auf kommunikative Wirkungsgrößen gerechtfertigt ist.

2.2.2 Werbewirkungsmodelle als theoretische Grundlage des Werbetracking

Die Analyse dauerhafter Gedächtnisreaktionen zur Bestimmung der Werbewirkung rechtfertigt sich v. a. durch die Stufenmodelle der Werbewirkung.[31] Diese gehören zu den neobehavioristischen S-O-R-Modellen. Neben der bekannten AIDA-Regel (Attention → Interest → Desire → Action) von LEWIS[32] ist dabei vor allem das grundlegende Modell von LAVIDGE und STEINER zu nennen, das aus den Stufen Awareness → Knowledge → Liking → Preference → Conviction → Purchase besteht.[33] Bevor es zum Kaufverhalten kommt, werden demnach mehrere Stufen dauerhafter Gedächtnisreaktionen durchlaufen. Bekannt wurde diese These durch PALDAs griffige Formulierung einer „Hierarchy of Effects“[34]. In den sechziger und frühen siebziger Jahren wurden in der Literatur eine Vielzahl unterschiedlicher Werbewirkungsmodelle diskutiert, die jedoch alle von einer prinzipiell ähnlichen Abfolge von kognitiven über affektive zu konativen Wirkungen ausgingen, auch wenn die Stufen unterschiedliche Bezeichnungen trugen.[35] Eine grundlegende Änderung der Wirkungsabfolge ergab sich erst im Rahmen der Low-Involvement-Forschung, auf die in Abschnitt 2.3.2.2 noch näher eingegangen wird. Alle Modelle unterstellen, daß Gedächtnisreaktionen die Voraussetzung zur Auslösung des Kaufverhaltens darstellen, somit werden außerökonomische und ökonomische Erfolgskriterien miteinander verknüpft. Streng genommen ist es bei Anerkennung derartiger Werbewirkungsmodelle sinnvoller, statt von *außer*ökonomischen von *vor*ökonomischen Erfolgskriterien zu sprechen, denn die Gedächtnisreaktionen sind in diesem Fall dem Kaufverhalten sowohl zeitlich vorgeordnet als auch Voraussetzung zu dessen Beeinflussung. Strittig bleibt unter den Proponenten der Stu-

---

30 Vgl. zur Werbewirkungsmessung anhand der Informationsverarbeitung: Schweiger, Günter / Schrattenecker, Gertraud (1992): Werbung, 3. Aufl., Stuttgart, S.219-235.

31 Eine Übersicht der bekanntesten Modelle findet sich ebenfalls bei: Schweiger, Günter / Schrattenecker, Gertraud (1992): S.53.

32 Vgl. Rosenstil, Lutz von (1969): Psychologie der Werbung, Rosenheim, S.236f.

33 Vgl. Lavidge, Robert J. / Steiner, Gary H. (1961): A Model for Predictive Measurements of Advertising Effectiveness, in: Journal of Marketing, Vol.25, October 1961, pp.51-62.

34 Palda, Kristian S. (1966): The Hypothesis of a Hierarchy of Effects: A Partial Evaluation, in: Journal of Marketing Research, Vol.3, February 1966, pp.13-24.

fenmodelle jedoch die Frage, ob das Erreichen einer Stufe des Werbewirkungsprozesses nicht nur eine notwendige, sondern auch eine hinreichende Bedingung für die Auslösung der unmittelbar folgenden Wirkungsstufe ist.[36] Während die anfänglichen Werbewirkungsmodelle von einem strikt linearen, einseitigen Ablauf der Werbewirkung ausgingen, berücksichtigen modernere Versionen auch Wechselwirkungen zwischen den einzelnen Ebenen. Als Beispiel dafür soll das in Abb. 4 dargestellte Werbewirkungsmodell nach STEFFENHAGEN dienen.[37]

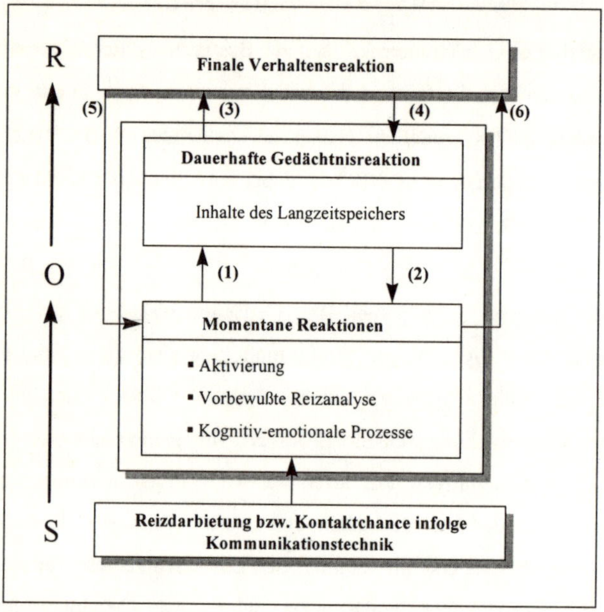

Quelle: Steffenhagen, Hartwig (1984): S.81

Abb. 4: Werbewirkungsmodell nach STEFFENHAGEN

Die Wechselbeziehungen, die zwischen den Wirkungskategorien bestehen, werden durch die Pfeile (1) bis (6) visualisiert: [38]

(1) Momentane Reaktionen formen die dauerhaften Gedächtnisinhalte. So wird z. B. eine Werbebotschaft wiederholt wahrgenommen und so im Gedächtnis gespeichert.

---

[35] Vgl. Mühlbacher, Hans (1982): Selektive Werbung, Linz, S.30-36.

[36] Vgl. Banks, S. / Hart, E.W. (1977): Advertising and Promotional Methods, in: Ferber, Robert [ed.] (1977): A Synthesis of Selected Aspects of Consumer Behavior, Washington D.C., p.388.

[37] Vgl. Steffenhagen, Hartwig (1984): Ansätze der Werbewirkungsforschung, in: Marketing ZFP, Heft 2, 1984, S.81.

[38] Vgl. a.a.O.: S.80.

(2) Bereits bestehende Inhalte des Gedächtnisses beeinflussen aber ihrerseits auch die momentane Reaktion, da angesichts der Reizüberflutung nur selektiv wahrgenommen wird.[39]

(3) Dauerhafte Gedächtnisinhalte beeinflussen das finale Verhalten, gekauft wird z. B. eine Marke, zu der ein Verbraucher eine positive Einstellung hat.

(4) Das tatsächliche Verhalten beeinflußt den Inhalt des Langzeitspeichers. So führt z. B. die (zufriedenstellende) Produktverwendung zu einer Wiederkaufabsicht.

(5) Das tatsächliche Verhalten beeinflußt darüber hinaus ebenso die momentane Reaktion. Die Produktverwendung führt beispielsweise zu einer gesteigerten Aktivierung bei Kontakten mit Werbemitteln für dieses Produkt.

(6) Momentane Reaktionen beeinflussen auch ohne Einschaltung des Langzeitgedächtnisses das finale Verhalten, z. B. bei Impulskäufen.

Eine detailliertere Beschreibung der Wechselwirkungen zwischen den Wirkungskategorien erfolgt im Rahmen der Kritik der theoretischen Grundlagen der Werbetrackingforschung.

---

[39] Zur Selektivität und Subjektivität der Wahrnehmung vgl. Kroeber-Riel, Werner (1992): Konsumentenverhalten, 5., überarb. und erg. Aufl., München, S.266ff.

2.3 Kritische Würdigung der derzeitigen Werbetrackingforschung

2.3.1 Kritik der empirischen Voraussetzungen

Die empirische Kritik der Werbetrackingforschung leitet sich aus den Anforderungen ab, die an empirische Erhebungen im allgemeinen gestellt werden, nämlich die der Repräsentanz der Stichprobe sowie der Validität und Reliabilität der Meßinstrumente.[40]

2.3.1.1 Repräsentanz

Bei den Werbewirkungsmessungen der Werbetrackingforschung handelt es sich um Befragungen auf der Basis einer Stichprobe. Damit stellt sich die Frage der Repräsentanz der erhobenen Daten für die Grundgesamtheit. Die Beurteilung der Repräsentanz muß sich auf die Bedingungen stützen, unter denen die Stichprobe zustandegekommen ist. Daher ist das Problem der Repräsentanz untrennbar mit dem Prozeß der Stichprobenziehung verbunden.[41] Der GfK-Werbeindikator ATS®, dessen Ergebnisse dieser Arbeit zugrunde liegen, basiert auf einer Quotenauswahl. Bei der Quotenauswahl handelt es sich um ein bewußtes, d. h. nicht zufallsgesteuertes Auswahlverfahren. Dabei wird den Interviewern eine Quote vorgegeben, die sie bei der Auswahl der Probanden erfüllen müssen. Die Befragung erfolgt i.d.R. face-to-face. Quotierungsmerkmale sind z. B. soziodemographische Merkmale wie Alter oder Geschlecht. Für die Repräsentanz des Quotenverfahrens ist nun entscheidend, wie zufällig die Interviewer innerhalb der Quotenmerkmale ihre Auswahl treffen. Diese Frage wird um so entscheidender, je geringer die Korrelation zwischen Quoten- und Untersuchungsmerkmal ist.[42]

Um die Auswahlfreiheit des Interviewers zu minimieren, sollten deshalb Quotenmerkmale gewählt werden, die möglichst eng mit dem Untersuchungsgegenstand korrelieren. Wenn z. B. die Werbeerinnerung mit dem Alter der Befragten stark abnimmt (d. h. negativ korreliert), ist es sinnvoll, als Quote Altersgruppen festzulegen, damit eine möglichst repräsentative Stichprobe zustandekommt, die das Ausmaß der Werbeerinnerung in der Grundgesamtheit korrekt widerspiegelt. Die Quotenauswahl setzt folglich voraus, daß die Verteilung dieser Merkmale in der Grundgesamtheit bekannt ist. Die Grundgesamtheit sollte wiederum mit der Zielgruppe übereinstimmen, für die eine Aussage getroffen wird. Im Falle des GfK-Werbeindikators ATS® lautet die Zielgruppe i.d.R.: Frauen, haushaltsführend, im Alter von 16-69

40 Zu dieser grundlegenden Unterscheidung vgl. Erichson, Bernd (1992): Repräsentanz - ein wachsendes Problem, in: Planung und Analyse, 1/92, S.22f.

41 Vgl. a.a.O.: S.20.

42 Vgl. a.a.O.: S.21.

Jahren, Verwender der jeweiligen Produktgruppe. Diese relativ homogene Grundgesamtheit entschärft das Problem der Repräsentanz. Zudem wird eine Reihe weiterer Bedingungen erfüllt, welche die Repräsentanz der Quotenauswahl erhöhen, wie z. B. die beschränkte Zahl von Interviewaufträgen pro Interviewer.[43] Auch wenn letztlich nur eine Zufallsauswahl globale Repräsentanz erzeugen kann und nur hier eine Berechnung des Zufallsfehlers möglich ist, können Zweifel an der Repräsentanz der Werbetrackingerhebungen zumindest im Rahmen einer Abwägung zwischen methodischer Präzision und praktischer Umsetzbarkeit zurückgewiesen werden.

2.3.1.2 Reliabilität

Reliabilität bezeichnet die Zuverlässigkeit eines Meßinstruments und bezieht sich auf unsystematische Fehler.[44] Ein Meßinstrument ist dann reliabel, wenn ein gemessener Wert der wahren Ausprägung des Meßobjektes entspricht. Die im Rahmen der Werbetrackingforschung erhobenen Größen sind hypothetische Konstrukte, sogenannte latente Variablen, die keiner direkten Beobachtung und damit auch keiner direkten Messung zugänglich sind. Daher ist die „wahre Ausprägung" eines Meßobjektes nicht bekannt. Um dennoch die Zuverlässigkeit eines Meßinstrumentes bestimmen zu können, werden zur empirischen Überprüfung der Reliabilität drei Konzepte verwendet: die Wiederholungsreliabilität, die Paralleltestreliabilität und die Halbierungsreliabilität.[45] Bei der Wiederholungsreliabilität werden die Ergebnisse zweier aufeinanderfolgender Messungen eines Meßobjektes mit demselben Meßinstrument verglichen, um einen Anhaltspunkt für die „wahre" Ausprägung zu erhalten. Eine Überprüfung der Reliabilität von Konsumentenurteilen in Werbetrackingstudien durch wiederholte Befragung ergab Wiederholungsraten von durchschnittlich nur 48%, allerdings wurde dabei nur die Wiederholungsrate wertender Aussagen über bestimmte Marken („löst hartnäckige Flecken") untersucht.[46] Bei der Paralleltestreliabilität werden die Ergebnisse von Messungen eines Meßobjektes mit möglichst ähnlichen Meßinstrumenten verglichen, bei der Halbie-

---

[43] Zu den weiteren Voraussetzungen, die erfüllt sein müssen, damit Quoten- und Zufallsauswahl zu vergleichbaren Ergebnissen führen, vgl. Diller, Hermann [Hrsg.] (1992): S.991.

[44] Vgl. Hammann, Peter /Erichson, Bernd (1994): Marktforschung, 3., überarb. und erw. Aufl., Stuttgart/New York, S.75.

[45] Diese Unterscheidung geht auf Peter zurück. Im englischen Original lauten die Bezeichnungen: test-retest reliability, alternative-forms-reliability, split-half reliability, vgl Peter, J. Paul (1979): Reliability: A Review of Psychometric Basics and Recent Marketing Practices, in: Journal of Marketing Research, Vol.16, January 1979, pp.6-17.

[46] Vgl. Ehrenberg, Andrew S.C. (1995): Empirical Generalisations, Theory, and Method, in: Marketing Science, Vol.14, No.3, 1995, p.G22.

rungsreliabilität werden schließlich die Testitems eines Tests in zwei Hälften aufgespalten und die Ergebnisse miteinander verglichen.[47]

Eine systematische Überprüfung der Reliabilität der im Rahmen der Werbetrackingforschung erhobenen Variablen mit Hilfe der genannten Verfahren stellt sich in der Praxis als außerordentlich schwierig dar. Zum einen sind alle Überprüfungen natürlich mit Kosten verbunden, die gegen den zusätzlichen Erkenntnisgewinn abgewogen werden müssen, zum anderen gibt es aber auch methodische Gründe, die gegen die Überprüfung der Reliabilität mit Hilfe der genannten Verfahren sprechen. So setzen z. B. die Paralleltest- und die Wiederholungsreliabilität die gleiche Stichprobe voraus, d. h., die gleichen Probanden müßten wiederholt befragt werden, bei der Wiederholungsreliabilität mit dem gleichen Meßinstrument, bei der Paralleltestreliabilität mit einem „ähnlichen" Meßinstrument, sofern ein solches überhaupt zur Verfügung steht. Dieses Vorgehen würde jedoch unweigerlich zu „Paneleffekten" führen, d. h. zu einer möglichen Beeinflussung des Antwortverhaltens durch die wiederholte Befragung.[48] Um dies zu vermeiden, beruht die Werbetrackingforschung auf wechselnden Stichproben. Die Aussagekraft der Halbierungsreliabilität ist durch stärkere Zufallsschwankungen aufgrund der geringen Fallzahlen bei einer Teilung der Stichprobe eingeschränkt.

2.3.1.3 Validität

Die Validität (Gültigkeit) eines Meßverfahrens ist dann gegeben, wenn das Verfahren tatsächlich das mißt, was es zu messen vorgibt. Im Gegensatz zur Reliabilität, die sich auf unsystematische (zufällige) Meßfehler bezieht, stellt die Validität auf systematische Fehler ab, die auch durch wiederholte Messungen nicht beseitigt werden können. Bei der Messung hypothetischer Konstrukte wie im Fall der Werbetrackingforschung gilt es, zwischen der *theoretischen* und der *empirischen* Validität zu unterscheiden. Die empirische Validität bezeichnet die Korrelation der Meßwerte eines Konstruktes mit den Meßwerten eines anderen Konstruktes, dem *Kriterium,* zu dem aufgrund theoretischer Erwägungen eine enge Beziehung besteht. Die empirische Validität wird daher auch als Kriteriumsvalidität bezeichnet. Je nachdem, ob die Messungen des Kriteriums jeweils gleichzeitig oder zu späteren Zeitpunkten erfolgen, unterscheidet man zwischen der Konkurrentvalidität (concurrent validity) und der Prognosevalidität (predictive validity). Dahinter steht der Gedanke, daß sich die „wahren" Werte eines Konstruktes zwar nicht messen lassen, daß sich die Validität aber durch die Korrelation mit einem Kriterium überprüfen läßt, welches in einer (unterstellten) kausalen Ab-

---

[47] Vgl. Hammann, Peter / Erichson, Bernd (1994): S.76.

hängigkeit zum Konstrukt steht und daher eine Indikatorfunktion hat. Dabei kommt der Auswahl des Kriteriums natürlich eine entscheidende Bedeutung zu.[49] Für die Werbetrackingforschung ist die Prognosevalidität ein besonders wichtiges Gütekriterium, da die erhobenen Konstrukte zukünftiges Kaufverhalten, gemessen an kausal abhängigen, zeitlich nachgelagerten Variablen, prognostizieren sollen.

HILDEBRANDT hat darauf hingewiesen, daß die Unterscheidung zwischen Konkurrent- und Prognosevalidität unscharf ist, da in empirischen Untersuchungen Variablen, deren Ausprägung prognostiziert werden soll, häufig gleichzeitig erhoben, aber dennoch zum Nachweis prognostischer Validität verwendet werden.[50] Diese Feststellung trifft auch auf die Variablen der Werbetrackingforschung zu, die alle zeitgleich erhoben werden, denen aber dennoch aufgrund theoretischer Erwägungen prognostische Validität (z. B. zwischen Einstellung und Kaufabsicht) zugeschrieben wird.

Die theoretische Validität oder Konstruktvalidität bezeichnet die Übereinstimmung der Messungen eines Konstruktes mit den „wahren" Werten eines Konstruktes. Da die Konstruktvalidität empirisch nur bedingt bestimmbar ist, verwendet man alternativ verschiedene Konzepte zu ihrer Bestimmung, so z. B. die Diskriminanzvalidität, bei der die Unterschiede der Messungen verschiedener Konstrukte mit einem Meßinstrument herangezogen werden, oder aber die Konvergenzvalidität, bei der ein Konstrukt mit verschiedenen Meßinstrumenten erhoben wird, die anschließend auf ihre Übereinstimmung hin geprüft werden. Diskriminanzvalidität ist folglich gegeben, wenn sich Messungen unterschiedlicher Konstrukte deutlich voneinander unterscheiden: Je trennschärfer die Konstrukte meßbar sind, desto höher ist die Diskriminanzvalidität. Konvergenzvalidität liegt vor, wenn verschiedene Messungen des gleichen Konstruktes übereinstimmende Ergebnisse aufweisen: Je größer die Übereinstimmung zwischen den verschiedenen Messungen ist, desto höher ist die Konvergenzvalidität der Messung. Das wichtigste Verfahren zur Bestimmung der Konstruktvalidität ist die nomologische Validität, bei der die Übereinstimmung der Meßwerte von Konstrukten mit theoretisch postulierten Beziehungen zwischen den Konstrukten überprüft wird.[51]

Obwohl auch die Kriteriumsvalidität ein gewisses theoretisches Vorverständnis voraussetzt, wird erst mit Hilfe der Konstruktvalidität der theoretische Hintergrund der Messung ergrün-

48 Zum Begriff des Paneleffektes vgl. Diller, Hermann [Hrsg.] (1992): S.847.

49 Vgl. Neibecker, Bruno (1990): Werbewirkungsanalyse mit Expertensystemen, Heidelberg, S.27.

50 Vgl. Hildebrandt, Lutz (1984): Kausalanalytische Validierung in der Marketingforschung, in: Marketing ZFP, Heft 1, 1984, S.43.

51 Vgl. Hammann, Peter / Erichson, Bernd (1994): S.77.

det.[52] Das Konstrukt wird Bestandteil einer Theorie, also eines Satzes nomologischer Aussagen über eine kausale Verknüpfung von theoretischen und beobachtbaren Merkmalen. Aus den Werten der beobachtbaren Merkmale werden mit Hilfe der Theorie Werte für das theoretische Konstrukt abgeleitet.[53] Dadurch entsteht ein umfassendes testbares Theoriegefüge, das Aufschluß über die Zusammenhänge sowohl zwischen den hypothetischen Konstrukten als auch zwischen den hypothetischen Konstrukten und den beobachtbaren Variablen gibt.

Eine derartiges testbares Theoriegefüge liegt der derzeitigen Werbetrackingforschung nicht erkennbar zugrunde, daher werden immer wieder Zweifel an der Validität des Werbetracking erhoben. MAYER z. B. kritisiert, daß die Frage der Validität in der kommerziellen Werbewirkungsforschung überhaupt nicht gestellt wird. Es werde einfach angenommen, daß das jeweilige Verfahren das messe, was es zu messen vorgebe.[54] BROWN hat in einem in der Praxis vielbeachteten Artikel darauf hingewiesen, daß nach seiner Erfahrung z. B. die ungestützte Werbeerinnerung (operationalisiert etwa durch die Frage: „Für welche Biermarken haben Sie in letzter Zeit Werbung gesehen?") als Indikator bzw. Kriterium zur Messung des hypothetischen Konstruktes „Werbekenntnis" völlig ungeeignet sei, da die ungestützte Werbeerinnerung im wesentlichen durch die Markenbekanntheit bestimmt werde und nicht durch das Ausmaß an Werbung.[55] Demnach mißt die ungestützte Werbeerinnerung nicht das, was sie vorgibt zu messen (nämlich das Ausmaß an Werbekenntnis), sondern vielmehr ein anderes hypothetisches Konstrukt, die Markenkenntnis. Die Messung wäre damit nicht valide.[56] Offen bleibt jedoch die Frage, ob die mangelnde Validität lediglich auf die Operationalisierung zurückzuführen ist, oder ob das Kriterium „Werbeerinnerung" unabhängig von der Operationalisierung ungeeignet zur Messung des Konstruktes „Werbekenntnis" ist, weil es keinen eindeutigen Zusammenhang zwischen Kriterium und Konstrukt gibt.

Gestützt werden die Zweifel an der Validität der Werbeerinnerung durch eine Studie von DONIUS, die sich mit der Validität von Werbetracking-Daten beschäftigt.[57] In dieser Untersuchung erzielte eine Marke, für die seit mehr als zwei Jahren keine Werbeausgaben getätigt wurden, eine durchschnittliche Werbeerinnerung von 50%. Da aus der Studie leider nicht hervorgeht, ob es sich dabei um die gestützte oder um die ungestützte Werbeerinnerung handelt,

---

52 Vgl. Diller, Hermann [Hrsg.] (1992): S.1179.
53 Vgl. Nieschlag, Robert / Dichtl, Erwin / Hörschgen, Hans (1991): S.683.
54 Vgl. Mayer, Hans (1990): S.228.
55 Vgl. Brown, Gordon (1985), p.57.
56 Auf dieses Problem wird in Abschnitt 2.3.2.3 ausführlicher eingegangen.
57 Vgl. Donius, James F. (1985): Market Tracking: A Strategic Reassessment and Planning Tool, in: Journal of Advertising Research, Vol.25, No.1, 1985, pp.15-19.

bleibt auch hier die Frage offen, ob die mangelnde Validität auf die Operationalisierung oder auf eine grundsätzlich fehlende Eignung des Kriteriums zurückzuführen ist.[58] Gegen eine fehlende Eignung spricht jedoch eine jüngere Validierungsstudie von NEIBECKER, in der sich die Werbeerinnerung als valider Bestandteil eines Werbewirkungsmodells herausgestellt hat.[59] Allerdings basierte die genannte Untersuchung auf Pretest-Daten und kann insofern nicht als Bestätigung für die Validität der Werbeerinnerung im Rahmen des Werbetracking angesehen werden. Solange die Beziehung zwischen den in der Werbetrackingforschung verwendeten Indikatoren und den dahinterstehenden hypothetischen Konstrukten sowie die Beziehung zwischen den hypothetischen Konstrukten selbst nicht durch den Nachweis nomologischer Validität auf ihre Konstruktvalidität überprüft wird, ist solche Kritik nicht als empirisch falsifiziert zurückweisbar. Da die in der Werbetrackingforschung verwendeten Indikatoren im wesentlichen durch die Theorie der Werbewirkungsmodelle gerechtfertigt werden, ist dazu eine kritische Bestandsaufnahme der verwendeten Werbewirkungsmodelle notwendig. Diese soll Bestandteil der Kritik der theoretischen Grundlagen der Werbetrackingforschung sein.

2.3.2 Kritik der theoretischen Grundlagen

Die Anzahl der in der wissenschaftlichen Literatur diskutierten Werbewirkungsmodelle ist so groß, daß der Versuch einer vergleichenden Analyse den Rahmen dieser Arbeit sprengen würde. Es lassen sich jedoch einige Entwicklungstendenzen erkennen, die im Rahmen der theoretischen Kritik zusammenfassend dargestellt und hinsichtlich ihrer Bedeutung für die Fundierung der Werbetrackingforschung bewertet werden sollen.

2.3.2.1 Kritik an der Modellbildung

So alt wie der Einsatz von Modellen in der Werbewirkungsforschung ist auch die Kritik an diesem Vorgehen. Bereits in den sechziger Jahren wurde den hierarchischen Modellen der Werbewirkung vorgeworfen, daß sie eine idealisierte Darstellung seien, die in der realen Welt keine Entsprechung finde, und daß jeder Versuch, eine solche zu suchen, „naiv" anmute.[60]

---

[58] Konvergenzvalidität wurde in dieser Untersuchung lediglich für die Variable „Verwendung" nachgewiesen. Vgl. Donius, James F. (1985): p.17. Diese Variable wird zwar im Rahmen von Werbetrackingstudien regelmäßig erhoben, stellt aber im Gegensatz zu den vorökonomischen Wirkungsgrößen kein hypothetisches Konstrukt dar und kann insofern auch nicht als Beweis für die Validität des Werbetracking insgesamt gelten.

[59] Vgl. Neibecker, Bruno (1996): Validierung eines Werbewirkungsmodells für Expertensysteme, in: Marketing ZFP, Heft 2, 1996, S.95-104.

[60] Vgl. Lipstein, Benjamin (1968): Anxiety, Risk and Uncertainty in Advertising Effectiveness Measurements, in: Adler, Lee / Crespi, Irving [eds.] (1968): Attitude Research on the Rocks, AMA Proceedings Series, Chicago 1968, p.13.

Derartige Kritik wird im folgenden nicht weiter berücksichtigt, denn Modellen mangelnde Realitätsnähe vorzuwerfen, ist wissenschaftstheoretisch irreführend: Modelle sind per definitionem vereinfachte Abbildungen der Wirklichkeit.[61] POPPER bezeichnet sie als „Konstruktionen“ typischer Situationen oder Bedingungen und weist darauf hin, daß „...Modelle notgedrungen immer nur Annäherungen sind, daß sie immer nur schematische Vereinfachungen sind. Ihre Einfachheit hat einen vergleichsweise geringen Grad der Prüfbarkeit zur Folge; denn es ist schwierig zu entscheiden, ob es sich in einem bestimmten Fall um eine Diskrepanz aufgrund der notwendigen Einfachheit handelt oder um eine Diskrepanz, die den Mißerfolg, die Widerlegung des Modells bedeutet.“ [62] Diese Feststellung gilt v. a. für die in der sozialwissenschaftlichen Forschung dominierenden Erklärungsmodelle, wie etwa Werbewirkungsmodelle, aber auch für die in der betriebswirtschaftlichen Forschung überwiegend verwendeten Entscheidungsmodelle, da diese in der Regel auf Erklärungsmodellen aufbauen.[63] Die Vereinfachung der Wirklichkeit im Rahmen von Modellen ist folglich kein Konstruktionsfehler, sondern ein bewußtes Mittel der Komplexitätsreduktion, wobei ein Modell aber selbstverständlich eine Strukturähnlichkeit zur Realität aufweisen sollte. Außerdem stellt sich die Frage, was in der Werbewirkungsforschung an die Stelle von Modellen treten sollte, um Erkenntnisse über die Zusammenhänge zwischen Stimulus- und Responsevariablen zu gewinnen.

Die wissenschaftliche Eignung von Modellösungen zur Erklärung empirischer Zusammenhänge ist von einer Vielzahl von Faktoren abhängig, die im einzelnen durchaus Gegenstand einer kritischen Diskussion sein können. Im Rahmen der theoretischen Kritik sind hier die Antezedenzbedingungen der Modelle sowie die Eignung der Modellvariablen zu nennen.

2.3.2.2 Kritik an den Antezedenzbedingungen

Da ein Modell - wie im vorherigen Abschnitt erläutert - die Komplexität der Wirklichkeit nicht abbilden kann und soll, muß es notwendigerweise mit Abstraktionen arbeiten. Durch fortschreitende isolierende Abstraktion tatsächlich beobachteter Einzelheiten reduziert man die Komplexität einer Erscheinung (hier: Werbewirkung) auf wenige Teilzusammenhänge, welche die Ausgangskonstellation zur Deduktion der Beziehungen zwischen den Modellva-

---

61 Vgl. z. B. Meyer, Manfred (1990): Operations Research / Systemforschung: Eine Einführung in die praktische Bedeutung, 3., überarb. Aufl., Tübingen, S.144-147.

62 Popper, Karl R. (1995): Lesebuch - Ausgewählte Texte zu Erkenntnistheorie, Philosophie und Naturwissenschaften, Metaphysik, Sozialphilosophie, herausgegeben von David Miller, Tübingen, S.353.

63 Zur betriebswirtschaftlichen Modellbildung und -systematisierung vgl. Wöhe, Günter (1986): Einführung in die allgemeine Betriebswirtschaftslehre, 16., überarb. Aufl., München, S.36-41.

riablen bilden. In der Realität liegen diese Prämissen oder Antezedenzbedingungen in einer reinen Form niemals vor, da sie durch vielfältige Faktoren überdeckt sind, von denen das Modell bewußt abstrahiert. Die Gefahr, daß ein Modell „weltfremd" wird, ist vor allem dann groß, wenn die Prämissen, aus denen deduziert wird, nicht aus der Erfahrung stammen, sondern reine gedankliche Konstruktionen darstellen.[64] In jedem Fall ist jedoch bei der Modellbildung darauf hinzuweisen, unter welchen zugrundegelegten Antezedenzbedingungen das Modell Gültigkeit besitzt. Die mangelhafte Spezifikation der Antezedenzbedingungen ist nach übereinstimmender Auffassung vieler Kritiker der Hauptmangel traditioneller Modelle der Werbewirkung.[65] Eine Vielzahl empirischer Untersuchungen mit höchst widersprüchlichen Ergebnissen sowie neuere Erkenntnisse der Käuferverhaltensforschung haben deutlich gemacht, daß die Annahme eines einheitlichen Wirkungsmodells, das produkt-, situations- und personenübergreifende Gültigkeit besitzt, illusorisch ist.[66] Dies heißt im Umkehrschluß aber nicht, daß es so viele Werbewirkungsmodelle geben muß wie Produkte, Kaufsituationen und Käufer. Die Spezifikation einiger weniger Antezedenzbedingungen ist ausreichend, um die Gültigkeit eines Werbewirkungsmodells nicht zu sehr einzuschränken, andererseits aber grundlegenden Unterschieden in der Werbewirkung in Abhängigkeit der Antezedenzbedingungen Rechnung zu tragen.

Die zentrale Antezedenzbedingung der jüngeren verhaltenswissenschaftlichen Werbeforschung ist das Involvement.[67] Dabei handelt es sich um ein hypothetisches Konstrukt, das in Abhängigkeit der persönlichen Relevanz einen internen Zustand der Aktivierung kennzeichnet.[68] Das Ausmaß an Involvement, auch als inneres Engagement oder Ich-Beteiligung[69] be-

---

64 a.a.O.: S.36.

65 Vgl. z. B. Kroeber-Riel, Werner (1992): S.618ff. Mühlbacher, Hans (1982): S.170ff. Schweiger/Schrattenecker (1982): S.52. Kölblin, Marco (1994): Werbeforschung - Drehen wir uns im Kreis, oder gibt es wirkliche Innovationen?, in: Tomczak, Torsten / Reinecke, Sven [Hrsg.] (1994): Marktforschung, St. Gallen, S.257. Moser, Klaus (1997): Modelle der Werbewirkung, in: Jahrbuch der Absatz- und Verbrauchsforschung 3/97, S.283.

66 Vgl. Kroeber-Riel, Werner (1992): S.618. Vgl. ferner die Diskussion bei: Smith, Robert E. / Swinyard, William R. (1982): Information Response Models: An Integrated Approach, in: Journal of Marketing, Vol.46, Winter 1982, pp.81-83.

67 Dies wird bereits an der Zahl der wissenschaftlichen Publikationen zum Thema Involvement ersichtlich. Eine Zusammenfassung der wichtigsten Untersuchungen der achtziger Jahre findet sich bei Neibecker, Bruno (1990): S.99-105. Eine in den wesentlichen Fragen nach wie vor aktuelle, umfassende Erörterung der Probleme, die mit der Anwendung des Involvement-Konstruktes verbunden sind, bieten Park, C. Whan / Mittal, Banwari (1985): A Theory of Involvement in Consumer Behavior: Problems and Issues, in: Sheth, Jagdish N. [ed.] (1985): Research in Consumer Behavior, Vol.1, London, pp.201-231.

68 Vgl. Deimel, Klaus (1989): Grundlagen des Involvement und Anwendung im Marketing, in: Marketing ZFP, Heft 3, 1989, S.153.

69 So z. B. bei Kroeber-Riel, Werner (1990): Strategie und Technik der Werbung, Stuttgart, S.98.

zeichnet, löst unterschiedliche Wirkungen hinsichtlich der Informationsaufnahme, -verarbeitung und -speicherung aus. Die Faktoren, die einen Einfluß auf das Involvement ausüben, werden üblicherweise in personenspezifische (z. B. Persönlichkeitszüge), situationsspezifische (z. B. Kaufabsichten) und stimulusspezifische (z. B. Mediennutzungsverhalten) unterschieden.[70] Letztere werden wiederum unterteilt in Produktinvolvement, Werbemittelinvolvement und Werbeträgerinvolvement.[71] Im angelsächsischen Sprachraum hat sich die von BATRA und RAY vorgeschlagene Unterscheidung zwischen „Message Response Involvement", das die Tiefe der Verarbeitung einer Werbebotschaft bezeichnet, und „Product Class Involvement" als Ausdruck der Bedeutung, die ein Kauf in einer Warengruppe besitzt, durchgesetzt.[72]

Wenig involvierte Konsumenten verhalten sich gegenüber Werbung passiv; sie nehmen die Werbung desinteressiert und häufig absichtslos auf, ohne weiter darüber nachzudenken.[73] Die Gründe für die Entstehung derartiger Kommunikationsbedingungen sind äußerst vielfältig, als Beispiele seien hier nur das geringe Werbemittelinvolvement aufgrund der immer größeren Werbeflut sowie das geringe Produktinvolvement aufgrund der zunehmenden Austauschbarkeit der Produktalternativen in vielen Warengruppen genannt. Die geringere Aktivierung der Konsumenten hat weitreichende Konsequenzen für die nachfolgenden Stufen der Werbewirkung. Nach der auf KRUGMANN zurückgehenden, von RAY als „Low Involvement Hierarchy" bezeichneten Wirkungsabfolge löst ein Werbekontakt zunächst kognitive, dann konative und schließlich affektive Reaktionen aus.[74] Bei den traditionellen Lernmodellen lautet die Reihenfolge dagegen: Kognitive Reaktion → Affektive Reaktion → Konative Reaktion; das Kaufverhalten steht hier also am Ende der Wirkungskette, es folgt aus der Einstellung, während es nach KRUGMANN erst nach dem Verhalten (Kauf) zu einer (aufgrund des geringen Involvement sehr schwachen) Einstellungsbildung kommt.

---

70 a.a.O.: S.154.

71 Eine ausführliche Diskussion der Involvementarten findet sich bei Mühlbacher, Hans (1982), S.188-214. Der Terminus Produktinvolvement wird im Rahmen dieser Arbeit ausschließlich im Sinne eines Produktklassen- oder Warengruppeninvolvement verwendet und nicht im Sinne eines auf ein bestimmtes Produkt einer Warengruppe gerichtetes Markeninvolvement, vgl. die Diskussion bei Steffenhagen, Hartwig (1996): Wirkungen der Werbung: Konzepte - Erklärungen - Befunde, Aachen, S.31f.

72 Vgl. Batra, Rajeev / Ray, Michael L. (1985): How Advertising Works at Contact, in: Alwitt, Linda F. / Mitchell, Andrew A. [eds.] (1985): Psychological Processes and Advertising Effects - Theory, Research, and Applications, Hillsdale, p.19.

73 Vgl. Kroeber-Riel, Werner (1992): S.624f.

74 Vgl. Krugmann, Herbert E. (1965): The Impact of Television Advertising: Learning without Involvement, in: Public Opinion Quarterly, Vol.29, Fall 1965, pp.349-356. Ray, Michael L. et al. (1973): Marketing Communication and the Hierarchy-of-Effects, in: Clarke, P. [ed.] (1973): New Models for Mass Communication Research, Beverly Hills, pp.147-176.

Dieses Paradigma der Low-Involvement-Theorie bedeutet für die Werbetrackingforschung, daß sich zwar nicht die Erfolgskriterien selbst ändern, wohl aber deren Stellung in der Wirkungshierarchie und damit ihre Bedeutung als Prädiktoren des Kaufverhaltens. Wenn es stimmt, daß es bei Low-Involvement-Kaufentscheidungen erst nach dem Kauf und dann auch nur in geringem Umfang zu einer Einstellungsbildung kommt, dann sind alle Fragen in Werbetrackingstudien, die auf die Einstellung abzielen (z. B.:„Wie sympathisch ist Ihnen Marke X?“) als Erfolgskriterien der Werbewirkung und auch als Prädiktoren des Kaufverhaltens ungeeignet, denn sie spiegeln weder einen direkten Einfluß der Werbung noch zukünftiges Kaufverhalten wider, sondern reflektieren lediglich vergangenes Kaufverhalten. Folgt man dieser Argumentation, wäre es demnach sinnvoll, im Rahmen von Werbetrackingstudien mit mindestens zwei verschiedenen Werbewirkungsmodellen zu arbeiten, je nachdem, ob es sich um Low-Involvement-Kaufentscheidungen handelt oder nicht. Als Anhaltspunkt, in welchen Fällen derartige Kaufentscheidungen vorliegen, kann dabei das Produktinvolvement dienen, da Werbemittel- und Werbeträgerinvolvement vom Produktinvolvement abhängen.[75] Ein geringes Produktinvolvement kann z. B. beim Kauf von Konsumgütern des täglichen Bedarfs aufgrund der geringen Bedeutung, die ein solcher Kauf für die Individuen hat, angenommen werden. Ein hohes Produktinvolvement liegt nach KAPFERER/LAURANT immer dann vor, wenn das wahrgenommene technische und soziale Risiko und der Preis des Produkts hoch sind, die Unterscheidbarkeit der Kaufalternativen groß ist und das Produkt zudem die Möglichkeit zur Selbstverwirklichung bietet.[76] Als Beispiel dafür sei die Kaufentscheidung für langlebige Gebrauchsgüter (z. B. HiFi-Geräte, Autos) genannt.[77]

Weitere in der Literatur diskutierte wesentliche Antezedenzbedingungen, die nach Ansicht ihrer Befürworter unterschiedliche Werbewirkungsverläufe begründen können, sind:

---

[75] Vgl. Mühlbacher, Hans (1982): S.201f.

[76] Vgl. Kapferer, Jean-Noel / Laurent, Gilles (1985): Consumer's Involvement Profile: New Empirical Results, in: Advances in Consumer Research, Vol.12, p.291.

[77] Die vor allem in der Praxis geläufige Bezeichnung „Low- bzw. High-Involvement-Produkt“ ist semantisch problematisch, denn Involvement ist keine produktimmanente Eigenschaft, sondern ein hypothetisches Konstrukt zur Beschreibung des dem jeweiligen Produkt zugrundeliegenden Kaufverhaltens. Dies ist faktisch jedoch mit der Bezeichnung gemeint. Die Tatsache, daß das gleiche Produkt interindividuell wie situativ bedingt einmal hoch involvierend und einmal nur gering involvierend sein kann, soll hier unberücksichtigt bleiben, da im Rahmen der Werbetrackingforschung interindividuelle wie situationsspezifische Unterschiede in der Werbewirkung grundsätzlich nicht erfaßt werden können. Vgl. zu diesem Problem z. B. Jeck-Schlottmann, Gabi (1988): Werbewirkung bei geringem Involvement, Arbeitspapier Nr. 1 der Forschungsgruppe Konsum und Verhalten der Universität Saarbrücken, Saarbrücken, S.7.

- ❒ das Ausmaß an Produkt(verwendungs)erfahrung,[78]
- ❒ der wahrgenommene Grad der Markendifferenzierung (gering oder hoch),[79]
- ❒ die Lebenszyklusphase des beworbenen Produkts[80] und
- ❒ die Art der Werbung (informativ oder emotional).[81]

Während letztere unstreitig eine eigenständige Antezedenzbedingung neben dem Involvement darstellt, läßt sich dies für die drei erstgenannten Antezedenzbedingungen bestreiten, da das Ausmaß an Produkterfahrung, der Grad der (subjektiv wahrgenommenen) Markendifferenzierung und die Lebenszyklusphase des Produktes auch als Determinanten des Involvement aufgefaßt werden können.[82] Beispielsweise wird geringes Involvement in der Literatur gelegentlich mit Wiederholungskäufen, hohes Involvement dagegen mit Erstkäufen verbunden.[83] Daß dieses Vorgehen nicht unproblematisch ist, wird die Kritik an der Eignung der Modellvariablen zeigen.

2.3.2.3 Kritik an der Eignung der Modellvariablen

Die Eignung der Variablen der Werbewirkungsmodelle wird durch ihre Reagibilität auf Marketing-Mix-Aktivitäten und durch ihre Kaufverhaltensrelevanz determiniert. Dies ergibt sich unmittelbar aus der doppelten Funktion dieser Variablen als Reaktionsgröße auf Werbemaßnahmen (bzw. Erfolgsgröße der Werbewirkung) und als Prädiktor des Kaufverhaltens. Da die Einflußfaktoren und v. a. die Kaufverhaltensrelevanz der wesentlichen Konstruktkategorien (Kenntnisse und Einstellungen) untrennbar mit dem gewählten Modell der Werbewirkung verknüpft sind, lassen sich Aussagen über die Eignung der Modellvariablen nur unter expliziter Berücksichtigung der Hierarchiekonzepte und der entsprechenden Antezedenzbedingungen treffen. Abb. 5 vermittelt einen Überblick der Hierarchiemodelle nach RAY und verdeutlicht die Stellung der wichtigsten latenten Variablen in diesen Modellen.[84] Die Variablen „Bewußtsein“ und „Verständnis“ werden üblicherweise unter die Konstruktkategorie „Kenntnisse“ subsumiert, die Variable „Überzeugung“ repräsentiert das Konstrukt „Einstellungen“. Die Modelle spiegeln zwar nicht mehr den aktuellen Kenntnisstand der Werbewirkungsforschung wider, stellen aber immer noch eine gute Orientierungshilfe dar.

---

78 Vgl. Steffenhagen, Hartwig (1996): S.126.
79 Vgl. Ray, Michael L. (1982): p.184.
80 Vgl. Ray, Michael L. (1982): p.185.
81 Vgl. Kroeber-Riel, Werner (1992): S.622-636.
82 Wie z. B. bei Batra, Rajeev / Ray, Michael L. (1985): p.19.
83 Vgl. Voss, Wolf-Dieter (1983): S.129.

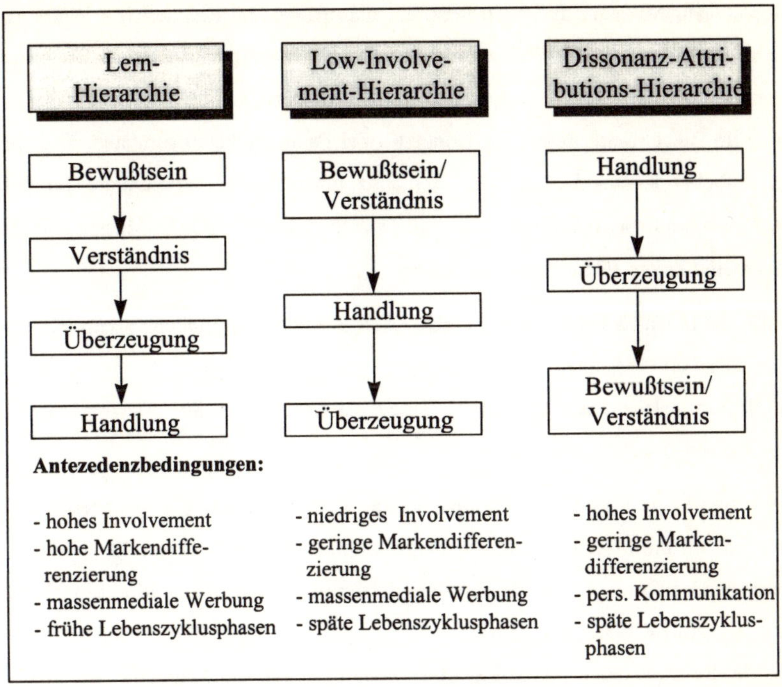

Quelle: Ray, Michael L. (1982): S.185 und 187

Abb. 5: Modelle der Werbewirkung nach Ray

Im folgenden werden die Variablen hinsichtlich ihrer Eignung zur Erklärung und Prognose der Werbewirkung bewertet. Angesichts der großen Anzahl der existierenden empirischen Untersuchungen wie theoretischen Erörterungen muß die Bewertung zwangsläufig selektiv erfolgen; sie erhebt keinen Anspruch auf Vollständigkeit, sondern versucht, einen zusammenfassenden Überblick über die Vielzahl der Forschungsergebnisse zu vermitteln.

2.3.2.3.1 Werbekenntnis

2.3.2.3.1.1 Operationalisierung

Die Werbekenntnis gehört zu den Ereigniskenntnissen.[85] Sie liegt vor, wenn sich eine Person an Werbeaktivitäten erinnert, d. h. wahrgenommene Werbung aktuell im Bewußtsein präsent ist, daher werden die Begriffe Werbekenntnis und Werbeerinnerung häufig synonym verwendet. Ebenso ist es möglich, die Werbekenntnis als latente Variable und die Werbeerinnerung

---

[84] Vgl. dazu auch die zusammenfassende Darstellung in Ray, Michael L. (1982): Advertising and Communication Management, Englewood Cliffs, pp.184-188.

als Indikator zur Messung der Werbekenntnis aufzufassen. Im Rahmen von Werbetrackingstudien wird das Ausmaß an Werbeerinnerung wie alle anderen Variablen als Zielgruppenanteil aggregiert erhoben, also als Prozentsatz derjenigen Befragten der Zielgruppe, bei dem die Werbung im Bewußtsein präsent ist. Kontakt- oder Parameterheterogenitäten, z. B. in Form unterschiedlicher Kontakthäufigkeiten oder einer unterschiedlichen Lernrate der befragten Personen, werden dabei nicht berücksichtigt. Operationalisiert wird die Messung im Fall des GfK-Werbeindikators ATS® durch die Fragen:

- „Ist Ihnen für [Produktart] in letzter Zeit Werbung aufgefallen? Wenn ja, für welche Marken?"
- „Für welche dieser Marken [Vorlage einer Liste] haben Sie in letzter Zeit Werbung gesehen, gehört oder gelesen?"

Bei der ersten Frage handelt es sich um die ungestützte Erhebung der Werbeerinnerung, bei der zweiten um die (durch Vorlage in Frage kommender Marken) gestützte Erhebung der Werbeerinnerung. Nach übereinstimmender Erfahrung verschiedener Marktforschungsinstitute ist die gestützte Werbeerinnerung besser geeignet, das Ausmaß an Werbekenntnis zu ermitteln, da die ungestützte (aktive) Werbeerinnerung durch die Markenbekanntheit verzerrt ist.[86] Das bedeutet, die Probanden antworten auf die Frage, an welche *Werbung* sie sich aus einem Produktbereich erinnern, mit den *Marken*, die sie aus dem entsprechenden Produktbereich kennen, häufig in der Annahme, daß dies die gleiche Frage darstelle, da schließlich für alle bekannten Marken geworben werde. Aufgrund der zweifelhaften Validität der ungestützten Werbeerinnerung wird deshalb im Rahmen dieser Arbeit lediglich auf die gestützte Werbeerinnerung als Variable zur Erfassung der Werbekenntnis zurückgegriffen, obwohl ein Einfluß der Markenbekanntheit auch in diesem Fall nicht auszuschließen ist.

2.3.2.3.1.2 Reagibilität

Die gestützte (passive) Werbeerinnerung wird für jede beobachtete Marke in einer Zeitreihe dargestellt und den Werbeausgaben gegenübergestellt (vgl. Abb. 1). Dieses Vorgehen rechtfertigt sich durch die Annahme, daß die Werbeerinnerung im wesentlichen von der Werbe-

---

85 Vgl. Steffenhagen, Hartwig (1984): Kommunikationswirkung - Kriterien und Zusammenhänge, Schriften der Heinrich-Bauer-Stiftung, Hamburg, S.40.

86 Vgl. z. B. Brown, Gordon (1985): p.57. Kaplitza, Gabriele (1993): Werbeerinnerung als Wirkungsmessung, in: Planung und Analyse 1/93, S.23. Die Aussage von Keppler, daß nur die ungestützte Werbeerinnerung zur Werbewirkungsmessung herangezogen werden sollte, weil die gestützte Werbeerinnerung „überhöhte" Werte liefere, bezieht sich auf Pretests, nicht auf Werbetrackingstudien. Vgl: Keppler, Martin (1993): Qualitätskriterien bei Recall-Tests, in: Planung und Analyse 1/93, S.62.

quantität abhängig ist. Damit soll der Einfluß qualitativer Faktoren, z. B. der Werbegestaltung, auf die Werbeerinnerung nicht bestritten werden, im Gegenteil: Die Tatsache, daß Marken bei gleich hohen Werbeausgaben z. T. über eine unterschiedlich hohe Werbeerinnerung verfügen, läßt implizit Rückschlüsse auf qualitative Faktoren oder exogene Einflüsse wie z. B. das Ausmaß an Konkurrenzwerbung zu. Auch wenn Abb. 1 einen idealtypischen Verlauf darstellt, zeigt die bisherige Erfahrung der Werbetrackingforschung, daß es einen Zusammenhang zwischen Werbeerinnerung und Werbeausgaben gibt.[87] Es gilt jedoch, Wirkungsverzögerungen und Wirkungsübertragungen (Carryover-Effekte) ebenso zu berücksichtigen wie sachliche Ausstrahlungseffekte anderer Marketing-Mix-Aktivitäten (Spillover-Effekte) und konkurrierender Marken.[88]

Es gelingt einigen Marken, „Depoteffekte" der Werbeerinnerung aufzubauen, d. h. die Werbeerinnerung verbleibt nach einer Phase mit hohen Werbeausgaben für einen bestimmten Zeitraum auf einem hohen Niveau, obwohl die Werbeausgaben bereits deutlich reduziert wurden.[89] Langzeitstudien haben jedoch ergeben, daß die Verfallsrate der Werbeerinnerung grundsätzlich dem logarithmischen Verlauf der aus der Psychologie bekannten Vergessenskurven entspricht.[90] Als Erklärungsmuster für das Vergessen der Werbung kann neben der Theorie des zeitlichen Verfalls aber auch die Interferenztheorie herangezogen werden, nach der das Vergessen eine Folge exogener Einflüsse ist, die an die Stelle der bisher im Gedächtnis gespeicherten Inhalte treten bzw. diese überlagern.[91] Weiterhin ist zu beachten, daß ein bestimmtes Ausmaß an Werbeerinnerung selbst dann existiert, wenn keinerlei Werbeausgaben getätigt wurden. Dies läßt sich durch das Antwortverhalten bei Befragungen erklären, schränkt aber die Aussagekraft der Werbeerinnerung solange nicht ein, wie es gelingt, dieses Sockelniveau zu quantifizieren.[92]

Nach den bisherigen Erkenntnissen der Werbetrackingforschung läßt sich zusammenfassend festhalten, daß die gestützte Werbeerinnerung eine hinreichende Reagibilität auf Werbeausgaben besitzt, um als Variable in Werbewirkungsmodelle aufgenommen zu werden.

---

87 Vgl. Barnard, Neil (1990): What Can You Do With Tracking Studies and What Are Their Limitations?, in: Admap, April 1990, p.26. Högl, Siegfried (1988): S. 81f. Juchems, Arthur (1985): S.119.

88 Vgl. Hubel, Walter / Marganus, Martin (1986): Modellgestützte Werbewirkungsanalyse, in: Jahrbuch der Absatz- und Verbrauchsforschung, 4/86, S.345ff.

89 Vgl. Högl, Siegfried / Hubel, Walter (1990): S.93.

90 Vgl. Brown, Gordon (1985): p.58.

91 Vgl. Kroeber-Riel, Werner (1992): S.362f.

92 In Regressionsgleichungen entspricht dieses Sockelniveau dem konstanten Glied b_0.

2.3.2.3.1.3 Kaufverhaltensrelevanz

Die Kaufverhaltensrelevanz der Werbeerinnerung/Werbekenntnis ist abhängig von der Annahme der Gültigkeit eines bestimmten Werbewirkungsmodells sowie von den entsprechenden Antezedenzbedingungen. Wie aus Abb. 5 ersichtlich, determiniert unter Low-Involvement-Bedingungen die Werbeerinnerung neben der Markenbekanntheit unmittelbar die Kaufentscheidung. Da es zu keiner differenzierten Einstellungsbildung kommt, bestimmt vor allem die Gedächtnispräsenz von Marke und Werbemittel das Kaufverhalten. Ob jedoch Werbung bewußt erinnert werden muß, um verhaltenswirksam zu werden, oder ob eine unbewußte Aufnahme der Werbung genügt, um das Kaufverhalten zu beeinflussen, ist eine äußerst strittige Frage, die unter dem Schlagwort „Recall versus Recognition“ Eingang in die Literatur gefunden hat.[93] Nach Ansicht diverser Kritiker ist die Messung der Werbeerinnerung (Recall) gerade bei geringem Involvement ungeeignet, die Werbewirkung zu erfassen, denn Werbung könne hier auch dann verhaltensändernd wirken, wenn sie nicht bewußt erinnert werde.[94] Zur Erfassung der Werbewirkung sei die Wiedererkennung (Recognition) eines Werbemittels (bei Befragungen etwa durch die Vorlage von Bildern) besser geeignet, da Bilder leichter im Gedächtnis gespeichert würden und es angesichts des geringen Involvement möglich sei, daß Werbekontakte Gedächtnisspuren lediglich in Form von Bildern, nicht aber in Form der verbalen und damit stark kognitiven Zuordnung eines Markennamens zu einem Werbemittel hinterlassen hätten, wie dies bei der Messung der Werbeerinnerung als Recall Voraussetzung sei.[95]

Noch weiter reicht der Kritikpunkt, daß Werbung gerade dann wirkungsvoll sei, wenn sie nicht erinnert werde, da der Werbewirkungsprozeß dann unbewußt und deshalb ohne kognitive Kontrolle ablaufe.[96] Diese Kritik beruht auf der These der unterschwelligen Wahrnehmung (Subliminal Perception), deren fundierter empirischer Nachweis noch aussteht und die daher im folgenden nicht weiter berücksichtigt werden soll.[97]

---

[93] Vgl. dazu die Übersicht und Bewertung der zentralen Veröffentlichungen bei Du Plessis, Erik (1994): Recognition versus Recall, in: Journal of Advertising Research, May/June 1994, pp.76-78.

[94] Vgl. z. B. Kroeber-Riel, Werner (1990): S.636.

[95] Vgl. Krugmann, Herbert E. (1977): Memory without Recall, Exposure without Perception, in: Journal of Advertising Resarch, Vol.17, No.4, August 1977, pp.7-12 sowie Krugmann, Herbert E. (1986): Low Recall and High Recognition of Advertising, in: Journal of Advertising Research, February/March 1986, pp.79-86. Alternativ oder ergänzend zur Recall-Messung ist im GfK-Werbeindikator ATS®auch eine Recognition-Messung möglich.

[96] Vgl. z. B. Grünewald, Stephan / Szymkowiak, Frank: Die Psychologie der Werbewirkung, in: Planung und Analyse 2/97, S.48.

[97] Vgl. Moore, Timothy (1988): The Case Against Subliminal Manipulation, in: Psychology and Marketing, Vol.5, No.4, Winter 1988, pp. 311/312. Ferner die Literaturangaben bei: Belch, George E. / Belch, Michael A. (1990): Introduction to Advertising and Promotion Management, Homewood/Boston, p.107. Mühlbacher

Da es, wie DU PLESSIS nach Sichtung der einschlägigen Literatur feststellt, „virtually no empirical evidence“[98] für die generelle Überlegenheit einer Maßgröße zur Erfassung der Gedächtnispräsenz der Werbung gibt, soll im Rahmen dieser Arbeit davon ausgegangen werden, daß die (gestützte) Messung der Werbeerinnerung (aided recall) auch bei geringem Involvement geeignet ist, Aufschluß über die Gedächtnispräsenz eines Werbemittels zu geben.[99]

Die Auffassung, daß der Werbeerinnerung bei Low-Involvement-Kaufentscheidungen eine besondere Kaufverhaltensrelevanz zukommt, ist ebenfalls nicht unumstritten. So hat z. B. AMSTAD die Forderung erhoben, die Werbeerinnerung nicht länger zum zentralen Maß der Werbewirkungsforschung zu erklären, da das Kaufverhalten angesichts austauschbarer Produkte und des allgemein geringen Involvement zunehmend von (oftmals diffusen) affektiven statt von kognitiven Faktoren wie der Werbeerinnerung beeinflußt werde.[100] Dem muß entgegengehalten werden, was BARRY und HOWARD nach einer vergleichenden Analyse hierarchischer Werbewirkungsmodelle feststellten: „No evidence currently exists supporting the contention that the sequential ordering of cognitive versus affective responses to advertising communications ‘ultimately matters’ in terms of what people purchase or consume.“[101]

Auch in der klassischen Lernhierarchie ist die Werbeerinnerung als Teil des „Bewußtseins“ eine Einflußgröße des Kaufverhaltens, wenngleich durch die nachfolgenden Konstrukte nur mittelbar. Nicht berücksichtigt ist in der Lernhierarchie, daß die Werbeerinnerung nicht nur einen streng linearen Einfluß auf die nachfolgende latente Variable, die Einstellung, hat, sondern mit der Markenbekanntheit auch eine Variable der gleichen Ebene in der Wirkungshierarchie beeinflußt.[102] Obwohl die Markenbekanntheit, wie im folgenden Abschnitt gezeigt

---

weist zu Recht darauf hin, daß es „unterschwellige“ Wahrnehmung im engeren Sinne gar nicht geben kann, denn wenn ein Reiz unterhalb der Schwelle der Wahrnehmung liegt, kann er nicht bemerkt werden. Häufig ist mit „unterschwelliger“ Wahrnehmung faktisch „unbewußte“ Wahrnehmung gemeint, d. h. eine Person wird von einem Stimulus erreicht, ohne diese Beeinflussung zu bemerken; vgl. Mühlbacher, Hans (1982): S.81-86.

98 Du Plessis, Erik (1994): p.75.

99 Daß ein hoher Recallwert aber noch nichts über das Ausmaß an Überzeugungskraft (Persuasion) aussagt, das von einem Werbemittel ausgeht, zeigen Beattie, Ann E. / Mitchell, Andrew A. (1985): The Relationship between Advertising Recall and Persuasion: An Experimental Investigation, in: Alwitt, Linda F. / Mitchell, Andrew A. [eds.] (1985): pp.151/152.

100 Vgl. Amstad, Peter (1994): Werbewirkungsmessung heute - Methodologische Überlegungen aus psychologischer Sicht, in: Tomczak, Torsten / Reinecke, Sven [Hrsg.] (1994): S.250f. Vgl. dazu auch Brown, Gordon / Farr, Andy (1994): Enhancement, in: Planung und Analyse 3/94, S.14.

101 Barry, Thomas / Howard, Daniel (1990): A Review and Critique of the Hierarchy of Effects in Advertising, in: International Journal of Advertising, Vol.9, No.2, 1990, p.121.

102 Vgl. zu den grundsätzlichen Zusammenhängen zwischen Recallwerten und Einstellungen die Diskussion bei Chattopadhyay, Amitava / Alba, Joseph W. (1989): The Relationship between Recall, Cognitive Responses, and Advertising Effectiveness: Effects of Delay and Context, MSI Working Paper, Report No.89-103, Cambridge, MA, pp.1-3.

wird, viele Determinanten hat, erscheint es auch aufgrund der Bedeutung der Gedächtnispräsenz eines *Werbemittels* für die Gedächtnispräsenz der beworbenen *Marke* gerechtfertigt, die Werbeerinnerung als kaufverhaltensrelevante Variable in Werbewirkungsmodelle aufzunehmen. Unterstützung erhält dieses Vorgehen durch die Erkenntnisse der informationsökonomischen Marketing-Theorie, nach der ein hoher wahrgenommener Werbedruck die Konsumenten auf einen vertrauenswürdigen Anbieter schließen läßt. Diese Auffassung beruht auf der Vermutung, daß ein hoher Werbeaufwand nur von Unternehmen erwirtschaftet werden kann, die ein qualitativ zufriedenstellendes Produkt anbieten.[103]

Einige empirische Untersuchungen konnten einen Zusammenhang zwischen Werbeerinnerung und Kaufverhalten belegen.[104] Problematisch sind jedoch insbesondere Studien, die das Kaufverhalten anhand einer weiteren, im Werbewirkungsprozeß nachgelagerten, aber immer noch *vor*ökonomischen Variable messen, wie beispielsweise der Präferenz.[105] Dieses Vorgehen wäre nur dann gerechtfertigt, wenn es eindeutige Nachweise für die Kaufverhaltensrelevanz dieser nachgelagerten Größen gäbe. Wie die weitere Diskussion der Werbetrackingvariablen zeigen wird, ist dies nicht der Fall. Es stellt sich ferner die Frage, ob ein Zusammenhang etwa in Form einer positiven Korrelation zwischen der Werbeerinnerung und einer Kaufverhaltensgröße den Schluß einer Ursache-Wirkungsbeziehung zuläßt. Die klassischen Hierarchiemodelle lassen dies zwar vermuten, bei neueren Werbewirkungsmodellen (wie etwa dem Modell von STEFFENHAGEN, vgl. Abb. 4) geht man aber von einer Wechselseitigkeit der Einflüsse aus. Das heißt im vorliegenden Fall, daß das Kaufverhalten ebenso das Ausmaß an Werbeerinnerung bestimmen könnte wie die Werbeerinnerung das Kaufverhalten; selbst dann, wenn - wie angenommen - die gestützte Werbeerinnerung eine valide Meßgröße zur Erfassung der Gedächtnispräsenz der Werbung darstellt. Eine Erklärung hierfür bietet die Selektivität der Wahrnehmung, die dazu führen könnte, daß Werbung für Marken, die ein Kon-

---

103 Vgl. Tolle, Elisabeth (1994): Informationsökonomische Erkenntnisse für das Marketing bei Qualitätsunsicherheiten der Konsumenten, in: Zeitschrift für betriebswirtschaftliche Forschung, 46 (11/94), S.926-938.

104 Vgl. z. B.: Brown, Gordon (1985), S.63. Weber, Adelheid (1993): Ein Zwei-Stufen-Modell der Marktreaktion: Ein Instrument zur Analyse und Planung des Marketing-Mix-Einsatzes im wettbewerblichen Umfeld, Frankfurt, S.121ff. Hollis, Nigel (1995a): How To Show the Influence of Advertising on Sales, in: Admap, March 1995, pp.75-78. Vgl. auch die Diskussion bei Jones, John Philip / Blair, Margaret H. (1996): pp.41/42. Allerdings ist ein solcher Zusammenhang keineswegs immer feststellbar, vgl. Haley, Douglas F. (1985): Advertising Tracking Studies: Packaged Goods Case Histories, in: Journal of Advertising Research, Vol.25, No.1, Feburary/March 1985, p.447.

105 Vgl. z. B.: Woodside, Arch G. / Wilson, Elizabeth J. (1985): Effects of Consumer Awareness of Brand Advertising on Preference, in: Journal of Advertising Research, July/August 1985, p.47.

sument selbst verwendet, generell ein höheres Maß an Aufmerksamkeit erfährt und damit auch zu einer höheren gestützten Werbeerinnerung führt:

> „Of course users will tend to recall advertising more - that is called selective perception - and any correlation between claimed awareness and claimed sales tells us nothing about the causality of the relationship.“[106]

Die Selektivität der Wahrnehmung läßt sich in diesem Fall durch die Theorie der kognitiven Dissonanz erklären.[107] Um diese zu vermeiden, sind Käufer aufnahmebereiter für Überzeugungselemente (wie z.B. Werbeaussagen.), in der Hoffnung, daß diese sie in der Richtigkeit ihrer Kaufentscheidung bestätigen.

Die Anerkennung eines derartigen wechselseitigen Einflusses stellt nicht die Kaufverhaltensrelevanz der Werbeerinnerung grundsätzlich in Frage, da es beispielsweise möglich erscheint, daß die Stärke des Einflusses des Kaufverhaltens auf die gestützte Werbeerinnerung geringer ist als umgekehrt, doch bedarf dies in jedem Fall einer Überprüfung. Auch für die prognostische Validität der Werbeerinnerung hat dies weitreichende Konsequenzen: Aus einer beobachteten Korrelation ($r = 0{,}85$) den Schluß zu ziehen: „(...) if ad awareness is not the means to extra sales, it is at least a good predictor“[108], erscheint fragwürdig; es sei denn, daß der Nachweis erbracht wird, daß eine Veränderung der Werbeerinnerung einer Veränderung des Kaufverhaltens zeitlich vorausgeht.

2.3.2.3.2 Markenbekanntheit

2.3.2.3.2.1 Operationalisierung

Die Kenntnis einer Marke gehört primär zu den Namenskenntnissen und wird üblicherweise als Markenbekanntheit bezeichnet.[109] Darunter versteht man die „Geläufigkeit oder Bewußtseinspräsenz“[110] eines Markennamens bei einem Individuum. Im Rahmen von Werbetrackingstudien wird die Markenbekanntheit ebenso wie die Werbeerinnerung und alle anderen latenten Variablen aggregiert als Prozentsatz der Zielgruppe ausgewiesen. Im Fall des GfK-

---

106 Feldwick, Paul (1990): What Should We Measure?, in: Admap, April 1990, p.18. Die Aussage von Feldwick bezieht sich auf das Konzept des „Usage Pull“ von Rosser Reeves, vgl. dazu Reeves, Rosser (1986): Reality in Advertising, 16th printing, New York, pp.30-59, sie läßt sich aber ebensogut auf die Werbetrackingforschung übertragen.

107 Vgl. Diller, Hermann [Hrsg.] (1992): S.218f. und die dort angegebene Literatur.

108 Hollis, Nigel (1995a): p.77.

109 Vgl. Steffenhagen, Hartwig (1984b): S.41. Die Kenntnis einer Marke kann sich aber auf mehr als nur auf den Namen beziehen.

Werbeindikators ATS® lauten die Fragestellungen zur Erhebung der Markenbekanntheit wie folgt:

- „Sagen Sie mir doch jetzt bitte einmal alle Marken von [Produktbereich], die Sie kennen, wenn auch nur dem Namen nach."
- „Sagen Sie mir bitte nach dieser Liste hier, welche dieser Marken Sie kennen, wenn auch nur dem Namen nach."

Bei der ersten Frage handelt es sich um die ungestützte Erhebung der Markenbekanntheit, die auch als aktive Markenbekanntheit bezeichnet wird. Bei der zweiten Frage wird die Erhebung der Markenbekanntheit durch die Vorlage einer Liste gestützt, das so gewonnene Ergebnis bezeichnet man als passive Markenbekanntheit.[111] Die theoretische Eignung der Markenbekanntheit als Variable eines Werbewirkungsmodells soll wiederum anhand der Kriterien Reagibilität und Kaufverhaltensrelevanz überprüft werden.

2.3.2.3.2.2 Reagibilität

Die Reagibilität auf Marketing-Mix-Aktivitäten muß nach den Ergebnissen empirischer Erhebungen zumindest für die passive Markenbekanntheit bezweifelt werden, denn diese beträgt bei etablierten Marken regelmäßig konstant 80-90 %, unabhängig von eventuellen Variationen der absatzpolitischen Instrumente.[112] Da im Rahmen dieser Arbeit der Werbeerfolg etablierter Marken im Mittelpunkt steht, scheidet die passive Markenbekanntheit aus der weiteren Diskussion aus, ungeachtet der Tatsache, daß sie bei neuen Marken die sinnvollere Operationalisierung darstellt, da sie sich erheblich schneller aufbaut als die aktive Markenbekanntheit.[113] Zur Beurteilung der Reagibilität der aktiven Markenbekanntheit ist es erforderlich, ihre Determinanten eingehend zu erläutern. Aktive Markenbekanntheit liegt vor, wenn Produktart und Markenname miteinander assoziiert werden. Allgemein gesprochen wird die aktive Markenbekanntheit daher durch alle Faktoren beeinflußt, welche die Wahrscheinlichkeit der Wahrnehmung von Produktart und Markennamen durch den Konsumenten erhöhen. Dies geschieht vor allem durch kommunikationspolitische Maßnahmen, da jeder Werbekontakt die Chance zur gleichzeitigen Wahrnehmung von Produktart und Markennamen bietet.

---

110 Vgl. Steffenhagen, Hartwig (1976): Markenbekanntheit als Werbeziel - Theorie und Operationalisierung, in: Zeitschrift für Betriebswirtschaft, Heft 10, 1976, S.717.

111 Steffenhagen, Hartwig (1976): S.718.

112 Die 162 in der Datenbasis der nachfolgenden Untersuchung enthaltenen Marken weisen eine durchschnittliche ungestützte Markenbekanntheit von 84% auf.

113 Vgl. zur unterschiedlichen Aussagekraft latenter Variablen im Lebenszyklus einer Marke die Erörterung bei Weber, Adelheid (1993): S.30f.

Doch nicht nur die Werbung bestimmt über das Ausmaß der Markenbekanntheit, sondern auch andere absatzpolitische Instrumente wie die Distribution, Verkaufsförderungsaktionen oder die Regalfläche.[114] Die Markenbekanntheit eignet sich deshalb nur dann als latente Variable in einem Werbewirkungsmodell, wenn es gelingt, den Einfluß der anderen Marketing-Mix-Aktivitäten auf die Markenbekanntheit zu erfassen und vom Einfluß der Werbung zu separieren.

Die Untersuchungen der bisherigen Werbetrackingforschung zur Reagibilität der Markenbekanntheit auf Marketing-Mix-Variablen weisen gleichlautend das Ergebnis auf, daß auch die aktive Markenbekanntheit im Zeitablauf außerordentlich stabil ist, unabhängig vom Ausmaß etwaiger Variationen im Marketing-Mix.[115] Dies gilt jedoch nicht für alle Marken in gleichem Maße. Nach den Erfahrungen von BARNARD ist z. B. die Reagibilität der aktiven Markenbekanntheit auf Werbeausgaben stärker ausgeprägt, wenn:

- es sich um eine neue oder wenig bekannte Marke handelt,
- die Marke nur selten beworben wird,
- es sich um eine „periphere" Marke handelt,
- die Kampagne etwas Neues mitzuteilen hat.

Demnach wäre die aktive Markenbekanntheit eine wenig geeignete Variable in Werbetrackingstudien, denn diese werden überwiegend für etablierte, marktanteilsstarke, weitgehend bekannte und regelmäßig beworbene Marken durchgeführt. Ein möglicher Grund für die geringe Reaktion der Markenbekanntheit bei derartigen Marken ist in der Existenz von Niveaueffekten zu sehen. Auch die aktive Markenbekanntheit könnte bei etablierten Marken bereits ein so hohes Niveau erreicht haben, daß weitere Steigerungen selbst bei extremen Marketing-Mix-Aktivitäten nicht zu erzielen sind. Diese Begründung vermag jedoch nicht zu erklären, warum z. T. auch relativ unbekannte Marken, bei denen derartige Niveaueffekte ausgeschlossen werden können, äußerst geringe Volatilitäten der Markenbekanntheit aufwei-

---

[114] Vgl. Voss, Wolf-Dieter (1983): Modellgestützte Markenpolitik: Planung und Kontrolle markenpolitischer Entscheidungen auf der Grundlage computergestützter Informationssysteme, Wiesbaden, S.114. Den Zeitraum seit der Markteinführung als eigenständige Determinante der Markenbekanntheit aufzufassen, wie Voss dies vorschlägt, ist problematisch, denn die Zeit selbst hat ungeachtet der Tatsache, daß Lernen und Vergessen zeitlichen Veränderungen unterliegen, keinen direkten Einfluß auf die Markenbekanntheit, sondern allenfalls einen indirekten, da der Konsument bei etablierten Marken bereits häufiger die Gelegenheit hatte, markenbezogene Assoziationen durch den Einsatz des Marketing-Mix oder durch Verwendung zu lernen. M.a.W.: Etablierte Marken verfügen nicht deshalb über eine höhere Markenbekanntheit, weil sie älter sind, sondern weil sie in ihrer Historie eine größere Zahl dargebotener Assoziationschancen aufweisen.

[115] Vgl. z. B.: Barnard, Neil (1990): p.22 oder Brown, Gordon (1985): p.54.

sen.[116] Naheliegender ist die Annahme, daß die Markenbekanntheit durch Einflüsse außerhalb des Marketing-Mix determiniert wird.

LAURENT et al. haben z. B. nachgewiesen, daß das Ausmaß an aktiver Bekanntheit einer Marke von der aktiven Bekanntheit anderer Marken der gleichen Warengruppe abhängig ist. Wenn eine Marke in einer Warengruppe einen sehr hohen aktiven Bekanntheitsgrad aufweise, leide darunter zwangsläufig die Markenbekanntheit der anderen Marken der Warengruppe.[117] Gestützt wird die Annahme derartiger Konkurrenzeinflüsse auf die aktive Markenbekanntheit durch das „Salience"-Konzept, nach dem jede Steigerung in der Assoziationsstärke zwischen einer Marke und ihrer Warengruppe die Wahrscheinlichkeit verringert, daß ein Konsument weitere Marken der Warengruppe aktiv kennt.[118] Neben derartigen Marken- und Warengruppencharakteristika kommt als grundlegende Determinante der Markenbekanntheit v. a. die Verwendungserfahrung in Frage, allerdings verständlicherweise nur bei Wiederholungskäufen, da bei Erstkäufen definitionsgemäß noch keine Verwendungserfahrung vorliegen kann. Da die Mehrzahl der in Werbetrackingstudien untersuchten Marken etablierte Fast-Moving-Consumer-Goods mit hoher Kauffrequenz sind, kann ein bestimmtes Ausmaß an Verwendungserfahrung und damit ein Einfluß der Verwendung auf die Höhe der Markenbekanntheit angenommen werden. Diese Erkenntnis wird durch die Praxis bestätigt. BARNARD resümiert etwa: „The general response patterns [...] suggest that, when asked about brands, people *tend* to mention the brand(s) that they also currently buy..."[119]
Die Markenbekanntheit ist daher aufgrund der Vielzahl von Einflußfaktoren als Reaktionsgröße der Werbewirkung weniger geeignet als die Werbeerinnerung.

2.3.2.3.2.3 Kaufverhaltensrelevanz

Die Kaufverhaltensrelevanz der Markenbekanntheit wird zunächst ebenfalls unter Berücksichtigung der traditionellen Hierarchiekonzepte betrachtet. Für die Lernhierarchie gilt analog zur Werbeerinnerung, daß die Markenbekanntheit lediglich eine geringe Kaufverhaltensrelevanz

[116] Diese geringe Volatilität spricht auch gegen die These, daß die ungestützte Markenbekanntheit von der Artikulationsfähigkeit der Probanden in der Stichprobe abhängig ist und deshalb großen Zufallsschwankungen unterliegt, vgl.: Böcker, Franz / Frank, Peter (1988): Werbeindikator als Entscheidungshilfe, in: Jahrbuch der Absatz- und Verbrauchsforschung, 4/88, S.397.

[117] Laurant, Gilles / Kapferer, Jean-Noel / Roussel, Francoise (1995): The Underlying Structure of Brand Awareness Scores, in: Marketing Science, Vol.14, No.3 , Part 2 of 2, 1995, p.G178.

[118] Vgl. Alba, Joseph W. / Chattopadhyay, Amitava (1986): Salience Effects in Brand Recall, in: Journal of Marketing Research, Vol.28, November 1986, p.363. Miniard, Paul W. / Unnava, H. Rao / Bhatla, Sunil (1989): Inhibiting Brand Name Recall: A Test of the Salience Hypothesis, in: Advances in Consumer Research, Vol.16, 1989, pp.268/269.

[119] Barnard, Neil (1990): p.23, Hervorhebung im Original.

besitzt, da sie vom offenen Verhalten noch durch affektive Vorgänge (Werbeeinstellung und Markeneinstellung) getrennt ist. Im Rahmen der Dissonanz-Attributions-Hierarchie kommt der Markenbekanntheit explizit keine Kaufverhaltensrelevanz zu, da hier der (spontane) Kauf am Beginn der Wirkungshierarchie steht; erst aus der Verwendungserfahrung entstehen Einstellungen und Kenntnisse. Da die Dissonanz-Attributions-Hierarchie aber nicht hinreichend erklären kann, warum der Konsument zu einer bestimmten Marke aus der Vielzahl gleich erscheinender Marken greift, wird angenommen, daß zwar keine detaillierten Markenkenntnisse vorliegen müssen, damit eine Marke gekauft wird, Markenbekanntheit aber - möglicherweise unbewußt - auch bei der Dissonanz-Attributions-Hierarchie vor dem Kauf vorliegen muß.[120] In der Low-Involvement-Hierarchie besitzt die Markenbekanntheit dagegen hohe Verhaltensrelevanz, da aufgrund des bereits in Abschnitt 2.3.2.2 erläuterten „kognitiv-konativen Kurzschlusses" die Gedächtnispräsenz von Marke und Werbung kaufentscheidend wirkt. Keine Werbewirkungshierarchie, aber einen fundierten Versuch, das Kaufverhalten bei geringer (subjektiver) Markendifferenzierung zu erklären, stellt das Konzept des „Evoked Set" dar.[121] Das Konzept geht von einer hohen Verhaltensrelevanz der Markenbekanntheit aus.[122] Unter dem „Evoked Set" versteht man die Anzahl von Marken einer Produktart, die vom Käufer in einer Kaufsituation in die engere Wahl gezogen werden. Der Begriff „Evoked Set" wird hier als Synonym zum Begriff „Relevant Set" betrachtet[123] und auch mit dem Terminus „Consideration Set" gleichgesetzt.[124] Das Evoked Set kann als „Programm zur Bewältigung der Kaufsituation interpretiert werden."[125] Man geht davon aus, daß in einer realen Kaufsituation nicht alle Marken einer Produktart zum Kauf in Frage kommen, sondern daß ein Konsu-

---

120 Vgl. Voss, Wolf-Dieter (1983): S.123.

121 Vgl. Howard, John A. / Shet, Jagdish N. (1969): The Theory of Buyer Behavior, New York, p.98. Ursprünglich stammt der Begriff aus der Organisationspsychologie, vgl.: March, James G. / Simon, Herbert A. (1958): Organizations, New York, p.10.

122 Die aktive Markenbekanntheit wird im Rahmen dieses Konzeptes auch als Aktualität bezeichnet, vgl. die Ausführungen bei Schürmann, Uwe (1993): Erfolgsfaktoren der Werbung im Produktlebenszyklus, Diss., Frankfurt u. a., S.56f.

123 So wie dies in der Marketing-Literatur die Regel ist, vgl. etwa die gleichlautenden Einträge in Vahlens großem Marketinglexikon: Diller, Hermann [Hrsg.] (1992): S.289 und S.884. Es gibt jedoch auch abweichende Definitionen, vgl. Schaefer, Wolfgang (1985): Zu den Beziehungen zwischen Werbewirkungen und Kauf bzw. Verwendung, in: Holm, Karl-Friedrich [Hrsg.] (1985): Band II, S.18.

124 Der Begriff Evoked Set wird vorgezogen, weil er in verschiedenen, in der Literatur bereits seit Jahrzehnten diskutierten Setkonzeptionen die gleiche inhaltliche Interpretation aufweist, vgl. z. B. Narayana, Chem L. / Markin, Ron J. (1975): Consumer Behavior and Product Performance: An Alternative Conceptualization, in: Journal of Marketing, Vol.39, No.4, 1975 pp.1-6. Brisoux, Jaques E. / Laroche, Michel (1980): Evoked Set Formation and Composition: An Empirical Investigation Under a Routinized Response Behavior Situation, in: Advances in Consumer Research, Vol.8, pp.357-360. In neueren Veröffentlichungen setzt sich dagegen der Begriff Consideration Set zunehmend durch, ohne allerdings bislang die gleiche inhaltliche Geschlossenheit aufzuweisen.

125 Steffenhagen, Hartwig (1976): S.724.

ment eine für den Kaufakt bedeutsame Untermenge auswählt und seine Wahl in einer Kaufsituation nur innerhalb dieser Untermenge trifft. Marken innerhalb des Evoked Set haben somit eine höhere Kaufwahrscheinlichkeit als Marken außerhalb. Da empirischen Untersuchungen zufolge das Evoked Set eines Konsumenten i.d.R. mehrere Marken umfaßt,[126] sind dementsprechend verschiedene Kaufresultate möglich. Um eine Beziehung zum Kaufverhalten herzustellen, muß daher eine zusätzliche Hypothese zur Markenwahlwahrscheinlichkeit entwickelt werden.[127] Eine derartige Hypothese stellt z. B. die aus dem Impact-Modell der Werbepsychologie bekannte Annahme dar, daß die Marke, die in der Bekanntheitshierarchie an erster Stelle steht, die höchste Kaufwahrscheinlichkeit aufweist, während Marken mit relativ geringerer Assoziationsstärke nur in Ausnahmefällen (z. B. bei Nichterhältlichkeit) in die engere Wahl kommen.[128] Offen bleibt jedoch die Frage, *wie* die einzelnen Marken in die Bekanntheitshierarchie des menschlichen Gedächtnisses gelangen. Zur Beantwortung dieser Frage läßt sich die Hypothese des Evoked Set sowohl mit der Low-Involvement- als auch mit der Dissonanz-Attributions-Hierarchie verknüpfen.

Gemäß der Low-Involvement-Theorie bilden sich bei geringem Involvement nur schwache Markeneinstellungen und diese auch erst im Anschluß an den Kauf. In der Bekanntheitshierarchie können nur solche Marken eine dominante Stellung einnehmen, die aufgrund einer hohen Kontaktfrequenz (Verknüpfung von Produktart und Markenname) über hohe relative Assoziationsstärken verfügen. Ausschlaggebend für die Stellung einer Marke in der Bekanntheitshierarchie ist somit die Kontaktfrequenz; die Markenverwendung „degeneriert dabei zu einem oder mehreren Lernkontakten im Hinblick auf die Markenbekanntheit, ohne daß sich dabei differenzierende Markeneinstellungen bilden würden."[129] Verbindet man dagegen die Hypothese des Evoked Set mit der Dissonanz-Attributions-Hierarchie, so könnten nur diejenigen Marken einen vorderen Rangplatz in der Bekanntheitshierarchie belegen, denen der Konsument aufgrund seiner Verwendungserfahrungen besonders positiv gegenübersteht.[130] Ausschlaggebend für die Zusammensetzung des Evoked Set ist hier also die Verwendung, diese determiniert maßgeblich die Markeneinstellung, da der Verbraucher gemäß der Dissonanz-Attributions-Hierarchie Markeneinstellungen entwickelt, die zu seinem

126 Das Evoked Set umfaßt in den meisten Warengruppen ca. 2-5 Marken, vgl. die Diskussion verschiedener Untersuchungsergebnisse bei Weber, Günter (1994): Strategische Marktforschung, München/Wien, S.75-81.

127 Voss, Wolf-Dieter (1983): S.215.

128 Vgl. a.a.O.: S.125. Die Annahme des Impact-Modells kann auf Wunsch des Kunden bei der Erhebung der Markenbekanntheit im GfK-Werbeindikator berücksichtigt werden, indem die erste Nennung gesondert ausgewiesen wird.

129 Voss, Wolf-Dieter (1983): S.126

130 ebenda.

(vorangegangenen) Kaufverhalten konform sind. Werbekontakte unterstützen allenfalls die Einstellungsbildung. Je positiver die Einstellung, desto höher ist der Rangplatz in der Bekanntheitshierarchie.

Für eine Kombination des Evoked-Set-Konzeptes mit der Dissonanz-Attributions-Hierarchie sprechen Untersuchungsergebnisse, nach denen die Zusammensetzung des Evoked Set stärker von Einflüssen der Verwendung als von der Vertrautheit einer Marke („brand familiarity") abhängig ist.[131] Für eine Kombination des Evoked-Set-Konzeptes mit der Low-Involvement-Hierarchie gibt es allerdings ebenfalls empirische Unterstützung. So konnte z. B. in einem Experiment gezeigt werden, daß ein einziger Werbekontakt dazu führen kann, daß die beworbene Marke in das Evoked Set aufsteigt, und dies selbst dann, wenn die Probanden über keine Werbeerinnerung verfügen.[132] Mittlerweile überwiegt in der wissenschaftlichen Literatur die Auffassung, daß das Konzept des Evoked Set sowohl bei geringem als auch bei stärkerem Involvement anwendbar ist. Aufgabe der Werbung ist es in beiden Fällen, eine Marke dauerhaft im Evoked Set zu halten. Dies geschieht bei geringem Involvement v. a. durch wiederholte Werbemittelkontakte, bei stärkerem Involvement dagegen auch durch die Vermittlung von markenbezogenen Werbeinhalten, die dazu führt, daß ansonsten kaum unterschiedlich wahrgenommene Marken „psychologisch" differenziert werden.[133] Auch wenn die Entstehung, Zusammensetzung und Kaufverhaltensrelevanz des Evoked Set noch weiterer Forschungsanstrengungen bedarf, um zu einer stringenten Theorie auszureifen, liegt mit diesem Konzept aufgrund der integrierten Betrachtung von Einflüssen der Werbung, der Marketing-Mix-Aktivitäten am POS sowie der Verwendungserfahrung ein interessanter, umfassender Ansatz zur Erklärung des Kaufverhaltens vor.[134]

Empirische Untersuchungen zur Kaufverhaltensrelevanz der Markenbekanntheit weisen äußerst widersprüchliche Ergebnisse auf, was insofern nicht erstaunt, als den Untersuchungen

---

[131] Vgl. die Literaturquellen bei Baker, William et al. (1986): Brand Familiarity and Advertising: Effects on the Evoked Set and Brand Preference, in: Advances in Consumer Research, Vol.13, p.641. Weitere Untersuchungsergebnisse über die Zusammensetzung des Evoked Set finden sich bei: Nedungadi, Prakash (1990): Recall and Consumer Consideration Sets: Influencing Choice without Altering Brand Evaluations, in: Journal of Consumer Research, Vol.17, December 1990, p.270.

[132] Vgl. Shapiro, Stewart / MacInnis, Deborah J. / Heckler, Susan E. (1997): The Effects of Incidental Ad Exposure on the Formation of Consideration Sets, in: Journal of Consumer Research, Vol.24, June 1997, p.102.

[133] Vgl. Mitra, Anusree (1995): Advertising and the Stability of Consideration Sets over Multiple Purchase Occasions, in: International Journal of Research in Marketing, Vol.12, 1995, pp.84/85 und die dort angegebene Literatur.

[134] Einen aktuellen Überblick über den Forschungsstand sowie die noch ungeklärten Fragen bieten: Roberts, John H. / Lattin, James M. (1997): Consideration: Review of Research and Prospects for Future Insights, in: Journal of Marketing Research, Vol.34, August 1997, pp.406-410.

unterschiedliche Antezedenzbedingungen (geringes/hohes Involvement), Erhebungsmethoden (Experiment/Beobachtung) und Aggregationsniveaus (Mikroebene/Makroebene) zugrunde liegen.[135] Auch hinsichtlich der Wahl der abhängigen Variable zur Modellierung des Kaufverhaltens (Verwendung, Markenwahl, Abverkäufe, Marktanteile usw.) gibt es gravierende Unterschiede, die für die Ambiguität der Ergebnisse verantwortlich sein könnten, da unterschiedlich viele exogene Einflüsse berücksichtigt werden müssen. Methodisch basiert die Mehrzahl der genannten Untersuchungen auf der Regressionsanalyse. Dabei wird, jeweils in aggregierter Form, die Markenbekanntheit als unabhängige Variable und eine Maßgröße des Kaufverhaltens - wie z. B. der Marktanteil - als abhängige Variable modelliert.[136] Von einer Kaufverhaltensrelevanz wird dann ausgegangen, wenn ein solches Modell eine höhere Varianzerklärung bietet als Modelle ohne eine entsprechende Markenbekanntheitsvariable. Angesichts der Vielzahl der Einflußfaktoren, die neben der Markenbekanntheit einen Einfluß auf den Marktanteil haben, wird als abhängige Variable in der Werbetrackingforschung gelegentlich der Anteil der Verwender einer Marke, der ebenfalls durch Befragung ermittelt wird, herangezogen. Regressionsanalysen zwischen Markenbekanntheit und Verwendung auf der Basis von Querschnittsdaten ergaben dabei erklärte Varianzanteile von 88 %.[137] Da eine Exponentialfunktion zugrunde gelegt wurde, folgert SCHAEFER: „Die Verwendung steigt progressiv mit der spontanen Markenbekanntheit (...).“[138] Abb. 6 verdeutlicht diesen Zusammenhang graphisch:

135 Vgl. z. B. Aaker, David A. / Day, George S. (1974): A Dynamic Model of Relationships among Advertising, Consumer Awareness, Attitudes, and Behavior, in: Journal of Applied Psychology, Vol.59, No.3, 1974, pp.281-286. Assael, Henry / Day, George S. (1968): Attitudes and Awareness as Predictors of Market Share, in: Journal of Advertising Research, Vol.8, No.4, 1968, pp.3-10. Hollis, Nigel (1995b): Measuring Advertising Effectiveness, in: Admap, March 1995, pp.75-78. Hoyer, Wayne D. / Brown, Steven P. (1990): Effects of Brand Awareness on Choice for a Common, Repeat-Purchase Product, in: Journal of Consumer Research, Vol.17, September 1990, pp.141-148. Die Untersuchung von Hoyer und Brown beschäftigt sich jedoch mit dem individuellen Markenwahlverhalten als abhängiger Variable, es handelt sich also im Gegensatz zu den anderen Quellen um eine disaggregierte Betrachtung.

136 Vgl. zu diesem Vorgehen z. B. die frühe Studie von Assael, Henry / Day, George S. (1968): p.5.

137 Vgl. Schaefer, Wolfgang (1985): S.31.

138 a.a.O.: S.21.

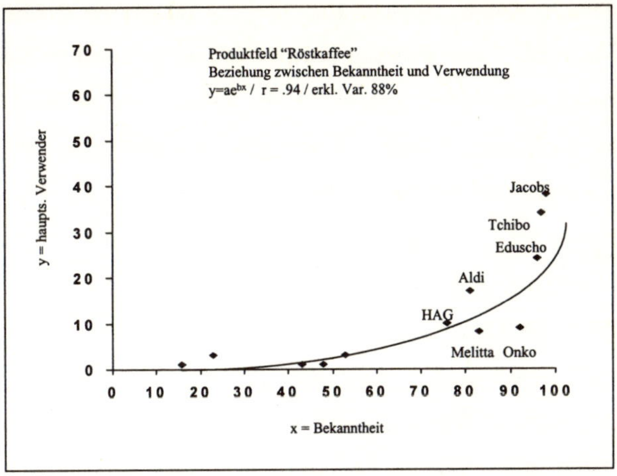

Quelle: Schäfer, Wolfgang (1985): S.30

Abb. 6: Die Beziehung zwischen Markenbekanntheit und Verwendung

Dieses Ergebnis belegt zwar, daß es einen Zusammenhang zwischen Markenbekanntheit und Kaufverhalten (gemessen an der bekundeten Verwendung) gibt, doch darf daraus keineswegs auf die Eignung der Markenbekanntheit als Prädiktor des Kaufverhaltens geschlossen werden: Wenn es nämlich stimmt, daß - wie oben dargestellt - Verbraucher bei Fragen nach der Markenbekanntheit zunächst die Marke nennen, die sie selbst aus der entsprechenden Warengruppe verwenden, dann prognostiziert die Markenbekanntheit nicht zukünftiges, sondern reflektiert lediglich vergangenes Kaufverhalten. Mit anderen Worten: Eine Zunahme der Markenbekanntheit führt nicht zu einer Zunahme des Verwenderanteils im Sinne der Werbewirkungsmodelle, sondern eine Erhöhung des Verwenderanteils (z. B. als Reaktion auf Sonderangebote) führt zu einem Anstieg der Markenbekanntheit in Befragungen. Damit ergibt sich ebenso ein wechselseitiger Einfluß wie bei der Werbeerinnerung und der Markenverwendung. Es muß bezweifelt werden, daß die Regressionsanalyse im vorliegenden Fall überhaupt ein geeignetes Analyseverfahren darstellt. Eine Grundvoraussetzung für die Anwendung der Regressionsanalyse, nämlich eine sachlogisch feststellbare, eindeutige und somit nicht umkehrbare Richtung des Zusammenhangs zwischen den Variablen, ist nicht gegeben.[139] Ein weiteres Problem ergibt sich durch die Existenz möglicher Scheinkorrelationen. So könnte z. B. der Zusammenhang zwischen Markenbekanntheit und Verwenderanteil durch eine weitere, nicht erhobene dritte Variable wie z. B. Einstellungen zustande gekommen sein.[140]

139 Vgl. Backhaus, Klaus et al. (1996): Multivariate Analysemethoden, 8. Aufl., Berlin u. a., S.3.

140 Vgl. Steffenhagen, Hartwig (1978): Wirkungen absatzpolitischer Instrumente - Theorie und Messung der Marktreaktion, Habil., Stuttgart, S.96.

Ungeachtet dieser methodischen Probleme kann aber die Behauptung, daß es noch nie gelungen sei, überhaupt einen Zusammenhang zwischen Markenbekanntheit und Kaufverhalten herzustellen, als empirisch falsifiziert gelten.[141] Daß die Kaufverhaltensrelevanz der Markenbekanntheit selbst bei genauer Präzisierung der Antezedenzbedingungen äußerst schwer zu beurteilen ist, kann jedoch nicht bestritten werden.

2.3.2.3.3 Einstellungen

2.3.2.3.3.1 Operationalisierung

Unter Einstellungen sollen hier individuelle Wertungen bzw. wertende Einschätzungen eines Objektes verstanden werden.[142] In Werbewirkungsmodellen werden Marken- und Werbeeinstellung unterschieden. Einen Versuch, den Einstellungsbegriff inhaltlich zu präzisieren, stellt die sogenannte „Drei-Komponenten-Theorie“ dar, nach der Einstellungen eine affektive, eine kognitive und eine konative (intentionale) Komponente aufweisen. Die affektive Komponente enthält die mit der Einstellung verbundene gefühlsmäßige Einschätzung eines Objektes (im folgenden gilt beispielhaft: Objekt = Marke). Die kognitive Komponente verkörpert das subjektive Wissen des Konsumenten über die Marke im Sinne von Vermutungen über bestimmte Eigenschaftsausprägungen, die konative Komponente kennzeichnet dagegen die mit der Einstellung verbundene Handlungsbereitschaft.[143] Häufig wird der Einstellungsbegriff auf die affektive Komponente begrenzt und die beiden anderen Komponenten lediglich als Korrelate der gefühlsmäßigen Einschätzung aufgefaßt. Die konative Komponente wird teilweise aber auch als eigenständiges hypothetisches Konstrukt im Sinne einer Verhaltensabsicht angesehen.[144] Die Aufnahme der Variablen „Werbeeinstellung“ und „Markeneinstellung“ in Werbewirkungsmodelle erklärt sich durch zwei wesentliche Annahmen. Erstens unterstellt die Einstellungsforschung, daß neben dem Ausmaß an persönlicher Verwendungserfahrung v. a. die Instrumente der Marktkommunikation die wesentlichen Determinanten der Werbe- und Markeneinstellung darstellen;[145] zweitens wird davon ausgegangen, daß es eine - noch genauer zu spezifizierende - Beziehung zwischen Einstellung und Kaufverhalten gibt. Bevor im folgenden die Eignung der Einstellung als latente Variable wieder anhand der Kriterien Reagibilität auf Marketing-Mix-Aktivitäten und Kaufverhaltensrelevanz dargestellt wird, ist es zu-

[141] Vgl. zu dieser in der Werbepraxis häufig anzutreffenden Meinung etwa Prue, Terry (1994): The 1994 IPA Advertising Awards, in: Admap, November 1994, p.37.

[142] Vgl. Eagly, Alice H. / Chaiken, Shelly (1993): The Psychology of Attitudes, Fort Worth u. a., p.1.

[143] Vgl. Steffenhagen, Hartwig (1996): S.99f.

[144] Vgl. Kroeber-Riel, Werner (1992): S.164.

nächst notwendig, einige Anmerkungen zur Operationalisierung der Einstellungsmessung im Rahmen von Werbetrackingstudien zu machen. Die Vielzahl der erhebungs- und meßtechnischen Probleme der Einstellungsforschung können und sollen im Rahmen dieser Arbeit nicht erörtert werden. Dazu wird auf die einschlägige Literatur verwiesen.[146]

Die kognitive Komponente der Einstellung wird im Rahmen von Werbetrackingstudien durch die Vorlage einer Eigenschaftsliste erhoben. Die Befragten müssen dabei angeben, auf welche Werbung bzw. auf welche Marke die genannte Eigenschaft besonders zutrifft. Zur Messung werden überwiegend Rating-Skalen herangezogen. Der GfK-Werbeindikator ATS® verwendet beispielsweise eine 6er-Rating-Skala, mit der die Probanden ihr Urteil abstufen können (1 = „trifft voll und ganz zu"; 6 = „trifft gar nicht zu"). Auf eine Aggregation der so gewonnenen Eindruckswerte zu einem einzigen Meßwert mittels multiattributiver Einstellungsmodelle wird i.d.R. aus erhebungsökonomischen Gründen verzichtet. Stattdessen wird als affektive Komponente der Einstellung die Marken- bzw. Werbesympathie erhoben und als zentraler Einstellungswert betrachtet. Ein solches Vorgehen wird durch die Ergebnisse der konsistenztheoretischen Forschung gerechtfertigt, nach denen zwischen der affektiven und der kognitiven Komponente eine sehr enge, hoch korrelierende Beziehung besteht.[147] Anders ausgedrückt: Das gefühlsmäßige Urteil, ob eine Marke sympathisch erscheint, ist das Resultat der vermuteten Eigenschaftsausprägungen dieser Marke. Bei geringem Involvement ist zudem davon auszugehen, daß eine differenzierte kognitive Komponente der Einstellung nicht vorliegt und daher die affektive Komponente den Ausschlag für die gesamte Einstellung gibt. Als Ergebnis der Einstellungsmessung wird der Anteil der Probanden ausgewiesen, der auf der genannten Rating-Skala das vorgelegte Statement „ist eine sympathische Marke" mit 1 oder 2 bewertet hat (sog. „Top 2 Boxes").[148] Alternativ kann die Markensympathie auch nichtskaliert abgefragt werden: Erhoben wird dann der Anteil der Werbeerinnerer oder der Markenkenner, der dem Urteil „ist eine sympathische Marke" zustimmt. Um Vergleiche der Markensympathie mit der Werbesympathie anstellen zu können, muß die Markensympathie auf der Basis der Werbeerinnerer herangezogen werden, da die Werbesympathie naheliegenderweise nur auf Basis der Werbeerinnerer ermittelt wird.

---

145 Vgl. dazu die Übersicht der Determinanten bei Voss, Wolf-Dieter (1983): S.120.

146 Vgl. dazu die grundlegende Arbeit von Trommsdorf, Volker (1975): Die Messung von Produktimages für das Marketing, Berlin u. a. Eine guten Überblick der vielfältigen Operationalisierungsprobleme vermittelt Kroeber-Riel, Werner (1992): S.182-198.

147 Vgl. Steffenhagen, Hartwig (1996): S.104f.

Zur Ermittlung der Werbesympathie (Likeability) lautet die Fragestellung im GfK-Werbeindikator ATS®:

- „Und wenn Sie bitte an Ihren Gesamteindruck von der Werbung für [Marke] denken: Wie gut hat Ihnen die Werbung insgesamt gefallen?"

Die Werbesympathie wird ebenfalls auf einer 6er-Rating-Skala erhoben (1 = „hat mir sehr gut gefallen"; 6 = „hat mir überhaupt nicht gefallen"). Ausgewiesen wird auch hier der Anteil der Werbeerinnerer, der die Werte 1 oder 2 vergeben hat (Top 2 Boxes).[149] Im folgenden soll davon ausgegangen werden, daß die so ermittelten Werte der Werbe- und Markensympathie die (affektive) Einstellung zur Werbung und zur Marke zumindest für den Rahmen dieser Untersuchung angemessen widerspiegeln.

2.3.2.3.3.2 Reagibilität

Die Reagibilität der Einstellung zur Marke auf Werbeimpulse wird durch eine Reihe empirischer Untersuchungen belegt.[150] Werbung ist zudem in der Lage, Einstellungen auf unmittelbar affektivem Weg zu formen und zu ändern, also nicht nur über die kognitive Basis.[151] Der Grad der Variabilität von Markeneinstellungen hängt von einer Reihe von Faktoren ab, als wichtigste sollen hier nur die Stärke der Einstellung und das Ausmaß an Involvement genannt werden. Die Stärke der Einstellung steht dabei in einem inversen Verhältnis zur Variabilität: Je stärker die Einstellung, desto schwieriger ist es, diese durch kommunikative Maßnahmen zu verändern.[152] Da die Stärke der Einstellung mit dem Involvement des Konsumenten positiv korreliert, gilt die gleiche inverse Beziehung auch für das Verhältnis zwischen Involvement und Variabilität.[153] Begrenzt wird der Einfluß der Werbung auf die Markeneinstellung von der Verwendungserfahrung. Empirische Untersuchungen haben gezeigt, daß bereits vorhandene Verwendungserfahrungen einen stärkeren Einfluß auf die Markeneinstellung ausüben als kommunikative Aktivitäten und daß Einstellungen, die auf Verwendungserfahrungen beruhen, besser geeignet sind, zukünftiges Kaufverhalten zu prognostizieren, als Einstellungen, die

---

148 Vgl. dazu den Fragebogen im Anhang dieser Arbeit.

149 Vgl. dazu die Anmerkungen zum ELM in Abschnitt 2.3.2.3.3.3.

150 Vgl. z. B. Mitchell, Andrew A. / Olson, Jerry C.(1981): Are Product Attribute Beliefs the Only Mediator of Advertising Effects on Brand Attitude?, in: Journal of Marketing Research, Vol.18, August 1981, p.327 sowie die Literaturangaben bei Steffenhagen, Hartwig (1984): S.53.

151 Vgl. Steffenhagen, Hartwig (1978): S.112.

152 Vgl. Kroeber-Riel, Werner (1992): S.172.

153 Vgl. die Übersicht früher empirischer Forschungsergebnisse bei: Fazio, Russell N. / Zanna, Marc P. (1981): Direct Experience and Attitude-Behavior Consistency, in: Advances in Experimental Social Psychology, Vol.14, 1981, pp.176, 197-200.

durch kommunikative Maßnahmen erzielt wurden.[154] Diese Erkenntnis beruht v. a. auf dem Modell der integrierten Informationsreaktion von SMITH und SWINYARD, das in Abb. 7 dargestellt ist.[155]

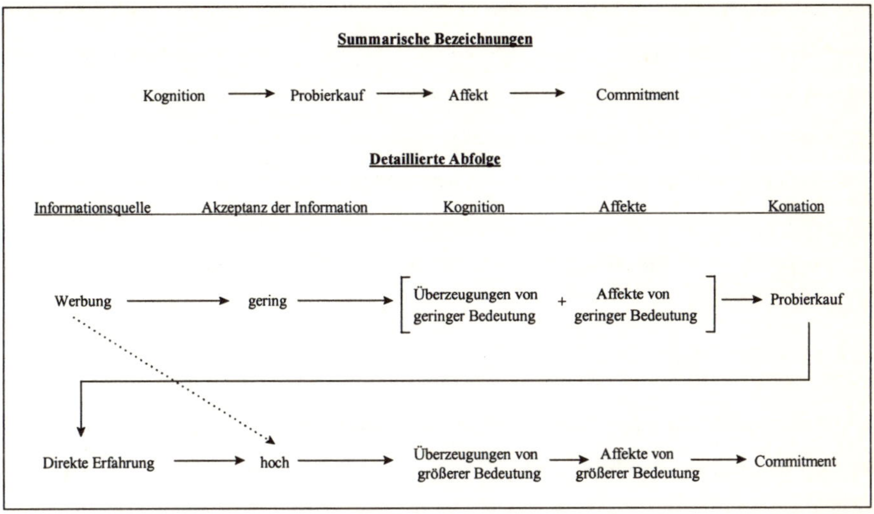

Quelle: Smith, Robert E. / Swinyard, William R. (1982): p.85, eigene Übersetzung

Abb. 7: Das Modell der integrierten Informationsreaktion

Das Modell betrachtet als Informationsquellen des Werbewirkungsprozesses nicht allein Werbeimpulse, sondern ebenso Verwendungserfahrungen. Da die Informationsquelle Werbung i.d.R. eine relativ geringe Glaubwürdigkeit besitzt, vermag sie lediglich Überzeugungen und affektive Einschätzungen von geringer Bedeutung („lower order beliefs/affects") zu erzeugen, die allerdings zu einem Probierkauf führen können. Die daraus resultierende Verwendungserfahrung mit dem gekauften Produkt führt zur Bildung sehr viel stärkerer Überzeugungen und Einschätzungen („higher order beliefs").

Die Reagibilität der Markeneinstellung auf kommunikative Maßnahmen ist demnach zwangsläufig begrenzt; gleiches gilt für die Werbeeinstellung, da auch diese durch Verwendungser-

[154] Vgl. Smith, Robert E. / Swinyard, William R. (1983): Attitude-Behavior Consistency: The Impact of Product Trial Versus Advertising, in: Journal of Marketing Research, Vol.22, August 1983, pp.257-267. Muehling, Darral D. / Laczniak, Russell N. (1988): Advertising's Immediate and Delayed Influence on Brand Attitudes: Considerations Across Message-Involvement Levels, in: Journal of Advertising, Vol.17, No.4, 1988, p.31. Diese These gilt nach WRIGHT und LYNCH aber nur für Produkte, bei denen Verwendungserfahrung zur Produktbeurteilung notwendig ist. Vgl. Wright, Alice A. / Lynch, John G. Jr. (1995): Communication Effects of Advertising Versus Direct Experience When Both Search and Experience Attributes Are Present, in: Journal of Consumer Research, Vol.21, March 1995, p.716.

[155] Vgl. Smith, Robert E. / Swinyard, William R. (1982): p.85.

fahrungen beeinflußt wird.[156] Die Befunde zur zeitlichen Stabilität von Werbe- und Markeneinstellungen beruhen in der Regel auf Experimenten, bei denen eine Messung der Einstellung gegenüber Marke und Werbemittel direkt nach einem einmaligen Werbemittelkontakt im Rahmen eines Studiotests vorgenommen wird und eine weitere Messung nach einem zeitlichen Abstand von einigen Tagen oder Wochen.[157] Die Ergebnisse sind zwar nur eingeschränkt auf Werbetrackingstudien übertragbar, da die externe Validität eines Laborexperiments fraglich ist und bei Werbetrackingerhebungen von Mehrfachkontakten über einen längeren Zeitraum auszugehen ist, dennoch ist die in derartigen Experimenten festgestellte relative zeitliche Stabilität der Einstellungen auch bei Werbetrackingstudien zu beobachten.[158] Die Reagibilität von Einstellungen auf Marketing-Mix-Aktivitäten ist somit insgesamt als gering zu bewerten.

2.3.2.3.3.3 Kaufverhaltensrelevanz

Die Heranziehung von Einstellungskonstrukten als Prädiktoren des Kaufverhaltens basiert auf der sogenannten E-V-Hypothese, nach der Einstellungen das Kaufverhalten bestimmen.[159] Da unbestritten ist, daß eine derartige Beziehung nur unter bestimmten Antezedenzbedingungen gilt, sollte die Einbeziehung von Einstellungen in Werbewirkungsmodelle nicht anhand der Frage: „Sind Einstellungen kaufverhaltensrelevant?“, sondern anhand der Frage: „Unter welchen Bedingungen sind Einstellungen kaufverhaltensrelevant?“ diskutiert werden.[160] Dazu werden zunächst wiederum die traditionellen Wirkungshierarchien aus Abb. 5 herangezogen. Nach der klassischen Lernhierarchie, die bei hohem Involvement, ausgeprägter Markendifferenzierung und geringer bis nicht vorhandener Verwendungserfahrung für plausibel erachtet wird, kommt den Einstellungen eine erhebliche Kaufverhaltensrelevanz zu. Die Bildung einer Einstellung ist dem Kaufverhalten zeitlich vorgeordnet und zugleich Bedingung zu dessen Auslösung. Mit zunehmender Stärke einer positiven Einstellung zur Marke steigt demnach die

---

156 Vgl. Smith, Robert E. (1993): Integrating Information From Advertising and Trial: Process and Effects on Consumer Response to Product Information, in: Journal of Marketing Research, Vol.30, May 1993, p.215.

157 Vgl. z. B. Mitchell, Andrew A. (1986): The Effects of Verbal and Visual Components of Advertisements on Brand Attitudes and Attitude toward the Advertisement, in: Journal of Consumer Research, Vol.13, June 1986, pp.12-24. Chattopadhyay, Amitava A. / Nedungadi, Prakash (1992): Does Attitude toward the Ad Endure? The Moderating Effects of Attention and Delay, in: Journal of Consumer Research, Vol.19, No.1, 1992, pp.26-33.

158 Vgl. Barnard, Neil (1990): p.22.

159 Vgl. Kroeber-Riel, Werner (1992): S.164f. sowie die Literaturangaben bei Huber, Bernd (1993): Strategische Marketing- und Imageplanung, Diss., Frankfurt u. a., S.41-44.

160 Vgl. Steffenhagen, Hartwig (1978): S.116.

Kaufwahrscheinlichkeit.[161] Eine Reihe empirischer Untersuchungen konnte einen derartigen Zusammenhang belegen.[162]

Wenn man dagegen der Dissonanz-Attributions-Hierarchie folgt, kommt es erst nach dem Kauf zu einer Einstellungsbildung. In diesem Fall ist die Markeneinstellung ein denkbar ungeeigneter Prädiktor des Kaufverhaltens. Die Dissonanz-Attributions-Hierarchie ist nach RAY immer dann plausibel, wenn zwar ein bestimmtes Ausmaß an Involvement vorliegt, der Konsument aber aufgrund einer geringen (subjektiv perzipierten) Markendifferenzierung und nicht vorhandener Verwendungserfahrung über keine kognitive oder affektive Diskriminationsfähigkeit verfügt.[163] Bei der Einstellungsbildung nach dem Kauf versucht der Konsument, Einstellung und Verhalten in Einklang zu bringen, um kognitive Dissonanzen zu vermeiden.

Die Kaufverhaltensrelevanz von Einstellungen bei geringem Involvement ist umstritten. Folgt man der ursprünglichen Auffassung von KRUGMAN und RAY, so erfolgt bei der Low-Involvement- wie bei der Dissonanz-Attributions-Hierarchie eine Einstellungsbildung erst nach dem Kaufverhalten.[164] Im Rahmen der Diskussion um die Reagibilität von Einstellungen wurde jedoch bereits darauf hingewiesen, daß die Stärke der Einstellungen mit dem Ausmaß an Involvement positiv korreliert. Ausgeprägte Einstellungen sind demnach nur dann zu erwarten, wenn ein bestimmtes Ausmaß an Involvement vorliegt. Folgt man dieser These, kommt es bei sehr niedrigem Involvement zu keiner oder allenfalls zu einer äußerst schwachen Einstellungsbildung. Die im Rahmen von Werbetrackingstudien erhobenen Variablen Marken- und Werbeeinstellung wären bedeutungslos für das Kaufverhalten, sofern Low-Involvement-Kaufentscheidungen angenommen werden. Da dies bei der Mehrzahl der in Werbetrackingstudien untersuchten Warengruppen der Fall sein dürfte, wäre die Erhebung der Einstellungsvariablen insgesamt in Frage zu stellen.

Diese Ansicht ist heute einer sehr viel differenzierteren Beurteilung der Kaufverhaltensrelevanz von Einstellungen bei geringem Involvement gewichen. Im deutschsprachigen Raum hat z. B. KROEBER-RIEL die Auffassung vertreten, Einstellungen seien auch bei Low-Involvement-Kaufentscheidungen verhaltensrelevant, sofern man als zusätzliche Antezedenzbedin-

---

161 ebenda.

162 Vgl. Assael, Henry / Day, George S. (1968): p.9 / Aaker, David A. / Day, George S. (1974): p.286. Zinkhan, George M. / Fornell, Claes (1989): A Test of the Learning Hierarchy in High- and Low-Involvement Situations, in: Advances in Consumer Research, Vol.16, p.158. Miniard, Paul W. / Bhatla, Sunil / Rose, Randall L. (1990): On the Formation and Relationship of Ad and Brand Attitudes: An Experimental and Causal Analysis, in: Journal of Marketing Research, Vol.23, August 1990, pp.300/301.

163 Vgl. Ray, Michael L. et al. (1973): p.152.

164 Vgl. Krugmann, Herbert E. (1965): p.354. Ray, Michael L. et al. (1973): pp.152/153.

gung oder Wirkungsdeterminante die Art der Werbung (emotional, informativ oder gemischt) berücksichtige.[165] Es gelte bei emotionaler oder „gemischter" Werbung auch bei geringem Involvement ein Wirkungsmuster, das der Abfolge: Einstellung → Verhalten entspricht. Der Wirkungspfad emotionaler Werbung bei wenig involvierten Konsumenten ist in Abb. 8 dargestellt.

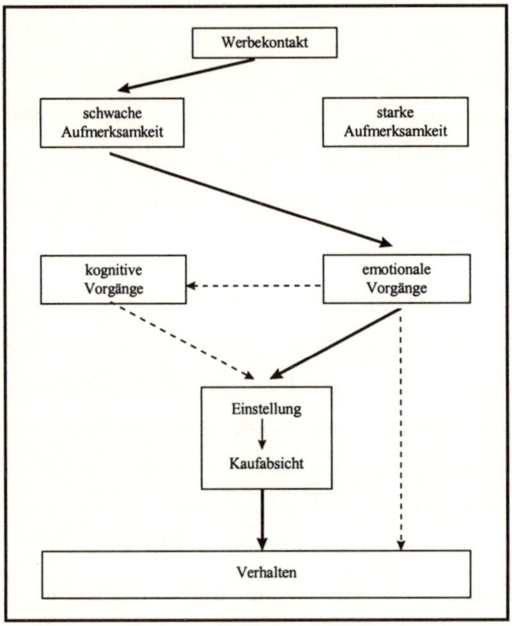

Quelle: Kroeber-Riel, Werner (1992): S. 634

Abb. 8: Wirkungspfad der emotionalen Werbung bei wenig involvierten Konsumenten

Gerade weil die Empfänger von Werbung bei geringem Involvement nicht genügend aktiviert seien, um sich gedanklich mit dem Angebot auseinanderzusetzen, ließen sie sich von einer emotionalen Gestaltung des Werbemittels leiten. Die Einstellung zur beworbenen Marke hänge dann wesentlich von dem gefühlsmäßigen Eindruck ab, den die Werbung beim Verbraucher hinterlasse. Zwar schließt KROEBER-RIEL eine Beteiligung kognitiver Vorgänge nicht aus, doch sei die Einstellung im wesentlichen von emotionalen Vorgängen induziert.[166] Bei Gültigkeit dieser Hypothese hätten die Werbetrackingindikatoren Werbeeinstellung und Markeneinstellung auch bei Low-Involvement-Kaufentscheidungen eine Berechtigung im Sinne der Kaufverhaltensrelevanz, sofern es sich um emotionale oder überwiegend emotionale

165 Vgl. Kroeber-Riel, Werner (1992), S.623-636.

166 Vgl. a.a.O.: S.633.

Werbung handelt. Da eine umfangreiche empirische Bestätigung des Modells der Wirkungspfade bisher aussteht, viele Werbemittel sowohl emotional als auch informativ gestaltet sind und zudem eine Einstellungsbildung nicht zwingende Voraussetzung für das Kaufverhalten ist, soll das Modell für das Forschungsziel dieser Arbeit nicht herangezogen werden.[167]

Das Modell der Wirkungspfade weist Parallelen zum bekannten „Elaboration Likelihood Model of Persuasion" (ELM) auf, das die Diskussion über die Beeinflussung von Einstellungen durch persuasive Kommunikation über viele Jahre hinweg geprägt hat (vgl. Abb. 9).

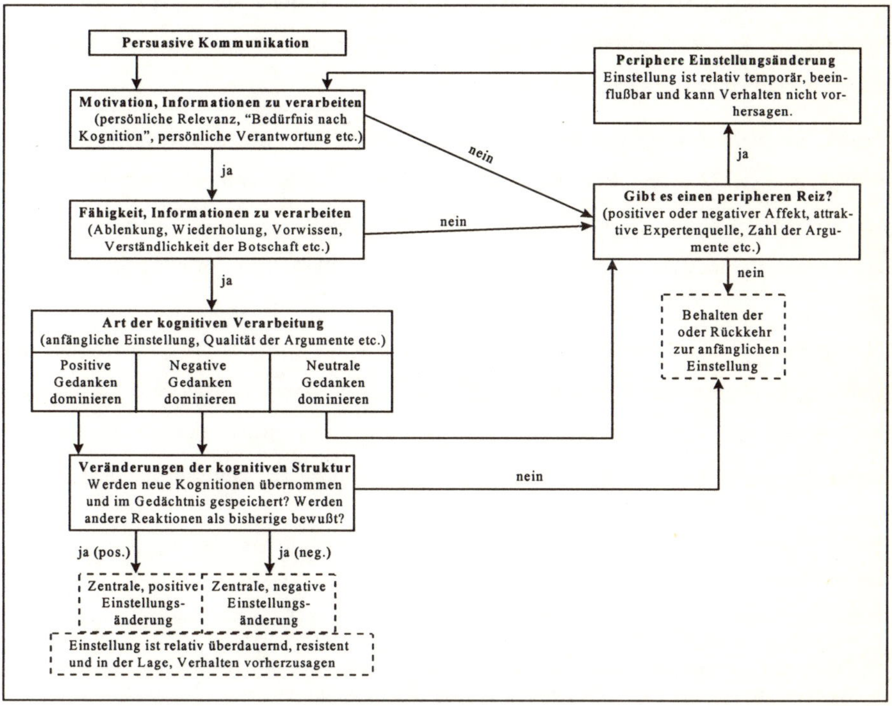

Quelle: Petty, Richard E. / Cacioppo, John T. (1986): p.4, eigene Übersetzung

Abb. 9: Das „Elaboration Likelihood Modell" der Persuasion

Das ELM postuliert u. a., daß es einen zentralen und einen peripheren Weg zur Beeinflussung von Einstellungen gibt. Der zentrale Weg ist bei einer hohen „Elaborationswahrscheinlichkeit" anzutreffen, womit im wesentlichen die Motivation/Bereitschaft und die Fähigkeit zur Informationsaufnahme und -verarbeitung gemeint sind. Häufig wird der Begriff der Elaborationswahrscheinlichkeit mit dem Begriff Involvement

[167] Auf diese Probleme hat Kroeber-Riel selbst hingewiesen, vgl. a.a.O.: S.635.

gleichgesetzt.[168] Die Einstellungsbildung erfolgt demnach bei hohem Involvement „zentral" durch kognitive Prozesse, d. h. durch die aktive gedankliche Verarbeitung aufgenommener Produktinformationen. Bei geringem Involvement liegt dagegen der periphere Weg der Einstellungsbildung vor. Da der Empfänger von Werbung nicht hinreichend aktiviert ist, um die angebotenen Informationen aktiv zu verarbeiten, erfolgt eine Einstellungsbildung über nebensächliche oder periphere Kriterien wie z. B. die Attraktivität der Werbung.[169] Das ELM konnte in einer Reihe empirischer Untersuchungen bestätigt werden.[170] Allerdings wurden Zweifel an der Auffassung geäußert, daß die Qualität der Argumentation eines Werbemittels bei peripherer Einstellungsbildung weitgehend vernachlässigt werden könne, da es auf den gefühlsmäßigen Eindruck der Werbung ankomme.[171]

Neuere Fassungen des ELM gehen zudem davon aus, daß bei mittlerem Involvement beide Beeinflussungswege gleichzeitig wirksam sein können.[172] Auch wenn die auf peripherem Weg zustandegekommene Einstellung eine geringere Stabilität im Zeitverlauf und eine niedrigere Kaufverhaltensrelevanz besitzt,[173] widerlegen die empirischen Bestätigungen der peripheren Route des ELM dennoch überzeugend die Annahme, daß es bei Low-Involvement-Kaufentscheidungen zu keiner Einstellungsbildung kommt. Eine denkbare Ursache für die geringere Kaufverhaltensrelevanz der peripher zustandegekommenen Markeneinstellung ist die bereits erwähnte Urteilsunsicherheit, die allgemein bei Markeneinstellungen, die nicht auf Verwendungserfahrungen beruhen, sondern durch kommunikative Maßnahmen induziert sind,

---

168 So z. B. bei Kroeber-Riel, Werner (1990): S.103. Zur Problematik dieser Vorgehensweise siehe: Batra, Rajeev / Ray, Michael L. (1985): pp.19/20.

169 Vgl. zu den Postulaten des Elaboration Liklihood Models: Petty, Richard E. / Cacioppo, John T. (1986): Communication and Persuasion: Central and Peripheral Routes to Attitude Change, New York u. a., p.5.

170 Vgl. z. B. Petty, Richard E. / Cacioppo, John T. / Schumann, David (1983): Central and Peripheral Routes to Advertising Effectiveness: The Moderating Role of Involvement, in: Journal of Consumer Research, Vol.10, September 1983, p.143. Batra, Rajeev / Ray, Michael L. (1986): Situational Effects of Advertising Repetition: The Moderating Influence of Motivation, Ability, and Opportunity to Respond, in: Journal of Consumer Research, Vol.12, March 1986, pp.442/443. Batra, Rajeev / Ray, Michael L. (1985): p.35.

171 Vgl. das dem ELM widersprechende Ergebnis der Experimente von Cole, Catherine et al. (1990): The Elaboration Likelihood Model (ELM): Replications, Extensions and Some Conflicting Findings, in: Advances in Consumer Research, Vol.17, 1990, pp.231-236.

172 Vgl. O'Keefe, Daniel J. (1990): Persuasion - Theory and Research, Newbury Park u. a., pp.36-57.

173 Vgl. Petty, Richard E. / Cacioppo, John T. (1986): p.21 and pp.185-190. Mit dieser Relativierung wurde einem zentralen Kritikpunkt am ELM begegnet. Vgl. Bitner, Mary J. / Obermiller, Carl (1985): The Elaboration Likelihood Model: Limitations and Extensions in Marketing, in: Advances in Consumer Research, Vol.12, pp.420-425. Relativ dauerhafte Einstellungen lassen sich unter Low-Involvement-Kommunikationsbedingungen jedoch dadurch erzielen, daß der periphere Reiz eine enge assoziative Verbindung zum beworbenen Produkt aufweist, vgl. Sengupta, Jaideep / Goodstein, Ronald C. / Boninger, David S. (1997): All Cues Are Not Created Equal: Obtaining Attitude Persistence Under Low-Involvement Conditions, in: Journal of Consumer Research, Vol.23, March 1997, pp.351-361.

beobachtet wird.[174] Eine empirische Untersuchung von HOMER konnte allerdings auch bei geringem Involvement einen starken Zusammenhang zwischen Markeneinstellung und Kaufbereitschaft ermitteln, insofern ist die These einer geringeren Kaufverhaltensrelevanz der peripheren Markeneinstellung nicht uneingeschränkt aufrecht zu erhalten.[175] Unterstützt werden diese Zweifel durch eine Studie von ZINKHAM und FORNELL, die für eine neue Marke bei geringem Involvement einen *stärkeren* Einfluß der Markeneinstellung auf das Kaufverhalten ergab als bei hohem Involvement.[176]

Ein auf den Erkenntnissen des ELM basierendes Werbewirkungsmodell wurde von BATRA und RAY in die Literatur eingeführt (vgl. Abb. 10).

---

174 Vgl. dazu Berger, Ida E. / Mitchell, Andrew A. (1989): The Effect of Advertising on Attitude Accessibility, Attitude Confidence and the Attitude-Behavior Relationship, in: Journal of Consumer Research, Vol.15, No.3, 1989, pp.269-279. Kall, Dirk / Steffenhagen, Hartwig (1992): Die Berücksichtigung von Unsicherheiten des Konsumenten bei der Bildung von Markenurteilen, Arbeitsbericht Nr. 92/06, Institut für Wirtschaftswissenschaften der RWTH, Aachen. Eine Erklärung für dieses Verhalten liefert z.B. die Theorie der Informationsnutzung von Alba et al., vgl. Alba, Joseph W. / Hutchinson, J. Wesley / Lynch, John G. (1991): Memory and Decision Making, in: Kassarjian, Harold / Robertson, Thomas [eds.] (1991): Handbook of Consumer Behavior, Englewood Cliffs, pp.1-49.

175 Vgl. Homer, Pamela M. (1990): The Mediating Role of Attitude toward the Ad: Some Additional Evidence, in: Journal of Marketing Research, Vol.27, February 1990, pp.78-86.

176 Vgl. Zinkhan, George M. / Fornell, Claes (1989): p.158.

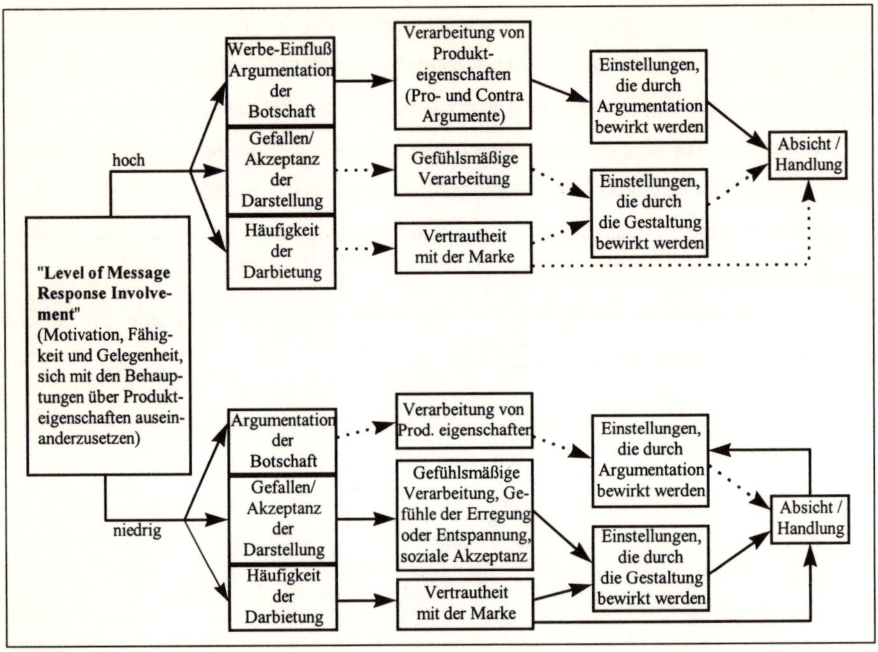

Quelle: Batra, Rajeev / Ray, Michael L. (1985): p.39, eigene Übersetzung

Abb. 10: Alternative Pfade der Werbewirkung nach Batra und Ray

Demnach übt das „Message Response Involvement", worunter die Motivation, Fähigkeit und Möglichkeit, sich mit der Botschaft eines Werbemittels auseinanderzusetzen, verstanden wird, den entscheidenden diskriminierenden Einfluß auf die Werbewirkung aus. Bei hohem Message Response Involvement erfolgt die zu einer Kaufabsicht führende Einstellungsbildung durch Informationen (kognitive Effekte), während bei geringem Message Response Involvement das Gefallen des Werbemittels (affektive Effekte) und die (im ELM nicht explizit berücksichtigte) Darbietungshäufigkeit zur Bildung einer Kaufabsicht führen.[177]

Die aus dem ELM und seinen Derivaten resultierende besondere Bedeutung, die der Einstellung zur Werbung („Execution Likeability") bei Low-Involvement-Kaufentscheidungen beigemessen wird, hat dazu geführt, daß die Werbeeinstellung sowie ihr Verhältnis zur Markeneinstellung einen breiten Raum in der Low-Involvement-Forschung einnehmen. Anfängliche Ergebnisse dieser im angelsächsischen Sprachraum unter dem Schlagwort „Attitude toward the ad (A_{ad})" bekannten empirischen Forschung wiesen trotz erheblicher Unterschiede im For-

[177] Vgl. Batra, Rajeev / Ray, Michael L. (1985): p.39.

schungsdesign[178] übereinstimmend auf einen deutlichen, in der Regel kausal interpretierten Zusammenhang zwischen Werbeeinstellung und Markeneinstellung hin, wenngleich wechselseitige Einflüsse z. T. ebenso bestätigt werden konnten wie Auswirkungen der Einstellung auf die vor- und nachgelagerten hypothetischen Konstrukte, zum einen auf die Kenntnisvariablen, zum anderen auf die Kaufabsicht.[179] Abb. 11 zeigt vier bekannte Modelle der A_{ad}-Forschung: die Affekt-Transfer-Hypothese, die duale Vermittlungshypothese, die reziproke Vermittlungshypothese und die Hypothese unabhängiger Einflüsse.

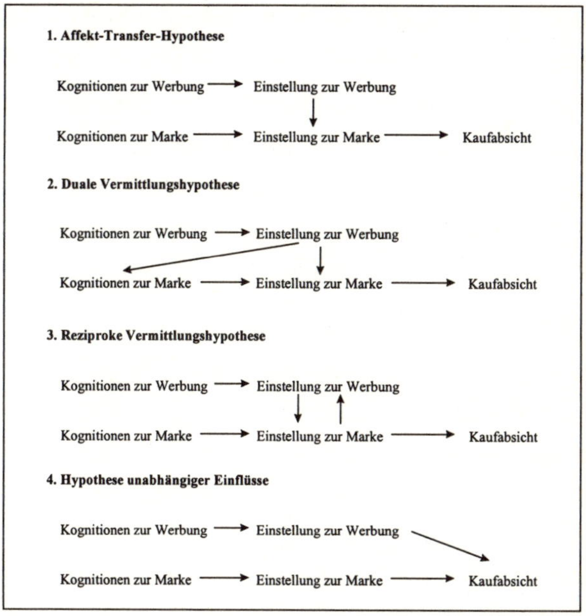

Quelle: MacKenzie, Scott B. / Lutz, Richard J. / Belch, George E. (1986): p.131, eigene Übersetzung

Abb. 11: Alternative Modelle der A_{ad}-Forschung

Die duale Vermittlungshypothese erwies sich im Rahmen einer experimentellen Studie von MACKENZIE / LUTZ / BELCH als überlegen zur Erklärung des moderierenden Einflusses

[178] Vgl. dazu die Kritik an der verwirrenden Vielfalt der Operationalisierungen der „Likeability“ durch Steffenhagen, Hartwig (1996): S.112f. sowie Du Plessis, Erik (1994): Likeable Ads Work Best, But What Is ‘Likeability’?, in: Admap, May 1994, pp.11-13.

[179] Vgl. Mitchell, Andrew A. (1986): p.22. MacKenzie, Scott B. / Lutz, Richard J. / Belch, George E. (1986): The Role of Attitude Toward the Ad as a Mediator of Advertising Effectiveness: A Test of Competing Explanations, in: Journal of Marketing Research, Vol.23, May 1986, p.137. Miniard, Paul W. / Bhatla, Sunil / Rose, Randall L. (1990): pp.300/301. Muehling, Darral D. / Laczniak, Russell N. / Stoltman, Jeffrey J. (1991): The Moderating Effects of Ad Message Involvement: A Reassessment, in: Journal of Advertising, Vol.20, No.2, 1991, p.24. Mehta, Abhilasha (1994): How Advertising Response Modeling (ARM) Can Increase Ad Effectiveness, in: Journal of Advertising Research, May/June 1994, pp.70/71.

der Werbeeinstellung.[180] Demnach übt die Einstellung zur Werbung nicht nur wie in der klassischen Affekt-Transfer-Hypothese und im ELM einen Einfluß auf die affektive Einstellung zur Marke, sondern auch auf die Kognitionen zur Marke aus. Das bedeutet, daß die gefühlsmäßige Einstellung zur Werbung die Wahrnehmung der Marke beispielsweise bezüglich der in Werbemitteln herausgestellten Produkteigenschaften beeinflußt.

CHATTOPADHYAY und NEDUNGADI verteten dagegen eine der gängigen A_{ad}-Forschung widersprechende Auffassung. Bei gering involvierten Adressaten sei Werbung, die gut gefällt, gerade nicht in der Lage, eine dauerhaft positive Einstellung zur Marke herbeizuführen, da die geringe Aufmerksamkeit auf das Werbemittel gelenkt werde und nicht auf die Marke.[181] Die Mehrzahl der empirischen Studien zur A_{ad}-Theorie bestätigt aber einen positiven Einfluß der Werbeeinstellung auf die Markeneinstellung; allerdings ist dieser Einfluß - im Gegensatz zu den Annahmen des ELM und des Modells der Wirkungspfade - nicht an geringes Involvement gebunden, da er bei hohem wie niedrigem Involvement nachgewiesen werden konnte.[182] Daran wird bereits sichtbar, daß das Involvement nicht zwingend unterschiedliche Werbewirkungsverläufe begründet.

Einen moderierenden Einfluß auf die Stärke des Zusammenhangs zwischen der Einstellung zur Werbung und der Einstellung zur Marke übt das Ausmaß an Verwendungserfahrung bzw. die aus Verwendungserfahrungen resultierende Vertrautheit mit einer Marke aus. Sofern Verbraucher über verwendungsinduzierte und damit sichere Markeneinstellungen verfügen, ist der Einfluß der Werbeeinstellung auf die Markeneinstellung relativ gering.[183] Diese Erkennt-

---

180 Vgl. MacKenzie, Scott B. / Lutz, Richard J. / Belch, George E. (1986): p.138. Es existieren eine Reihe weiterer Modelle, z. B. eines, bei dem A_{ad} einen Einfluß auf A_b und parallel dazu unmittelbar einen Einfluß auf die Kaufabsicht ausübt, vgl. Bruzzone, Donald E. / Tallyn, Deborah J. (1997): Linking Tracking to Pretesting with an 'ARM', in: Journal of Advertising Research, May/June 1997, p.76.

181 Vgl. Chattopadhyay, Amitava A. / Nedungadi, Prakash (1992): p.28.

182 Vgl. Miniard, Paul W. / Bhatla, Sunil / Rose, Randall L. (1990): p.301. Homer, Pamela M. (1990): pp.206/207. MacInnis, Deborah J. / Jarkowski, Bernard J. (1991): The Differential Role of Characteristics of Music on High- and Low-Involvement Consumers' Processing of Ads, in: Journal of Consumer Research, Vol.18, September 1991, pp.161-173. MacKenzie, Scott B. / Spreng, Richard (1992): How Does Motivation Moderate the Impact of Central and Peripheral Processing on Brand Attitudes and Intentions, in: Journal of Consumer Research, Vol.19, December 1992, pp.519-529. Mayer, Hans / Pusler, Michael (1995): Erklärung persuasiver Wirkmechanismen auf der Basis der Einstellung zur Anzeige (Aad): Eine modellprüfende Studie, in: Werbeforschung und Praxis 2/1995, S.113-122. Allerdings gibt es auch einen gegenteiligen Befund durch eine Studie, in der bei hohem Involvement kein signifikanter Zusammenhang zwischen Werbeeinstellung und Markeneinstellung festgestellt werden konnte, vgl. Park, C. Whan / Young, S. Mark (1986): Consumer Response to Television Commercials: The Impact of Involvement and Background Music on Brand Attitude Formation, in: Journal of Marketing Research, Vol.23, February 1986, pp.11-24.

183 Vgl. Edell, Julie A. / Burke, Marian C. (1986): The Relative Impact of Prior Brand Attitude and Attitude toward the Ad on Brand Attitude after Ad Exposure, in: Olson, Jerry / Sentis, Keith [eds.] (1986): Advertising and Consumer Psychology, Vol.3, pp.93-108. Phelps, Joseph / Thorson, Esther (1991): Brand Familiarity and Product Involvement Effects on the Attitude toward an Ad - Brand Attitude Relationship, in:

nis relativiert die Übertragbarkeit der von MACKENZIE / LUTZ / BELCH durchgeführten Untersuchung auf Posttestdaten mit etablierten Marken: Verwendungserfahrungen konnten in jenem Experiment nicht vorliegen, da eine hypothetische Zahnpastamarke getestet wurde. SMITH stellte in einem Experiment, bei dem die Probanden das getestete Produkt ausprobieren durften, fest, daß bei vorhandener Verwendungserfahrung beide im Rahmen der Dualen Vermittlungshypothese abgebildeten Beeinflussungswege der Werbeeinstellung (auf die Wahrnehmung und die Einstellung zur Marke) eine signifikant geringere Bedeutung haben.[184]

Empirische Studien von MACHLEIT et al. konnten bei vorhandener Verwendungserfahrung sogar keinen signifikanten Einfluß der Werbeeinstellung auf die Markeneinstellung feststellen, wohl aber einen Einfluß der Werbeeinstellung auf ein von den Autoren ergänzend vorgeschlagenes Konstrukt namens Markeninteresse (brand interest) im Sinne eines erneuerten Probierinteresses, dessen Erhöhung die Gefahr des Variety Seeking reduziere.[185] Abb. 12 zeigt das von den Autoren spezifizierte Kausalmodell. Die Pfadkoeffizienten gelten für die untersuchte Marke Pepsi. Der Einfluß des werbeinduzierten Affektes in Form der Einstellung zur Werbung auf die Post-Exposure Markeneinstellung war nicht signifikant.[186]

Advances in Consumer Research, Vol.18, 1991, pp.202-209. Shimp, Terence A. / Stuart, Elnora W. / Engle, Randall W. (1991): A Program of Classical Conditioning Experiments Testing Variations in the Conditioned Stimulus and Contents, in: Journal of Consumer Research, Vol.18, June 1991, pp.1-12.

184 Vgl. Smith, Robert E. (1993): p.216.

185 Vgl. Machleit, Karen A. / Madden, Thomas J. / Allen, Chris T. (1990): Measuring and Modeling Brand Interest as an Alternative Aad Effect with Familiar Brands, in: Advances in Consumer Behavior, Vol.17, pp.223-229. Machleit, Karen A. / Allen, Chris T. / Madden, Thomas J. (1993): The Mature Brand and Brand Interest: An Alternative Consequence of Ad-Evoked Affect, in: Journal of Marketing, Vol.57, October 1993, pp.72-82. Zum Begriff des Variety Seeking vgl. McAlister, Leigh / Pessemier, Edgar (1982): Variety Seeking Behavior: An Interdisciplinary Review, in: Journal of Consumer Research, Vol.9, December 1982, pp.311-322.

186 Auf eine Abbildung der nicht kausal zu interpretierenden Beziehungen zwischen den exogenen Variablen wurde aus Gründen der Übersichtlichkeit verzichtet.

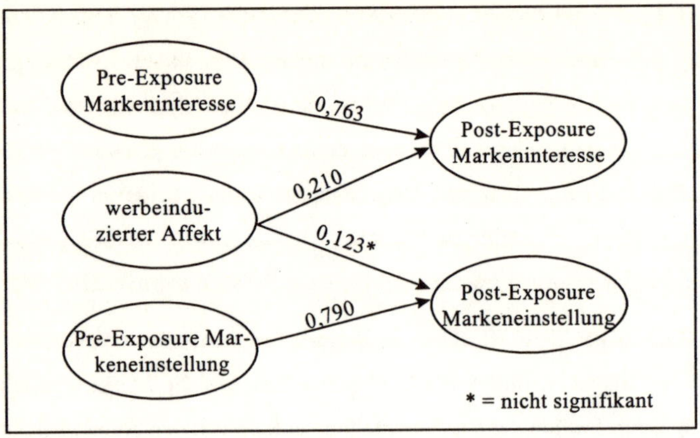

Quelle: Machleit, Karen A. / Allen, Chris T. / Madden, Thomas J. (1993): p.74

Abb. 12: Der Einfluß der Werbeeinstellung auf die Markeneinstellung und das Markeninteresse

Operationalisiert wird das Markeninteresse in Befragungen durch die skalierte Messung der Zustimmung zu bestimmten Aussagen über die Marke, wie z. B.: „Ich bin neugierig auf Marke X."[187] Den in ihrer Untersuchung nicht signifikanten Zusammenhang zwischen Markeninteresse und Kaufabsicht führen MACHLEIT et al. auf Probleme der Operationalisierung und auch der Interpretation der Kaufabsicht zurück.[188] Sie schlagen vor, die Kaufabsicht durch das Konstrukt „Kontaktabsicht" (contact intention) zu ersetzen, das ein geringeres und damit bei etablierten Marken mit geringer subjektiver Markendifferenzierung realistischeres Ausmaß an Markenbindung widerspiegele.[189] Die Kontaktabsicht kann sich in Verhaltensweisen wie der Aufbewahrung von Coupons, dem Interesse an POS-Promotions, der Beachtung von Preisschildern, der Probierbereitschaft bei kostenloser Produktdarbietung usw. niederschlagen.[190] Zwischen Markeninteresse und Kontaktabsicht konnte für die untersuchten Marken Levi's und Pepsi ein signifikanter, wenngleich mit Pfadkoeffizienten von 0,27 bzw. 0,26 nur moderater Zusammenhang festgestellt werden.[191] Da die Kaufverhaltensrelevanz der Kontaktabsicht jedoch nicht belegt ist, darf aus diesem Zusammenhang nicht auf die Prädiktorfunktion des Markeninteresses für das tatsächliche Kaufverhalten geschlossen werden.

187 Vgl. a.a.O.: p.75. Ob eine solche Operationalisierung sinnvoll ist, läßt sich allerdings bezweifeln, da Neugierde - wie der Name bereits impliziert - Interesse an etwas Neuem bedeutet; eine bereits verwendete Marke dürfte daher kaum Neugierde wecken.

188 Vgl. Machleit, Karen A. / Madden, Thomas J. / Allen, Chris T. (1990): p.229.

189 Vgl. Machleit, Karen A. / Allen, Chris T. / Madden, Thomas J. (1993): p.77.

190 Vgl. a.a.O.: p.80.

191 Vgl. a.a.O.: p.79.

Aus diesem Grund sollen die Konstrukte Markeninteresse und Kontaktabsicht im Rahmen dieser Arbeit nicht berücksichtigt werden.

Was die Studien von MACHLEIT et al. jedoch für die vorliegende Arbeit interessant macht, ist der umfassender als in anderen Untersuchungen umgesetzte Gedanke eines moderierenden Einflusses der Verwendungserfahrung auf den Werbewirkungsprozeß. Von Bedeutung ist daneben die empirisch belegte Aussage der Autoren, daß das Konstrukt des Markeninteresses sowohl bei etablierten Produkten angemessen erscheint, deren Kauf mit einem geringen Risiko und hoher Frequenz einhergeht und die daher einer besonderen Gefahr des Markenwechsels durch „Variety Seeking" unterliegen, als auch bei etablierten Produkten mit hohem wahrgenommenem Kaufrisiko.[192] Diese Erkenntnis ist ein weiteres Indiz dafür, daß das Ausmaß an (Produkt-)Involvement nicht zwingend unterschiedliche Werbewirkungsverläufe bedingt. Zu würdigen ist ferner, daß sich die Untersuchungen von MACHLEIT et al. auf etablierte Marken beziehen. Nahezu alle empirischen Studien der A_{ad}-Forschung, inklusive der Untersuchungen von MACKENZIE / LUTZ / BELCH beruhen dagegen auf Experimenten, in denen die Reaktionen der Probanden auf einen Werbekontakt für eine neue oder fiktive Marke im Rahmen eines Pretests ermittelt wurden. Selbst wenn man einem derartigen Laborexperiment externe Validität zubilligt, was zumindest hinsichtlich des situativen Involvement problematisch erscheint, bleibt fraglich, ob sich die Ergebnisse auf etablierte Marken übertragen lassen.[193] „While research has focused on many antecedents of A_{ad} [...], the outcome variables examined have been limited to cognitive-structure variables such as brand cognitions [...], brand attribute evaluations [...], brand attitude, and purchase intentions; all these variables are likely to be very difficult to change with familiar brands."[194]

Angesichts der begründeten Zweifel an der moderierenden Rolle des Involvement für den Werbewirkungsprozeß stellt sich die Frage, ob das Involvement weiterhin als zentrale Antezedenzbedingung der Werbewirkungsmodelle geeignet ist oder ob nicht an die Stelle des Involvement das Ausmaß an Verwendungserfahrung als Antezedenzbedingung treten sollte. Ein solcher Schritt wäre überflüssig, wenn man die Verwendungserfahrung als zentrale Determinante des Involvement auffaßte.[195] Dies ist jedoch wenig zweckmäßig, da sich gezeigt hat,

---

192 ebenda.

193 Zu den wenigen Autoren, die dieses Problem zumindest erwähnen, gehört Homer. Vgl. Homer, Pamela M. (1990): p.85.

194 Machleit, Karen A. / Madden, Thomas J. / Allen, Chris T. (1990): p.223.

195 Daß die Höhe des Involvement auch einen Einfluß auf die Art und Weise sowie die Häufigkeit der Verwendung eines Produktes haben kann, zeigen Ram, S. / Jung, Hyung-Shik (1989): The Link Between Involvement, Use Innovativeness and Product Usage, in: Advances in Consumer Research, Vol.16, 1989,

daß die Verwendungserfahrung einen erheblichen, das Involvement dagegen einen geringen moderierenden Einfluß auf die Zusammenhänge zwischen Werbeeinstellung und Markeneinstellung und damit auf einen zentralen Aspekt der Werbewirkung ausübt.[196] Es ist durchaus denkbar, daß das (Produkt-)Involvement trotz vorhandener Verwendungserfahrung hoch ausgeprägt ist (z. B. bei prestigeträchtigen Käufen wie etwa Kleidung) oder aber das Involvement gering ist, obwohl keine Verwendungserfahrung vorliegt (wenn z. B. nur ein geringes Risiko mit dem Kauf verbunden ist). STEFFENHAGEN kombiniert daher die Antezedenzbedingungen Involvement (hoch/niedrig) und Produktvertrautheit (ja/nein) und erhält so vier mögliche Fälle, für die er unterschiedliche „Werbewirkungsmuster" ableitet. Allerdings zeigt seine kritische Würdigung auch, daß der diskriminierende Effekt der Höhe des Involvement auf den Werbewirkungsprozeß gering ist.[197]

Die Kaufverhaltensrelevanz der Werbeeinstellung ergibt sich nicht nur aus dem Einfluß der Einstellung zur Werbung auf die Einstellung zur Marke. Die Copy-Research-Validity-Studie der amerikanischen Advertising Research Foundation (ARF) ergab, daß das Gefallen der Werbung eine hohe prädiktive Validität für das Kaufverhalten hat.[198] Die kontroverse Diskussion, die dieses Ergebnis auslöste, ergab jedoch, daß die Aussage der ARF-Studie, daß das Gefallen der Werbung ein leistungsfähigeres Kriterium für eine Verkaufsprognose darstelle als alle anderen gängigen Werbewirkungskriterien in Pretests, wenn nicht ein Meßartefakt, so doch zumindest eine Folge des gewählten Auswertungsdesigns war.[199] Signifikant, wenngleich deutlich geringer, war der Einfluß des Gefallens der Werbung auf die Verkaufsleistung aber auch in einer alternativen Auswertung der Untersuchungsergebnisse durch ROSSITER/EAGLESON.[200] Eine direkte Wirkung der Einstellung zur Werbung auf die Prä-

pp.160-166. Dabei handelt es sich jedoch um einen Aspekt des Post-Purchase-Behaviors, der v. a. bei langlebigen Gebrauchsgütern, die im Rahmen dieser Arbeit nicht betrachtet werden, bedeutsam ist (Bsp. Automobile).

196 Vgl. a.a.O.: p.75.

197 Vgl. Steffenhagen, Hartwig (1996): S.123-142.

198 Vgl. Haley, Russell I. / Baldinger, Allan L. (1991): The ARF Copy Research Validity Project, in: Journal of Advertising Research, May/June 1991, p.29.

199 Vgl. Rossiter, John R. / Eagleson, Geoff (1994): Conclusions From the ARF's Copy Research Validity Project, in: Journal of Advertising Research, May/June 1994, p.28 sowie die Erwiderung von Haley, Russell I. (1994): A Rejoinder to „Conclusions From the ARF's Copy Research Validity Project", in: Journal of Advertising Research, May/June 1994, pp.33/34.

200 Vgl. Rossiter, John R. / Eagleson, Geoff (1994): pp.28/29.

ferenz und die Markenwahl konnte zudem in verschiedenen empirischen Untersuchungen nachgewiesen werden.[201]

Zusammenfassend bleibt festzuhalten, daß die Reagibilität von Einstellungen auf Marketing-Mix-Aktivitäten gering ist, die Kaufverhaltensrelevanz unter bestimmten Antezedenzbedingungen hingegen in einer Reihe von Untersuchungen belegt werden konnte. Einschränkend ist jedoch hinzuzufügen, daß die Kaufverhaltensrelevanz in vielen Untersuchungen nicht am tatsächlichen Kaufverhalten, sondern an nachfolgenden hypothetischen Konstrukten wie Präferenzen und v. a. Kaufabsichten gemessen wurde.[202] Dieses Vorgehen wirft die Frage auf, in welchem Verhältnis Kaufabsicht und tatsächliches Kaufverhalten stehen, die im folgenden Abschnitt behandelt wird. Problematisch erscheint an den genannten Untersuchungen zur Kaufverhaltensrelevanz von Einstellungen ferner, daß aus einer hohen Korrelation zwischen Einstellungsmaßen und Kaufverhaltensgrößen auf eine prognostische Validität der Einstellung zur Vorhersage zukünftigen Kaufverhaltens geschlossen wird, ohne daß der Einfluß vergangenen Kaufverhaltens auf die Einstellung berücksichtigt wird. Ein solches Vorgehen widerspricht der begründeten Annahme wechselseitiger Zusammenhänge zwischen psychographischen Werbewirkungsgrößen und dem Kaufverhalten und erscheint daher allenfalls bei neuen oder fiktiven Marken gerechtfertigt. Da sich die Mehrzahl der empirischen Untersuchungen auf solche neuen oder fiktiven Marken beschränkt, ist dieses Vorgehen nicht zu kritisieren, es stellt sich aber die Frage der Übertragbarkeit auf etablierte Marken:

> „[...], it has long been known that attitude measures and claimed and/or recorded behavior mostly vary closely together across brands. Brands which score high in one way tend to score high in the other. The underlying mechanism is once more that *users* of a brand usually say they like it and that a big brand has more users (and hence more people 'liking' it).“[203]

---

201 Vgl. z. B.: Biehal, G. / Stephens, D. / Curlo, E.: Attitude Toward the Ad and Brand Choice, in: Journal of Advertising, No.3, 1992, pp.19-36. Walker, David / Dubitsky, Tony M. (1994): Why Liking Matters, in: Journal of Advertising Research, May/June 1994, pp. 9-18, insbesondere die Literaturangaben, pp.10-12.

202 Laroche und Brisoux kritisieren, daß derartige Messungen sich häufig auf lineare Regressionen zwischen den Einstellungen als unabhängige und der Kaufabsicht als abhängige Variable beschränken, bei denen mögliche nichtlineare Beziehungen, Parameterheterogenitäten wie z. B. markenspezifische Unterschiede sowie v. a. Konkurrenzeinflüsse nicht berücksichtigt werden. Vgl. Laroche, Michel / Brisoux, Jaques E. (1990): Development of a Non-Linear Model of Attitudes, Intentions and Competition, in: International Journal of Research in Marketing, Vol.6, 1989, p.160.

203 Ehrenberg, Andrew S. C. (1997): In Search of Holy Grails: Two Comments, in: Journal of Advertising Research, January/February 1997, p.11. Daß dieser Zusammenhang in der Tat seit Jahrzehnten bekannt ist, zeigt die Darstellung bei Day, George S. (1970): Buyer Attitudes and Brand Choice Behavior, New York, p.16 und p.92.

„Hence, we must conclude that sometimes behavior change can cause attitude change and vice versa. That the causality goes in both directions is, in fact, very logical.“[204]

2.3.2.3.4 Kaufabsicht

2.3.2.3.4.1 Operationalisierung

Ob man die Kaufabsicht als eigenständige latente Variable in Werbewirkungsmodellen betrachtet, hängt unmittelbar mit der Definition des Einstellungsbegriffs zusammen. Wenn man der Drei-Komponenten-Theorie der Einstellung (vgl. 2.3.2.3.3) folgt, kann man die Kaufabsicht als konative oder intentionale Komponente der Einstellung auffassen, und damit nicht als eigenständiges hypothetisches Konstrukt. Gegen eine Integration der Kaufabsicht in den Einstellungsbegriff spricht die Erkenntnis empirischer Untersuchungen, daß Einstellungen relativ dauerhafte Gedächtnisinhalte darstellen, Kaufabsichten aber starken situativen Schwankungen unterworfen sind.[205] Die Bedingungen der Kaufsituation treten zwischen Einstellung und Verhalten und können die Wirkung der Einstellung auf das Verhalten ändern. Die Kaufabsicht unterscheidet sich m. a. W. von der Einstellung durch einen konkreten zeitlichen und situativen Bezug. Die Kaufabsicht soll hier deshalb in Anlehnung an KROEBER-RIEL definiert werden als Einstellung plus erwarteter Einflüsse der Kaufsituation.[206] Für eine Trennung von Einstellung und Kaufabsicht spricht zudem die plausible Annahme, daß nicht jede wertende Einstellung zu einem Objekt mit einer Verhaltensintention verbunden sein muß.[207] Im Rahmen von Werbetrackingstudien wird die Kaufabsicht regelmäßig als eigenständige Variable erhoben. Im IVE-Werbemonitor lautet die Frage dazu:

- Welche der [namentlich vorgelegten] Marken kommen für Sie beim nächsten Einkauf besonders in Frage?[208]

Der Hinweis „beim nächsten Einkauf“ soll dazu dienen, die Kaufentscheidung mit einem bestimmten Zeitpunkt und einer (annähernd) bestimmten Situation zu verknüpfen, um der o.g. Definition der Kaufabsicht gerecht zu werden.[209]

---

[204] Baldinger, Allan L. / Rubinson, Joel (1997): In Search of the Holy Grail: A Rejoinder, in: Journal of Advertising Research, January/February 1997, p.19. Vgl. auch: Barnard, Neil (1990): p.22.

[205] Vgl. Steffenhagen, Hartwig (1978): S.120.

[206] Vgl. Kroeber-Riel, Werner (1992): S.170.

[207] Vgl. Eagly, Alice H. / Chaiken, Shelly (1993): p.16.

[208] Vgl. Weber, Adelheid (1992): S.39.

[209] Vgl. ebenda.

2.3.2.3.4.2 Reagibilität und Kaufverhaltensrelevanz

Die starke Situationsabhängigkeit der Kaufabsicht spricht gegen eine Aufnahme dieses Konstruktes in Werbewirkungsmodelle, und zwar sowohl hinsichtlich der Reagibilität auf Marketing-Mix-Aktivitäten als auch in bezug auf die Kaufverhaltensrelevanz. Die Bindung der Kaufabsicht an eine bestimmte Kaufsituation erhöht zwar möglicherweise die Prognosefähigkeit des Kaufverhaltens, doch handelt es sich dabei um eine individuelle Verhaltensprognose.[210] Die Aggregation über eine Vielzahl Befragter hinweg ist problematisch, da jeder Konsument seine Kaufabsicht auf die genannte Fragestellung hin unter individuell unterschiedlichen Annahmen über die Kaufsituation geäußert hat.[211] Es ist anzunehmen, daß Kaufabsichten starken intra- wie interindividuellen Schwankungen unterworfen sind, die über das Käuferaggregat hinweg ein erheblich breiteres Variationsspektrum aufweisen als die anderen Werbetrackingvariablen. Nach STEFFENHAGEN ist eine situationsspezifische Fragestellung zur Messung der Reaktionsbereitschaft ungünstig, wenn die Variabilität der Verhaltenssituationen groß ist oder die situativen Bedingungen selbst nicht prognostizierbar sind; beides sei beim Kaufverhalten die Regel. Kaufabsichten seien in diesem Fall nur dann zuverlässige Prädiktoren des Verhaltens, wenn der situative Rahmen der Befragung und die Kaufgelegenheit identisch sind.[212] Da dies bei den Erhebungen im Rahmen des Werbetracking nicht der Fall ist, verzichtet der GfK-Werbeindikator ATS® auf eine Verknüpfung der Reaktionsbereitschaft mit einer bestimmten Situation. Die Frage lautet hier:

- „Würden Sie mir bitte anhand dieser Liste [auf der Markennamen stehen] sagen, welche der Marken für Sie beim Kauf überhaupt in Frage kommen?“

Die so gewonnene Variable darf allerdings nicht als Kaufabsicht im Sinne der genannten Definition interpretiert werden, da ihr die situative Relativierung fehlt. Im GfK-Werbeindikator ATS® wird diese Variable als „Relevant Set“ ausgewiesen. Da der Begriff Evoked Set im Rahmen dieser Arbeit als Synonym für Relevant Set angesehen wird, gelten für die Kaufverhaltensrelevanz des Relevant Set die in Abschnitt 2.3.2.3.2 getroffenen Aussagen über das Evoked Set. Zu beachten ist jedoch, daß das Relevant Set im Rahmen des GfK-Werbeindikators ATS® gestützt erhoben wird. Dies widerspricht zwar der Auffassung, daß im Relevant Set nur aktiv bekannte Marken sein können,[213] doch erscheint dieses Vorgehen bei sehr geringem

---

[210] Vgl. Steffenhagen, Hartwig (1978): S.120.
[211] Vgl. Weber, Adelheid (1992): S.39.
[212] Vgl. Steffenhagen, Hartwig (1978): S.120.
[213] Wie sie z. B. von VOSS vertreten wird, vgl. Voss, Wolf-Dieter (1983): S.124.

Involvement berechtigt, da in diesem Fall die passive Markenbekanntheit (ausgelöst durch die Konfrontation mit dem Markennamen am Point of Sale) genügt, um eine Marke ins Set der relevanten Alternativen aufsteigen zu lassen.[214] Die Ermittlung des Relevant Set trägt der Erkenntnis Rechnung, daß bei geringer subjektiver Markendifferenzierung in der Regel mehrere Alternativen für den Kauf in Frage kommen, und sich die Kaufabsicht daher auf mehrere Marken erstreckt.[215] Die direkte Frage nach der Kaufabsicht forciert hingegen die Nennung einer einzigen Marke.[216] Wenn jedoch mehrere Marken im Relevant Set sind, bleibt, wie in Abschnitt 2.3.2.3.2.3 erörtert, die Frage der Kaufwahrscheinlichkeit der Marken innerhalb des Set offen, die Ermittlung des Relevant Set bietet daher keinerlei Möglichkeit der Verhaltensprognose, wie dies bei der Kaufabsicht der Fall ist.[217] Um die relative Vorzugswürdigkeit einzelner Marken innerhalb des Relevant Set zu ermitteln, verwendet der GfK-Werbeindikator ATS® zwei Fragen, die sich unmittelbar an die Frage nach dem Relevant Set anschließen. Sie lauten:

- „Und welche dieser Marken bevorzugen Sie am meisten?"
- „Und welche dieser Marken bevorzugen Sie am zweitmeisten?"

Die so gewonnenen Variablen werden als Erst- bzw. Zweitbevorzugung ausgewiesen. Auch diese Variablen dürfen nicht als Kaufabsicht interpretiert werden, weil ihnen ebenso wie der Variable „Relevant Set" die situative Differenzierung fehlt. Dennoch können die beiden Variablen mögliche Unterschiede zwischen Einstellung und Verhalten erklären. Die Bevorzugung eines Produktes gegenüber anderen Produkten bezeichnet man als Präferenz.[218] Daher lassen sich die Variablen Erst- und Zweitbevorzugung auch als Erst- oder Zweitpräferenz interpretieren. Die Relativierung der Einschätzung unterscheidet Präferenzen von Einstellungen. Aus Einstellungen können zwar Präferenzen entstehen, doch sind Einstellungen keine notwendige Voraussetzung für die Entwicklung von Präferenzen, da nicht jede Entscheidungsheuristik mit der Bildung von Einstellungen verbunden ist. Zudem sind Präferenzen im Zeitablauf weniger stabil als Einstellungen.[219] Die damit verbundene stärkere Reagibilität auf Stimuli und die aus den Theorien zum Kaufentscheidungsverhalten gewonnene Erkenntnis,

---

214 Vgl. Rossiter, John R.(1987): Advertising and Promotion Management, New York, p.225.
215 Vgl. Barnard, Neil R. / Ehrenberg, Andrew S. C. (1995): S.14.
216 Vgl. Weber, Adelheid (1992): S.40.
217 Allerdings ist auch die prognostische Relevanz der Kaufabsicht nicht eindeutig belegt, vgl. die Diskussion in Abschnitt 2.3.2.3.4.2 sowie Mühlbacher, Hans (1982): S.168 und die dort angegebene Literatur.
218 Vgl. Diller, Hermann [Hrsg.] (1992): S.882.
219 ebenda.

daß Präferenzen zu Kaufabsichten führen,[220] läßt Präferenzurteile als Reaktions- und Prädiktorvariable in Werbewirkungsmodellen grundsätzlich geeignet erscheinen. Ihr Erklärungsgehalt für das Kaufverhalten geht durch die enthaltene Vorzugswürdigkeit einer Marke über den der Einstellung hinaus, Präferenzen liegen näher am tatsächlichen Kaufverhalten als Einstellungen.[221] Kaufabsichten ersetzen können Präferenzen letztlich nicht, da sie als generelle Kaufneigung, nicht als situationsspezifische Kaufabsicht zu werten sind.[222]

Bei einer aggregierten Betrachtung erweist sich dies jedoch als Vorteil, da hier gerade die Situationsabhängigkeit der Kaufabsicht - wie erläutert - nicht berücksichtigt werden kann. Dieser Verlust an Aussagekraft erscheint auch deshalb vertretbar, weil die Kaufverhaltensrelevanz der Kaufabsicht ebenso umstritten ist, was u. a. mit den dargestellten Problemen einer adäquaten Operationalisierung zusammenhängt.[223] Die prognostische Validität der Kaufabsicht für zukünftiges Kaufverhalten ist dadurch eingeschränkt, daß auch die Kaufabsicht von der Verwendung beeinflußt wird, d. h., obwohl die Kaufabsicht explizit auf die Zukunft abstellt, ist sie in ihrem Ausmaß z. T. vom vergangenen Verwendungsverhalten abhängig.[224] Bei habitualisiertem Kaufverhalten ist es zudem möglich, daß es zu Wiederholungskäufen kommt, ohne daß eine bewußte Kaufabsicht vorliegt. Diverse Studien haben gezeigt, daß das vergangene Markenwahlverhalten einen stärkeren direkten Einfluß auf das nachfolgende Markenwahlverhalten hat als auf die Kaufabsicht, und daß der zusätzliche Erklärungsbeitrag der Kaufabsicht für zukünftiges Kaufverhalten äußerst gering ist.[225] Empirische Untersu-

---

220 Vgl.: a.a.O.: S.883.

221 Es ist beispielsweise möglich, daß weitgehend identisch wahrgenommene Produkte deutlich unterschiedliche Präferenzen aufweisen, vgl. dazu z. B. Creusen, Marielle E. H. / Schoormans, Jan P. L. (1997): The Nature of Differences Between Similarity and Preference Judgements - A Replication with Extensions, in: International Journal of Research in Marketing, Vol.14, pp.81-87 und die dort angegebene Literatur.

222 Allerdings wird in der Literatur z. T. die Auffassung vertreten, daß die Unterschiede zwischen Präferenzen und Kaufabsichten auf aggregierter Ebene sehr gering sind, vgl. Higie, Robin A. / Sewall, Murphy A. (1991): Using Recall and Brand Preference to Evaluate Advertising Effectiveness, in: Journal of Advertising Research, April/May 1991, p.57.

223 Vgl. Warshaw, Paul R. (1980): Predicting Purchase and Other Behaviors from General and Contextually Specific Intentions, in: Journal of Marketing Research, Vol.17, February 1980, pp.26/27 und die dortige Literaturübersicht sowie die Diskussion bei Belk, Russell W. (1985): Issues in the Intention-Behavior Discrepancy, in: Sheth, Jagdish N. [ed.] (1985): Research in Consumer Behavior, Vol.1, London, pp.8/9.

224 Vgl. Bird, Michael / Ehrenberg, Andrew S. C. (1966): Intentions-To-Buy and Claimed Brand Usage, in: Operational Research Quarterly, Vol.17, No.1, 1966, p.43 and p.45.

225 Vgl. z. B. die Studie von Woodside, Arch G. / Beardon, William O. (1977): Longitudinal Analysis of Consumer Attitude, Intention, and Behavior toward Beer Brand Choice, in: Advances in Consumer Research, Vol.4, pp.349-356. Daß diese Aussage nicht nur auf das Markenwahlverhalten, sondern auch auf menschliches Verhalten im allgemeinen zutrifft, zeigt: Bagozzi, Richard P. (1981): Attitudes, Intentions, and Behavior: A Test of Some Key Hypotheses, in: Journal of Personality and Social Psychology, Vol.41, 1981, pp.607-627. Für einen eigenständigen Erklärungsbeitrag der Kaufabsicht spricht dagegen die Erkenntnis,

chungen umgehen daher teilweise das Konstrukt der Kaufabsicht und versuchen, direkte Beziehungen zwischen Präferenzen[226] bzw. Präferenz*änderungen*[227] und dem beobachtbaren Kaufverhalten herzustellen, aber auch hier stellt sich bei etablierten Marken die Frage, ob Kaufverhaltensänderungen aus Präferenzänderungen folgen oder umgekehrt.[228]

Die widersprüchlichen Untersuchungsergebnisse zur Kaufverhaltensrelevanz von Präferenzen sind möglicherweise aber auch dadurch bedingt, daß bei sehr geringem Involvement und fehlender Markendifferenzierung keinerlei Präferenzen bestehen und die ermittelte Erst- und Zweitpräferenz aus Werbetrackingstudien lediglich aus dem Zwang zum Urteil resultieren. Der Vorschlag von WANSINK und RAY, bei etablierten Marken nicht die Kaufabsicht zu ermitteln, sondern stattdessen die Stammkäufer zu fragen, welche Menge einer Marke sie in einem bestimmten Zeitraum zu kaufen beabsichtigen, stellt keine überzeugende Alternative zur Kaufabsichts- oder Erstpräferenzmessung dar, weil eine solche Frage Gelegenheitskäufer nicht zu erfassen vermag und zudem bezweifelt werden muß, daß Verbraucher in der Lage sind, ex ante anzugeben, welche Menge einer bestimmten Marke sie zu kaufen gedenken.[229] Einflüsse des Point of Sale, wie z. B. Sonderangebotsaktionen, dürften einen erheblichen Einfluß auf die Kaufmenge gerade bei Stammkäufern haben.

2.3.2.4 Zusammenfassung der theoretischen Kritik

Tabelle 1 faßt abschließend die Eignung der wichtigsten Modellvariablen hinsichtlich der Kriterien Reagibilität und Kaufverhaltensrelevanz zusammen. Die dabei vorgenommenen Wertungen (gering, mittel, hoch) dürfen jedoch nur als Tendenzaussagen interpretiert werden.

daß die bloße Frage nach der Kaufabsicht in der Lage ist, das Kaufverhalten zu beeinflussen, und zwar um so stärker, je geringer die Verwendungserfahrung ist. Vgl. Morwitz, Vicki G. / Johnson, Eric / Schmittlein, David (1993): Does Measuring Intent Change Behavior?, in: Journal of Consumer Research, Vol.20, June 1993, pp.46-61.

226 Vgl. z. B.: Woodside, Arch G. / Wilson, Elizabeth J. (1985): pp.41-48.

227 Vgl. z. B.: Ross, Harald L. (1982): Recall versus Persuasion, in: Journal of Advertising Research, January/February 1982, p.14.

228 SEN und JOHNSON haben in einem Experiment gezeigt, daß nicht nur der Besitz eines Marke einen Einfluß auf die Präferenz ausübt, sondern bereits der Besitz eines Coupons für eine Marke zu einer höheren Präferenz führt. Vgl. Sen, Sankar / Johnson, Eric J. (1997): Mere-Possession Effect without Possession in Consumer Choice, in: Journal of Consumer Research, Vol.24, June 1997, p.113.

229 Vgl. Wansink, Brian / Ray, Michael L. (1992): Estimating an Advertisement's Impact on One's Consumption of a Brand, in: Journal of Advertising Research, Vol.32, May/June 1992, p.11. Kasprik, Rainald (1994): Werbewirkung auf dem Prüfstand, in: Marketing ZFP, Heft 4, 1994, S.248 und 253.

Konstrukt	Operationalisierung	Reagibilität	Kaufverhaltensrelevanz			
			Low-Involvement-Hierarchie	Lern-hierarchie	Dissonanz-Attributions-Hierarchie	neuere Low-Involvement-Theorien
Werbekenntnis	gestützte Werbeerinnerung	hoch	hoch	gering	gering	mittel
Markenbekanntheit	ungestützte Markenbekanntheit	gering	hoch	gering	gering	hoch
Werbeeinstellung	"Sympathische Werbung"	gering	gering	mittel	gering	hoch
Markeneinstellung	"Sympathische Marke"	gering	gering	mittel	gering	mittel
Kaufabsicht	"Kommt beim nächsten Kauf in Frage"	gering	gering	hoch	gering	mittel

Quelle: Eigene Darstellung

Tabelle 1: Reagibilität und Kaufverhaltensrelevanz ausgewählter Werbewirkungskonstrukte

Die drei klassischen Werbewirkungshierarchien nach RAY in Tabelle 1 weisen in ihrer Grundform zwei grundlegende Schwächen auf: Zum einen impliziert ihre singuläre Sequenz einen Determinismus der Werbewirkung, der aufgrund theoretischer Erkenntnisse wie neuerer empirischer Untersuchungen selbst bei Anerkennung der notwendigen Komplexitätsreduktion eines Modells nicht mehr haltbar ist, zum anderen berücksichtigen sie keine Wechselwirkungen zwischen einzelnen Hierarchiestufen, für deren Existenz, wie gezeigt, eine Reihe von Indizien vorliegen.

Da die Lernhierarchie nach RAY im wesentlichen bei neuen, innovativen Produkten plausibel ist, läßt sich nicht kritisieren, daß der Einfluß der Verwendungserfahrung auf den Werbewirkungsprozeß nicht abgebildet wird, da bei Innovationen keine Verwendungserfahrung vorliegen kann. Das bedeutet aber auch, daß die Lernhierarchie nur dann anwendbar ist, wenn Verwendungserfahrungen ausgeschlossen werden können oder zumindest unwahrscheinlich sind. Dies ist abgesehen von Produktinnovationen auch bei neuen Marken in etablierten Warengruppen der Fall. Die Auswahl und Reihenfolge der Werbewirkungsvariablen in den Werbetrackinginstrumenten der Marktforschungsinstitute orientiert sich faktisch an der klassischen Lernhierarchie,[230] die von ihren Antezedenzbedingungen her betrachtet auf etablierte Marken, die in Werbetrackingstudien i.d.R. beobachtet werden, im allgemeinen nicht anwendbar ist. Das gilt ebenso für das Ausmaß an Involvement, das bei den in Werbetrackingstudien überwiegend untersuchten FMCGs im Gegensatz zur traditionellen Lernhierarchie gering sein dürfte. Dieser Umstand läßt sich allerdings durch neuere Ergebnisse der Low-Involvement-Forschung rechtfertigen (letzte Spalte der Tabelle 1), nach denen Einstellungen und hier v. a.

die Einstellung zur Werbung auch bei geringem Involvement einen Einfluß auf das Kaufverhalten haben:

> „Thus, advertising effectiveness measures may be better able to predict trial in a low-involvement situation. And, in this sense, the learning hierarchy may be *more* appropriate for low-involvement than for high-involvement products.“[231]

Die traditionelle Low-Involvement-Hierarchie und die Dissonanz-Attributions-Hierarchie beruhen zwar vorgeblich auf der Antezedenzbedingung „späte Lebenszyklusphasen“ und sind insofern für etablierte Marken in reifen Märkten realistischer, doch ist zu kritisieren, daß der Einfluß, den die Verwendungserfahrung auf den Werbewirkungsprozeß hat, faktisch ebenfalls ignoriert wird, da Kenntnisse, welche die erste Hierarchiestufe bilden, lediglich als von Marketing-Stimuli abhängig betrachtet werden, nicht aber von der Verwendung (vgl. Abb. 4).[232] Der Aussage von SHILLER, daß sich die traditionellen Werbewirkungsmodelle implizit alle auf den Erstkauf eines bisherigen Nichtverwenders konzentrieren, ist zuzustimmen.[233] MACHLEIT et al. stellten im Rahmen einer Literaturübersicht fest, daß dieser Umstand auch für neuere Werbewirkungsmodelle zutrifft:

> „From the early Attention-Interest-Desire-Action (AIDA) model [...] through other hierarchy-of-effects models [...], including recent models of advertising effects [...], the process by which advertising may impact repeat purchase of mature brands is largely ignored.“[234]

Tabelle 2 zeigt abschließend eine mögliche Systematik der Werbewirkungsmodelle unter besonderer Berücksichtigung der im Rahmen der theoretischen Kritik dargestellten Modelle.

---

[230] Vgl. dazu Schützendorf, Robert (1995): Wissen wir wirklich, wie Werbung wirkt?, in: Planung und Analyse 5/95, S.49.

[231] Zinkhan, George M. / Fornell, Claes (1989): p.158. Hervorhebung im Original.

[232] Vgl. dazu auch Hoch, Stephen J. / Deighton, John: Managing What Consumers Learn from Experience, in: Journal of Marketing, Vol.53, April 1989, p.1.

[233] Vgl. Shiller, Sherman B. (1981): Accelerated Attrition, in: Journal of Advertising Research, Vol.21, No.1, 1981, p.52.

[234] Machleit, Karen A. / Allen, Chris T. / Madden, Thomas J. (1993): p.72.

S-R-Modelle (globalanalytisch)	S-O-R-Modelle (detailanalytisch)			
	Hierarchische Modelle (ohne Wechsel-/Rückwirkungen)		Nichthierarchische Modelle (mit Wechsel-/Rückwirkungen)	
	mit singulärer Sequenz	mit alternativen Sequenzen	mit singulärer Sequenz	mit alternativen Sequenzen
- Makromodell (aggregierte Betrachtung) z.B. Marketing-Mix-Modelle - Mikromodelle (disaggregierte Betrachtung) z.B. Single-Source-Ansätze	- AIDA - Modell von Lavidge/Steiner - Affekt-Transfer-Hypothese - Duale Vermittlungshypothese - Hypothese unabhängiger Einflüsse	- Modelle nach Ray - Modell von Batra und Ray (bei hohem Involvement) - Grundmodell der Wirkungspfade von Kroeber-Riel - Modell der integrierten Informations-Reaktion	- Reziproke Vermittlungshypothese	- Elaboration Likelihood Modell - Modell von Batra und Ray (bei niedrigem Involvement) - Modell der Wirkungspfade bei informativer Werbung und wenig involvierten Konsumenten - Modell von Steffenhagen

Quelle: Eigene Darstellung

Tabelle 2: Übersicht zentraler Werbewirkungsmodelle

Die einfachste detailanalytische Modellkategorie stellen hierarchische Modelle mit singulärer Sequenz wie z. B. AIDA dar. Die Modelle nach RAY gehören ebenso wie das Modell von BATRA und RAY bei hohem Involvement, das Grundmodell der Wirkungspfade von KROEBER-RIEL sowie das Modell der integrierten Informationsreaktion zu den hierarchischen Modellen mit alternativen Sequenzen. „Alternativ“ bedeutet dabei, daß Werbung in Abhängigkeit bestimmter Antezedenzbedingungen unterschiedliche Wirkungsverläufe aufweist.

Auch die nichthierarchischen, d. h. wechselseitige Wirkungen berücksichtigenden detailanalytischen Modelle können in gleicher Weise unterschieden werden. Zu den nichthierarchischen Modellen mit singulärer Sequenz gehört die Reziproke Vermittlungshypothese, die einen wechselseitigen Zusammenhang zwischen der Einstellung zur Werbung und der Einstellung zur Marke postuliert. Das ELM berücksichtigt eine Rückwirkung zwischen der peripheren Einstellungsänderung und der Motivation, Informationen zu verarbeiten und ist damit ebenfalls den nichthierarchischen Modellen zuzurechnen, aufgrund der beiden unterschiedlichen Routen der Einstellungsänderung jedoch denen mit alternativen Sequenzen. Der Wirkungspfad der Werbung bei niedrigem Involvement im Modell von BATRA und RAY berücksichtigt im Gegensatz zum Wirkungspfad bei hohem Involvement eine Wechselwirkung zwischen Absicht/Handlung und argument-sensitiver Einstellung und ist damit ebenfalls dieser Kategorie zuzuordnen, gleiches gilt für das Modell der Wirkungspfade bei informativer Werbung und wenig involvierten Konsumenten.

Nicht berücksichtigt wurden in Tabelle 2 detailanalytische Modelle ohne erkennbare Modellstruktur, zu diesen gehören z. B. das ROSSITER/PERCY Grid[235] sowie symbolische/anthropologische Ansätze der Werbewirkungsforschung.[236] Da aus diesen Ansätzen nicht explizit ersichtlich ist, wie Werbewirkung meßbar ist, kann von ihnen kein Erklärungsbeitrag für den Rahmen dieser Arbeit erwartet werden. Das Modell von STEFFENHAGEN differenziert zwar nicht zwischen den einzelnen Hierarchieebenen innerhalb der vorökonomischen Werbewirkungsgrößen, berücksichtigt aber ebenfalls wechselseitige Einflüsse zwischen momentanen Reaktionen, dauerhaften Gedächtnisinhalten und dem finalen Kaufverhalten.[237]

2.3.3 Normative Kritik

Gegenstand der normativen Kritik der Werbetrackingforschung ist die Frage, was Werbetrackingforschung leisten soll und inwieweit die Anforderungen, die an das Werbetracking gestellt werden, derzeit bereits erfüllt werden. Die normative Kritik ist in gewisser Hinsicht die schwerwiegendste Kritikform: Der empirischen Kritik kann durch verbesserte Meßmethoden Rechnung getragen werden, der theoretischen Kritik durch eine Modifikation der zugrundeliegenden Theorie der Werbewirkung. Die normative Kritik bliebe jedoch selbst dann bestehen, wenn die Messung der Werbetrackingvariablen perfekt und die entsprechende Theorie allgemein anerkannt wäre. Was Werbetrackingforschung leisten soll, ergibt sich aus den Anforderungen, die von Wissenschaft und Praxis an derartige Untersuchungen gestellt werden. Diese gilt es kritisch zu bewerten und mit den Ansprüchen, welche die Marktforschungsinstitute mit ihren Werbetrackinginstrumenten selbst erheben, abzugleichen.

---

235 Vgl. Rossiter, John R. / Percy, Larry / Donovan, Robert. J. (1991): A Better Advertising Planning Grid, in: Journal of Advertising Research, October/November 1991, pp.11-21.

236 Vgl. dazu Lannon, Judie (1994): Mosaics of Meaning: Anthropology and Marketing, in: Journal of Brand Management, December 1994, pp.195-213. Bode, Matthias (1996): Lesarten der Werbung - Eine Übersicht zur Bedeutungsperspektive der Werbeforschung, in: Marketing ZFP, Heft 3, 1996, S.164-178.

237 Vgl. Steffenhagen, Hartwig (1984): S.81.

2.3.3.1 Messung der Werbeeffizienz

Im Rahmen der Definition des Begriffs Werbetrackingforschung (vgl. 2.1) wurde bereits darauf hingewiesen, daß die Erhebungsinhalte der Werbetrackingstudien den im Beobachtungszeitraum getätigten Werbeausgaben gegenübergestellt werden, um Aufschluß über die Effizienz von Werbekampagnen zu erhalten. Wie die Diskussion über die Eignung der Werbetrackingvariablen (vgl.2.3.2.3) gezeigt hat, kann lediglich bei der Werbeerinnerung von einer starken Reagibilität auf Werbeausgaben ausgegangen werden, und dies auch nur bei der Operationalisierung in Form der gestützten Werbeerinnerung. Aus diesem Grund soll die Erörterung der Werbeeffizienz im folgenden auf die Variable „gestützte Werbeerinnerung" begrenzt werden. Unberücksichtigt bleiben daneben Details der Werbeerinnerung wie z. B. die Zuordnung von Bildelementen oder die Sloganbekanntheit, die zur Standardauswertung der Werbetrackinginstrumente gehören.[238] Werbeeffizienz bedeutet nach dem ökonomischen Kalkül, mit einem gegebenen Werbebudget eine maximale Werbeerinnerung zu erzielen bzw. ein bestimmtes Ausmaß an Werbeerinnerung mit minimalem Werbeaufwand zu erreichen. Neben der Gegenüberstellung von Werbeerinnerung und Werbeausgaben einer Marke im Zeitablauf (vgl. Abb. 1) ist für die Analyse der Werbeeffizienz ein Vergleich mit anderen Marken sinnvoll. Abb. 13 zeigt ein sogenanntes „Effizienzchart" aus der Datenbank des GfK-Werbeindikators ATS®.[239] Es handelt sich dabei um eine statische Betrachtung, bei der für 162 Marken die durchschnittlichen Werbeausgaben pro Monat in TDM für den Zeitraum von 1993 bis 1996 der damit durchschnittlich erreichten gestützten Werbeerinnerung in % gegenübergestellt werden.

---

[238] Vgl. dazu für den IVE-Werbemonitor die Darstellung bei Juchems, Arthur (1994): Tracking and the „Black Hole", in: Admap, May 1994, pp. 15/16.

[239] Gleiche Darstellungen gibt es auch für den IVE-Werbemonitor, vgl. Juchems, Arthur (1985): S.118 und ICON-ad trek, vgl. Munzinger, Uwe Jörg (1996): Was Trackingstudien leisten: Werbemonitore im Vergleich, Tagungsunterlagen zum Vortrag auf der Konferenz: Mediawirkung auf dem Prüfstand, Hamburg, 17./18. Juni 1996, S.3.

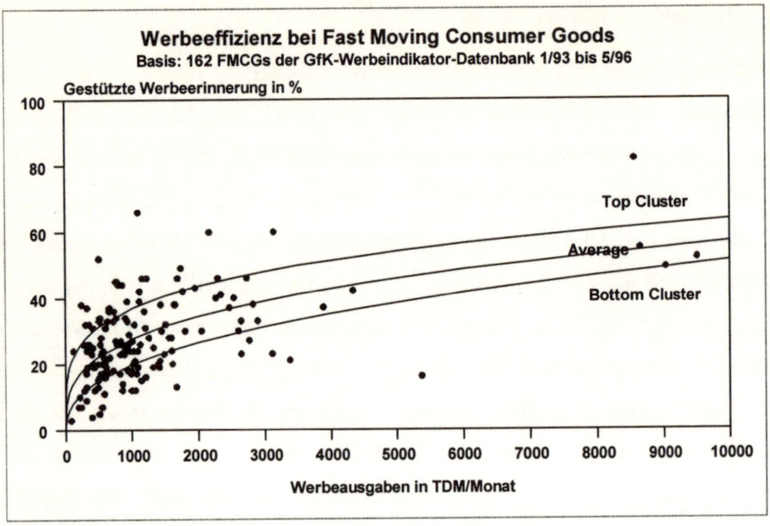

Quelle: Datenbank des GfK-Werbeindikators ATS®

Abb. 13: Vergleichende Darstellung der Werbeeffizienz in Werbetrackingstudien

Es zeigt sich zwar ein positiver Zusammenhang zwischen Werbeerinnerung und Werbeausgaben, doch weist die große Streuung der Datenpunkte darauf hin, daß dieser nur schwach ausgeprägt ist. Einige Marken erreichen mit den gleichen Werbeausgaben ein Vielfaches der Werbeerinnerung anderer Marken. Zur Ermittlung des Zusammenhangs zwischen Werbeaufwand und Werbeerinnerung sollen einfache Regressionsanalysen durchgeführt werden. Um eine abnehmende Grenzrate analog zu Sättigungseffekten bei Absatzfunktionen zu berücksichtigen, wird als Funktionstyp eine semilogarithmische Funktion gewählt.[240] Der daraus resultierende konkave Funktionsverlauf hat sich in vielen empirischen Untersuchungen zum Zusammenhang zwischen Werbeausgaben und Abverkäufen bestätigt.[241] Er erscheint aufgrund sachlogischer Erwägungen auch bei Heranziehung der Werbeerinnerung als abhängiger Variable gerechtfertigt, da davon auszugehen ist, daß aufgrund der begrenzten menschlichen Gedächtniskapazität die Werbeerinnerung nicht beliebig gesteigert werden kann und zudem ein bestimmter Anteil an Verbrauchern auch mit extrem hohem Werbeaufwand nicht erreicht wird. Zudem macht eine Regression mit Prozentzahlen ohnehin eine nichtlineare Transformation erforderlich. Die Zuordnungsvorschrift der gewählten Funktion lautet:

---

[240] Vgl. zu diesem Funktionstyp: Hanssens, Dominique M. / Parsons, Leonard J. / Schultz, Randall L. (1990): Market Response Models: Econometric and Time Series Analysis, Boston u. a., pp.38/39.

[241] Vgl. die Übersicht bei: Simon, Julian L. / Arndt, Johan (1980): The Shape of the Advertising Response Function, in: Journal of Advertising Research, Vol. 20, No.4, 1980, p.13. Allerdings sind auch gänzlich andere Funktionsverläufe bestätigt worden, vgl. Jones, John Philip (1995b): p.13.

$$GW = a + b \times \ln WA + u \tag{2.1}$$

mit: GW = ∅ gestützte Werbeerinnerung in %

WA = ∅ Werbeausgaben pro Monat in TDM

a, b = zu schätzende Parameter

u = Störterm

Da es sich hierbei um eine statische Betrachtung handelt, kann auf Periodenindizes und auf die Abbildung von Wirkungsübertragungen und Wirkungsverzögerungen verzichtet werden.[242] Die Regressionsanalyse ergab für die 162 betrachteten Marken einen R^2-Wert von 0,31. Der Graph der Regressionsfunktion wurde in Abb. 13 eingezeichnet und mit der Bezeichnung „Average" versehen. Anschließend wurden zwei weitere analoge Regressionsanalysen durchgeführt, zum einen für alle Marken, die oberhalb des Regressionsgraphen „Durchschnitt" lagen, zum anderen für alle Marken, die unterhalb lagen. Die so gewonnenen Funktionen wurden ebenfalls in Abb. 13 eingetragen und mit den Bezeichnungen „Top" und „Bottom" versehen.

Auf diese Weise wird es möglich, die untersuchten Marken hinsichtlich ihrer Werbeeffizienz zu ordnen. Marken, die oberhalb der „Top"- Funktion liegen, weisen eine sehr hohe Werbeeffizienz auf, gemessen am Verhältnis der Werbeausgaben zur gestützten Werbeerinnerung. Marken unterhalb der „Bottom"- Funktion haben dagegen eine sehr geringe Werbeeffizienz.

Die 38 Marken der „Top" - Gruppe erreichten bei durchschnittlichen Werbeausgaben von 1.193 TDM pro Monat eine durchschnittliche gestützte Werbeerinnerung von 43%, die 28 Marken der „Bottom" - Gruppe wurden mit Werbeausgaben von durchschnittlich 1.267 TDM/Monat sogar etwas stärker beworben, erreichten damit aber lediglich eine gestützte Werbeerinnerung von durchschnittlich 16%. Dieser Vergleich verdeutlicht die Möglichkeiten, aber auch die Grenzen der Werbeeffizienzbeurteilung im Rahmen des Werbetracking: Es läßt sich zwar ein Zusammenhang zwischen Werbeausgaben und Werbeerinnerung ermitteln, dieser ist jedoch nur schwach ausgeprägt; ein Ergebnis, das unmittelbar die Frage nach den Ursachen aufwirft, die in der Regel von der Werbetrackingforschung nur ansatzweise beantwortet wird. Die starke Streuung der Datenpunkte läßt sich als Hinweis auf den Einfluß weiterer Faktoren interpretieren, ohne daß eine genaue Ursachenanalyse möglich ist. Als Beispiele

242 Ein Beispiel für eine semilogarithmische Werbewirkungsfunktion mit expliziter Berücksichtigung zeitlicher Einflüsse findet sich bei Simon, Hermann (1982): ADPLUS: An Advertising Model with Wearout and Pulsation, in: Journal of Marketing Research, Vol.19, August 1982, p.356.

seien hier nur Werbequalität und Werbemittelstreuung genannt.[243] Daneben sind sowohl Spillover-Effekte anderer Marketing-Mix-Variablen als auch marken- oder warengruppenspezifische Einflußfaktoren denkbar. So konnten beispielsweise BATRA et al. in einer auf Werbetrackingdaten basierenden empirischen Untersuchung belegen, daß die Werbeerinnerung bei Marken, für die zeitgleich Promotions durchgeführt wurden, oder die aus neuen bzw. wachsenden Produktkategorien stammen, bei gleichem Werbeaufwand höher ist.[244]

Das zentrale Problem dieser Form der Werbeeffizienzdarstellung liegt jedoch in der mangelnden Berücksichtigung der Verwendung. Wenn es stimmt, daß die Verwendung - wie in Abschnitt 2.3.2.3.1.3 erläutert - einen Einfluß auf die Höhe der Werbeerinnerung hat, dann verfügen marktanteilsstarke Marken, die einen entsprechend höheren Verwenderanteil in der Stichprobe der Werbetrackingbefragungen haben, per se über eine höhere Werbeerinnerung. Wird dieser Einfluß der Verwendung nicht berücksichtigt, so werden Marken systematisch benachteiligt, die einen sehr kleinen Verwenderanteil in der Stichprobe haben. Das gleiche Verhältnis von Werbeerinnerung zu Werbeausgaben zweier Marken bedeutet in der klassischen Darstellung der Werbetrackingstudien, daß beide Marken die gleiche Werbeeffizienz aufweisen. Sofern sich der Zweck einer derartigen Gegenüberstellung auf die reine Messung der Werbeeffizienz beschränkt, ist gegen diese Darstellung nichts einzuwenden. Problematisch ist jedoch die Interpretation einer hohen Werbeeffizienz als Erfolg des kommunikativen Auftritts, wie dies in der Praxis der Fall ist. Der kommunikative Erfolg kann bei Marken mit gleicher Werbeeffizienz höchst unterschiedlich sein, wenn man bedenkt, daß die Werbung für eine Marke lediglich aufgrund ihres höheren Verwenderanteils von mehr Probanden erinnert wird, nicht aber aufgrund von Einflüssen, die der Werbung zugeschrieben werden können, wie z. B. eine überlegene Werbemittelgestaltung oder eine bessere Werbemittelstreuung.

Ein weiteres Problem der Werbeeffizienzmessung im Rahmen der Werbetrackingforschung besteht darin, daß der Werbedruck in Form von Werbeausgaben und nicht in Form von Kon-

243 Zum Einfluß der Werbequalität auf den ökonomischen Werbeerfolg vgl.: Merz, Jürgen / Schmies, Claudia / Wildner, Raimund (1993): Bestimmung des Einflusses der Werbequalität auf den Marktanteil, in: Jahrbuch der Absatz- und Verbrauchsforschung 2/93, S.176-191. Högl, Siegfried / Wildner, Raimund (1997): So wirkt Werbung im Marketing-Mix, in: GWA [Hrsg.]: So wirkt Werbung im Marketing-Mix - Die neue Effektivität der Werbung, Frankfurt/Main, 1997, S.11-56. Sommer, Rudolf (1994): Werbeeffizienz, in: Planung und Analyse 5/94, S.7-11. Eastlack, Joseph O. / Rao, Abar G. (1986): Modeling Response to Advertising and Pricing Changes for „V-8“ Cocktail Vegetable Juice, in: Marketing Science, Vol.5, No.3, Summer 1986, p.259.

244 Vgl. Batra, Rajeev et al. (1995): When does Advertising Have an Impact? A Study of Tracking Data, in: Journal of Advertising Research, September/October 1995, p.30.

taktmengen operationalisiert wird. So kritisieren z. B. MÜLLER und WEBER an diesem Vorgehen, daß

⇒ die monetäre Operationalisierung den ausgeübten Beeinflussungsdruck nur dann widerspiegelt, wenn bei Fehlstreuungen eine Bereinigung um die nicht zu Stimulierungen führende Faktormenge möglich ist,

⇒ Kostenwerte nur bedingt geeignet sind, qualitative Wirkfaktoren abzubilden,

⇒ es sich bei den kommunikativen Werbezielen um detailanalytische Reaktionsvariablen handelt, die auf Lernprozessen und nicht auf dem Kosteneinsatz beruhen.[245]

Der erste Kritikpunkt trifft zwar auf Brutto-, nicht aber auf Netto-Werbeausgaben zu, da hier als Aufwendungen nur die tatsächlich zu Kontakten führenden Geldeinheiten herangezogen werden, so daß „im Hinblick auf Validität und Reliabilität abgesehen von theoretisch denkbarer unterschiedlicher Qualität der Streuplanung kein wesentlicher Unterschied mehr zur kontaktmäßigen Operationalisierung besteht."[246] Der zweite Kritikpunkt trifft - wie erwähnt - zu, doch gilt er in gleichem Maße für Kontaktmengen und kann daher nicht als Argument gegen die Operationalisierung der Werbung in Form von Werbeausgaben im Vergleich zu Kontaktmengen gelten. Einige Berechtigung hat dagegen der dritte Kritikpunkt, denn in der Tat handelt es sich bei der Werbeerinnerung um eine detailanalytische Reaktion, die - da sie einen individuellen Prozeß kennzeichnet - zudem der Aggregationsebene der Mikrofunktionen zuzurechnen ist. Wie MÜLLER und WEBER beispielhaft demonstrieren, ist eine konsistente Aggregation individueller Reaktionsfunktionen grundsätzlich nur bei Kenntnis der zugrundeliegenden Kontakthäufigkeitsverteilungen möglich.[247] Da diese jedoch außerhalb von Single-Source-Ansätzen (vgl. 2.2) in der Regel unbekannt sind, ist man bei einer Aggregation zwingend auf die Annahme einer Kontakthomogenität angewiesen. Individuelle Unterschiede im Lernverhalten (Lernrate, Reaktionsschwelle) sind bei den Erhebungen der Werbetrackingforschung ebensowenig zu ermitteln, daher muß bei der Aggregation der detailanalytischen Mikrofunktionen zu einer detailanalytischen Makrofunktion auch auf die Abbildung von Parameterheterogenitäten verzichtet werden. Unabhängig von Unterschieden im Lernverhalten kann man in Anlehnung an die Erkenntnisse der Lerntheorie aber davon ausgehen, daß das

245 Vgl. Müller, Wolfgang / Weber, Regina (1993): Werbewirkungsfunktionen: Erfolgsträume der Werbepraxis oder wissenschaftlich bestätigte Realität? in: Werbeforschung und Praxis 5/93, S.179f.

246 Voss, Wolf-Dieter (1983): S.153.

247 Vgl. Müller, Wolfgang / Weber, Regina (1993): S.176.

Ausmaß an Werbeerinnerung bei wiederholter Werbemitteldarbietung zunimmt.[248] Da eine wiederholte Schaltung von Werbemitteln in Werbeträgern mit zusätzlichen Kosten verbunden ist, können die Werbeausgaben zumindest als Korrelat der potentiellen Werbemittelkontakte aufgefaßt werden. In dieser Hinsicht erscheint es gerechtfertigt, die Werbeausgaben auch im Rahmen detailanalytischer Betrachtungen als Operationalisierungsform des Werbedrucks heranzuziehen. Eine medienspezifische Betrachtung der Werbeausgaben zur Ermittlung eventueller intermedialer Wirkungsunterschiede ist auf der Basis von Nielsen S&P-Daten möglich. Im Rahmen dieser Arbeit werden jedoch über alle Medien aggregierte Aufwendungen betrachtet, da sich die folgende Untersuchung auf FMCGs beschränkt, die ausweislich der zur Verfügung stehenden Nielsen S&P-Daten im Beobachtungszeitraum durchschnittlich rund 90% ihres Budgets für TV-Werbung ausgaben, so daß medienspezifische Unterschiede vernachlässigt werden können.

2.3.3.2 Messung des Beitrags der Werbung zum Markterfolg

Da im Mittelpunkt der Werbetrackingforschung die vorökonomischen Werbewirkungsgrößen stehen, gehören Messungen des Beitrags der Werbung zum Markterfolg nicht zum regulären Lieferumfang von Werbetrackingstudien. Die Kaufverhaltensrelevanz der erhobenen Indikatoren der Werbewirkung wird i.d.R. aus den Werbewirkungsmodellen abgeleitet, aber nicht einer expliziten Überprüfung anhand des individuellen Kaufverhaltens der Probanden oder gar der aggregierten Marktreaktion unterzogen.[249] Angesichts der Vielzahl der Einflußfaktoren auf den Markterfolg überrascht dieses Vorgehen nicht. Eine realistische Erfassung der Marktreaktion müßte zwangsläufig weitere Marketing-Mix-Variablen (Preis, Distribution, Promotions) im Sinne eines Marketing-Mix-Modells erfassen und diese - gemäß dem S-O-R Paradigma - um die gemessenen dauerhaften Gedächtnisreaktionen als intervenierende Zwischenstufe ergänzen. Dieses Vorgehen würde zwar aufgrund des erforderlichen Inputs den Rahmen von Werbetrackingstudien sprengen, dafür aber eine vollständigere Erfassung des Beitrags der Werbung zum Markterfolg ermöglichen. Auch wenn eine solche Integration von Werbetrackingvariablen in Marktreaktionsfunktionen nicht systematisch durchgeführt wird, gibt es dennoch eine Reihe von Versuchen kommerzieller Marktforschungsinstitute, Bezüge

---

[248] Vgl. zum Einfluß von wiederholten Reizdarbietungen auf das Lernverhalten Kroeber-Riel, Werner (1992): S.349f.

[249] Vgl. Broadbent, Simon (1992): Using Data Better - A New Approach To Sales Analyses, in: Admap, January 1992, p.49.

in Form von Korrelationen zwischen Werbewirkung und Markterfolg herzustellen.[250] Unberücksichtigt sollen im folgenden jedoch diejenigen Ansätze bleiben, die den Markterfolg durch die Werbetrackingvariable „Verwendung“ erfassen. Abgesehen von dem bereits diskutierten Problem der Kausalität zwischen der Verwendung einer Marke und ihrer Gedächtnispräsenz handelt es sich bei der Verwendung nicht um eine Marktreaktionsgröße, sondern um eine Variable, die aus face-to-face-Befragungen gewonnen wird, und die daher nur dann als Erfolgsgröße herangezogen werden kann, wenn ihre Validität zur Abbildung von Marktentwicklungen gesichert ist.

Die Validität der Verwendung des Marktanteils oder der Absatzmenge zur Messung des Markterfolgs ist zwar weitgehend anerkannt, doch weisen Versuche, Zusammenhänge zwischen Gedächtnisreaktionen und Marktreaktionen herzustellen, neben der sachlichen und periodengerechten Abgrenzung ebenfalls das Problem der Kausalität zwischen Kauf und Gedächtnispräsenz auf. Die Bestimmung von Korrelationen belegt zwar einen Zusammenhang, nicht aber eine Ursache-Wirkungsbeziehung und darf auch nicht im Sinne der Werbewirkungsmodelle als Beweis für die prognostische Validität der Gedächtnisreaktionen für Marktentwicklungen betrachtet werden. Derartige Ansätze sollen daher im folgenden nicht berücksichtigt werden. Unberücksichtigt sollen auch solche Ansätze bleiben, die versuchen, Korrelationen zwischen Werbewirkungsvariablen und Marktanteils*veränderungen* offenzulegen,[251] da die Stabilität der Marktanteile etablierter Marken in reifen Märkten ein solches Vorgehen häufig nicht zuläßt.[252]

Neben Publikationen der Marktforschungsinstitute sind dem Verfasser bisher lediglich zwei wissenschaftliche Arbeiten bekannt, die versuchen, Zusammenhänge zwischen Marketing-Mix-Variablen, Gedächtnisreaktionen aus Werbetrackingstudien und Maßgrößen des aggregierten Kaufverhaltens herzustellen. Die erste Arbeit stammt von VOSS[253] und basiert methodisch auf einer multiplen linearen Regressionsanalyse.

Der Autor berücksichtigt einen direkten wechselseitigen Einfluß zwischen Markeneinstellung und Markenverwendung, nicht aber zwischen Markenbekanntheit und Markenverwendung.

---

[250] Vgl. z. B. Brown, Gordon (1986): Modelling Advertising Awareness, in: The Statistican, Vol.35, pp.289-299, Schaefer, Wolfgang (1985): S.27.

[251] Vgl. zu diesem Vorgehen z. B. Rabuck, Michael J. / Rosenberg, Carl E. (1997): Some Observations on Advertising for Large Brands, in: Journal of Advertising Research, May/June 1997, p.19.

[252] Vgl. zur Stabilität der Marktanteile: Dekimpe, Marnik G. / Hanssens, Dominique M. (1995): Empirical Generalizations about Market Evolution and Stationarity, in: Marketing Science, Vol.14, No.3, 1995, p.G 114.

Dieser ist lediglich mittelbar über die Markeneinstellung gegeben, da die Markenbekanntheit u. a. als von der Markeneinstellung abhängig betrachtet wird, und die wesentliche Determinante der Markeneinstellung wiederum positive Verwendungserfahrungen sind.

Dieser Zusammenhang erklärt sich aus der Annahme der Gültigkeit der Evoked-Set-Theorie in Kombination mit der Dissonanz-Attributions-Hierarchie für den von VOSS untersuchten Zahncrememarkt. Die Durchführung monovariabler Regressionsanalysen erbrachte nennenswerte Varianzerklärungen des Marktanteils sowohl bei der Heranziehung des aktiven Bekanntheitsgrades als auch bei der Betrachtung der Markeneinstellung als unabhängiger Variable. VOSS folgert daraus, daß folglich weder die klassische Lernhierarchie noch die Low-Involvement-Hierarchie im betrachteten Markt gültig sein können, da dann entweder die Bekanntheit oder die Einstellungen von geringer Relevanz für das Kaufverhalten sein müßten.[254] Daraus ergebe sich, daß die dritte klassische Wirkungshierarchie nach RAY, nämlich die Dissonanz-Attributions-Hierarchie in Kombination mit dem Konzept des Evoked Set vorliegen müsse. Wie in Abschnitt 2.3.2.3.2.3 dargestellt, geht man bei der Kombination dieser Theorien davon aus, daß nur diejenigen Marken einen vorderen Rangplatz in der Bekanntheitshierarchie belegen können, denen der Verbraucher aufgrund positiver Verwendungserfahrung wohlwollend gegenübersteht. Kennzeichnend für dieses Konzept ist daher die Kaufverhaltensrelevanz sowohl verwendungsinduzierter Einstellungen als auch einstellungsinduzierter Markenbekanntheit. Die hohen erklärten Varianzen und standardisierten Regressionskoeffizienten, welche die Markeneinstellung für die Markenbekanntheit sowie die Verwendung für die Einstellung erbrachte, bestätigten nach Auffassung des Autors die Gültigkeit der Evoked-Set-Dissonanz-Attributions-Hierarchie für den untersuchten Markt. Abb. 14 zeigt den zentralen Zusammenhang zwischen Bekanntheit, Verwendung und Einstellung im Rahmen dieser Theorie.

---

253 Voss, Wolf-Dieter (1983): Modellgestützte Markenpolitik. Planung und Kontrolle markenpolitischer Entscheidungen auf der Grundlage computergestützter Informationssysteme, Wiesbaden.

254 a.a.O.: S.221.

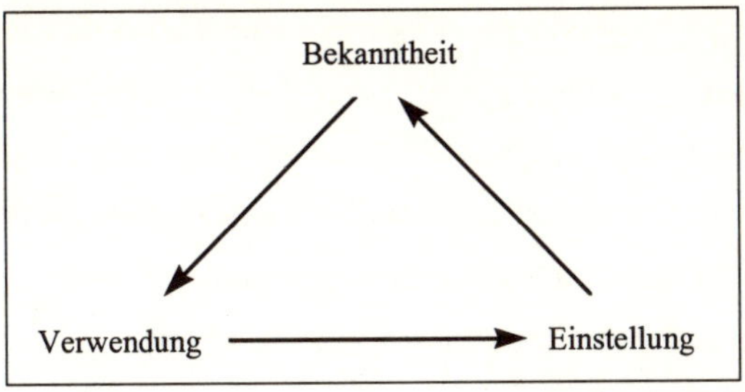

Quelle: Eigene Darstellung

Abb. 14: Wirkungszusammenhang der „Evoked-Set-Dissonanz-Attributions-Hierarchie"

Problematisch erscheint neben der Verwendung der Regressionsanalyse an diesem Vorgehen, daß die Tatsache, daß sowohl die Bekanntheit als auch Einstellungen positive Varianzerklärungen des Marktanteils erbringen, als Gültigkeit der „Evoked-Set-Dissonanz-Attributions-Hierarchie" interpretiert wird. Es ist nach den jüngeren Ergebnissen der Low-Involvement-Forschung durchaus möglich, dieses Ergebnis durch eine Kombination von Low-Involvement und Lernhierarchie zu erklären. Die Festlegung auf ein einziges, streng deterministisches Werbewirkungsmodell wird auf diese Weise vermieden.

Die Datenbasis der Untersuchung bestand aus neun Zahncrememarken, für welche die einbezogenen Variablen jeweils für zwei Perioden und sechs Nielsengebiete zur Verfügung standen. Das vorgenommene Datenpooling ermöglichte eine Fallzahl von 54 (9*6) Meßwerten pro Periode.[255] Die durch eine Lag-Variable modellierte Wirkungsdynamik mußte aufgrund hoher Multikollinearität z. T. aus dem Regressionsansatz entfernt werden.[256]

Ein zweiter Ansatz, Marktreaktionsmodelle um Gedächtnisreaktionen als intervenierende Modellstufe zu erweitern, liegt mit dem „Zwei-Stufen-Modell der Marktreaktion" von WEBER vor.[257] Die herangezogenen Gedächtnisreaktionen beschränken sich auf die <u>gestützte</u> [sic!] Markenbekanntheit sowie die gestützte Werbeerinnerung, Einstellungen und Kaufabsichten werden nicht berücksichtigt. Methodisch basiert auch diese Untersuchung auf der Regressionsanalyse. Zur Berücksichtigung von Konkurrenzeffekten und zur Wahrung der logischen Konsistenz der Schätzungen werden normierte Reaktionsfunktionen verwendet, die auf dem Gedanken der Attraktion beruhen. Der Marktanteil einer Marke erklärt sich demnach aus der „Anziehungskraft" oder Attraktion einer Marke in Relation zur Attraktion der konkurrieren-

---

255 a.a.O.: S.148.

256 a.a.O.: S.224 und S.226.

257 Weber, Adelheid (1993): Ein Zwei-Stufen-Modell der Marktreaktion - Ein Instrument zur Analyse und Planung des Marketing-Mix-Einsatzes im wettbewerblichen Umfeld, Frankfurt/Main.

den Marken einer Warengruppe.[258] Dieser Gedanke wird von WEBER auf die Gedächtnisreaktionen Werbeerinnerung und Markenbekanntheit übertragen, diese werden ebenfalls relativ zur betrachteten Warengruppe analysiert. Es wird ein wechselseitiger Einfluß von Markenbekanntheit und Marktanteil berücksichtigt, nicht aber von Werbekenntnis und Marktanteil.

Mit Hilfe der von COOPER und NAKANISHI entwickelten Transformation zur Linearisierung von Attraktionsfunktionen[259] wurden von WEBER diverse Gleichungen zu (in ihren Parametern) linearen Funktionen umgeformt, so daß sie mit Verfahren der linearen Regression geschätzt werden konnten.[260] Die Datenbasis bestand aus sechs Marken eines etablierten Marktes von Konsumgütern des täglichen Bedarfs, alle Marken wurden über 26 Zweimonatsperioden hinweg betrachtet. Für die psychographischen Variablen lagen dabei lediglich zwei Erhebungswellen p.a. vor. Der Modelltest wurde neben dieser empirischen Datenbasis auch anhand einer simulierten Datenbasis vorgenommen, die Ergebnisse wurden jeweils mit einem einstufigen Marktreaktionsmodell ohne Berücksichtigung von Gedächtnisreaktionen verglichen.

Für die empirische Datenbasis ließ sich für die Marktanteilsfunktion eine deutliche Überlegenheit des Zwei-Stufen-Modells hinsichtlich signifikanter Parameterschätzungen und plausibler Elastizitäten erkennen, nicht jedoch hinsichtlich der Varianzerklärung, hier erschien die einstufige Modellversion gleich geeignet oder sogar überlegen.[261] Die Funktionen der psychographischen Wirkungsebene wiesen hingegen einen sehr hohen Erklärungsgehalt für das Zustandekommen der Zeitreihen von Werbekenntnis- und Markenbekanntheitsanteil auf.[262] Diese Ergebnisse bestätigten sich bei der simulierten Datenbasis jedoch nicht, hier konnten hinsichtlich Erklärungsgehalt, markenspezifischer Anpassungsgüte und Elastizität befriedigende Resultate nur für Marken erzielt werden, die in ihren psychographischen Reaktionsfunktionen eine starke Empfindlichkeit auf Marketing-Mix-Aktivitäten zeigten. Auch bei der Bestimmung der Marktanteilsfunktion zeichnete sich bei Marken mit relativ geringer Reagibilität auf Marketing-Mix Aktivitäten hinsichtlich Anpassungsgüte und Erklärungsgehalt eine Überlegenheit der einstufigen Modellversion ab, hinsichtlich der Elastizität ergaben sich dagegen bei der zweistufigen Modellversion plausiblere Werte. WEBER folgert daraus, daß das

[258] Vgl. dazu Cooper, Lee G. / Nakanishi, Masao (1988): Market-Share Analysis - Evaluating Competitive Marketing Effectiveness, Boston, p.27.

[259] Vgl. Nakanishi, Masao / Cooper, Lee G. (1974): Parameter Estimation for a Multiplicative Competitive Interaction Model - Least Squares Approach, in: Journal of Marketing Research, Vol.11, August 1974, pp.304/305.

[260] Vgl. Weber, Adelheid (1993): S.67-70.

[261] a.a.O.: S.148.

[262] a.a.O.: S.176.

zweistufige Marketing-Mix Modell grundsätzlich überlegen ist, nicht jedoch bei relativ geringer „Werbeempfindlichkeit eines Marktes".[263] Die vergleichsweise geringe Reagibilität der psychographischen Variablen auf Veränderungen im Marketing-Mix gehört jedoch ebenso wie die Tatsache weitgehend stabiler Marktanteile zu den typischen Kennzeichen etablierter Marken in gesättigten Märkten, für die Werbetrackingstudien in der Regel durchgeführt werden.[264] Diese Erkenntnis schränkt die Anwendung des Zwei-Stufen-Modells daher zwangsläufig ein.

Abschließend bleibt festzuhalten, daß es nicht der Werbetrackingforschung selbst, wohl aber wissenschaftlichen Auseinandersetzungen gelungen ist, den Beitrag der Werbung zum Markterfolg zu quantifizieren. Das große Datenpotential, das die Datenbanken kommerzieller Marktforschungsinstitute insbesondere für markt-, d. h. warengruppenübergreifende Analysen bieten, ist jedoch noch weitgehend ungenutzt. Auch das Problem wechselseitiger Einflüsse zwischen Werbewirkung und Marktreaktion wird bisher nur in Ansätzen berücksichtigt. Insbesondere einfache Korrelationen zwischen Werbetrackingvariablen und Marktgrößen erscheinen in ihrem Aussagegehalt zweifelhaft, sofern sie eine Ursache-Wirkungsbeziehung im Sinne der klassischen Werbewirkungsmodelle belegen sollen.

2.3.3.3 Messung des Markenwerts

Eine Reihe der in Werbetrackingstudien erhobenen Variablen sind nicht nur Erfolgskriterien der Werbewirkung, sondern auch Bestandteil vieler Operationalisierungen des Markenwerts (Brand Equity).[265] Aufgabe der Werbung ist es, Brand Equity zu erschaffen und zu erhalten.[266] Die Marktforschungspraxis leitet daraus eine neue Legitimation des Werbetracking ab: Aufgabe der Werbetrackingforschung ist es, nicht länger nur Werbeerfolgskontrolle anhand vorökonomischer Erfolgskriterien zu leisten, sondern die Entwicklung und Erhaltung des Markenwerts offenzulegen.[267] Ohne auf die vielfältigen Operationalisierungsprobleme der

---

263 a.a.O.: S.178.

264 Vgl. Dekimpe, Marnik G. / Hanssens, Dominique M. (1995): p.G114.

265 Vgl. z. B. die Definitionen bei Aaker, David A. (1991): Managing Brand Equity, New York, p.31. Keller, Kevin Lane (1993): Conceptualizing, Measuring, and Managing Customer-Based Brand Equity, in: Journal of Marketing, Vol.57, January 1993, p.2. Park, Chan Su / Srinivasan V. (1994): A Survey-Based Method for Measuring and Understanding Brand Equity and Its Extendibility, in: Journal of Marketing Research, Vol.31, May 1994, p.272.

266 Vgl. zu dieser Auffassung z. B. Kaas, Klaus Peter (1990): Langfristige Werbewirkung und Brand Equity, in: Werbeforschung und Praxis, 3/90, S.49.

267 Diesen Anspruch erhebt z. B. die Firma Millward Brown, die - basierend auf ihren Erfahrungen mit Trackingstudien - ein Verfahren zur Messung des Markenwerts entwickelt hat. Vgl. Dyson, Paul / Farr, Andy / Hollis, Nigel (1996): Understanding, Measuring, and Using Brand Equity, in: Journal of Advertising

Markenwertmessung an dieser Stelle eingehen zu können, sollen Möglichkeiten und Grenzen der Messung des Markenwerts durch Werbetrackingstudien im folgenden kurz skizziert werden. Dazu wird der Vorschlag von AAKER aufgegriffen, die Markenwertmessung anhand von zehn Maßgrößen vorzunehmen, die vier seiner Meinung nach zentrale Dimensionen des Markenwerts (Markentreue/Loyalität, wahrgenommene Qualität, Markenassoziationen und Markenbekanntheit) sowie die Marktperformance umfassen.[268] Tabelle 3 verdeutlicht am Beispiel des GfK-Werbeindikators ATS®, welche dieser Maßgrößen im Rahmen von Werbetrackingstudien erfaßt werden.

Research, November/December 1996, pp.9-21. Niehenke, Ulrich (1997): Was ist der Wert einer Marke?, in: Planung und Analyse 2/97, S.68-73.

268 Vgl. Aaker, David A. (1996): Measuring Brand Equity Across Products and Markets, in: California Management Review, Vol.38, No.3, Spring 1996, p.105.

Maßgröße des Markenwerts	**Operationalisierungsvorschlag von Aaker**	**Operationalisierung im GfK-Werbeindikator ATS*®**
1. Markentreue		
- Preis-Premium	"Wieviel mehr würden Sie für Marke A gegenüber Marke B zahlen?"	-----------------
- Zufriedenheit/Markentreue	"Würden Sie die Marke bei der nächsten Gelegenheit kaufen?"	"Welche Marke kommt für Sie beim Kauf überhaupt in Frage?"
2. Angenommene Qualität		
- Angenommene Qualität	Zustimmung zum Urteil "Diese Marke hat eine hohe Qualität"	"Hat eine besonders hohe Qualität"
- Überlegenheit	Zustimmung zum Urteil "Diese Marke ist führend/Diese Marke gewinnt an Popularität"	"Man hört viel von dieser Marke"
3. Markenassoziationen		
- Angenommener Wert	Zustimmung zum Urteil "Diese Marke ist ihren Preis wert"	"Diese Marke ist ihren Preis wert"
- Markenpersönlichkeit	Zustimmung zum Urteil "Diese Marke ist interessant"/Ich habe ein klares Bild von der Person, die diese Marke verwendet"	"Ich habe ein klares Bild von der Person, die diese Marke verwendet"
- Assoziation zwischen Marke und Anbieter/Hersteller	Zustimmung zum Urteil "Ich vertraue diesem Hersteller"/Ich schätze Marke/Organisation"	"Sympathische Marke"/Traditionsreiche Firma"
- Differenzierung	Zustimmung zum Urteil "Ist anders als andere Marken"	"Ist anders als andere Marken"
4. Bekanntheit		
- Markenbekanntheit	Recognition/ Recall / Top of Mind	Recognition/ Recall / Top of Mind
5. Markenperformance		
- Marktanteil	-----------------	-----------------
- Preis u. Distribution	Relativer Preis/ Numerische Distribution	-----------------

Quelle: In Anlehnung an Aaker, David A. (1996): p.105 / Standardfragebogen des GfK-Werbeindikators ATS®

Tabelle 3: Die Eignung von Werbetrackingstudien zur Markenwertmessung

Mit Ausnahme des Preis-Premiums und den Parametern zur Messung der Marktperformance sind alle Maßgrößen des Markenwerts in vergleichbarer Operationalisierung auch Bestandteile des Werbetracking. Die Eignung der Maßgrößen beurteilt AAKER anhand von vier Kriterien,[269] die hier unter die Begriffe Validität, Sensitivität, Kaufverhaltensrelevanz und Universalität subsumiert werden sollen. Die Validität bezieht sich bei AAKER auf das Konstrukt

[269] a.a.O.: S.104.

„Brand Equity". Im Rahmen der empirischen Kritik wurde festgestellt, daß bereits die Validität der Maßgrößen zur Messung der hinter ihnen stehenden Konstrukte (z. B. Einstellungen) umstritten ist. Dieses Problem potenziert sich noch, wenn man potentiell wenig valide Konstrukte zu einem weiteren „Metakonstrukt" wie dem Markenwert aggregiert. Hinsichtlich der Sensitivität und der Kaufverhaltensrelevanz der Maßgrößen kann inhaltlich auf die Ausführungen im Rahmen der theoretischen Kritik verwiesen werden. Die Universalität, d. h. die Anwendbarkeit der Maßgrößen über verschiedene Marken oder Warengruppen hinweg, ist dagegen weitgehend gewährleistet, allerdings gilt es zu bedenken, daß die Maßgrößen nicht in allen Warensegmenten die gleiche Bedeutung für die Kaufentscheidung haben. Die Kaufverhaltensrelevanz und die Universalität der Anwendbarkeit stehen in einem permanenten Spannungsverhältnis: Während die Kaufverhaltensrelevanz nur durch exakte Antezedenzbedingungen bestimmbar ist, fordert der Anspruch der Universalität die Anwendbarkeit jenseits detaillierter Restriktionen in verschiedensten Märkten.

Ein weiteres Problem bei der Heranziehung von Werbetrackingergebnissen für die Markenwertbestimmung liegt in der engen Zielgruppendefinition als Quotierungsvorgabe; diese ist nicht nur in soziodemographischer Hinsicht eingegrenzt, sondern auch bezüglich des Kaufverhaltens, da i.d.R. lediglich Verwender der jeweiligen Produktklasse befragt werden. Dieses Vorgehen erscheint auf etablierten Märkten gerechtfertigt, in innovativen, wachsenden Märkten mit entsprechend dynamischem Verwenderanteil greift die Beschränkung auf Verwender zu kurz, da das Potential, das die (Noch-)Nichtverwender darstellen, unberücksichtigt bleibt.

Weniger ein Problem der Analyse von Werbetrackingergebnissen, als vielmehr eines der Operationalisierung des Markenwertes insgesamt ist die Abhängigkeit der psychographischen Markenwertdeterminanten vom Marktanteil der entsprechenden Marke: „Such measures tend to favour brands that are relatively or absolutely large, so that once more we are in danger of confounding size with strength."[270] Bei der Diskussion über die Eignung der latenten Variablen im Rahmen der theoretischen Kritik wurde bereits auf den Einfluß der Verwendung auf die Gedächtnispräsenz und andere psychographische Variablen hingewiesen. Das gleiche Problem stellt sich analog auch bei der Bestimmung des Markenwerts: Im Extremfall, wenn die Gedächtnispräsenz und möglicherweise auch die weiteren Markenwertdeterminanten ausschließlich vom Marktanteil (der die Verwendung widerspiegelt) abhängen, wären Marken-

[270] Feldwick, Paul (1996): Do we Really Need „Brand Equity"? Working Paper, ESOMAR Conference: The Future of The Brand, November 1996, p.21.

wert und Markengröße gleichzusetzen und der Erkenntnisgewinn bei der Bestimmung des Markenwerts minimal.[271] Dem läßt sich jedoch entgegenhalten, daß es Marketing-Mix-Aktivitäten wie z. B. Promotions gibt, die zwar den Marktanteil (kurzfristig) erhöhen, die aber einen negativen Einfluß auf den Markenwert haben, weil sie die Preissensitivität erhöhen und damit die Markentreue im Sinne der Definition von AAKER herabsetzen.[272] Selbst wenn man von einer Korrelation der meisten Markenwertdeterminanten mit dem Marktanteil ausgeht, sind es gerade denkbare Abweichungen von dieser Korrelation, die über Unterschiede zwischen der Wahrnehmung einer Marke und dem Verhalten der Konsumenten gegenüber dieser Marke Auskunft geben und dadurch wertvolle diagnostische Hinweise liefern.[273] Nicht allein bei den Markenwertdeterminanten Preis und Preis-Premium, sondern auch bei einigen psychographischen Variablen läßt sich eine Korrelation mit dem Marktanteil zudem durchaus bezweifeln.[274] CRAMPHORN hat beispielsweise im Rahmen einer empirischen Untersuchung festgestellt, daß marktanteilsstarke Marken z. T. einen geringeren Anteil markentreuer Käufer aufweisen, da sie stärker aufgrund ihrer bloßen Präsenz und nicht aufgrund einer bestimmten emotionalen Bindung an die Marke gekauft werden. Kleine Marken hätten dagegen einen höheren Anteil markentreuer Käufer mit ausgeprägter emotionaler Bindung.[275]

Es bleibt summa summarum festzuhalten, daß einige Erfolgskriterien der Werbewirkung im Rahmen des Werbetracking zugleich Determinanten des Markenwerts darstellen, die Heranziehung dieser Variablen zur Markenwertmessung aber mit einer Reihe methodischer wie inhaltlicher Probleme verbunden ist, die es bei der Bewertung der Aussagekraft in jedem Fall zu berücksichtigen gilt.

---

[271] Diese Auffassung vertritt z. B. Ehrenberg, Andrew S. C. (1993a): If You're So Strong, Why Aren't You Bigger?, in: Admap, October 1993, p.13.

[272] Nachgewiesen z. B. durch die Untersuchung von Mela, Carl F. / Gupta, Sunil / Lehmann, Donald R. (1996): The Long-Term Impact of Promotion and Advertising on Consumer Brand Choice. MSI Working Paper, Report No.96-127, December 1996, Cambridge, MA, p.25.

[273] Vgl. dazu die Erwiderung auf Ehrenberg, Andrew S. C. (1993a) durch Feldwick, Paul (1993): Big And Strong Brands, in: Admap, December 1993, p.17 und Ambler, Tim (1993): Brand Equity is O.K., in: Admap, December 1993, pp.15/16 sowie die Stellungnahme von Ehrenberg, Andrew S. C. (1993b): No Need for the Brand Equity Crutch?, in: Admap, December 1993, p.18. Vgl. ferner Dyson, Paul / Farr, Andy / Hollis, Nigel (1997): What Does The Marketing Team Need, Description or Prescription? - A Response to Comments by Andrew Ehrenberg , in: Journal of Advertising Research, January/February 1997, p.16.

[274] Vgl. dazu z. B. die empirisch festgestellten Unterschiede zwischen der Markenkraft als Residualgröße nicht durch Marketing-Mix-Aktivitäten erklärbarer Marktanteile und den tatsächlichen Marktanteilen im gleichen Zeitraum bei Maretzki, Jürgen / Wildner, Raimund (1994): Messung von Markenkraft, Markenartikel 3/94, S.104.

[275] Vgl. Cramphorn, Michael F. (1992): Are There Bounds on Brand Equity? Working Paper, ESOMAR Seminar „The Challenge of Branding Today and in the Future“, Brussels, October 1992, pp.41-54.

2.4 Zusammenfassung und Forschungsbedarf

Die vorstehende kritische Würdigung der derzeitigen Werbetrackingforschung hat eine Reihe empirischer, theoretischer und normativer Schwachstellen offengelegt. Im folgenden werden die zentralen Kritikpunkte noch einmal kurz zusammengefaßt und der daraus resultierende Forschungsbedarf skizziert:

1. Die empirische Kritik hat aufgezeigt, daß neben der Reliabilität v. a. die Validität der Werbetrackingstudien nicht hinreichend gesichert ist. Während für die Marktforschungspraxis die prognostische Validität von besonderem Interesse ist, bedarf aus Sicht der Forschung insbesondere die Konstruktvalidität einer Überprüfung. Ein umfassendes, testbares Theoriegefüge, das Aufschluß über die Zusammenhänge sowohl zwischen den hypothetischen Konstrukten als auch zwischen den hypothetischen Konstrukten und den beobachtbaren Variablen gibt, liegt der Werbetrackingforschung bisher nicht erkennbar zugrunde. Hier besteht in empirischer Hinsicht dringender Forschungsbedarf. Es gilt daher, die verwendeten Konstrukte und die in Werbetrackingstudien erhobenen Variablen zunächst zum Bestandteil einer umfassenden Theorie zu machen, bevor Aussagen über Zusammenhänge zwischen Konstrukten und beobachteten Merkmalen und damit über die Validität getroffen werden können.

2. Als Resümee der theoretischen Kritik kann festgehalten werden, daß es derzeit kein Werbewirkungsmodell gibt, das aufgrund theoretischer Überlegungen oder empirischer Bestätigungen als so überlegen bezeichnet werden kann, daß es zur theoretischen Grundlage der Werbetrackingforschung erklärt werden sollte. Es können jedoch trotz widersprüchlicher Untersuchungsergebnisse und konkurrierender Paradigmen einige Anforderungen festgehalten werden, die an die Entwicklung eines Werbewirkungsmodells zu stellen sind, damit es den aktuellen Stand der Werbewirkungsforschung widerspiegelt:

    - Es ist eine exakte Spezifikation von Antezedenzbedingungen notwendig, um grundlegenden Unterschieden in der Werbewirkung in Abhängigkeit dieser Antezedenzbedingungen Rechnung zu tragen. Aufgrund der bisherigen empirischen Forschung kann das Involvement (zumindest in Form des Produktinvolvements) nicht länger als hinreichender Bestandteil der Antezedenzbedingungen angesehen werden. Es erscheint dagegen sinnvoll, Verwendungserfahrungen als eigenständige Antezedenzbedingung zu berücksichtigen und Werbewirkungsmodelle explizit auf etablierte Marken anzuwenden.

- Keine der beiden zentralen Konstruktkategorien der traditionellen Werbewirkungsmodelle (Kenntnisse/Gedächtnispräsenz und Einstellungen) erscheint grundsätzlich ungeeignet, einen Beitrag zur Erklärung der Werbewirkung zu leisten, daher kann an beiden Konstrukten festgehalten werden. Es gilt allerdings zu evaluieren, ob die derzeit verwendeten zentralen Indikatoren Markenbekanntheit und Werbeerinnerung sowie Sympathie und Präferenz valide und reliable Größen zur Erfassung der nicht meßbaren Konstrukte Gedächtnispräsenz bzw. Einstellung darstellen.
- Nicht alle Operationalisierungen der Indikatorvariablen sind hinsichtlich ihrer Reagibilität und Kaufverhaltensrelevanz, aber auch hinsichtlich ihrer Validität gleich gut geeignet. Die Werbeerinnerung sollte z. B. gestützt, die Markenbekanntheit dagegen ungestützt erhoben werden.
- Der einseitig lineare Ablauf der ursprünglichen Stufenmodelle der Werbewirkung ist abzulehnen. Aufgrund theoretischer Erkenntnisse wie empirischer Untersuchungsergebnisse ist von wechselseitigen Einflüssen zwischen einzelnen Wirkungsgrößen auszugehen. Diese werden bisher nicht ausreichend berücksichtigt.
- Es erscheint sinnvoll, grundsätzlich nicht nur alternative Wirkungsverläufe der Werbung bei unterschiedlichen Antezedenzbedingungen zuzulassen, sondern auch parallele Wirkungsverläufe bei gleichen Antezedenzbedingungen innerhalb eines Modells, um vom vielfach widerlegten deterministischen Charakter der klassischen Werbewirkungsmodelle noch weitergehender Abstand zu nehmen. Es ist allerdings darauf zu achten, daß das Modell insgesamt prüf- und damit falsifizierbar bleibt, die Komplexität darf nicht alleine an theoretischen Erfordernissen ausgerichtet werden, die Modellparameter müssen auf der Grundlage konkreter Daten bestimmbar sein.
- Da es sich bei der Werbetrackingforschung um angewandte Forschung handelt, sollte auch die Anwendbarkeit des zugrunde gelegten Werbewirkungsmodells in der Praxis der Erhebung von Werbetrackingstudien nicht

außer acht gelassen werden. Es erscheint in dieser Hinsicht wünschenswert - und mit den Regeln wissenschaftlicher Erkenntnisgewinnung durchaus vereinbar - der verwirrenden Vielzahl konkurrierender Werbewirkungsmodelle nicht ein weiteres Modell hinzuzufügen, sondern relativ gut bestätigte Bestandteile bereits existierender Modelle zu einem integrativen Werbewirkungsmodell zusammenzuführen, sofern damit den genannten Kritikpunkten begegnet werden kann: „The true art to the science of marketing research lies not only in the development of new approaches but also in the creative application of existing ones to marketing decision making.“[276]

3. In normativer Hinsicht ist zunächst der Anspruch der Werbetrackingforschung, die Werbeeffizienz zu messen, zu kritisieren. Die Gegenüberstellung von Gedächtnisreaktionen (v. a. der gestützten Werbeerinnerung) und Werbeausgaben vernachlässigt qualitative Einflüsse auf die Werbeeffizienz, obwohl deren Bedeutung seit langem anerkannt ist. Erforderlich ist daher eine stärkere Berücksichtigung qualitativer Faktoren, z. B. der Werbemittelgestaltung, ungeachtet aller Operationalisierungsprobleme.

   Der Anspruch der Werbetrackingforschung, eine Messung des Beitrags der Werbung zum Markterfolg zu liefern, gründet derzeit nur auf der Annahme der Kaufverhaltensrelevanz der erhobenen Variablen gemäß der Theorie der Werbewirkungsmodelle. Die Diskussion über die Eignung der Modellvariablen hat jedoch ergeben, daß an der Kaufverhaltensrelevanz z. T. begründete Zweifel bestehen. Die darüber hinausgehenden Versuche der Werbetrackingforschung, Zusammenhänge zwischen Werbewirkung und Markterfolg herzustellen, beschränken sich i.d.R. auf die Betrachtung von Korrelationen zwischen Werbewirkungs- und Marktreaktionsgrößen. Da jedoch Grund zu der Annahme besteht, daß das tatsächliche Kaufverhalten die Gedächtnisreaktionen ebenso beeinflußt wie die Gedächtnisreaktionen das Kaufverhalten, sagt eine derartige Korrelation nichts über eine Kausalität aus, auch wenn das Problem der Kausalität letztendlich nie vollständig geklärt werden kann. Die Folgerung eines Ursache-Wirkungs-Zusammenhangs, wie ihn die klassischen Werbewirkungsmodelle unterstellen, ist damit unzulässig. Diese Erkenntnis ist zweifellos die schwerwiegendste Kritik an der derzeitigen Werbetrackingforschung, somit besteht hier auch der dringendste Forschungsbedarf. Erst

[276] Donius, James F. (1985): S.19.

wenn es gelingt, wechselseitige Einflüsse zwischen „Organism"- und „Response" Variablen abzubilden und zu quantifizieren sowie gleichzeitig die Einflüsse der „Stimuli" des Marketing-Mix auf diese Größen offenzulegen, kann von einem fundierten Beitrag der Werbetrackingforschung zur Messung der Zusammenhänge zwischen Werbewirkung und Markterfolg gesprochen werden. Die Konzeption eines Untersuchungsdesigns, das derartige Erkenntnisse ermöglicht, sowie die Entwicklung und empirische Überprüfung eines integrativen Werbewirkungsmodells mit expliziter Berücksichtigung wechselseitiger Beziehungen stehen daher im Mittelpunkt dieser Arbeit.

3 KONZEPTION EINER UNTERSUCHUNG ZUR BESTIMMUNG DER ZUSAMMENHÄNGE ZWISCHEN WERBEWIRKUNG UND MARKTERFOLG

3.1 Methodische Grundlagen

3.1.1 Kausalität in der empirischen Forschung

Die Aussage von BARNARD (vgl. 2.3.2.3.1.3), daß eine Korrelation zwischen Werbeerinnerung und Kaufverhalten noch nichts über eine Richtung der Kausalität im Sinne der Werbewirkungsmodelle aussagt, wirft die Frage auf, was unter Kausalität zu verstehen ist und in welchem Verhältnis Korrelation und Kausalität stehen. Die Beantwortung dieser Frage ist von elementarer Bedeutung für das Ziel dieser Arbeit, den Erfolgsbeitrag der Werbung zum Markterfolg zu ermitteln. Nur auf der Basis eines klar definierten, operationalen Kausalitätsbegriffs ist es möglich, Ursache-Wirkungs-Zusammenhänge zu bestimmen. Auf eine wissenschaftstheoretische Auseinandersetzung mit der Vielzahl konkurrierender Kausalitätskonzeptionen muß an dieser Stelle verzichtet werden.[277] In der empirischen Sozialforschung hat sich die Auffassung durchgesetzt, daß mindestens drei formale und eine inhaltliche Bedingung erfüllt sein müssen, um von einem kausalen Zusammenhang zwischen zwei Variablen X und Y (X⇒Y) sprechen zu können:[278]

1. Die beiden Variablen x und y müssen miteinander kovariieren.

Dies bedeutet, daß eine Veränderung von x mit einer Veränderung von y einhergehen muß.[279] Formal wird diese Kausalitätsbedingung durch die empirische Kovarianz s(x, y) erfaßt:

$$s(x,y) = \frac{1}{K-1}\sum_k (x_k - \bar{x}) \times (y_k - \bar{y}) \tag{3.1}$$

mit:

[277] Eine solche findet sich z. B. bei Hodapp, Volker (1984): Analyse linearer Kausalmodelle, Bern/Stuttgart/Toronto, S.10ff. oder bei Bagozzi, Richard P. (1980): Causal Models in Marketing, New York, pp.10-54. Eine kompakte Darstellung der Interpretation von Kausalmodellen vor dem Hintergrund verschiedener wissenschaftstheoretischer Ansätze bieten Muliak, Stanley A. / James, Lawrence R. (1995): Objectivity and Reasoning in Science and Structural Equation Modeling, in: Hoyle, Rick H. [ed.] (1995): Structural Equation Modeling - Concepts, Issues, and Applications, Thousand Oaks/London/New Dehli, pp.118-137.

[278] Vgl. Hildebrandt, Lutz (1983): Konfirmatorische Analysen von Modellen des Konsumentenverhaltens, Diss., Berlin, S.21f. Kenny, David A. (1979): Correlation and Causality, New York u. a., pp.3/4.

[279] Vgl. Blalock, H. M. Jr. (1962): Four-Variable Causal Models and Partial Correlations, in: Blalock, H. M. Jr. [ed.] (1985): Causal Models in the Social Sciences, New York, p.25.

x_k = Ausprägung der Variablen x bei Objekt k

$\bar{x}$ = Mittelwert der Ausprägungen von Variable x über alle Objekte k (k=1,..., K)

y_k = Ausprägung der Variablen y bei Objekt k

$\bar{y}$ = Mittelwert der Ausprägungen von Variable y über alle Objekte k (k=1, ..., K)

Ergeben sich für die Kovarianz Werte größer als Null, bedeutet dies, daß sich die Werte der Variablen x und y in die gleiche Richtung bewegen. Werte kleiner als Null weisen darauf hin, daß sich die Werte der Variablen x und y in entgegengesetzter Richtung bewegen. Da sich für die Kovarianz keine Spannbreite möglicher Ausprägungen angeben läßt, sagt die absolute Höhe der Kovarianz noch nichts über die Stärke des Zusammenhangs aus.[280] Um die Kovarianz auf ein bestimmtes Intervall einzugrenzen, wird eine Normierung vorgenommen, indem die Kovarianz durch die Standardabweichung beider Variablen, d. h. durch die Streuung der Beobachtungswerte um den jeweiligen Mittelwert, dividiert wird. Das Ergebnis ist der Korrelationskoeffizient r(x, y), der nur Werte zwischen -1 und +1 annehmen kann:

$$r_{x,y} = \frac{s(x,y)}{s_x \times s_y} \qquad (3.2)$$

mit:

$s(x,y)$ = Kovarianz zwischen den Variablen x und y

$$s_x = \sqrt{\frac{1}{K-1}\sum_k (x_k - \bar{x})^2} = \text{Standardabweichung der Variablen x} \qquad (3.3)$$

$$s_y = \sqrt{\frac{1}{K-1}\sum_k (y_k - \bar{y})^2} = \text{Standardabweichung der Variablen y} \qquad (3.4)$$

Je stärker sich der Korrelationskoeffizient +1 oder -1 nähert, desto größer ist die Abhängigkeit zwischen den Variablen x und y. Eine Kovariation (Korrelation) zwischen Variablen ist zwar eine notwendige, aber noch keine hinreichende Bedingung für eine Kausalität, denn eine Korrelation zwischen zwei Variablen x und y kann, wie Abb. 15 verdeutlicht, fünf mögliche Gründe haben.

280 Vgl. Backhaus, Klaus et al. (1996): S.330.

Formale Darstellung	Lesart	Interpretation r(x, y)
1. Fall: x → y	x verursacht y	kausal
2. Fall: y → x	y verursacht x	kausal
3. Fall x ⇄ y	x verursacht y, y verursacht x	(bi)-kausal
4. Fall z ↗ x, z ↘ y	z verursacht x und y	nicht kausal
5. Fall z ↗ x, z ↘ y, x ↓ y	z verursacht x und y, x verursacht y	partiell kausal

Quelle: Eigene Darstellung

Abb. 15: Interpretationsmöglichkeiten einer Korrelation

2. Es muß eine temporale Asymmetrie zwischen x und y vorliegen.

Dies bedeutet, daß bei einer Veränderung von y *vor* einer Veränderung von x die Variable x nicht die Ursache für die Veränderung von y gewesen sein kann. Die Wirkung kann folglich der Ursache nicht vorausgehen. Die Beziehung zwischen Markenbekanntheit und Verwendung soll dies beispielhaft verdeutlichen: Zur Überprüfung der Frage, ob die Markenbekanntheit Ursache und die Verwendung Wirkung ist oder umgekehrt, kann die Bedingung temporaler Asymmetrie herangezogen werden. Sofern sich durch Messungen feststellen läßt, daß z. B. ein Anstieg der Verwendung zeitlich auf einen Anstieg der Markenbekanntheit folgt, kann die Verwendung nicht Ursache für die Veränderung der Markenbekanntheit gewesen sein. Was einleuchtend und in experimentellen Forschungsdesigns leicht meßbar erscheint, wird in der nicht-experimentellen sozialwissenschaftlichen Forschung oft durch bloße Annahmen über die zeitliche Sequenz bestimmter Variablen ersetzt. Dieses Vorgehen ist problematisch, da die Entscheidung, welche Variable Ursache und welche Wirkung ist, nicht immer eindeutig getroffen werden kann, so können z. B. Cross-Lag-Korrelationen vorliegen. Die Richtung der Asymmetrie kann sich umkehren, eine Wirkung kann tatsächlich die Ursache sein.[281] Die Forderung nach temporaler Asymmetrie berücksichtigt zudem nicht die eingeschränkten Meßmöglichkeiten des dritten Falls in Abb. 15. Bei einer wechselseitigen Beeinflussung zweier Variablen sind zeitliche Unterschiede dann nicht auszumachen, wenn die Veränderung einer Variable im Rahmen der

[281] Vgl. Hildebrandt, Lutz (1983): S.22.

Meßmöglichkeiten simultane Veränderungen einer anderen Variable hervorruft.[282] Aus der fehlenden Meßbarkeit einer temporalen Asymmetrie sollte daher im Umkehrschluß nicht auf die Nichtexistenz einer kausalen Beziehung geschlossen werden. Auch a-priori-Annahmen, welche Variable Ursache ist und welche Wirkung, helfen nicht weiter, da beide Variablen in diesem Fall zugleich Ursache und Wirkung darstellen.

Um die Fälle 4 und 5, bei denen der Zusammenhang zwischen x und y nicht bzw. nicht vollständig kausal interpretierbar ist, auszuschließen, lautet die dritte Bedingung für eine kausale Interpretation:

3. Die Beziehung zwischen x und y darf nicht durch eine dritte Variable hervorgerufen werden.

Ein derartiger Drittvariableneffekt wird als Scheinkorrelation (spurious correlation) oder konfundierender Effekt bezeichnet. Meßbar wird eine Scheinkorrelation durch den partiellen Korrelationskoeffizienten. Er gibt die Korrelation zwischen zwei Variablen unter der Bedingung an, daß der Einfluß von Drittvariablen konstant gehalten wird. [283] Wenn z. B. Fall Nr. 4 vorliegt, müßte die partielle Korrelation zwischen x und y gleich Null sein, wenn z konstant gehalten wird, da x keinen Einfluß auf y ausübt. Die Korrelation zwischen x und y ergibt sich in diesem Fall aus der Multiplikation der Korrelationen zwischen x und z sowie zwischen y und z. Ist dies nicht der Fall, d. h. eine partielle Korrelation zwischen x und y bleibt auch dann bestehen, wenn der Einfluß der Variable z „auspartialisiert" wird, liegt dagegen Fall Nr. 5 vor. Mit Hilfe des partiellen Korrelationskoeffizienten ist es somit möglich, eine beobachtete Korrelation um Drittvariableneffekte zu „bereinigen". Eine vollständige Elimination von Drittvariableneffekten stellt sich in der empirischen Forschung als nahezu unmöglich dar, da dafür erstens ein endliches Universum dieser Effekte existieren müßte[284] und zweitens der Einfluß aller Drittvariablen quantifizierbar sein müßte. Um überhaupt Aussagen über Ursache-Wirkungs-Zusammenhänge treffen zu können, muß die Anzahl der berücksichtigten Drittvariablen notwendigerweise begrenzt werden:

> „No matter how elaborate the design, certain simplifying assumptions must always be made. In particular, we must at some point assume that the effects of confounding factors are negligible."[285]

---

[282] Vgl. Saris, Willem E. / Stronkhorst, Henk L. (1984): Causal Modelling in Nonexperimental Research, Amsterdam, pp.18/19.

[283] Vgl. Backhaus, Klaus et al. (1996): S.332.

[284] Vgl. Hildebrandt, Lutz (1983): S.22.

[285] Blalock, H. M. Jr. (1964): Causal Inferences in Nonexperimental Research, Chapel Hill, p.26.

In der Forschungspraxis werden die Einflüsse nicht berücksichtigter Variablen in einer Residualgröße zusammengefaßt. Um den Ausschluß von Drittvariableneffekten bei der Überprüfung kausaler Beziehungen nicht der vollständigen Beliebigkeit und damit der Willkür des empirischen Forschers zu überlassen, müssen die drei formalen Kriterien für das Vorliegen von Kausalität um eine weitere inhaltliche Dimension ergänzt werden:

4. Der Zusammenhang zwischen den Variablen x und y muß theoretisch begründet sein.

Die Auswahl der zu berücksichtigenden Variablen und die Spezifikation der Beziehungen zwischen diesen Variablen setzt ein theoretisch fundiertes Hypothesensystem voraus. Ohne eine substanzwissenschaftliche Theorie ist Kausalität nicht bestimmbar. Jede „je-desto"-Beziehung bedarf ebenso einer expliziten Begründung wie die Aufnahme und der Ausschluß von Drittvariableneffekten. Für die empirische Forschungspraxis bedeutet dies, daß eine Drittvariable zu berücksichtigen ist, wenn aufgrund theoretischer Erwägungen Grund zu der Annahme besteht, daß sie einen Einfluß auf die untersuchten Variablen ausübt; umgekehrt gilt aber auch, daß Drittvariableneffekte vernachlässigt werden können, wenn die zugrundeliegende Theorie keinen eindeutigen Hinweis auf deren Identität und Einfluß liefert.[286]

3.1.2 Begriffliche Grundlagen der Anwendung von Kausalmodellen

Unter den Begriff „Kausalmodell" sollen im Rahmen dieser Arbeit alle Modelle subsumiert werden, die auf der Basis einer verbal postulierten Theorie versuchen, Ursache-Wirkungs-Zusammenhänge zwischen Variablen im Sinne von „wenn-dann" oder „je-desto" Aussagen abzubilden. Die klassische Form der Darstellung von Kausalmodellen ist die Pfadanalyse.[287] Die verbalen Hypothesen werden dabei in ein Diagramm mit gerichteten Graphen überführt, welches wiederum in ein lineares Strukturgleichungsmodell übertragen wird. Man unterscheidet hinsichtlich der Meßbarkeit zwischen zwei Variablentypen, manifesten und latenten, sowie hinsichtlich der Richtung der Graphen zwischen zwei Modelltypen, rekursiven und nichtrekursiven. Ein Kausalmodell wird als rekursiv bezeichnet, wenn alle Kausalbeziehungen im Modell in eine Richtung zeigen. Sofern Wechselwirkungen zwischen Variablen zugelassen

---

[286] Vgl. Asher, Herbert B. (1983): Causal Modeling, Sage University Paper Series on Quantitative Applications in the Social Sciences, No.3, Beverly Hills and London, p.13.

[287] Vgl. zur grundsätzlichen Darstellung der Pfadanalyse: Hermann, Dieter (1984): Ausgewählte Probleme bei der Anwendung der Pfadanalyse, Diss., Frankfurt/Main u. a., S.12ff. und die dort angegebene Literaturübersicht.

sind, d. h. eine reziproke Kausalität unterstellt wird, spricht man von nichtrekursiven Modellen.[288] Zur Bezeichnung nichtrekursiver Kausalmodelle haben sich in der Literatur eine Reihe synonymer Begriffe etabliert, wie z. B. nichthierarchische Modelle, Feedback-Modelle oder Simultan-Modelle.[289]

Eine weitere begriffliche Unterscheidung betrifft die Stellung der Variablen in Kausalmodellen. Da in Mehrgleichungsmodellen die Unterscheidung zwischen unabhängigen und abhängigen Variablen nicht sinnvoll ist, weil eine Variable in einer Gleichung abhängig und in einer anderen unabhängig sein kann, spricht man hier von exogenen und endogenen Variablen. Eine exogene Variable wird durch das betrachtete Modell nicht erklärt, sondern von außen in das Modell eingegeben. Exogene Variablen sind immer unabhängige Variablen. Endogene Variablen werden dagegen im Modell erklärt. Sie sind linear abhängig von anderen Variablen, können ihrerseits aber auch unabhängige Größen für weitere endogene Variablen im Modell darstellen. Weitere gebräuchliche Bezeichnungen zur Unterscheidung der Stellung von Variablen in Kausalmodellen sind die synonym verwendbaren Begriffspaare „determiniert ⇔ determinierend“ (prädeterminiert) sowie „erklärt ⇔ erklärend“. Exogene Variablen sind immer determinierend/erklärend, während endogene sowohl erklärt/determiniert als auch erklärend/determinierend sein können.[290] Da endogene Variablen fast nie vollständig im Modell erklärt werden können, d. h. nur ein Teil der Varianz auf Modellvariablen zurückgeführt werden kann, wird in Kausalmodellen eine residuale Größe (Störterm/Residuum) eingeführt, die alle nicht erfaßten Einflüsse sowie Meßfehler repräsentiert. Insbesondere bei Kausalmodellen mit latenten Variablen ist die Berücksichtigung von Meßfehlern zwingend erforderlich, da nicht von einer perfekten Messung ausgegangen werden kann und die Nichtberücksichtigung von Meßfehlern erheblichen Einfluß auf das Ergebnis der Modellschätzung haben kann.

Bedenkt man, wie viele Kausalmodelle in der sozialwissenschaftlichen Forschung verwendet werden, so erstaunt die Tatsache, daß nur relativ wenige davon nichtrekursiver Natur sind,[291] obwohl a-priori-Aussagen über die eindeutige Richtung des Zusammenhangs zwischen zwei Variablen im Sinne einer Ursache-Wirkungsbeziehung häufig nicht möglich sind, v. a. wenn

---

[288] Vgl. zur exakten Abgrenzung dieser Begriffe Strotz, Robert H. / Wold, Herman O. A. (1960): Recursive versus Nonrecursive Systems: An Attempt at Synthesis, in: Blalock, H. M. Jr. [ed.] (1985): Causal Models in the Social Sciences, New York, pp.125-136 sowie die grundlegende Darstellung rekursiver und nichtrekursiver Modelle bei Duncan, Otis D. (1975): Introduction to Structural Equation Models, New York, pp.25-50 und pp.67-80.

[289] Vgl. Kenny, David A. (1979): p.96.

[290] Vgl. dazu auch die Definitorik bei Hildebrandt, Lutz (1983): S.25f.

es sich um Querschnittsdaten handelt, bei denen die Variablen zeitgleich erhoben wurden, und es daher naheliegend wäre, die Existenz wechselseitiger Beziehungen zu überprüfen. Die Bevorzugung rekursiver Kausalmodelle wird erklärbar, wenn man die Modellannahmen und die sich daraus ergebenden Konsequenzen für die Schätzung der Modellparameter bei beiden Modelltypen vergleicht sowie das noch zu behandelnde Problem der Identifikation von Kausalmodellen berücksichtigt.

3.1.3 Rekursive Kausalmodelle

Abb. 16 zeigt ein einfaches Beispiel eines rekursiven Kausalmodells in der üblichen Notation der Pfadanalyse. Dargestellt ist der Zusammenhang zwischen Displayshare, Markenbekanntheit und Verwendung. Rekursive Kausalmodelle setzen voraus, daß die Richtung der Kausalität zwischen zwei Variablen vorab aufgrund theoretischer Erwägungen festgelegt wird. Die Arbeitshypothesen, die dem Kausalmodell in Abb. 16 zugrunde liegen, lauten:

H_1: Je höher der Displayshare (z_1), desto höher die Markenbekanntheit (z_2).

H_2: Je höher der Displayshare (z_1), desto höher die Verwendung (z_3).

H_3: Je höher die Markenbekanntheit (z_2), desto höher die Verwendung (z_3).

Alle Hypothesen haben somit ein positives Vorzeichen. Die drei Modellvariablen sollen mit dem Buchstaben z abgekürzt werden, um zu verdeutlichen, daß nicht die Originalwerte der Variablen in das Modell eingehen, sondern standardisierte Werte, d. h. $E(z_k) = 0$ und $E(z_k^2) = 1$.[292] Die Standardisierung erleichtert die Schätzung des Modells, da das konstante Glied der Strukturgleichungen entfällt. Die Schätzergebnisse werden durch dieses Vorgehen nicht beeinflußt.[293] Zusätzlich zu den drei Modellvariablen sollen zwei Residualgrößen in das Modell eingeführt werden, um nicht erfaßte Drittvariableneffekte ebenso zu berücksichtigen wie eventuelle Meßfehler bei der Ermittlung der Markenbekanntheit und der Verwendung. Auch die Residualgrößen gehen in standardisierter Form in das Modell ein.

---

291 Vgl. dazu die Literaturangaben bei Berry, William D. (1984): Nonrecursive Causal Models, Sage University Paper Series on Quantitative Applications in the Social Sciences, No.37, Beverly Hills and London, p.9.

292 Daraus ergibt sich eine Entsprechung von Kovarianz und Korrelation, d. h. $E(z_i z_k) = r_{ik}$.

293 Vgl. Asher, Herbert B. (1983): p.15.

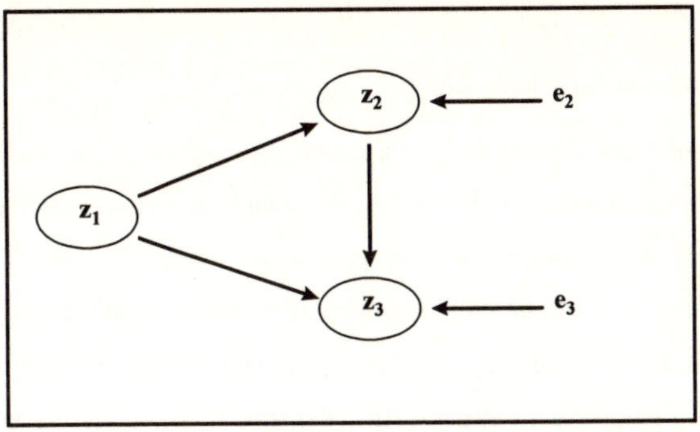

Quelle: Eigene Darstellung

Abb. 16: Beispiel eines rekursiven Kausalmodells

mit z_1 = Displayshare (exogene Variable)

z_2 = Markenbekanntheit (endogene Variable)

z_3 = Verwendung (endogene Variable)

e_2 = Residuum der Variablen z_2

e_3 = Residuum der Variablen z_3

Die Überführung der Modellbeziehungen in ein lineares Gleichungssystem führt zu folgendem Strukturgleichungsmodell:

$$z_2 = p_{21} \times z_1 + p_{2e2} \times e_2 \quad (3.5)$$

$$z_3 = p_{31} \times z_1 + p_{32} \times z_2 + p_{3e3} \times e_3 \quad (3.6)$$

Die standardisierten Pfadkoeffizienten p_{21}, p_{31} und p_{32} können entweder mit Hilfe des Fundamentaltheorems der Pfadanalyse ermittelt oder mittels einer Regressionsanalyse geschätzt werden.[294] Sie entsprechen den standardisierten Regressionskoeffizienten (beta weights) der Regressionsanalyse und im Falle einer univariaten Regression wie in Gleichung (3.5) zudem den Korrelationskoeffizienten. Letztere Entsprechung darf jedoch nicht darüber hinwegtäuschen, daß die Regressionsanalyse im Gegensatz zur Korrelationsanalyse eine eindeutige Richtung des Zusammenhangs zwischen den Variablen unterstellt, die *nicht* umkehrbar ist. Untersucht werden „Je-Desto-Beziehungen", die auf einem vermuteten Ursache-Wirkungs-

[294] Vgl. Backhaus, Klaus et al. (1996): S.335ff sowie für die Regressionsanalyse S.1-56. Überidentifizierte Modelle können zudem mit Hilfe des Simon-Blalock-Verfahrens geschätzt und auf Anpassung an empirische Daten geprüft werden, Vgl. Asher, Herbert B. (1983): pp.25-30.

Zusammenhang beruhen.[295] Anders ausgedrückt ist die Regressionsanalyse kein deskriptives, sondern ein explanatives Analyseverfahren.

Die standardisierten Pfadkoeffizienten p_{21}, p_{31} und p_{32} entsprechen den direkten kausalen Effekten zwischen den Variablen. Zur Ermittlung der totalen kausalen Effekte müssen zu den direkten noch die indirekten kausalen Beziehungen addiert werden. In Abb. 16 besteht zwischen den Variablen z_1 und z_3 neben dem direkten kausalen Einfluß in Höhe von p_{31} ein indirekter kausaler Einfluß in Höhe von $p_{21} \times p_{32}$. Die standardisierten Pfadkoeffizienten der Residualvariablen p_{2e2} und p_{3e3} können ebenfalls mit Hilfe der Regressionsanalyse bestimmt werden, sie entsprechen dem Ausdruck $\sqrt{(1-R^2)}$.[296]

Die Anwendung der Regressionsanalyse auf Basis der gewöhnlichen Schätzmethode der kleinsten Quadrate (OLS) ist jedoch an eine Reihe von Voraussetzungen gebunden.[297] Um konsistente[298] und unverzerrte[299] Schätzergebnisse zu erhalten, müssen folgende Annahmen über die Residualvariablen getroffen werden:[300]

1. Die Residuen haben einen Mittelwert von 0, d. h. $E(z_k) = 0$.
2. Die Residuen haben eine konstante Varianz (Homoskedastizität), d. h. $E(z_k^2) = K$.
3. Die Residuen sind paarweise unkorreliert, d. h. $E(e_i e_k) = 0$.
4. Die Residuen der determinierten Variablen z_i sind mit allen determinierenden Variablen z_k unkorreliert, d. h. $E(e_i z_k) = 0$.

Die Bedingungen 1 und 2 sind im Kausalmodell aus Abb. 16 erfüllt, da alle Variablen (einschließlich der Residuen) in standardisierter Form in das Modell eingehen und dadurch einen Mittelwert von 0 und eine Varianz von 1 aufweisen [$E(z_k) = 0$ und $E(z_k^2) = 1$].

Die Bedingungen 3 und 4 sind im folgenden zu überprüfen. Die Annahme, daß die Residuen unkorreliert sein müssen, resultiert aus der in Abschnitt 3.1.1 erläuterten Definition von Kausalität im Rahmen empirischer Untersuchungen, nach der Drittvariableneffekte ausgeschlos-

---

295 Vgl. Backhaus, Klaus et al. (1996): S.3f.

296 Vgl. dazu Kenny, David A. (1979): S.51. In vielen Regressionen wird der Pfadkoeffizient der Residualgröße nicht erhoben. Berechnet wird lediglich der Anteil der nichterklärten Varianz ($1-R^2$). Dieser spiegelt die in der Residualgröße zusammengefaßten Einflüsse wider.

297 Diese sollen hier nicht im einzelnen diskutiert werden. Vgl. dazu Backhaus, Klaus et al. (1996): S.32-36.

298 Eine Schätzung ist konsistent, wenn sich durch eine Erweiterung des Stichprobenumfangs der Schätzwert dem Populationsparameter annähert. Der Schätzwert muß gegen den Populationsparameter konvergieren, wenn der Stichprobenumfang gegen unendlich geht. Vgl. Hermann, Dieter (1984): S.26.

299 Eine Schätzung ist unverzerrt (erwartungstreu/unbiased), wenn der Erwartungswert der Verteilung der Parameterschätzungen mit dem Populationsparameter identisch ist: $E(\hat{b}) = b$.

300 Vgl. Asher, Herbert B. (1983): p.26.

sen, zumindest aber unwahrscheinlich sein sollten. Wenn die Residualgrößen e_2 und e_3 korrelieren, dann würde dies bedeuten, daß sie

a) beide von einer im Modell nicht erfaßten Drittvariablen beeinflußt werden,

oder

b) bei der Erhebung der Modellvariablen z_2 und z_3 die gleichen Meßfehler aufgetreten sind.

Diese Möglichkeiten ergeben sich aus der Annahme, daß die Residualgrößen sowohl nicht erfaßte Einflüsse auf Modellvariablen als auch Meßfehler repräsentieren.[301] Die Existenz eines Drittvariableneffektes auf Markenbekanntheit und Verwendung ist in Abb. 16 durch Aufnahme der determinierenden exogenen Variablen „Displayshare" explizit berücksichtigt worden. Es stellt sich aber die Frage, ob nicht weitere Drittvariableneffekte wahrscheinlich sind. Auch wenn - wie erörtert - die vollständige Elimination derartiger Effekte nicht möglich ist, sollten im vorliegenden Fall weitere Marketing-Mix-Einflüsse berücksichtigt werden. So ist z.B. davon auszugehen, daß neben dem Displayshare auch die Distribution einen Einfluß auf Markenbekanntheit und Verwendung ausübt: Je höher die Distribution einer Marke ist, desto höher sollten Markenbekanntheit und Verwendung sein, da die Präsenz einer Marke am POS sowohl ein Wahrnehmungs- als auch ein Verwendungspotential darstellt. Daß bei der Messung der Markenbekanntheit und der Verwendung vergleichbare Meßfehler aufgetreten sind und die Residualvariablen auch daher korrelieren, ist v. a. dann denkbar, wenn beide Meßgrößen aus einer gemeinsamen Erhebung stammen. Dieses Problem läßt sich jedoch theoretisch durch separate Erhebungen entschärfen.

Die vierte Bedingung für die Anwendbarkeit einer OLS-Schätzung, die Annahme, daß die Residuen der determinierten Variablen unkorreliert sind mit allen determinierenden Variablen, erklärt sich ebenfalls aus dem Ausschluß von Drittvariableneffekten. Übertragen auf das Kausalmodell in Abb. 16 lautet diese Bedingung: $E(e_2z_1) = E(e_3z_1) = E(e_3z_2) = 0$. Würde man z. B. eine Korrelation zwischen e_2 und z_1 zulassen, wäre damit die implizite Annahme verbunden, daß in der Residualgröße e_2 mindestens eine weitere nicht erfaßte Variable enthalten ist, die auf die determinierende Variable z_1 einwirkt, welche wiederum einen Einfluß auf z_2 ausübt. Damit wäre das zugrundeliegende Hypothesensystem unvollständig, da mindestens eine relevante Variable fehlt.[302]

---

[301] Vgl. Berry, William D. (1984): p.14. Die Tatsache, daß Meßfehler im Rahmen der Regressionsanalyse als vernachlässigbar angesehen werden, soll zunächst unberücksichtigt bleiben.

[302] Vgl. Backhaus, Klaus et al. (1996): S.340.

Zusammenfassend läßt sich somit festhalten, daß die zur Anwendung einer OLS-Schätzung notwendige Annahme unkorrelierter Residuen nur bei theoretisch begründetem Ausschluß von Drittvariableneffekten und Meßfehlern zulässig ist. Diese Voraussetzungen sind bei dem beispielhaft dargestellten Zusammenhang zwischen Markenbekanntheit und Verwendung nicht erfüllt. Sachlogisch nicht zu begründen ist darüber hinaus die a-priori-Annahme, daß die Markenbekanntheit einen Einfluß auf die Verwendung ausübt, nicht aber die Verwendung auf die Markenbekanntheit. Solche Annahmen sind jedoch im Rahmen rekursiver Kausalmodelle zwingend erforderlich, da derartige Modelle keine Bestimmung der Richtung des Einflusses zwischen zwei Variablen erlauben. BERRY empfiehlt daher, rekursive Kausalmodelle nur dann anzuwenden, wenn:

1. überzeugend begründet werden kann, daß die Kausalität zwischen zwei Variablen nur eine eindeutige Richtung hat, und
2. die in den Residualvariablen zusammengefaßten Einflußgrößen für jede Gleichung des Kausalmodells verschieden sind.[303]

Auch wenn diese Bedingungen in der Forschungspraxis allenfalls graduell erreichbar sind, scheiden rekursive Kausalmodelle als Lösungsansatz für die Untersuchung der Zusammenhänge zwischen Werbewirkung und Markterfolg aus, da insbesondere die erste Bedingung eindeutig nicht erfüllt ist.

3.1.4 Nichtrekursive Kausalmodelle

3.1.4.1 Modellstruktur

Nachdem sich rekursive Kausalmodelle als ungeeignet für das Forschungsvorhaben der vorliegenden Arbeit herausgestellt haben, bleibt die Frage, ob nichtrekursive Kausalmodelle, die explizit Wechselwirkungen zwischen Variablen berücksichtigen, als methodische Grundlage der empirischen Untersuchung in Frage kommen. Zur Verdeutlichung der Modellstruktur eines nichtrekursiven Kausalmodells wurde das Modell aus Abb. 16 geringfügig modifiziert, indem ein zusätzlicher Pfad zwischen Markenbekanntheit und Verwendung aufgenommen wurde, so daß die begründete Annahme einer reziproken Kausalität zwischen diesen Größen berücksichtigt wird. Der Einfluß weiterer Drittvariablen soll zunächst bewußt unberücksichtigt bleiben, um das Modell nicht unnötig zu komplizieren. Die Strukturgleichungen des nichtrekursiven Kausalmodells in Abb. 17 lauten:

[303] Vgl. Berry, William D. (1984): p.15.

$$z_2 = p_{21} \times z_1 + p_{23} \times z_3 + p_{2e2} \times e_2 \tag{3.7}$$

$$z_3 = p_{31} \times z_1 + p_{32} \times z_2 + p_{3e3} \times e_3 \tag{3.8}$$

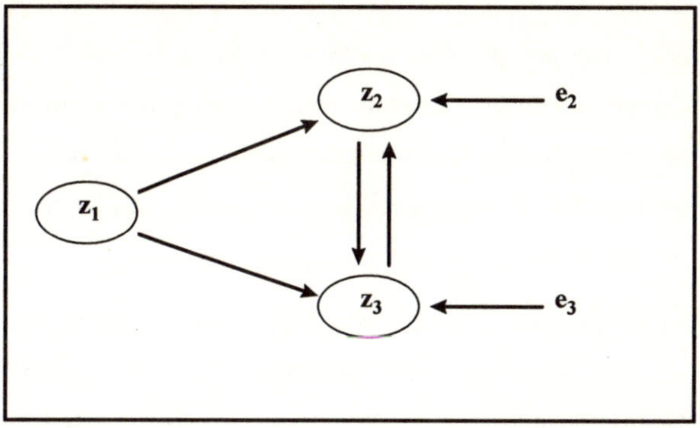

Quelle: Eigene Darstellung

Abb. 17: Beispiel eines nichtrekursiven Kausalmodells

Das modifizierte Modell ermöglicht eine Bestimmung der kausalen Beziehungen zwischen z_2 und z_3 ohne die (theoretisch nicht begründbare) a-priori-Annahme zur Richtung der Kausalität. In dieser Hinsicht stellt das Modell eine erhebliche Verbesserung dar, wirft allerdings auch neue Probleme auf, da eine Schätzung der Pfadkoeffizienten mit Hilfe einer OLS-Regression nicht möglich ist. Die Annahme unkorrelierter Residuen ist bei nichtrekursiven Kausalmodellen nicht zu rechtfertigen. Die notwendige Voraussetzung zur Anwendung einer OLS-Schätzung, daß die Residuen der determinierten Variablen nicht mit den determinierenden Variablen korrelieren dürfen, kann in nichtrekursiven Kausalmodellen nicht aufrecht erhalten werden, weil „jede endogene Variable für jede andere endogene Variable sowohl determinierte als auch determinierende sein kann."[304] Warum das so ist, soll anhand des Modells in Abb. 17 erläutert werden. Für das rekursive Kausalmodell in Abb. 16 wurde u. a. angenommen, daß $E(e_3z_2)$ gleich Null ist, d. h., daß die Residuen der determinierten Variable „Verwendung" (e_3) nicht mit der (in Gleichung 3.5) determinierenden Variable „Markenbekanntheit" (z_2) korrelieren. Die in e_3 enthaltenen Drittvariableneffekte und Meßfehler dürfen keinen Einfluß auf z_2 ausüben. Diese Bedingung ist im nichtrekursiven Kausalmodell in Abb. 17 unrealistisch, da e_3 hier über die Variable z_3 einen mittelbaren Einfluß auf z_2 ausübt. Daher ist von einer Korrelation zwischen e_3 und z_2 auszugehen und potentiell auch zwischen e_2 und e_3, d. h. $E(e_2e_3) \neq 0$: „Hence, the inclusion of reciprocal linkage makes our error assumptions, which were unrealistic in the recursive case, even more absurd in the nonrecursive situation."[305] Die Vorstellung, daß eine Korrelation der Residuen ($E(e_2e_3) \neq 0$) eine *zwangsläufige* Folge nichtrekursiver Kausalmodelle ist, ist zwar nicht unumstritten, Konsens herrscht jedoch darüber, daß diese wahrscheinlich ist und in jedem Fall einer empirischen Überprüfung bedarf.[306] Die potentielle Korrelation der Residuen bezieht sich allerdings nur auf diejenigen endogenen Variablen, zwischen denen eine reziproke Kausalität vermutet wird. Entspricht das Vorzeichen der Residualkorrelation zwischen Variablen mit reziproker Kausalität nicht den theoretischen Erwartungen, kann dies zudem ein Zeichen für eine Fehlspezifikation sein.

Auch nichtrekursive Kausalmodelle müssen, um überhaupt schätzbar zu sein, u. a. bestimmte Annahmen über die Unkorreliertheit von Residualgrößen treffen. Üblich ist in der Forschungspraxis z. B. die Annahme, daß alle Residualgrößen eines nichtrekursiven Kausalmodells unkorreliert mit den exogenen Modellvariablen sind.[307] Für das Modell in Abb. 17 heißt das $E(e_2z_1) = E(e_3z_1) = 0$. Zudem gehen auch in nichtrekursive Kausalmodelle alle Variablen in der Regel in standardisierter Form ein.

Ein Unterschied zwischen rekursiven und nichtrekursiven Kausalmodellen ergibt sich bezüglich der Interpretation der Residualpfadkoeffizienten. Diese sollten in nichtrekursiven Kausalmodellen nicht als Quadratwurzel der unerklärten Varianz aufgefaßt werden, sondern als zu erwartende Veränderung der endogenen Variablen bei einer Veränderung ihres Residuums um eine Standardabweichung.[308]

Bevor im folgenden Schätzverfahren zur Bestimmung der Modellparameter skizziert werden, die auf weniger restriktiven Annahmen als die OLS-Schätzung beruhen, soll abschließend der Frage nachgegangen werden, ob sich eine reziproke Kausalität nicht in zwei unidirektionale Kausalbeziehungen „zerlegen" läßt. Eine auf den ersten Blick plausibel erscheinende Möglichkeit wäre es beispielsweise, die Koeffizienten p_{32} und p_{23} im Rahmen zweier separater rekursiver Kausalmodelle mit Hilfe der OLS-Methode zu schätzen, bei denen einmal der Einfluß der Verwendung auf die Markenbekanntheit (p_{23}) und dann der Einfluß der Markenbekanntheit auf die Verwendung (p_{32}) ermittelt wird. Dieses Vorgehen ist jedoch nicht nur theoretisch unzulässig, weil es die Annahme der Regression verletzt, daß der untersuchte Zusam-

---

304 Hildebrandt, Lutz (1983): S.37.

305 Vgl. Asher, Herbert B. (1983): p.27.

306 Vgl. Long, J. Scott (1983): Covariance Structure Models: An Introduction to LISREL, Sage University Paper Series on Quantitative Applications in the Social Sciences, No.34, Beverly Hills and London, p.35.

307 Vgl. Berry, William D. (1984): p.16.

308 Vgl. dazu die Diskussion bei Asher, Herbert B. (1983): p.63f.

menhang nicht umkehrbar ist, es würde darüber hinaus auch zu falschen Schätzungen der Pfadkoeffizienten führen. Wie ASHER anhand einer vergleichenden Untersuchung nachweist, unterscheiden sich die standardisierten Regressionskoeffizienten bei singulärer Schätzung erheblich von denen bei simultaner Schätzung.[309]

Eine zweite Möglichkeit, die nichtrekursive Modellstruktur zu umgehen, stellt die Annahme dar, daß es sich bei wechselseitigen Beziehungen nicht um simultane Veränderungen handelt, sondern um zeitlich versetzte „rekursive Modelle“,[310] die Beziehung $z_2 \Leftrightarrow z_3$ wird dadurch zu: $z_{2(t-1)} \Rightarrow z_{3(t)} \Rightarrow z_{2(t+1)}$. Sofern sich durch die Einführung von Lag-Variablen nachweisen läßt, daß die Verwendung der Periode t durch die Markenbekanntheit in Periode t-1 verursacht wird und die Verwendung in Periode t die Markenbekanntheit in Periode t+1 bestimmt, wäre dies im Sinne der Zeitpräzedenz (vgl. 3.1.1) ein deutlicher Hinweis auf die kausalen Beziehungen zwischen diesen Größen und damit eine Möglichkeit, auf nichtrekursive Kausalmodelle zu verzichten. Eine solche temporale „Zerlegung“ eines nichtrekursiven Kausalmodells in zwei rekursive Modelle wird häufig gefordert, damit das Kausalitätskriterium der Zeitpräzedenz, gegen das nichtrekursive Kausalmodelle letztlich verstoßen, erfüllt wird.[311] Die Diskussion der Kausalitätskriterien hat jedoch gezeigt, daß Zeitpräzedenz in der nicht-experimentellen sozialwissenschaftlichen Forschung eine nicht zu erfüllende Forderung darstellt. Obwohl Zeitreihen der Markenbekanntheit und der Verwendung sowie anderer Werbetrackingvariablen für die nachfolgende empirische Untersuchung zur Verfügung stehen, soll dieser Ansatz daher nicht weiter verfolgt werden, u. a. auch deshalb, weil die Annahme unkorrelierter Residuen bei diesem Vorgehen unrealistisch ist. Die Annahme unkorrelierter Residuen ist zwar nicht durch reziproke Kausalbeziehungen verletzt, da z. B. $z_{3(t)}$ gemäß der Kausalitätsdefinition nicht Ursache für $z_{2(t-1)}$ gewesen sein kann, dafür aber durch die bei Zeitreihen unvermeidliche Autokorrelation der Residuen, die zu einer ineffizienten Schätzung führt.[312]

3.1.4.2 Identifikation

Bevor die Koeffizienten eines Gleichungssystems geschätzt werden können, muß sichergestellt sein, daß die Gleichungen ausreichende Informationen enthalten, um zu einer eindeuti-

[309] Vgl. a.a.O.: p.64.

[310] Vgl. die Ausführungen bei Opp, Karl-Dieter / Schmidt, Peter (1976): Einführung in die Mehrvariablenanalyse, Hamburg, S.263-265.

[311] Vgl. die Diskussion bei Bollen, Kenneth A. (1989): pp.61-63.

gen Lösung des Gleichungssystems zu gelangen. Diese Voraussetzung wird als Identifikation einer Gleichung bezeichnet.[313] Wenn eine Gleichung nicht identifiziert ist, lassen sich zwar die in ihr enthaltenen Parameter schätzen, die Schätzung führt aber nicht zu einer eindeutigen, sondern zu einer unendlichen Zahl von Lösungen, die alle die Restriktionen der Gleichung erfüllen. Die geschätzten Werte sind somit bedeutungslos.

Das Problem der Identifikation wurde bei der Darstellung rekursiver Kausalmodelle nicht erwähnt. Dieses Vorgehen ist gerechtfertigt, da rekursiven Kausalmodellen die in Abschnitt 3.1.3 aufgeführten Annahmen über Korrelationen zwischen Modell- und Residualvariablen zugrunde liegen, welche dazu führen, daß ein rekursives Kausalmodell immer identifiziert ist.[314] In nichtrekursiven Kausalmodellen ist die Identifikation dagegen nicht garantiert, ein Umstand, der u. a. für die geringe Verbreitung nichtrekursiver Modelle in der empirischen Forschung verantwortlich sein dürfte. In nichtrekursiven Kausalmodellen sind aufgrund der geringeren Anzahl an Restriktionen mehr Modellparameter zu schätzen. Deutlich wird dies an einem Vergleich der Modelle aus Abb. 16 und Abb. 17. Im nichtrekursiven Modell ist zusätzlich zu den Modellparametern des rekursiven Modells der Pfadkoeffizient p_{23} zu schätzen. Da die Annahme unkorrelierter Störterme aufgrund der reziproken Kausalität nicht aufrechtzuerhalten ist, gilt $E(e_2z_3) \neq 0$, $E(e_3z_2) \neq 0$ und potentiell auch $E(e_2e_3) \neq 0$, d. h. die Korrelation zwischen den Residualgrößen e_2 und e_3 ist ebenfalls zusätzlich zu schätzen. Zur Überprüfung, ob die Strukturgleichungen des Modells aus Abb. 17 identifiziert sind, sollen die Gleichungen (3.7) und (3.8) auf Erfüllung der Ordnungs- und Rangbedingung geprüft werden. Die Ordnungsbedingung lautet:

> Damit eine Gleichung identifiziert ist, muß die Anzahl der aus der Gleichung ausgeschlossenen Variablen mindestens so groß sein wie die Anzahl der Strukturgleichungen im Gleichungssystem verringert um den Wert 1.[315]

Die Erfüllung der Ordnungsbedingung ist ein notwendiges, aber kein hinreichendes Kriterium zur Identifikation. Ihre Erfüllung kann am einfachsten visualisiert werden, indem das be-

312 Eine Schätzung ist effizient, wenn die Varianz der Verteilung der Parameterschätzung kleiner ist als die Varianz der Verteilung jeder anderen erwartungstreuen Schätzung desselben Populationsparameters. Vgl. Hermann, Dieter (1984): S.26.

313 Vgl. Asher, Herbert B. (1983): p.53. Zur inhaltlichen Interpretation der Identifikation vgl.: Pearal, Judea (1994): On the Identification of Nonparametric Structural Models, in: Berkane, Maia [ed.] (1994): Latent Variable Modeling and Applications to Causality, New York, 1997, pp.29/30.

314 Vgl. Asher, Herbert B. (1983): p.54.

315 Vgl. Berry, William D. (1984): p.40.

treffende Gleichungssystem so umgeformt wird, daß die Residualvariablen rechts vom Gleichheitszeichen stehen. Für die Gleichungen (3.7) und (3.8) ergibt sich:

$$-p_{21} \times z_1 + \quad z_2 - p_{23} \times z_3 = p_{2e2} \times e_2 \tag{3.9}$$

$$-p_{31} \times z_1 - p_{32} \times z_2 + \quad z_3 = p_{3e3} \times e_3 \tag{3.10}$$

Die Koeffizientenmatrix sieht dann wie folgt aus:

$$\begin{bmatrix} -p_{21} & 1 & -p_{23} \\ -p_{31} & -p_{32} & 1 \end{bmatrix}$$

Ausgeschlossene Variablen haben den Eintrag 0 in einer Gleichung. Um die Ordnungsbedingung zu erfüllen, mußte mindestens eine Variable (Anzahl der Gleichungen minus Eins = 1) aus jeder Gleichung ausgeschlossen sein. Wie anhand der Koeffizientenmatrix zu ersehen ist, erfüllt keine der beiden Gleichungen diese Bedingung, das Kausalmodell aus Abb. 17 ist somit nicht identifiziert. Damit erübrigt sich auch die Überprüfung der Rangbedingung, die ein notwendiges und hinreichendes Kriterium zur Identifikation eines Gleichungssystems darstellt.[316]

Ein unteridentifiziertes Kausalmodell kann durch die Einführung zusätzlicher Restriktionen in Form von a-priori-Annahmen über die Höhe bestimmter Koeffizienten identifizierbar werden.[317] Beispielsweise kann die Korrelation zwischen zwei Modellvariablen auf den Wert Null festgesetzt werden, was gleichbedeutend ist mit der Annahme, daß zwischen diesen Modellvariablen keine direkte kausale Beziehung vorliegt. Eine andere Möglichkeit besteht im Ausschluß einer Korrelation zwischen zwei Residualvariablen. Allgemein gesprochen läßt sich eine Identifikation durch alle Modifikationen erreichen, welche die Anzahl der zu schätzenden Modellparameter reduzieren oder die zur Verfügung stehende Information durch Hinzufügung exogener Variablen erhöhen. Besonders das letztgenannte Vorgehen ist jedoch außerordentlich kritisch zu beurteilen: Abgesehen von der Tatsache, daß weitere Variablen häufig nicht zur Verfügung stehen, sollte die Aufnahme einer Variablen nicht von schätztechnischen Erfordernissen, sondern stets von einer theoretischen Begründung abhängen, da sonst die vierte Bedingung der Kausalität, nach der die Beziehung zwischen zwei Variablen immer durch eine substanzwissenschaftliche Theorie fundiert sein muß, verletzt wäre (vgl. 3.1.1). Gleiches gilt für a-priori-Annahmen über die Höhe bestimmter Koeffizienten.

---

316 Vgl. Asher, Herbert B. (1983): p.57.

317 Vgl. Berry, William D. (1984): p.26.

Als Fazit kann festgehalten werden, daß ein nichtrekursives Kausalmodell immer auf die Identifikation aller Modellgleichungen zu überprüfen ist, da sonst die Gefahr besteht, daß die Ergebnisse der Modellschätzung nicht eindeutig und damit sinnlos sind.

3.1.4.3 Traditionelle Schätzverfahren

Da die OLS-Schätzung zur Bestimmung der Pfadkoeffizienten in nichtrekursiven Kausalmodellen untauglich ist, gleichzeitig aber auf die Abbildung reziproker Kausalität nicht verzichtet werden sollte, stellt sich die Frage, ob ein alternatives Schätzverfahren zur Bestimmung der Modellparameter herangezogen werden kann.

Das gängige Schätzverfahren zur Bestimmung der Pfadkoeffizienten in nichtrekursiven Kausalmodellen ist die zweistufige Methode der kleinsten Quadrate (TSLS).[318] Die Anwendung soll anhand des Modells in Abb. 17 demonstriert werden, obwohl das Modell sich als nichtidentifiziert herausgestellt hat, da es im folgenden lediglich um die Veranschaulichung alternativer Schätzmethoden geht und nicht um eine konkrete Modellschätzung mit einem gegebenen Datensatz.

Da die Residualvariablen e_2 und e_3 mit den endogenen Variablen z_2 bzw. z_3 korrelieren, ist eine Bestimmung von z_2 und z_3 gemäß der Gleichungen (3.7) und (3.8) mit Hilfe einer OLS-Schätzung nicht möglich. Der zweistufigen Methode der kleinsten Quadrate liegt die Idee zugrunde, in solchen Fällen die mit den Residuen korrelierenden endogenen Variablen eines Kausalmodells durch modifizierte Variablen zu ersetzen, die in einer engen Beziehung zu den Ursprungsvariablen stehen, im Gegensatz zu diesen aber keine Korrelation mit den Residuen aufweisen, so daß eine Anwendung der OLS-Methode möglich wird. Wie der Name bereits impliziert, besteht eine TSLS-Schätzung aus zwei Schritten. Zunächst werden OLS-Schätzungen für alle endogenen Variablen durchgeführt, bei denen als unabhängige Variablen nur die exogenen Variablen eingehen, die annahmegemäß nicht mit den Residuen korrelieren. Für das Kausalmodell in Abb. 17 sind zwei Regressionen durchzuführen, deren abhängige Variablen mit $\hat{z}_2$ und $\hat{z}_3$ bezeichnet werden sollen:

$$\hat{z}_2 = p_{21} \times z_1 + p_{2e2} \times e_2 \qquad (3.11)$$

$$\hat{z}_3 = p_{31} \times z_1 + p_{3e3} \times e_3 \qquad (3.12)$$

[318] Auf eine Darstellung weiterer Schätzverfahren wie z. B. das der indirekten Methode der kleinsten Quadrate (ILS) soll verzichtet werden, da ILS lediglich bei exakt identifizierten Kausalmodellen anwendbar ist. Eine Darstellung findet sich z. B. bei Berry, William D. (1984): pp.62-65.

Da die so gewonnenen Parameter $\hat{z}_2$ und $\hat{z}_3$ Linearkombinationen von Variablen darstellen, die nicht mit e_2 und e_3 korrelieren, folgt daraus, daß auch $\hat{z}_2$ und $\hat{z}_3$ nicht mit e_2 und e_3 korrelieren.[319] Daher ist in einem zweiten Schritt die Anwendung einer OLS-Schätzung zur Bestimmung der Parameter der Ausgangsgleichungen (3.7) und (3.8) möglich, z_2 und z_3 müssen (als endogene Variablen) lediglich durch $\hat{z}_2$ und $\hat{z}_3$ ersetzt werden:

$$z_2 = p_{21} \times z_1 + p_{23} \times \hat{z}_3 + p_{2e2} \times e_2 \quad (3.13)$$

$$z_3 = p_{31} \times z_1 + p_{32} \times \hat{z}_2 + p_{3e3} \times e_3 \quad (3.14)$$

Die mit Hilfe der TSLS-Schätzung ermittelten Parameter sind zwar nicht unverzerrt, aber zumindest konsistent.[320] Problematisch ist bei der Anwendung dieses Verfahrens jedoch die entstehende Multikollinearität: Da die im ersten Schritt gewonnenen endogenen Variablen eine Linearkombination aller exogenen Modellvariablen darstellen, ist von einer hohen Korrelation zwischen endogenen und exogenen Variablen auszugehen. Werden die endogenen Variablen dann im zweiten Schritt zusammen mit den exogenen Variablen gemeinsam zu unabhängigen Variablen der gleichen Regressionsfunktion, entsteht daraus zwangsläufig Multikollinearität. Diese ändert zwar nicht die Konsistenz der Schätzergebnisse, führt aber zu entsprechend vergrößerten Standardfehlern.[321] Ein weiteres Problem der TSLS-Anwendung ergibt sich, wenn die Modellvariablen nicht in standardisierter Form in die Schätzung eingehen. In diesem Fall unterschätzt TSLS systematisch die Höhe der endogenen Koeffizienten, da die im ersten Schritt gewonnenen endogenen Variablen eine geringere Varianz als die Originalvariablen aufweisen und dadurch die Höhe der Koeffizienten im zweiten Schritt geringer ausfällt.[322]

Neben diesen schätztechnischen Nachteilen spricht gegen eine Verwendung von TSLS-Schätzungen im Rahmen dieser Arbeit v. a. die Nichtberücksichtigung von Meßfehlern. Die TSLS-Methode gibt, ebenso wie die OLS-Methode, keinen Aufschluß darüber, zu welchem Anteil die endogenen Variablen eines Kausalmodells durch nicht erfaßte Drittvariableneffekte determiniert sind und zu welchem Anteil durch Meßfehler.[323] Damit folgt die TSLS-Methode letztlich der Fiktion, daß die Meßfehler im Vergleich zu Drittvariableneffekten vernachlässigt

[319] Vgl. Asher, Herbert B. (1983): p.65.
[320] Vgl. Berry, William D. (1984): p.67.
[321] Vgl. a.a.O.: p.71.
[322] Vgl. Asher, Herbert B. (1983): p.66.
[323] Vgl. Hildebrandt, Lutz (1983): p.40.

werden können.[324] Das mag gerechtfertigt sein, sofern es sich bei den endogenen Variablen um manifeste Größen handelt. Wenn diese jedoch latente Größen darstellen, wie dies bei den Konstrukten der Werbewirkungsmodelle der Fall ist, kann die Fiktion meßfehlerfreier Messungen nicht aufrechterhalten werden. Die Anerkennung meßfehlerbehafteter Messungen hat weitreichende Konsequenzen für die Falsifikation von Kausalhypothesen. Der Anteil erklärter Varianz (R^2) kann nicht länger den alleinigen Maßstab zur Beurteilung der Güte eines Kausalmodells bilden, da z. B. aus einem niedrigen R^2-Wert nicht ersichtlich ist, ob dafür Fehler in den Messungen oder in den Kausalbeziehungen verantwortlich sind.[325]

3.1.5 Der LISREL-Ansatz der Kausalanalyse

3.1.5.1 Grundlagen des LISREL-Ansatzes der Kausalanalyse

Die bisher diskutierten Verfahren zur Hypothesenprüfung in Kausalmodellen haben sich aufgrund der mangelnden Berücksichtigung von Meßfehlern als ungeeignet für den Rahmen dieser Arbeit erwiesen. Eine Integration von Meß- und Kausalhypothesen leistet der von JÖRESKOG und SÖRBOM entwickelte LISREL-Ansatz der Kausalanalyse.[326] Die Kausalanalyse ist ebenso wie die Regressionsanalyse von ihrem Grundgedanken her den konfirmatorischen, d. h. hypothesenprüfenden multivariaten Analyseverfahren zuzurechnen.[327] In Anlehnung an FORNELL wird die Kausalanalyse jedoch zur zweiten Generation der multivariaten Verfahren gezählt, die sich gegenüber Verfahren der ersten Generation wie der Regres-

[324] Vgl. Mason, Robert / Halter, Albert N. (1968): The Application of a System of Simultaneous Equations to an Innovation Diffusion Model, in: Blalock, H.M. Jr. [ed.] (1985): p.139 sowie Graybill, Franklin A. / Hariharan K. Iyer (1994): Regression Analysis: Concepts and Applications, Belmont, CA, pp.235/236.

[325] Insbesondere Bass gehörte zu den frühen Kritikern der einseitigen Fixierung auf das Bestimmtheitsmaß als Gütekriterium in marketingwissenschaftlichen Untersuchungen, von ihm spöttisch als „R^2-Syndrom" bezeichnet. Vgl. Bass, Frank M. (1975): Unexplained Variance in Studies of Consumer Behavior, in: Farley, John U. / Howard, John A. [eds.] (1975): Control of „Error" in Market Research Data, Lexington, p.12.

[326] Dieser liegt auch als PC-Software, mittlerweile in der Version 8, vor. Vgl. Jöreskog, Karl G. / Sörbom, Dag (1993): LISREL 8: Structural Equation Modeling with the SIMPLIS Command Language, Chicago. Häufig werden LISREL und Kausalanalyse synonym verwendet, obwohl mit dem EQS-Ansatz von Bentler ein weiteres kausalanalytisches Verfahren, das auf der Kovarianzstrukturanalyse beruht, existiert. Vgl. Bentler, Peter M. (1985): Theory and Implementation of EQS. A Structural Equations Program, Los Angeles. Ein Vergleich beider Verfahren findet sich bei Homburg, Christian / Sütterlin, Stefan (1990): Kausalmodelle in der Marketingforschung - EQS als Alternative zu LISREL?, in: Marketing ZFP, Heft 3, 1990, S.181-192.

[327] Daß Daten Theorien nicht positiv bestätigen können, sondern allenfalls zu einer Nichtablehnung einer Theorie führen, soll hier unberücksichtigt bleiben, vgl. dazu Cliff, Norman (1983): Some Cautions Concerning the Application of Causal Modeling Methods, in: Multivariate Behavioral Research, Vol. 18, 1983, p.117/118 sowie die kritische Würdigung der Kausalanalyse bei Bollen, Kenneth A. (1989): pp.67-72.

sionsanalyse durch ein flexibles Zusammenspiel von substanzwissenschaftlicher Theorie und empirischer Datenanalyse auszeichnen.[328]

Mit der grundlegenden Arbeit von BAGOZZI[329] hielt die Kausalanalyse Einzug in die Marketingwissenschaft. Ein weiterer Meilenstein war die Sonderausgabe des Journal of Marketing Research zum Thema „Causal Modeling“ im November 1982. Im deutschsprachigen Raum wurde die Kausalanalyse v. a. durch die grundlegende Arbeit von HILDEBRANDT[330] bekannt. Es folgten u. a. die Arbeiten von FÖRSTER et al.[331], BALDERJAHN[332], HOMBURG[333] und FRITZ[334]. Mittlerweile ist die Anzahl kausalanalytischer Untersuchungen der Marketingforschung so groß, daß eine Literaturübersicht den Rahmen dieser Arbeit sprengen würde. Eine Metaanalyse aus dem Jahre 1995 kam allein für die vier wissenschaftlichen Marketing-Zeitschriften JoM, JoMR, JoCR und IJoRM auf 149 kausalanalytische Anwendungen im Zeitraum von 1977 bis 1994.[335]

Methodisch und historisch läßt sich die Kausalanalyse auf die Pfad- und die konfirmatorische Faktorenanalyse zurückführen.[336] Beide Verfahren versuchen, auf der Basis empirischer Kovarianzen Aussagen über theoretische Zusammenhänge zwischen Variablen zu treffen. Die Pfad-/Regressionsanalyse mit dem Ziel, von Kovarianzen auf kausale Beziehungen im Sinne eines „Ursache-Wirkungs-Zusammenhangs“ zu schließen, die Faktorenanalyse mit dem Ziel, Zusammenhänge zwischen nichtbeobachtbaren Faktoren und beobachteten Meßgrößen herzustellen. Der LISREL-Ansatz der Kausalanalyse stellt eine Integration beider Methoden in Form eines allgemeinen Kovarianzstrukturmodells dar und folgt damit dem von BLALOCK bereits 1963 beschriebenen Grundgedanken der Kausalanalyse, von Kovarianzen zwischen manifesten Indikatoren auf kausale Beziehungen zwischen latenten „Hintergrundvariablen“, d.

---

328 Vgl. Fornell, Claes (1986): A Second Generation of Multivariate Analysis: Classification of Methods and Implications for Marketing Research, Working Paper, University of Michigan, Ann Arbor, p.3.

329 Vgl. Bagozzi, Richard P. (1980): Causal Models in Marketing, New York.

330 Hildebrandt, Lutz (1983): Konfirmatorische Analysen von Modellen des Konsumentenverhaltens, Diss., Berlin.

331 Förster, Friedrich et al. (1983): Moderne Verfahren der Kausalanalyse und ihre Bedeutung für Marketingwissenschaft und -praxis, Mannheim.

332 Balderjahn, Ingo (1986a): Das umweltbewußte Konsumentenverhalten - Eine empirische Studie, Diss., Berlin.

333 Homburg, Christian (1989): Exploratorische Ansätze der Kausalanalyse als Instrument der Marketingplanung, Diss., Frankfurt/Main u. a.

334 Fritz, Wolfgang (1992): Marktorientierte Unternehmensführung und Unternehmenserfolg, Grundlagen und Ergebnisse einer empirischen Untersuchung, Habil., Stuttgart.

335 Vgl. Baumgartner, Hans / Homburg, Christian (1996): Applications of Structural Equation Modeling in Marketing and Consumer Research: A Review, in: International Journal of Research in Marketing, Vol.13, 1996, pp.139-161.

h. hypothetischen Konstrukten zu schließen.[337] Die faktoranalytischen Modellteile repräsentieren die Meßstruktur, d. h. die Zusammenhänge zwischen beobachtbaren Variablen (den Indikatoren) und den hypothetischen Konstrukten. In ihnen werden Meßfehler explizit berücksichtigt. Der regressionsanalytische Modellteil repräsentiert die kausalen Beziehungen zwischen den hypothetischen Konstrukten. Durch die Integration von Meß- und Kausalhypothesen wird es möglich, die zum Modelltest verwendeten Kovarianzen zwischen latenten Variablen um den Einfluß von Meßfehlern zu bereinigen. Durch die Messung einer latenten Größe über multiple Indikatoren wird der verzerrende Einfluß von Meßfehlern einzelner Indikatoren begrenzt. Ein weiterer wesentlicher Vorteil der Kausalanalyse liegt darin, daß komplexe Wirkungszusammenhänge zwischen den latenten endogenen Variablen ermittelt werden können.

Auf eine ausführliche Darstellung des LISREL-Ansatzes der Kausalanalyse muß an dieser Stelle verzichtet werden. Dafür wird auf die einschlägige Literatur verwiesen.[338] Im folgenden soll lediglich ein kompakter Überblick vermittelt werden, der notwendig ist, um die empirische Untersuchung dieser Arbeit verstehen und bewerten zu können.

---

336 Vgl. dazu die Darstellung bei Hildebrandt, Lutz (1983): S.44-58 sowie zur Historie der Kausalanalyse insbesondere Homburg, Christian (1989): S.13-17. Bollen, Kenneth A. (1989): Structural Equations with Latent Variables, New York, pp.4-9.

337 Vgl. Blalock, H. M. Jr. (1963): Making Causal Inferences for Unmeasured Variables from Covariances among Indicators, in: American Journal of Sociology, Vol.69, No.1, pp.53-62. Der Begriff der Kovarianzstrukturanalyse kennzeichnet diesen Gedanken semantisch präziser als der Begriff der Kausalanalyse, doch hat sich in Forschung und Praxis mittlerweile die Bezeichnung Kausalanalyse durchgesetzt und soll daher auch im Rahmen dieser Arbeit verwendet werden.

338 Vgl. z. B. Backhaus, Klaus et al. (1996): S.322-430, Hayduk, Leslie A. (1987): Structural Equation Modeling with LISREL, Baltimore. Pfeifer, Andreas / Schmidt, Peter (1987): LISREL: Die Analyse komplexer Strukturgleichungsmodelle, Stuttgart / New York. Long, J. Scott (1983): Covariance Structure Models - An Introduction to LISREL, Sage University Paper Series on Quantitative Applications in the Social Sciences, No.34, Beverly Hills and London.

3.1.5.2 Aufbau eines vollständigen LISREL-Kausalmodells

Abb. 18 zeigt den Aufbau eines vollständigen LISREL-Modells. Es besteht aus drei Teilmodellen, einem Strukturmodell und zwei Meßmodellen.

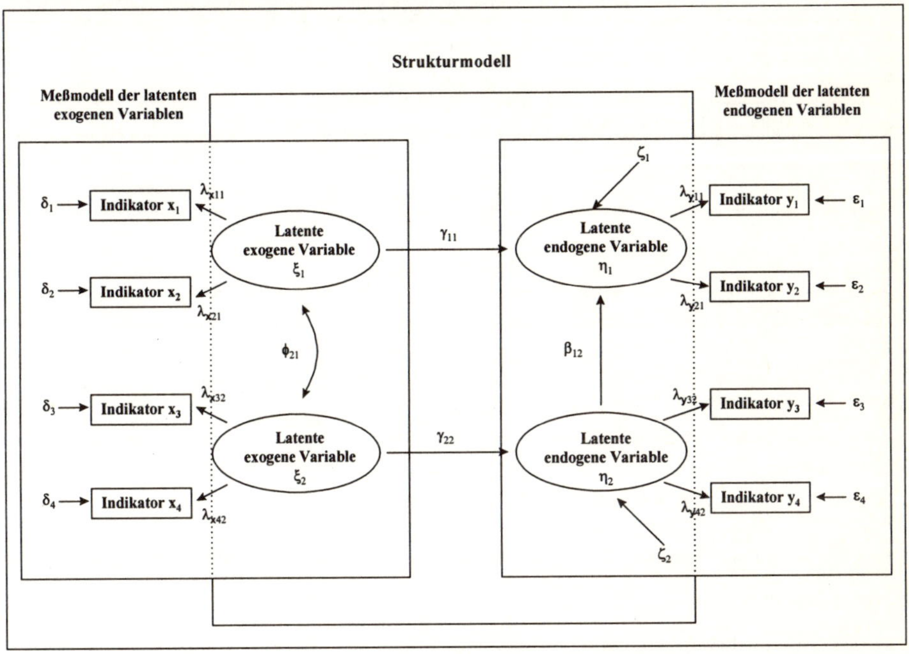

Quelle: In Anlehnung an Backhaus, Klaus et al. (1993): S.350

Abb. 18: Grundstruktur eines vollständigen LISREL-Kausalmodells

Das Strukturmodell bildet die Beziehungen zwischen den latenten Variablen ab, die Meßmodelle enthalten die Beziehungen zwischen den latenten Variablen und den zu ihrer Operationalisierung verwendeten Indikatoren, wobei zwischen latenten exogenen und latenten endogenen Variablen unterschieden wird. Neben den latenten Größen und ihren Indikatoren umfaßt das LISREL-Modell auch Residualgrößen, die sowohl Meßfehler bei der Erhebung der Indikatoren berücksichtigen als auch nichterklärte Varianzanteile der latenten endogenen Variablen. Tabelle 4 gibt eine Übersicht der im LISREL-Kausalmodell verwendeten Größen. Die latenten Variablen und die Residualgrößen werden üblicherweise mit griechischen Kleinbuchstaben bezeichnet, die Indikatoren dagegen mit lateinischen Kleinbuchstaben.[339]

[339] Die griechischen Buchstaben sind im Rahmen der SIMPLIS-Befehlssprache in LISREL VIII nicht mehr notwendig. Da die vorliegende Arbeit zwar die Version LISREL VIII verwendet, nicht aber die SIMPLIS-Syntax, wird diese Notation beibehalten. Eine Übersicht aller in LISREL verwendeten griechischen Buch-

Latente Größen		
Abkürzung	**Sprechweise**	**Bedeutung**
η_i	Eta	latente endogene Größe (wird im Modell erklärt)
ξ_i	Ksi	latente exogene Größe (wird im Modell nicht erklärt)
Indikatoren		
Abkürzung	**Sprechweise**	**Bedeutung**
y_i	-	Indikatorvariable für eine latente endogene Größe
x_i	-	Indikatorvariable für eine latente exogene Größe
Residualgrößen		
Abkürzung	**Sprechweise**	**Bedeutung**
ε_i	Epsilon	Residualgröße für eine y-Indikatorvariable
δ_i	Delta	Residualgröße für eine x-Indikatorvariable
ζ_i	Zeta	Residualgröße für eine latente endogene Größe

Quelle: In Anlehnung an Backhaus, Klaus et al. (1993): S.345

Tabelle 4: Variablen im vollständigen LISREL-Kausalmodell

Die Beziehungen zwischen den Modellvariablen werden ebenfalls mit griechischen Kleinbuchstaben dargestellt. Beziehungen zwischen latenten endogenen Variablen werden mit dem Buchstaben β (beta) bezeichnet, Beziehungen zwischen latenten endogenen und latenten exogenen Variablen mit γ (gamma). Beide Größen repräsentieren die Stärke der kausalen Beziehungen im Strukturmodell. Ihr Vorzeichen wird durch die Hypothesen über die Zusammenhänge zwischen den latenten Variablen bestimmt. Latente exogene Variablen können immer nur „Ursache"-Variablen darstellen. Die explizit zugelassenen Korrelationen zwischen den latenten exogenen Variablen werden mit dem Buchstaben ϕ (phi) bezeichnet. Um zu visualisieren, daß diese Korrelationen nicht kausal interpretierbar sind, werden sie üblicherweise mit einem gekrümmten Doppelpfeil dargestellt (vgl. Abb. 18). Die Meßmodelle unterstellen, daß sich die Korrelationen zwischen den Indikatoren y und x auf den Einfluß der hinter ihnen stehenden latenten Variablen η und ξ zurückführen lassen. Die Beziehungen zwischen den Indikatoren und den jeweiligen latenten Variablen werden mit dem Buchstaben λ_x bzw. λ_y

staben findet sich bei: Jöreskog, Karl G. / Sörbom, Dag (1989): LISREL VII - User's Reference Guide, Second Printing, Chicago, 1994, p.vi.

bezeichnet. Sie stellen die Regressionsgewichte bzw. bei standardisierten Variablen die Faktorladungen der Indikatoren auf die latenten Variablen dar.[340]

Nachdem die Elemente eines LISREL-Kausalmodells dargestellt wurden, soll nun der Ablauf einer Modellentwicklung und -schätzung im Rahmen des LISREL-Ansatzes in allgemeiner Form erläutert werden. Auf die Darstellung modellspezifischer Besonderheiten wird bewußt verzichtet.

3.1.5.3 Ablauf einer LISREL-Kausalanalyse

3.1.5.3.1 Spezifikation der Modellstruktur

Unter dem Begriff der Spezifikation soll hier die Festlegung der kausalen Ordnung eines Kausalmodells durch die Überführung verbaler Hypothesen in mathematische Strukturen verstanden werden. Die Erstellung einer graphischen Struktur ist nicht zwingend erforderlich, sie erleichtert lediglich die Spezifikation. Grundlage der mathematischen Struktur eines Kausalmodells ist die Matrizenrechnung. Die zu schätzenden Parameter eines vollständigen LISREL-Modells werden in acht verschiedenen Matrizen spezifiziert, von denen fünf die Modellbeziehungen abbilden und drei die Residuen (vgl.Tabelle 5).

[340] Vgl. dazu die Darstellung bei Backhaus, Klaus et al. (1996): S.344ff.

Abkürzung	Sprechweise	Bedeutung	LISREL 7-Notation
Λ_y	LAMBDA-y	ist eine (p x m)-Matrix und repräsentiert die Koeffizienten der Pfade zwischen y und η-Variablen	LY
Λ_x	LAMBDA-x	ist eine (q x n)-Matrix und repräsentiert die Koeffizienten der Pfade zwischen x und ξ-Variablen	LX
B	BETA	ist eine (m x m)-Matrix und repräsentiert die postulierten kausalen Beziehungen zwischen den η-Variablen	BE
Γ	GAMMA	ist eine (m x n)-Matrix und repräsentiert die postulierten Beziehungen zwischen den ξ und η-Variablen	GA
Φ	PHI	ist eine (n x n)-Matrix und enthält die Kovarianzen zwischen den ξ–Variablen	PH
Ψ	PSI	ist eine (m x m)-Matrix und enthält die Kovarianzen zwischen den ζ–Variablen	PS
Θ_ε	THETA-EPSILON	ist eine (p x p)-Matrix und enthält die Kovarianzen zwischen den ε–Variablen	TE
Θ_δ	THETA-DELTA	ist eine (q x q)-Matrix und enthält die Kovarianzen zwischen den δ–Variablen	TD

Dabei bedeuten:

p = Anzahl der y-Variablen,
q = Anzahl der x-Variablen,
m = Anzahl der η-Variablen,
n = Anzahl der ξ-Variablen

Quelle: In Anlehnung an Backhaus, Klaus et al. (1993): S.374

Tabelle 5: Parametermatrizen eines vollständigen LISREL-Kausalmodells

Unter Berücksichtigung der Matrizen- und Variablenbezeichnungen läßt sich das lineare Gleichungssystem eines LISREL-Modells in allgemeiner Form wie folgt darstellen.

1. Strukturmodell:

$$\eta = \mathrm{B} \times \eta + \Gamma \times \xi + \zeta \qquad (3.15)$$

2. Meßmodell der latenten endogenen Variablen

$$y = \Lambda_y \times \eta + \varepsilon \qquad (3.16)$$

3. Meßmodell der latenten exogenen Variablen

$$x = \Lambda_y \times \xi + \delta \qquad (3.17)$$

Bei der Lösung dieser Lineargleichungen geht der LISREL-Ansatz von folgenden Annahmen aus:[341]

1. Alle Variablen gehen als Abweichungen von ihren Mittelwerten in das Modell ein.
2. Es wird Linearität und Additivität der Einflußgrößen unterstellt.
3. Die latenten Variablen korrelieren nicht mit den Meßfehlervariablen.
4. Die latenten exogenen Variablen korrelieren nicht mit den Strukturgleichungsfehlern.
5. Die Meßfehlervariablen korrelieren nicht untereinander.
6. Die Gleichungen sind linear unabhängig.

Nicht alle Parameter der Matrizen werden geschätzt. Es ist im Rahmen der Spezifikation der Modellstruktur möglich, Parametern a priori einen bestimmten Wert zuzuweisen. Dieser kann Null betragen, wenn aufgrund theoretischer Überlegungen eine kausale Beziehung zwischen Variablen auszuschließen ist, er kann aber auch einen von Null verschiedenen Wert annehmen, sofern man in der Lage ist, eine kausale Beziehung numerisch genau abzuschätzen. Im LISREL-Modell werden solche Werte als „feste Parameter" bezeichnet. Davon zu unterscheiden sind „restringierte (constrained) Parameter", bei denen der Wert auf den Wert eines anderen Modellparameters festgelegt wird. Alle zu schätzenden Parameter werden als „freie Parameter" bezeichnet.[342]

3.1.5.3.2 Identifikation der Modellstruktur

Bevor die Parameter des spezifizierten Kausalmodells geschätzt werden, muß sichergestellt sein, daß die zugrundeliegenden Gleichungen identifiziert sind, also ausreichende Informationen bereitstellen, um zu einer eindeutigen Lösung zu gelangen. Die Identifikation eines Kovarianzstrukturmodells stellt eine besondere Schwierigkeit dar, da die für Gleichungssysteme ohne Meßfehler verfügbaren Prüfheuristiken in Form der Ordnungs- und Rangbedingung nicht übertragbar sind.[343] Die Ursache dafür liegt in der Modellstruktur, da nicht nur das Strukturgleichungsmodell, sondern gleichzeitig auch die Meß- oder Faktormodelle identifiziert sein müssen. Da die Skaleneinheiten der hypothetischen Konstrukte in Kovarianzstrukturmodellen nicht festgelegt sind, können die Parameter der Varianzen zudem nicht identifi-

---

341 Vgl. Homburg, Christian (1989): S.151. Hildebrandt, Lutz (1983): S.62, Backhaus, Klaus et al. (1996): S.371.

342 Vgl. Jöreskog, Karl G. / Sörbom, Dag (1989): p.3.

343 Vgl. Berry, William D. (1984): p.82.

ziert werden, ohne Skalenrestriktionen einzuführen.[344] Vorteilhaft ist bei der Identifikation von Kovarianzstrukturmodellen hingegen der zusätzliche Informationsgehalt, den die allgemeinen Modellgleichungen (3.15) bis (3.17) gegenüber einer isolierten Identifikation der einzelnen Matrizen bieten.[345]

Eine notwendige, aber nicht hinreichende Bedingung für die Identifikation ist, daß die Anzahl der Korrelationen zwischen den Indikatorvariablen mindestens der Anzahl der zu schätzenden Parameter (t) entspricht. Bezeichnet man die Anzahl der y-Variablen mit p und die der x-Variablen mit q, so ergibt sich als notwendige Bedingung:

$$t \leq \frac{1}{2}(p+q) \times (p+q+1) \tag{3.18}$$

Wenn die Anzahl der empirischen Korrelationen gleich der Anzahl der zu schätzenden Parameter ist, spricht man von einem exakt identifizierten Modell, ist die Anzahl der empirischen Korrelationen dagegen größer als die Zahl der zu schätzenden Parameter, bezeichnet man das Modell als „überidentifiziert“. Die positive Zahl von Freiheitsgraden erlaubt bei überidentifizierten Modellen einen Modelltest.[346] Ein unteridentifiziertes Modell, bei dem die notwendige Bedingung (3.18) nicht erfüllt ist, kann durch Einführung von festen oder restringierten Parametern im Rahmen der Modellspezifikation identifizierbar werden. Ein allgemeingültiges, notwendiges und hinreichendes Kriterium zur Überprüfung der Identifikation von Kovarianzstrukturmodellen ist bisher nicht verfügbar. Da der algebraische Nachweis der eindeutigen Lösbarkeit aller Modellparameter außerordentlich umfangreich ist, wird die Prüfung der Identifikation in der Forschungspraxis häufig der LISREL-Software überlassen oder gar nicht vorgenommen. HOMBURG und BAUMGARTNER stellten in einer Bestandsaufnahme des Einsatzes der Kausalanalyse in der Marketingforschung fest, daß in weniger als 10% der untersuchten deutschsprachigen Anwendungen der Kausalanalyse überhaupt auf die Modellidentifikation eingegangen wurde.[347] Eine zweite Metaanalyse international führender Marketingzeitschriften ergab, daß auch hier in nur 7% aller untersuchten vollständigen Kausalmodelle ein Nachweis der Identifikation Bestandteil der Veröffentlichung war,[348] was natürlich nicht zwingend bedeutet, daß die Identifikation nicht geprüft wurde; andererseits überrascht dieses Vorgehen jedoch, wenn man bedenkt, daß die geschätzten Parameter eines nicht iden-

---

344 Vgl. Hildebrandt, Lutz (1983): S.78.

345 Vgl. Long, J. Scott (1983): p.71.

346 Als Faustregel gilt, daß die Zahl der Freiheitsgrade mindestens der Zahl der zu schätzenden Parameter entsprechen sollte. Vgl. Backhaus, Klaus et al. (1996): S.378.

347 Vgl. Homburg, Christian / Baumgartner, Hans (1995a): Die Kausalanalyse als Instrument der Marketingforschung, in: Zeitschrift für Betriebswirtschaft, 65. Jg., (1995), Heft 10, S.1100.

tifizierten Kausalmodells bedeutungslos sind, weil in einem solchen Fall eine Vielzahl weiterer Lösungen existiert, die alle die Restriktionen der Gleichungen erfüllen.

Die Identifikation der Modellstruktur setzt voraus, daß die zu schätzenden Gleichungen linear unabhängig sind. Von linearer Unabhängigkeit wird ausgegangen, wenn die zur Schätzung notwendigen Matrizeninversionen vorgenommen werden können. Ist diese Bedingung nicht erfüllt, liefert die LISREL-Software Warnmeldungen, welche Matrizen nicht positiv definit, d. h. nicht invertierbar sind.[349] Sofern LISREL nicht „protestiert", wird in der Forschungspraxis eine Identifikation aller Matrizen unterstellt. Zu diesem Vorgehen ist zu sagen, daß sich der Vorschlag von JÖRESKOG und SÖRBOM, die Invertierbarkeit der FISHERschen Informationsmatrix[350] zur Prüfung der Identifikation einzusetzen, nach Aussage der Autoren selbst keine hinreichende Gewißheit bietet:[351] „If [the information matrix] is positive definite it is almost certain that the model is identified. On the other hand, if the information matrix is singular, the model is not identified."[352] Die Einschränkung „almost certain" ist erforderlich, da die Informationsmatrix nur eine Approximation darstellt und lineare Abhängigkeit in Matrizen zudem immer ein graduelles Problem ist.[353] JÖRESKOG schlägt als weiteres Prüfkriterium vor, das gleiche Modell mehrmals mit verschiedenen Startwerten für das Maximum-Likelihood-Verfahren zu schätzen. Wenn die Lösungen identisch sind, ist dies ein weiterer Hinweis auf die Identifikation des Modells, allerdings kein sicherer Beweis.[354] Angesichts der nicht hinreichenden Gewißheit aller Identifikationskriterien resümiert LONG: „The emphatic recommendation is: always prove that a model is identified by solving the model's parameters in terms of the variances and covariances."[355] Dem muß entgegengehalten werden, daß auch der empirische Nachweis, daß sich alle zu schätzenden Koeffizienten eines Modells aus den Varianzen und Kovarianzen der Indikatorvariablen bestimmen lassen, keinen hinreichenden Beweis der Identifikation darstellt.[356] Der Grund dafür liegt in der Möglichkeit einer „empirischen Unteridentifikation". Eine solche liegt vor, wenn die *Werte* der empirischen Kovarianzen oder Korrelationen ursächlich für die mangelnde Identifikation sind. Das ist z. B.

348 Vgl. Baumgartner, Hans / Homburg, Christian (1996): p.145.
349 ebenda.
350 Vgl. Jöreskog, Karl G. / Sörbom, Dag (1989): pp.310/311. Hildebrandt, Lutz (1983): S.82 sowie S.86-92.
351 Vgl. Homburg, Christian (1989): S.166f. Long, J. Scott (1983): p.67. Balderjahn, Ingo (1986a): S.91f.
352 Vgl. Jöreskog, Karl G. / Sörbom, Dag (1978): LISREL IV - Users's Guide, Chicago, p.11, zitiert nach Long, J. Scott (1983): p.73.
353 Vgl. Hildebrandt, Lutz (1983): S.82.
354 Vgl. die ausführliche Darstellung dieses Gedankens bei Hayduk, Leslie A. (1987): p.149. Hayduk erweitert diese Idee auch auf die Prüfung der Identifikation einzelner Parameter.
355 Long, J. Scott (1983): p.67.
356 Vgl. Kenny, David A. (1979): p.40.

dann möglich, wenn der Nenner eines Terms zur Bestimmung der Modellparameter durch das Einsetzen tatsächlicher Werte gleich Null wird. [357]

Es bleibt festzuhalten, daß die Prüfkriterien der LISREL-Software und der algebraische Nachweis der Identifikation zwar mit großer Wahrscheinlichkeit ausschließen können, daß ein Modell nicht identifiziert ist, ein wirklich hinreichendes Identifikationskriterium aber bis dato nicht existiert und deshalb der algebraische Nachweis die beste Möglichkeit zur Prüfung der Identifikation darstellt. Es ist WEBER zuzustimmen, daß die Bestimmung von Kriterien, aus denen die Identifikation eines Kausalmodells zweifelsfrei hervorgeht, zu den drängendsten Problemen der Kausalanalyse gehört.[358]

3.1.5.3.3 Parameterschätzung

Nachdem die Identifikation eines spezifizierten Kausalmodells im Rahmen des Möglichen geklärt ist, erfolgt anschließend eine Schätzung der Modellparameter. Alle Indikatorvariablen gehen zentriert in die Berechnung einer empirischen Korrelations- bzw. Kovarianzmatrix (R) ein. Diese Matrix dient als Eingabematrix zur Schätzung der Modellparameter.[359] Im folgenden soll von der Eingabe einer Kovarianzmatrix ausgegangen werden, weil diese einen höheren Informationsgehalt besitzt als eine Korrelationsmatrix. LISREL erstellt auf der Basis der Modellzusammenhänge eine modelltheoretische Kovarianzmatrix $\hat{\Sigma}$. Die dafür benötigten Startwerte werden entweder von LISREL mit Hilfe der nicht-iterativen Schätzverfahren „Instrumental Variables" (IV) oder „Two Stage Least Squares" (TSLS) automatisch berechnet oder aber vom Anwender vorgegeben. Diese Anfangslösung wird anschließend in einem iterativen Schätzprozeß bestmöglich an die empirische Kovarianzmatrix (R) angepaßt, d. h. der Ausdruck ($R-\hat{\Sigma}$) wird minimiert. LISREL stellt dazu fünf verschiedene iterative Schätzverfahren zur Verfügung: Unweighted Least Squares (ULS), Generalized Least Squares (GLS), Maximum Likelihood (ML), Weighted Least Squares (WLS) sowie Diagonally Weighted Least Squares (DWLS).[360] Im Gegensatz zu den nicht-iterativen Verfahren sind alle fünf iterativen Verfahren in der Lage, die gesamte Information der empirischen Ausgangsmatrix simultan in die Schätzung einzubeziehen. Darüber hinaus ermöglichen sie die Berechnung von Schätzstatistiken.

---

357 Vgl. Hayduk, Leslie A. (1987): p.144/145.

358 Vgl. Weber, Günter (1996): S.66.

359 Erstellt wird diese Matrix durch das Computerprogramm PRELIS, mit dessen Hilfe auch deskriptive Statistiken erstellt und Verteilungsannahmen überprüft werden können. Vgl. Jöreskog, Karl G. / Sörbom, Dag (1995): PRELIS - A Program for Multivariate Data Screening and Data Summarization, Chicago.

360 Vgl. die ausführlichen Darstellungen bei Jöreskog, Karl G. / Sörbom, Dag (1989): pp.17-24.

Die Anwendbarkeit dieser Schätzverfahren hängt im wesentlichen von Annahmen über die Verteilung der Ausgangsvariablen sowie von der Größe der Stichprobe ab. Die ML-Schätzung weist gegenüber den anderen Schätzverfahren eine Reihe vorteilhafter Eigenschaften auf,[361] setzt aber - ebenso wie die GLS-Schätzung - normalverteilte Ausgangsvariablen voraus.[362] Simulationsstudien haben jedoch gezeigt, daß die ML-Methode gegen geringfügige Abweichungen von der Normalverteilung relativ robust ist.[363] Bezüglich der Stichprobengröße wird empfohlen, bei ML-Schätzungen eine Grenze von n = 200, in Einzelfällen von n = 100, nach Möglichkeit nicht zu unterschreiten.[364] Ist die Annahme der Normalverteilung deutlich verletzt, können die Verfahren ULS, WLS und DWLS angewendet werden, da sie unter allgemeineren Annahmen ebenfalls konsistente Schätzergebnisse liefern. Bei einer ULS-Schätzung ist aber zu beachten, daß die Teststatistiken (Standardfehler, T-Werte, standardisierte Residuen, Chi-Quadrat-Test) nur dann zur Interpretation herangezogen werden dürfen, wenn die Normalverteilungsannahme erfüllt ist.[365] Ein weiterer Nachteil des ULS-Schätzverfahrens ist die Skalenabhängigkeit. Eine Schätzmethode weist Skalenabhängigkeit auf, wenn das Minimum der Schätzfunktion bei Verwendung einer Korrelationsmatrix und einer Kovarianzmatrix unterschiedlich ist. Um dies zu vermeiden, ist es notwendig, bei ULS-Schätzungen mit unterschiedlich skalierten Variablen immer nur Korrelationsmatrizen als Eingabematrizen zu verwenden, da dann das Problem der Skalenabhängigkeit nicht auftritt.[366] Vorteilhaft ist die ULS-Schätzung bei kleinen Stichproben (n < 100). Sofern die Faktorladungen hoch sind, werden auch unter diesen Bedingungen robuste Schätzergebnisse erzielt.[367] WLS und DWLS-Schätzer beruhen auf asymptotischen Kovarianzmatrizen und setzen daher sehr große Stichproben voraus, was ihre Anwendung in vielen empirischen Untersuchungen unmöglich

361 Vgl. zu diesen Eigenschaften Hildebrandt, Lutz (1983): S.88.

362 Zu den Eigenschaften einer multivariaten Normalverteilung vgl. ausführlich: Tong, Y. L. (1990): The Multivariate Normal Distribution, New York u. a., pp.23-61.

363 Vgl. Boomsma, Anne (1983): On the Robustness of LISREL (Maximum Likelihood Estimation) against Small Sample Size and Non-Normality, Diss., Groningen, p.191.

364 Vgl. a.a.O.: p.113. Außerhalb des LISREL-Ansatzes wird bei ML-Schätzungen eine Stichprobengröße von n = 60 für ausreichend erachtet, damit die vorteilhaften Eigenschaften vorliegen, vgl.: Eliason, Scott R. (1993): Maximum Likelihood Estimation - Logic and Practice, Sage University Paper Series on Quantitative Applications in the Social Sciences, No.96, Beverly Hills and London, pp.8 and 83.

365 Vgl. Backhaus, Klaus et al. (1996): S.423.

366 Vgl. Pfeifer, Andreas / Schmidt, Peter (1987): S. 32f. Auch bei Anwendung der ML- oder GLS-Schätzungen wird in der Forschungspraxis häufig mit Korrelationsmatrizen als Eingangsmatrix gearbeitet. Daß dieses Vorgehen nur unter der Annahme bestimmter Modellrestriktionen zulässig ist, verdeutlicht: Cudeck, Robert (1989): Analysis of Correlation Matrices Using Covariance Structure Models, in: Psychological Bulletin, Vol.105, No.2, 1989, pp.317-327.

367 Bei Faktorladungen > 0,9 können bereits bei einem Stichprobenumfang von $n \geq 25$ zuverlässige Schätzungen erzielt werden. Vgl. Balderjahn, Ingo (1986b): The Robustness of LISREL Unweighted Least Squares

macht.[368] In PRELIS 2 beträgt die Mindeststichprobengröße für die Anwendung dieser Verfahren bei Eingabe einer Kovarianzmatrix zwar nur noch k(k+1)/2, wobei k die Anzahl der Variablen bezeichnet,[369] doch haben Simulationsstudien gezeigt, daß eine uneingeschränkt zuverlässige Anwendung erst bei Stichprobengrößen von $n \geq 5.000$ zu erwarten ist.[370] Die WLS-Schätzung liefert jedoch keine konsistenten Schätzergebnisse, wenn die Eingangsmatrix eine Korrelationsmatrix darstellt.[371] Die DWLS-Methode stellt einen Kompromiß zwischen ULS und WLS dar. Sie ist auch bei der Eingabe einer Korrelationsmatrix konsistent, liefert aber ebenso wie ULS keine effizienten Schätzer.[372]

Die Frage des „besten“ Schätzverfahrens ist leicht zu beantworten, sofern die Normalverteilungsannahme annähernd erfüllt ist und die Fallzahl über $n = 100$ liegt. Unter diesen Bedingungen sollte aufgrund ihrer vorteilhaften Eigenschaften eine ML-Schätzung vorgenommen werden. Nur wenn die Normalverteilungsannahme deutlich verletzt ist, sollte bei kleinen Stichproben auf ULS-, bei großen Stichproben evtl. auf WLS- und DWLS-Schätzungen zurückgegriffen werden. HOMBURG und BAUMGARTNER kritisieren in ihrer Metaanalyse kausalanalytischer Anwendungen, daß die ML-Methode in der deutschen Marketingforschung zu restriktiv zugunsten der ULS-Methode eingesetzt wird, während die internationale Marketingforschung fast ausschließlich ML-Schätzungen verwendet.[373] HU et al. kritisieren im Gegenzug aber auch den unreflektierten Gebrauch von ML- und GLS-Schätzungen selbst bei deutlichen Abweichungen von der Normalverteilungsannahme, obwohl dieses Vorgehen zu verzerrten Gütemaßen und Standardfehlern führt.[374] Fragwürdig ist die Festlegung auf ein bestimmtes Schätzverfahren immer dann, wenn keine Aussage über die Verteilung der untersuchten Variablen getroffen wurde, was in 92% aller von BAUMGARTNER und HOMBURG im Rahmen einer zweiten Metaanalyse ausgewerteten kausalanalytischen Anwendungen der Fall war.[375] Nur die Verteilung und die Stichprobengröße kann den Einsatz eines bestimmten Schätzverfahrens begründen.

Estimation against Small Sample Size in Confirmatory Factor Analysis Models, in: Gaul, Wolfang / Schader, Martin [eds.] (1986):Classification as a Tool of Research, Amsterdam, p.8/9.

368 Vgl. Fritz, Wolfgang (1992): S.120.

369 Vgl. Jöreskog, Karl G. / Sörbom, Dag (1995): p.174.

370 Vgl. Hu, Li-tze / Bentler, Peter M. / Kano, Yutaka (1992): Can Test Statistics in Covariance Structure Analysis Be Trusted?, in: Psychological Bulletin, Vol.112, No.2, 1992, p.355.

371 Vgl. Jöreskog, Karl G. / Sörbom, Dag (1989): p.23.

372 Vgl. a.a.O.: p.24.

373 Vgl. Homburg, Christian / Baumgartner, Hans (1995a): S.1102.

374 Vgl. Hu, Li-tze / Bentler, Peter M. / Kano, Yutaka (1992): p.351.

375 Vgl. Baumgartner, Hans / Homburg, Christian (1996): p.148.

Sinnvoll erscheint die Empfehlung, stets mehrere Schätzverfahren im Sinne der Paralleltestreliabilität einzusetzen.[376] Dabei gilt es allerdings, auf die Kompatibilität der Verteilungsannahmen und auf die Anforderungen an die Stichprobengröße zu achten.

3.1.5.3.4 Beurteilung der Schätzergebnisse

Die Zielsetzung der Parameterschätzung besteht in einer möglichst guten Anpassung der modelltheoretischen Korrelations- oder Kovarianzmatrix an die empirische Korrelationsmatrix. Zur Beurteilung dieser Frage existiert im Rahmen der LISREL-Version VIII eine so große Anzahl unterschiedlicher Gütekriterien, daß eine Auswahl geboten erscheint.[377] Die folgende Darstellung beschränkt sich daher auf die wichtigsten, weitgehend anerkannten Gütemaße.

3.1.5.3.4.1 Plausibilität der Parameterschätzungen

Die Beurteilung der Schätzergebnisse sollte mit einer Plausibilitätsprüfung beginnen. Die geschätzten Parameter sind dabei auf logische Konsistenz zu überprüfen. Unsinnige Schätzungen, wie standardisierte Koeffizienten mit Ausprägungen größer als 1, negative Varianzen, hohe Standardfehler oder extrem hohe Korrelationen (>0,9) zwischen Parametern sind ein Indiz für fehlspezifizierte oder nicht ausreichend identifizierte Modelle.[378] Letztere Möglichkeit sollte jedoch bereits bei der Prüfung der Identifikation aufgefallen sein. Ursachen für Fehlspezifikationen können z. B. in der Verletzung der Annahmen des Kovarianzstrukturmodells liegen.[379] Mit Ausnahme der Standardfehler gelten die genannten Plausibilitätskriterien für alle LISREL-Schätzverfahren.

3.1.5.3.4.2 Beurteilung der Gesamtstruktur

Zur Beurteilung der Anpassungsgüte der Gesamtmodellstruktur an die empirischen Daten sollen vier von LISREL zur Verfügung gestellte Gütekriterien näher betrachtet werden.

1. Das Verhältnis zwischen dem Chi-Quadrat-Wert und den Freiheitsgraden (χ^2/df)
   Die Validität eines Modells wird mit Hilfe eines Likelihood-Ratio-Tests[380] (χ^2-Anpassungstest) überprüft, bei dem die Nullhypothese, daß die empirische Kovarianzmatrix der modelltheoretischen Kovarianzmatrix entspricht, gegen die Alternativhypothese getestet wird, daß die empirische Kovarianzmatrix einer beliebigen positiv definiten Matrix ent-

[376] Vgl. Hayduk, Leslie A. (1987): p.334.
[377] Vgl. Jöreskog, Karl G. / Sörbom, Dag (1993): pp.120-131.
[378] Vgl. Backhaus, Klaus et al. (1996): S.393.
[379] Vgl. Hildebrandt, Lutz (1983): S.116f. und die dort angegebene Literatur.

spricht. Das Ziel ist damit im Gegensatz zur klassischen Testtheorie die *Annahme* der Nullhypothese. Ein Modell wird angenommen, wenn der χ^2-Wert im Verhältnis zu den Freiheitsgraden möglichst klein ist, wobei jedoch in der Forschungspraxis keine Einigkeit besteht, was unter „möglichst klein" zu verstehen ist, die geforderten Verhältnisse liegen zwischen 1:1[381] und 10:1.[382] Entsprechend der Hypothesenformulierung wird die Wahrscheinlichkeit p dafür berechnet, daß die *Ablehnung* der Nullhypothese eine Fehlentscheidung darstellt, somit entspricht die Irrtumswahrscheinlichkeit (Fehler erster Art) dem Wert 1-p. In der Forschungspraxis werden Modelle in der Regel dann verworfen, wenn p kleiner als 0,1 ist.[383] Die Anwendung des χ^2-Gütemaßes setzt voraus, daß alle beobachteten Variablen Normalverteilung besitzen und die Schätzung auf einer Kovarianzmatrix beruht.[384] Nicht zutreffend ist dagegen die in der Literatur gelegentlich anzutreffende Behauptung, daß die χ^2-Teststatistik ML- bzw. GLS-Schätzungen voraussetzt. Nach JÖRESKOG und SÖRBOM ist der χ^2-Wert prinzipiell auch bei ULS- und DWLS Schätzungen korrekt, sofern die Annahme der Normalverteilung erfüllt ist und Kovarianzen als Eingangsgrößen gewählt werden.[385] Unbestritten ist, daß die Anwendung der χ^2-Teststatistik mit einer Reihe gravierender Nachteile verbunden ist, als Beispiele seien hier v. a. die extreme Sensitivität auf den Stichprobenumfang und das Unvermögen, eine Abschätzung des Fehlers zweiter Art (eine falsche Modellstruktur wird als wahr angenommen) vorzunehmen, genannt.[386] JÖRESKOG und SÖRBOM haben daher vorgeschlagen, das χ^2-Maß nicht als Teststatistik zur Entscheidung über die Annahme eines Modells zu betrachten, sondern lediglich deskriptiv in dem Sinne, daß hohe χ^2-Werte auf einen schlechten und niedrige χ^2-Werte auf einen guten Modellfit hinweisen.[387] Diese Sichtweise hat den zusätzlichen Vorteil, daß das Verhältnis (χ^2/df) bei deskriptiver Betrachtung näherungsweise auch bei nichtnormalverteilten Ausgangsvariablen anwendbar ist.

380 Vgl. a.a.O.: S.95-100.
381 Vgl. Backhaus, Klaus et al. (1996): S.398.
382 Vgl. die Diskussion bei Hildebrandt, Lutz (1983): S.105.
383 Vgl. Bagozzi, Richard P. (1980): p.105.
384 Darüber hinaus sollte ein Stichprobenumfang von n=200 nicht unterschritten werden.
385 Vgl. Jöreskog, Karl G. / Sörbom, Dag (1989): p.28. Allerdings ist die Verwendung von Kovarianzen aufgrund der Skalenabhängigkeit bei ULS-Schätzungen nicht sinnvoll und zudem der Einfluß der Stichprobengröße zu bedenken.
386 Vgl. dazu die Diskussion bei Hildebrandt, Lutz (1983): S.97f und Homburg, Christian (1989): S.48.
387 Vgl. Jöreskog, Karl G. / Sörbom, Dag (1989): p.28.

2. Der Goodness-of-Fit-Index (GFI) und der Adjusted Goodness-of-Fit-Index (AGFI)

   Beide Gütemaße weisen den Vorteil auf, daß sie nur in geringem Maße vom Stichprobenumfang abhängig und zudem relativ robust gegenüber Abweichungen von der Normalverteilungsannahme sind.[388] Der GFI mißt den Anteil erklärter Varianz in der Gesamtmodellstruktur und entspricht damit dem Bestimmtheitsmaß in der Regressionsanalyse. Der AGFI ist ebenfalls ein Maß für die erklärte Varianz, berücksichtigt aber zusätzlich die Anzahl der Freiheitsgrade im Modell. Je näher beide Werte an Eins liegen, desto besser ist die Modellgüte. In der Forschungspraxis werden Modelle angenommen, bei denen der GFI und der AGFI größer als 0,9 sind. Die Aussagekraft des AGFI ist erheblich höher als die des GFI: Durch die Nichtberücksichtigung der Freiheitsgrade verbessert sich der GFI automatisch bei jeder Hinzufügung eines Modellparameters (oder bleibt zumindest gleich). Der dadurch bewirkte Verlust an Freiheitsgraden bleibt dagegen unberücksichtigt. HOMBURG und BAUMGARTNER warnen deshalb vor der Verwendung des GFI, wenn es gilt, verschiedene Modelle hinsichtlich ihrer Anpassungsgüte zu vergleichen, da höher parametrisierte Modelle sonst immer favorisiert würden.[389]

3. Der Root-Mean-Square-Residual-Index (RMR)

   Der RMR bezieht sich auf die Residualvarianzen, die in einem Modell nicht erklärt werden können. Er gibt an, wie groß die durchschnittlich durch das Modell nicht erklärten Varianzen und Kovarianzen sind und entspricht damit dem Standardfehler der Regressionsanalyse. Da der RMR skalenabhängig ist, konnte er in früheren LISREL-Versionen nur dann zur Modellbeurteilung herangezogen werden, wenn die Eingabematrix eine Korrelationsmatrix darstellte. In der LISREL-Version VIII steht mittlerweile eine standardisierte Version zur Verfügung. Je mehr sich der RMR an Null annähert, um so geringer ist der Anteil der nichterklärten Varianz. Akzeptiert werden in der Forschungspraxis Modelle, die einen RMR-Wert von weniger als 0,10 aufweisen.[390] Bei Modellvergleichen ist zu beachten, daß

---

[388] In Simulationsstudien auf der Basis von ULS-Schätzungen hat sich allerdings herausgestellt, daß die Stichprobengröße einen Einfluß auf den GFI haben kann. Vgl. Balderjahn, Ingo (1986a): S.9. Sind die latenten Variablen nicht unabhängig, gilt dies auch für ML- und GLS-Schätzungen, vgl. Hu, Li-tze / Bentler, Peter M. (1995): Evaluating Model Fit, in: Hoyle, Rick H. [ed.] (1995): p.92. Allerdings kann die geringe Abhängigkeit vom Stichprobenumfang auch ein Nachteil sein, da ein hoher Modellfit wertlos ist, wenn er auf einer zu kleinen Stichprobe beruht.

[389] Vgl. z. B. Homburg, Christian / Baumgartner, Hans (1995b): Beurteilung von Kausalmodellen - Bestandsaufnahme und Anwendungsempfehlungen, in: Marketing ZFP, Heft 3, 1995, S.166.

[390] Vgl. z. B. Fritz, Wolfgang (1992): Marktorientierte Unternehmensführung und Unternehmenserfolg: Grundlagen und Ergebnisse einer empirischen Untersuchung, Habil., Stuttgart, S.126.

der RMR wie der GFI die Anzahl der Freiheitsgrade nicht berücksichtigt. Der RMR kann ferner von der Stichprobengröße und dem gewählten Schätzverfahren beeinflußt sein.[391]

3.1.5.3.4.3 Beurteilung der Teilstrukturen

Die Gütemaße zur Beurteilung des Gesamtmodells geben keine Auskunft über die Anpassungsgüte einzelner Teilstrukturen. Ein Modell kann eine gute globale Anpassung aufweisen, obwohl Teilstrukturen fehlspezifiziert sind, da die globalen Anpassungsmaße nicht berücksichtigen, inwieweit Fehlervariablen der Konstrukte zur Anpassungsgüte beitragen. Wie gut die Schätzung der Teilstrukturen des Modells gelungen ist, kann mit Hilfe bestimmter Detailkriterien evaluiert werden, die im folgenden kurz skizziert werden.

3.1.5.3.4.3.1 Beurteilung der Residuen und Standardfehler

Auf eine Darstellung der traditionell von LISREL zur Verfügung gestellten Gütemaße zur Beurteilung einzelner Parameter, wie z. B. Residuen, standardisierte Residuen, Q-Plots und T-Werte, soll im Rahmen dieser Arbeit bewußt verzichtet werden. Diese Kriterien weisen alle den gravierenden Nachteil auf, daß sie ausschließlich bei normalverteilten Ausgangsvariablen und der Verwendung einer ML- oder GLS-Schätzung sinnvoll interpretierbar sind.[392] Der Q-Plot z. B., bei dem die standardisierten Residuen gegen die Quantile der Normalverteilung geplottet werden, kann von der Idealform einer Gerade nicht nur aufgrund einer Fehlspezifikation abweichen, sondern auch aufgrund nicht normalverteilter Variablen oder nichtlinearer Beziehungen zwischen Modellvariablen.[393] Die Beurteilung der Teilstrukturen soll daher wie bei der Gesamtstruktur auf solche Gütemaße beschränkt werden, die grundsätzlich bei allen Schätzverfahren und Verteilungsannahmen anwendbar sind.

3.1.5.3.4.3.2 Beurteilung der Meßmodelle

Die Gütemaße für die Meßmodelle beurteilen im wesentlichen die Reliabilität und Validität der Erfassung der latenten Variablen durch die Indikatorvariablen. Es sollen vier Kriterien herangezogen werden:

---

[391] Vgl. Hu, Li-tze / Bentler, Peter M. (1995): p.98.

[392] Vgl. Jöreskog, Karl G. / Sörbom, Dag (1989): p.31. Bei einer WLS-Schätzung sind die Maße anwendbar, sofern die Gewichtungsmatrix korrekt ist. Die WLS-Schätzung ist jedoch mit einer Reihe von Schwächen behaftet, vgl.: Jöreskog, Karl G. / Sörbom, Dag (1995): p.27.

[393] Vgl. Jöreskog, Karl G. / Sörbom, Dag (1995): p.127. Hayduk, Leslie A. (1987): p.171.

1. Die Indikatorreliabilität

Die Indikatorreliabilität (ρx) gibt an, wie zuverlässig ein Indikator für die Messung einer latenten Variablen ist. Sie ist definiert als die quadrierte Faktorladung eines Indikators auf die zugehörige latente Variable und ist somit ein Maß für den Anteil der Varianz des Indikators, der durch den dahinterstehenden Faktor erklärt wird.[394] Der nicht durch den Faktor erklärte Varianzanteil des Indikators ist dementsprechend auf Meßfehler zurückzuführen. Je höher die Indikatorreliabilität ist, desto besser ist die Indikatorvariable zur Messung des Konstrukts geeignet. Der kritische Wert der Indikatorreliabilität ist dabei umstritten. In der Forschungspraxis werden häufig Werte höher als 0,4 gefordert,[395] einige Autoren betrachten allerdings bereits Indikatorreliabilitäten von 0,10 bis 0,15 als hinreichend.[396] Eine generelle Festlegung eines kritischen Wertes erscheint jedoch nicht sinnvoll, da Simulationsstudien von BALDERJAHN und BOOMSMA gezeigt haben, daß die Indikatorreliabilität vom Stichprobenumfang abhängig ist. BALDERJAHN empfiehlt als Ergebnis dieser Simulationen, die in Tabelle 6 aufgeführten Indikatorreliabilitäten in Abhängigkeit vom jeweiligen Stichprobenumfang als Anhaltspunkt für akzeptable Werte zu betrachten.

Stichprobenumfang	**Indikatorreliabilität**
unter 100	0,6 - 0,9
100 - 400	0,4 - 0,6
400 - 1000	0,2 - 0,4
über 1000	0,1 - 0,2

Quelle: Balderjahn, Ingo (1986): S.117

Tabelle 6: Empfohlene Indikatorreliabilitäten in Abhängigkeit vom Stichprobenumfang

2. Die durchschnittlich erfaßte Varianz

Wichtiger als die Reliabilität eines einzelnen Indikators ist die Frage, wie gut das Konstrukt insgesamt durch die Gesamtheit seiner Indikatoren gemessen wird, da ja gerade der Sinn der Verwendung multipler Indikatoren zur Messung eines Konstrukts darin besteht, wenig reliable Einzelindikatoren „auszugleichen".[397] Das einfachste Maß zur Bestimmung der gemeinsamen Reliabilität aller Indikatoren für die Messung eines

394 Zur Berechnung der Indikatorreliabilität im Rahmen von LISREL vgl. Hildebrandt, Lutz (1984): S.47.
395 Vgl. z. B. Fritz, Wolfgang (1992): S.131. Homburg, Christian / Baumgartner, Hans (1995b): S.170.
396 Vgl. dazu die Literaturquellen bei Balderjahn, Ingo (1986): S.117.
397 Vgl. Bagozzi, Richard P. / Baumgartner, Hans (1994): The Evaluation of Structural Equation Models and Hypothesis Testing, in: Bagozzi, Richard P. [ed.] (1994): Principles of Marketing Research, Cambridge, MA, p.402.

Konstruktes ist die durchschnittlich erfaßte Varianz ($\rho\bar{v}$). Sie errechnet sich für jedes Konstrukt als Summe der quadrierten Faktorladungen der Indikatoren dividiert durch die Anzahl der jeweiligen Indikatoren. Die durchschnittlich erfaßte Varianz sollte bei mittlerer Stichprobengröße Werte größer oder gleich 0,5 annehmen, um von einer reliablen Messung der latenten Variable sprechen zu können.[398]

3. Die Konstruktreliabilität

Ein weiteres Maß zur Beantwortung der Frage, wie reliabel die Messung einer latenten Variable ist, stellt die Konstruktreliabilität dar. Im Gegensatz zur durchschnittlich erfaßten Varianz, die lediglich die Varianzanteile innerhalb eines Meßmodells berücksichtigt, erfaßt die Konstruktreliabilität zusätzlich auch die zur Messung der latenten Variablen verfügbare Kovarianz zwischen den Indikatorvariablen. Für eine latente Variable ξ berechnet sich die Konstruktreliabilität ρc wie folgt:

$$\rho c(\xi) = \frac{\left(\sum_{i=1}^{q} \lambda_i\right)^2}{\left(\sum_{i=1}^{q} \lambda_i\right)^2 + \sum_{i=1}^{q} \mathrm{var}(\delta_i)} \qquad (3.19)$$

mit: q = Anzahl der Indikatoren des Konstrukts

λ_i = Faktorladung des Indikators i

δ_i = Meßfehler des Indikators i

In der Forschungspraxis werden für die Konstruktreliabilität überwiegend Werte von mindestens 0,6 gefordert.[399] Die Konstruktreliabilität kann, ebenso wie die durchschnittlich erfaßte Varianz, als Kriterium für die Konvergenzvalidität betrachtet werden, da sie das Ausmaß der Übereinstimmung mehrerer Indikatoren desselben Konstruktes mißt.[400] Zur Überprüfung der Konvergenzvalidität der Indikatoren eines Faktors kann ein Signifikanztest der Faktorladungen durchgeführt werden.[401]

398 Vgl. Balderjahn, Ingo (1986): S.118. Homburg, Christian / Baumgartner, Hans (1995b): S.170 und die jeweils dort angegebene Literatur.

399 Vgl. Fritz, Wolfgang (1992): S.134. Homburg, Christian / Baumgartner, Hans (1995b): S.170. Balderjahn hält dagegen bereits ein Konstruktreliabilitätssmaß ≥ 0,3 für akzeptabel, vgl. Balderjahn, Ingo (1986): S.118.

400 Vgl. Lücking, Joachim (1995): Marktaggressivität und Unternehmenserfolg: Theoretische Ansätze und empirische Untersuchung in Märkten für technische Gebrauchsgüter, Berlin, S.78.

401 Vgl. Homburg, Christian / Giering, Anette (1996): Konzeptualisierung und Operationalisierung komplexer Konstrukte - Ein Leitfaden für die Marketingforschung, in: Marketing ZFP, Heft 1, 1996, S.11.

4. Die Diskriminanzvalidität

Eine Reliabilitäts- und Validitätsbetrachtung der Meßmodelle wäre unvollständig, ohne eine Aussage über deren Diskriminanzvalidität zu treffen, d. h. festzustellen, inwiefern sich die Konstrukte voneinander unterscheiden. In der Forschungspraxis gilt Diskriminanzvalidität häufig bereits als nachgewiesen, wenn die Konstrukte nicht perfekt korrelieren, also Korrelationskoeffizienten kleiner als Eins aufweisen und ihre Signifikanz mit Hilfe eines χ^2-Differenzentests überprüft wurde.[402] Ein wesentlich strengeres Kriterium für den Nachweis von Diskriminanzvalidität ist die auf FORNELL/LARCKER zurückgehende Forderung, daß die durchschnittlich erfaßte Varianz eines Konstruktes größer sein sollte als jede quadrierte Korrelation des Konstruktes mit allen anderen Konstrukten eines Kausalmodells.[403] Da sich diese Forderung in der kausalanalytischen Forschungspraxis mittlerweile etabliert hat, soll sie auch im Fall der vorliegenden Arbeit als Maßstab für die Beurteilung der Diskriminanzvalidität herangezogen werden.[404]

3.1.5.3.4.3.3 Beurteilung des Strukturmodells

Die Beurteilung des Strukturmodells ist mit Hilfe der quadrierten multiplen Korrelationen der latenten endogenen Variablen möglich. Für eine latente endogene Variable η_i berechnet sich die quadrierte multiple Korrelation (qmK) wie folgt:

$$qmK(\eta_i) = 1 - \frac{\operatorname{var}(\zeta_i)}{\operatorname{var}(\eta_i)} \qquad (3.20)$$

mit: ζ_i = Fehlervariable der latenten Variable η_i

Die quadrierte multiple Korrelation gibt den Anteil der Varianz einer latenten endogenen Variable η_i an, der durch alle latenten Variablen erklärt wird, die im Rahmen der spezifizierten Modellstruktur einen Einfluß auf η_i ausüben. Der verbleibende Varianzanteil entfällt folglich auf die Fehlervariable ζ_i. Die quadrierten multiplen Korrelationskoeffizienten sind somit ein Maß für die Stärke der Kausalbeziehungen in den Strukturgleichungen. Obwohl die quadrier-

402 Vgl. Balderjahn, Ingo (1986): S.171. Fritz, Wolfgang (1992): S.137.

403 Vgl. Fornell, Claes / Larcker, David F. (1981): Evaluating Structural Equation Models with Unobservable Variables and Measurement Error, in: Journal of Marketing Research, Vol.19, February 1981, p.46. Im LISREL-Output sind die Korrelationen zwischen den latenten Variablen der „Correlation Matrix of Eta and Ksi“ zu entnehmen.

404 Vgl. Fritz, Wolfgang (1992): S.138. Lücking, Joachim (1994): S.80. Homburg, Christian / Giering, Anette (1996): S.11.

ten multiplen Korrelationen ein wichtiges Kriterium zur Beurteilung der nomologischen Validität darstellen, halten HOMBURG und BAUMGARTNER es nicht für sinnvoll, einen Mindestwert vorzugeben. Eine solche Forderung sei nur sinnvoll, wenn das substanzwissenschaftliche Erkenntnisziel einer Untersuchung darin bestehe, die jeweiligen latenten endogenen Variablen möglichst vollständig zu erklären, in einem solchen Fall sei ein Wert von 0,4 angemessen. Gehe es dem Anwender aber lediglich um die Überprüfung vermuteter Zusammenhänge, sollten die quadrierten multiplen Korrelationen lediglich „zur Kenntnis genommen werden."[405] Auch wenn das Ziel dieser Arbeit die Überprüfung vermuteter Zusammenhänge darstellt, soll dennoch ein quadrierter multipler Korrelationskoeffizient von 0,4 als Mindestanforderung betrachtet werden.

Ein weiteres wichtiges Kriterium der nomologischen Validität sind die Vorzeichen der im Strukturmodell spezifizierten Koeffizienten. Stimmen diese nicht mit den theoretischen Erwartungen überein, ist dies ein deutlicher Hinweis auf ein fehlspezifiziertes Kausalmodell.

Auf die Heranziehung des Determinationskoeffizienten der Strukturgleichungen als Anteil erklärter Varianzen und Kovarianzen aller latenten endogenen Variablen soll verzichtet werden. Zwar wird der Determinationskoeffizient als Maß für die Stärke der Kausalbeziehungen in allen Strukturgleichungen insgesamt betrachtet, doch ist umstritten, ob sich ein solcher Wert sinnvoll interpretieren läßt.[406]

3.1.5.3.4.4 Zusammenfassung des Kriterienkatalogs

Tabelle 7 faßt alle diskutierten Kriterien zur Beurteilung der Anpassungsgüte eines Kausalmodells abschließend zusammen. Dieser Kriterienkatalog bildet die Grundlage zur Beurteilung des im folgenden zu entwickelnden Kausalmodells. In der Forschungspraxis gibt es sehr unterschiedliche Vorstellungen, wie viele der genannten Kriterien erfüllt sein müssen, damit ein Kausalmodell akzeptiert wird. Relativ unstrittig ist die Forderung, daß alle Kriterien zur Beurteilung der Gesamtstruktur (Globalkriterien) erfüllt sein sollten, damit ein Modell angenommen wird. Hinsichtlich der Kriterien zur Beurteilung der Teilstrukturen (Detailkriterien) schwanken die Angaben zwischen 50% und 100% Kriterienerfüllung.[407] Eine solche pauschale Festlegung erscheint jedoch insbesondere bei denjenigen Detailkriterien, die eine starke Stichprobenabhängigkeit aufweisen, wenig sinnvoll. Daneben sollte bei der Festlegung von

---

405 Homburg, Christian / Baumgartner, Hans (1995b): S.170.

406 Vgl. a.a.O.: S.171.

407 Vgl. z. B. Fritz, Wolfgang (1992): S.143. Weber, Günter (1996): S.73.

Mindestanforderungen auch die Komplexität der Modellstruktur bedacht werden. Im Rahmen dieser Arbeit wird daher hinsichtlich der Modellannahme wie folgt verfahren:

1. Es wird die Forderung erhoben, daß grundsätzlich *alle* in Tabelle 7 genannten Beurteilungskriterien erfüllt sein sollten, damit das Kausalmodell angenommen wird.
2. Wird ein Globalkriterium (mit Ausnahme des problematischen χ^2/df-Verhältnisses) nicht erfüllt, so ist das Modell zu verwerfen.
3. Wird ein Detailkriterium nicht erfüllt, ist die Entscheidung über Annahme oder Ablehnung vom Einzelfall abhängig zu machen. Ist keine überzeugende Erklärung für die Nichterfüllung zu erkennen, wird das Modell ebenfalls abgelehnt.
4. Auf den Modifikationsindex[408] zur Verbesserung der Anpassungsgüte wird bewußt verzichtet, weil die Aufnahme einer Beziehung zwischen zwei Variablen immer nur aufgrund theoretischer Erkenntnisse und nicht aufgrund schätztechnischer Erfordernisse erfolgen sollte.

Beurteilungskriterium	**Anforderung**
I. Gesamtmodell (Globalkriterien)	
GFI	$\geq 0{,}9$
AGFI	$\geq 0{,}9$
RMR	$\leq 0{,}1$
χ^2/df	≤ 5
II. Teilmodelle (Detailkriterien)	
a) Meßmodelle	
Indikatorreliabilität (ρx)	$\geq 0{,}4$
Durchschnittlich erfaßte Varianz ($\rho\bar{v}$)	$\geq 0{,}5$
Konstruktreliabilität (ρc)	$\geq 0{,}6$
Diskriminanzvalidität	$\rho\bar{v}(\xi_i) > R^2_{\xi_i,\xi_j} + \rho\bar{v}(\xi_i) > R^2_{\xi_i,\eta_j}$ [409]
b) Strukturgleichungsmodell	
Quadrierte multiple Korrelationen (qmK)	($\geq 0{,}4$)

Quelle: Eigene Darstellung

Tabelle 7: Zusammenfassung des Kriterienkatalogs zur Beurteilung eines Kausalmodells

[408] Vgl. Jöreskog, Karl G. / Sörbom, Dag (1989): pp.31/32.

3.1.5.3.4.5 Kreuzvalidierung

Unter einer Kreuzvalidierung versteht man die zusätzliche Absicherung empirischer Untersuchungsergebnisse mit Hilfe einer weiteren Stichprobe oder einer Aufsplittung und separaten Analyse der bestehenden Stichprobe.[410] Da aus forschungsökonomischen Gründen die Überprüfung eines Modells anhand einer neuen Stichprobe häufig nicht möglich ist, beschränkt man die Kreuzvalidierung i.d.R. auf eine Teilung der Stichprobe, sofern der Stichprobenumfang dies erlaubt. In der exploratorischen Anwendung der Kausalanalyse ist die Kreuzvalidierung neben der Nutzung von Anpassungsmaßen und den (hier nicht behandelten) sogenannten Informationskriterien ein Verfahren zur Modellselektion.[411] Die Grundidee der Kreuzvalidierung bei exploratorischen Anwendungen besteht darin, aus einer Reihe alternativer, vollständig spezifizierter Modelle nicht dasjenige auszuwählen, das einen vorgegebenen Datensatz am besten reproduziert, sondern das Modell mit der höchsten prädiktiven Validität in anderen Datensätzen.[412] Hinter diesem Vorgehen steht der Gedanke, daß die von LISREL zur Verfügung gestellten Gütemaße das Problem der Modellauswahl letztlich nicht lösen können, da sie lediglich darüber Auskunft geben, welches Modell besser als andere Modelle geeignet ist, eine spezifische Stichprobenmatrix zu reproduzieren. Über die Generalisierbarkeit der Modellzusammenhänge des ausgewählten Modells ist damit noch nichts gesagt. Da einige Fitindizes bessere Werte annehmen, wenn ein Modell viele Parameter und damit wenig Freiheitsgrade hat, steigt die Gefahr, ein überparametrisiertes Modell auszuwählen. Je höher die Anzahl der Modellparameter ist, desto größer ist aber die Wahrscheinlichkeit, daß einige Parameter lediglich Besonderheiten des untersuchten Datensatzes widerspiegeln, die auf andere Datensätze nicht übertragbar sind, d. h. Zufallsstreuungen kapitalisiert werden.[413] Die Sparsamkeit der Parametrisierung, die zur Stabilität der Modellstruktur notwendig ist, kollidiert in diesem Fall mit der Anpassungsgüte. So entsteht das Paradoxon, daß gerade Modelle mit besonders hoher Anpassungsgüte besonders instabile Lösungen darstellen.

Bei der iterativen Modellselektion, bei der ein Startmodell so lange modifiziert wird, bis es eine bestimmte Anpassungsgüte erreicht, ist eine Kreuzvalidierung ebenfalls sinnvoll, denn

---

409 Der dargestellte Zusammenhang gilt analog für eine latente endogene Variable (η_i).
410 Vgl. Diller, Hermann [Hrsg.] (1992): S.1179.
411 Vgl. Homburg, Christian (1989): S.53.
412 Vgl. a.a.O.: S.55.
413 Vgl. dazu Balderjahn, Ingo (1988): Die Kreuzvalidierung von Kausalmodellen, in: Marketing ZFP, Heft 1, 1988, S.72. Homburg, Christian (1989): S.55.

ein solches „datengeleitetes Suchverfahren“[414] unterliegt der gleichen Restriktion aller exploratorischen Analyseverfahren, nämlich der Frage, inwiefern die gefundenen Strukturen auf andere Datensätze übertragbar sind. Eine Kreuzvalidierung trägt der problematischen Annahme einer „wahren“ Populationsstruktur Rechnung, davon ausgehend, daß alle Modelle die Realität immer nur mehr oder weniger approximieren, und daß es deshalb nicht darauf ankommt, eine „wahres“ Modell zu entdecken, sondern das relativ brauchbarste Modell aus einer Reihe alternativer Spezifikationen zu ermitteln, nämlich dasjenige, das die Populationsstruktur am besten approximiert.[415] Da die Annahme einer wahren Populationsstruktur, auf der auch der Chi-Quadrat-Test beruht, in der sozialwissenschaftlichen Forschung unrealistisch erscheint und zudem die starke Stichprobenabhängigkeit des Chi-Quadrat-Anpassungstests dazu führt, daß bei hohem Stichprobenumfang nahezu jedes Modell abgelehnt wird,[416] ist eine Kreuzvalidierung auch bei der konfirmatorischen Kausalanalyse sinnvoll, allerdings dient sie hier nicht der Modellselektion, sondern der Ermittlung der Stabilität der Modellschätzung im Sinne der Halbierungsreliabilität.

Zur Durchführung einer Kreuzvalidierung wird eine Stichprobe vom Umfang n in zwei Teilstichproben A (Kalibrierungssample) und B (Validierungssample) vom Umfang A = B = n/2 mit Hilfe von Zufallszahlen zerlegt. Alle alternativen Modellspezifikationen M_i, i = 1,..., m werden an die Stichprobenkovarianzmatrix S_A des Kalibrierungssamples angepaßt. Dadurch erhält man die reproduzierten Kovarianzmatrizen $\hat{\Sigma}_{i,A}$, i = 1,...,m und berechnet für jedes Modell die Diskrepanz zwischen der reproduzierten Kovarianzmatrix und der empirischen Kovarianzmatrix S_B der Teilstichprobe B. Auf diese Weise erhält man die Kreuzvalidierungsindizes:

$$F_{i,A/B} = F\left(S_B, \hat{\Sigma}_{i,A}\right) \quad \text{mit } i = 1,\ldots,m, \qquad (3.20)$$

wobei F die Diskrepanzfunktion bezeichnet.[417] Mit Hilfe solcher Indizes kann beurteilt werden, inwieweit das an Teilstichprobe A angepaßte Modell in der Lage ist, in B vorgefundene empirische Strukturen zu reproduzieren. Diese prognostische Validität ist ein Ausdruck eines stabilen Kausalmodells mit generalisierbaren Strukturen. Je kleiner der Kreuzvalidierungsindex ist, um so höher ist die prognostische Validität. Die Teilung der Stichprobe kann durch

---

[414] Vgl. Homburg, Christian / Dobratz, Andreas (1991): Iterative Modellselektion in der Kausalanalyse, in: Zeitschrift für betriebswirtschaftliche Forschung 43 (3/1991), S.235.

[415] Vgl. Cudeck, Robert / Browne, Michael W. (1983): Cross-Validation of Covariance Structures, in: Multivariate Behavioral Research, Vol.18, 1983, p.150.

[416] Vgl. Balderjahn, Ingo (1986): S.120.

Zufallsgeneratoren realisiert werden, allerdings berücksichtigt dieses Vorgehen nicht die in den Daten enthaltenen Strukturen und birgt daher die Gefahr, daß sich das Kalibrierungs- und das Validierungssample hinsichtlich ihrer statistischen Eigenschaften unterscheiden und dadurch nicht vergleichbar sind. Um dies zu vermeiden, ist ein DUPLEX genannter Algorithmus entwickelt worden, der die in der Gesamtstichprobe enthaltene Information durch die Berechnung euklidischer Distanzen berücksichtigt. Da dieses Verfahren im Rahmen der vorliegenden Arbeit nicht angewendet wird, soll auf eine Darstellung verzichtet werden.[418]

In der LISREL-Version VIII ist eine Stichprobenteilung zur Ermittlung der Kreuzvalidierungsindizes nicht mehr notwendig, da mit dem „Single Sample Cross-Validation Index (ECVI)" automatisch ein Maß zur Beurteilung der Kreuzvalidität ausgewiesen wird. Der ECVI ist ein Maß für die Diskrepanz zwischen der modelltheoretischen Kovarianzmatrix auf Basis der analysierten Stichprobe und der zu erwartenden Kovarianzmatrix bei der Betrachtung einer anderen Stichprobe der gleichen Größe.[419] Die Zuverlässigkeit des ECVI ist jedoch bisher nur bei Anwendung einer ML- oder GLS-Schätzung nachgewiesen worden.[420] Es gilt: Je geringer der ECVI-Wert, desto höher ist die prädiktive Validität des Modells. Da der ECVI wie alle Kreuzvalidierungsindizes keine natürlich interpretierbare Skala besitzt, wird der ECVI zusätzlich für ein saturiertes Modell (ohne Freiheitsgrade) ausgewiesen sowie für ein weiteres Referenzmodell mit den meisten Freiheitsgraden (Unabhängigkeitsmodell). Die Beurteilung der Kreuzvalidität kann dann anhand eines Vergleichs des Modell-ECVIs mit den beiden Referenzmodell ECVIs vorgenommen werden. Die Kreuzvalidität ist besonders hoch, wenn der Modell-ECVI geringer ist als der des saturierten Modells, sie ist akzeptabel, wenn sie nur geringfügig über dem saturierten, aber deutlich unterhalb des Unabhängigkeitsmodells liegt.

3.1.5.4 Nichtrekursive Kausalmodelle im LISREL-Ansatz

Nachdem der grundsätzliche Ablauf einer LISREL-Kausalanalyse geklärt ist, bleibt die Frage, ob die Anwendung des LISREL-Ansatzes auf nichtrekursive Kausalmodelle Modifikationen

---

417 Vgl. Homburg, Christian (1989): S.56.

418 Vgl. die Darstellung bei Homburg, Christian (1989): S.57ff. sowie die Anwendungsbeispiele bei Hanssens, Dominique M. / Weitz, Barton A. (1980): The Effectiveness of Industrial Print Advertising Across Product Categories, in: Journal of Marketing Research, Vol.17, August 1980, pp.294-306 und Homburg, Christian (1991): Cross-Validation and Information Criteria in Causal Modeling, in: Journal of Marketing Research, Vol.28, May 1991, pp.137-144.

419 Vgl. Jöreskog, Karl G. / Sörbom, Dag (1995): p.120.

420 Vgl. Browne, Michael W. / Cudeck, Robert (1989): Single Sample Cross-Validation Indices for Covariance Structures, in: Multivariate Behavioral Research, Vol.24, 1989, pp.449-451.

erfordert. Für die Abfolge der einzelnen Schritte der Kausalanalyse ist die Frage eindeutig zu verneinen. Prinzipiell läßt sich der LISREL-Ansatz in identischer Form auf nichtrekursive Kausalmodelle übertragen.[421] JÖRESKOG und SÖRBOM demonstrieren dies beispielhaft an dem bis heute wohl meistzitierten nichtrekursiven Kausalmodell der sozialwissenschaftlichen Forschung namens „Peer Influence on Aspirations“ von DUNCAN, HALLER und PORTES aus dem Jahre 1968.[422] Das Ziel der ursprünglichen Untersuchung bestand darin, die wechselseitigen Einflüsse zu erfassen, die ein Jugendlicher und sein bester Freund bezüglich ihrer beruflichen Ambitionen aufeinander ausüben.[423] Abb. 19 zeigt das entsprechende Kausalmodell.

---

[421] Vgl. die Diskussion bei Loehlin, John C. (1987): Latent Variable Models - An Introduction to Factor, Path, and Structural Analysis, Hillsdale, p.102.

[422] Vgl. Jöreskog, Karl G. / Sörbom, Dag (1989): pp.175-182.

[423] Vgl. Duncan, O. D. / Haller, A. O. / Portes, A. (1968): Peer Influence on Aspirations: A Reinterpretation, in: American Journal of Sociology, Vol.74, 1968, pp.119-137.

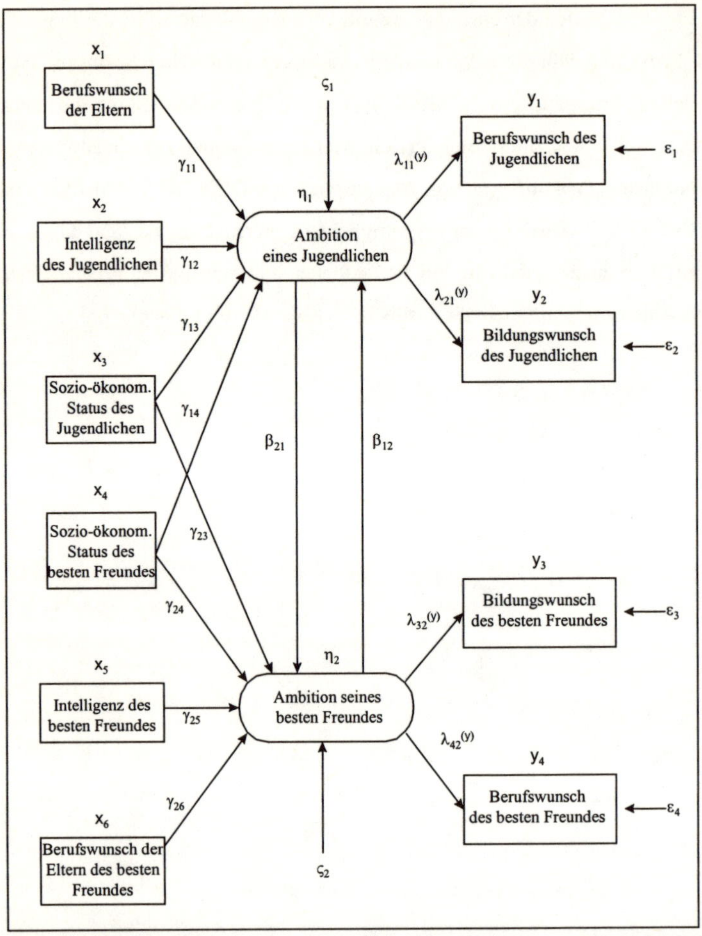

Quelle: Duncan, O. D. / Haller, A. O. / Portes, A. (1968), entnommen aus: Jöreskog, Karl G. / Sörbom, Dag (1989): p.176

Abb. 19: Kausalmodell: „Peer Influence on Aspirations"

Neben der Berücksichtigung einer reziproken Kausalität zwischen der beruflichen Ambition eines Jugendlichen und der seines besten Freundes weist dieses Modell eine weitere Abweichung von der Grundstruktur eines vollständigen LISREL-Modells auf, da es einen direkten Einfluß manifest exogener Variablen auf latente endogene Variablen unterstellt. Das bedeutet, daß für die Variablen „Berufliche Ambition eines Jugendlichen" und „Berufliche Ambition des besten Freundes" sowohl Ursachen als auch Indikatoren zur Verfügung stehen. Latente exogene Variablen (ξ) existieren dagegen nicht, es gilt $x = \xi$. Ferner wird von einer fehlerfreien Messung der manifesten exogenen Variablen ausgegangen, d. h. $\Theta_\delta = 0$.[424] Auf diese Besonderheiten wird in Abschnitt 3.2.4.3 detaillierter eingegangen. Für den prinzipiellen Ablauf einer LISREL-Kausalanalyse sind die Unterschiede jedoch bedeutungslos, daher werden sie an dieser Stelle nicht weiter erläutert.[425] Das Ergebnis der Parameterschätzung durch JÖRESKOG und SÖRBOM ist in Tabelle 8 wiedergegeben. Wie ersichtlich, konnten für alle Modellparameter plausible Schätzwerte gefunden werden.

Parameter	**TSLS Estimates**	**Unscaled Solution (ML)**	**Standardized Solution (ML)**
λ_{11}	1,000	1,000	0,767
λ_{21}	1,122	1,061 (0,089)	0,813
λ_{32}	1,120	1,074 (0,081)	0,828
λ_{42}	1,000	1,000	0,771
β_{12}	0,210	0,180 (0,039)	0,181
β_{21}	0,210	0,180 (0,039)	0,179
γ_1	0,156	0,164 (0,039)	0,214
γ_2	0,242	0,254 (0,042)	0,331
γ_3	0,208	0,221 (0,042)	0,288
γ_4	0,072	0,077 (0,041)	0,101
γ_5	0,058	0,068 (0,039)	0,089
γ_6	0,208	0,218 (0,039)	0,283
γ_7	0,314	0,331 (0,041)	0,429
γ_8	0,150	0,152 (0,036)	0,197
ψ_{11}	0,266	0,281 (0,046)	0,478
ψ_{22}	0,220	0,229 (0,039)	0,385
$\theta_{(\varepsilon)11}$	0,443	0,412 (0,051)	0,412
$\theta_{(\varepsilon)22}$	0,299	0,338 (0,052)	0,338
$\theta_{(\varepsilon)33}$	0,283	0,313 (0,046)	0,313
$\theta_{(\varepsilon)44}$	0,428	0,404 (0,046)	0,404

Quelle: Jöreskog, Karl G. / Sörbom, Dag (1989): p.182

Tabelle 8: Schätzergebnisse: „Peer Influence on Aspirations“

Auf der Ebene der einzelnen Ablaufschritte einer LISREL-Kausalanalyse sind dagegen bei nichtrekursiven Kausalmodellen einige Änderungen erforderlich, die im folgenden kurz zusammengefaßt werden sollen:

---

424 Daß die meßfehlerfreie Messung einer Variable wie „Berufswunsch der Eltern“ realistisch ist, läßt sich allerdings durchaus bestreiten.

425 Allerdings können bei der Verwendung solcher „kausalen Indikatoren“ Identifikationsprobleme auftreten, v. a. wenn die latente Variable, auf welche die Indikatoren einwirken, ausschließlich durch die kausalen Indikatoren erklärt wird, d. h. weitere Indikatoren im Sinne der Faktorenanalyse als Ergebnis des Einflusses der latenten Variable keine Verwendung finden. In diesem Fall spricht man von kompositen Variablen. Vgl. zu dieser Problematik: MacCallum, Robert C. / Browne, Michael W. (1993): The Use of Causal Indicators in Covariance Structure Models: Some Practical Issues, in: Psychological Bulletin, Vol.114, No.3, 1993, pp.533-541.

❑ Modellspezifikation

Wie bereits bei der Darstellung nichtrekursiver Kausalmodelle außerhalb des LISREL-Ansatzes gezeigt wurde, ist die Annahme unkorrelierter Residuen bei Variablen, die in einer wechselseitigen kausalen Beziehung stehen, nicht aufrechtzuerhalten. Dieser Erkenntnis muß im LISREL-Ansatz Rechnung getragen werden, indem die Kovarianz der Strukturfehlervariablen[426] zweier latenter endogener Konstrukte ($cov(\zeta_i, \zeta_j)$), zwischen denen eine reziproke Kausalität vermutet wird, als zu schätzender (freier) Parameter spezifiziert wird. Dieser Wert entspricht ψ_{ji} in der Ψ - Matrix. Im Fall des Kausalmodells aus Abb. 19 hat sich dieser jedoch als vernachlässigbar herausgestellt, so daß er von den Autoren nicht in die Zusammenstellung der Schätzergebnisse aufgenommen wurde.[427] Grundsätzlich ist dieser Wert aber bei nichtrekursiven Kausalmodellen immer zu schätzen, da eine Korrelation der Strukturfehlervariablen wahrscheinlich ist.

❑ Modellidentifikation

Durch die Abbildung einer reziproken Kausalität erhöht sich die Zahl der zu schätzenden Parameter immer um mindestens n = 2 im Vergleich zu einem ansonsten identischen rekursiven Kausalmodell, da neben dem zusätzlichen Beta-Koeffizienten die Kovarianz der Strukturfehlervariablen ψ_{ji} der in einer wechselseitigen Beziehung stehenden latenten endogenen Variablen i und j geschätzt werden muß, analog zur Korrelation der Residuen in der traditionellen Pfadanalyse (vgl. 3.1.4). Daraus ist unmittelbar ersichtlich, daß auch im LISREL-Ansatz die Gefahr der Unteridentifikation bei nichtrekursiven Kausalmodellen erheblich größer ist als bei rekursiven Kausalmodellen. Bei Anwendung eines nichtrekursiven Kausalmodells sollte daher immer geprüft werden, ob sich alle zu schätzenden Parameter aus den Varianzen und Kovarianzen der Indikatorvariablen bestimmen lassen. Dies ist zum gegenwärtigen Zeitpunkt das relativ zuverlässigste verfügbare Indiz für die Identifikation. Das Risiko der Unteridentifikation in Verbindung mit dem Fehlen eines notwendigen wie hinreichenden Prüfkriteriums für Kovarianzstrukturmodelle ist zweifellos eine zentrale Ursache für die geringe Verbreitung nichtrekursiver LISREL-Kausalmodelle. Ein daraus abgeleiteter Verzicht auf die Abbildung reziproker Kausalität ist jedoch abzulehnen, da ein solches Vorgehen den Primat der Theorie vor der Empirie verletzen würde: „Do not eliminate expected reciprocal causal coefficients merely to attain identification. It is better

---

[426] Der Terminus Strukturfehlervariable soll verdeutlichen, daß es sich dabei nicht um eine undifferenzierte Residualgröße handelt, sondern um einen Fehler in der Struktur der Modellgleichung, und nicht in der Messung.

to be known for having developed the correct model (even if you could not get estimates of its coefficients) than for having identified and estimated the wrong model."[428]

- Parameterschätzung

  Alle von LISREL zur Verfügung gestellten Verfahren der Parameterschätzung sind prinzipiell auch bei nichtrekursiven Kausalmodellen anwendbar, sofern die entsprechenden Verteilungsannahmen erfüllt sind und die Stichprobengröße den erforderlichen Umfang aufweist.

- Beurteilung der Schätzergebnisse

  Die für rekursive Kausalmodelle verfügbaren Gütekriterien der Schätzung sind grundsätzlich auf nichtrekursive Kausalmodelle übertragbar. Ein wesentlicher Unterschied ergibt sich hingegen bei der Bestimmung der Beeinflussungseffekte.

  In rekursiven Kausalmodellen spiegelt die B - Matrix die direkten Effekte zwischen den latenten endogenen Variablen wider. Handelt es sich um standardisierte Variablen, gibt der Koeffizient β_{21} zwischen zwei latenten endogenen Variablen x_1 und x_2 beispielsweise an, wie sich die Standardabweichung von x_2 bei einer Veränderung von x_1 um eine Standardabweichung verändert. Um die totalen Effekte zu bestimmen, müssen zu den direkten Effekten die indirekten hinzuaddiert werden. Ein indirekter kausaler Effekt ergibt sich immer dann, wenn die Beziehung zwischen zwei Variablen über eine oder mehrere Drittvariablen verläuft. Die indirekten Effekte lassen sich in rekursiven Kausalmodellen durch eine Multiplikation der entsprechenden Pfadkoeffizienten ermitteln.[429] In nichtrekursiven Kausalmodellen müssen Basis-Effekte und Feedback-Effekte unterschieden werden.[430] Beispielhaft wird dies in Abschnitt 4.2.3 erläutert. Der totale direkte Einfluß kann anhand des Kausalmodells in Abb. 19 verdeutlicht werden. Der direkte Basis-Effekt von η_1 auf η_2 läßt sich zunächst analog aus der B -Matrix in Form des Koeffizienten β_{21} ablesen. Damit ist der totale Effekt von η_1 auf η_2 aber noch nicht erfaßt, denn eine Veränderung von η_2 führt aufgrund der Feedback-Schleife wiederum zu einer Veränderung von η_1. Der Effekt auf η_2 ist somit der Basis-Effekt β_{21} plus einem Feedback-Effekt von $\beta_{21} * \beta_{12}$. Damit ist jedoch der Prozeß der Beeinflussung immer noch nicht zu Ende, denn eine Veränderung von η_2 führt in einem kausalen Kreislauf wieder zu einer Veränderung von η_1 , diese wie-

---

427 Vgl. Jöreskog, Karl G. / Sörbom, Dag (1989): p.180.

428 Hayduk, Leslie A. (1987): p.147.

429 Vgl. dazu die Beispiele bei Backhaus, Klaus et al. (1996): S.390 und Bollen, Kenneth A. (1989): pp.36-39.

der zu einer Veränderung von η_2 usw. Der totale Effekt auf η_2 entspricht der Summe einer unendlichen geometrischen Reihe $\beta_{21} + \beta_{12} \times \beta_{21} + (\beta_{12} \times \beta_{21})^2 + (\beta_{12} \times \beta_{21})^3 + \ldots$ d. h.

$$\frac{\beta_{21}}{1-\beta_{21} \times \beta_{12}} \quad \text{für } \beta_{21} \times \beta_{12} < 1.$$

Der Ausdruck $1/(1-\beta_{21}\beta_{12})$ kennzeichnet den Multiplikatoreffekt aufgrund des wechselseitigen Einflusses der Variablen η_1 und η_2. Wenn z. B. β_{21} den Wert 0,4 und β_{12} den Wert 0,3 annimmt, ist der totale Einfluß von η_1 auf η_2 entsprechend 0,4 × 1 / (1-0,4 × 0,3) = 0,45. In Matrizenschreibweise entsprechen die totalen Effekte zwischen η-Variablen:

$$B + B^2 + B^3 + \ldots = (I - B)^{-1} - I \tag{3.21}$$

mit I = Einheitsmatrix

Damit sich die Summe einer unendlichen geometrischen Reihe berechnen läßt, muß die Reihe konvergieren. Ein notwendiges und hinreichendes Kriterium für die Konvergenz und damit für die Stabilität des Kreislaufs sind Eigenwerte der B-Matrix, die alle innerhalb des Einheitszirkels liegen.[431] Ein hinreichendes (wenngleich nicht notwendiges) Kriterium zur Konvergenz stellen Eigenwerte < 1 dar. LISREL weist daher den größten Eigenwert von B×B' als sogenannten Stabilitätsindex (Stability Index) aus. Ist der größte Eigenwert kleiner als Eins, sind die totalen Effekte begrenzt und die reziproke Kausalität ist stabil. Aus diesem Grund sollte zur Beurteilung der Schätzergebnisse bei nichtrekursiven Kausalmodellen zusätzlich zu den auch bei rekursiven Kausalmodellen verwendeten Gütemaßen immer der Stabilitätsindex herangezogen werden.

Eine Berücksichtigung der multiplikativen Wirkung durch Feedback ist bei der Bestimmung aller Pfadkoeffizienten notwendig, die Variablen verbinden, welche an reziproken Beziehungen beteiligt sind; auch bei indirekten Effekten muß daher zwischen Basis-Effekten und Feedback-Effekten unterschieden werden. Der totale kausale Effekt zwischen latenten Variablen besteht in nichtrekursiven Kausalmodellen folglich aus vier Komponenten:

E_{total} = Direkter Basis-Effekt + Direkter Feedback-Effekt + Indirekter Basis-Effekt + Indirekter Feedback-Effekt

430 Eine ausführliche Darstellung der Berechnung totaler Effekte in nichtrekursiven Kausalmodellen findet sich bei Hayduk, Leslie A. (1987): pp.247-264 sowie Bollen, Kenneth A. (1989): pp.376-382.

431 Vgl. Jöreskog, Karl G. / Sörbom, Dag (1989): p.33.

Ein weiterer Unterschied in der Beurteilung der Schätzergebnisse muß bei nichtrekursiven Kausalmodellen hinsichtlich der Berechnung der quadrierten multiplen Korrelation als Ausdruck der erklärten Varianz einer latenten Variablen berücksichtigt werden. Bei der Berechnung der erklärten Varianz einer latenten Variablen η_1, die in einer reziproken Beziehung zu einer anderen latenten Variablen η_2 steht, muß die Varianzerklärung von η_1 um die gemeinsame Varianz ihrer Strukturfehlervariablen ζ_1 mit der latenten Variablen η_2 bereinigt werden, da ohne diese Bereinigung ein Teil der erklärten Varianz auf den indirekten Einfluß, den ζ_1 über η_2 auf η_1 ausübt, und damit auf Strukturfehler zurückzuführen wäre. Der aus der gemeinsamen Varianz einer Strukturfehlervariable mit einer latenten Variable resultierende Teil der Varianzerklärung läßt sich berechnen durch die Korrelation r zwischen η_2 und ζ_1:[432]

$$r_{\eta_2\zeta_1} = \left(\frac{\beta_{21}}{1 - \beta_{21}\beta_{12}} \right) \times \operatorname{var}(\zeta_1) \qquad (3.22)$$

Beispielhaft wird diese Berechnung in Abschnitt 4.2.2.1 demonstriert.

3.1.6 Bewertung der Kausalanalyse für das Forschungsvorhaben

Der LISREL-Ansatz der Kausalanalyse ist ein leistungsfähiges multivariates Analyseverfahren, das für das Forschungsvorhaben dieser Arbeit einige zentrale Vorteile gegenüber anderen Verfahren aufweist. Die Berücksichtigung von Meßfehlern und die dadurch mögliche Aufspaltung beobachteter Zusammenhänge in Effekte, die auf Störeinflüsse zurückzuführen sind, und solche, die kausal interpretierbar sind, läßt die Anwendung im Rahmen einer auf Werbetrackingvariablen basierenden Untersuchung angemessen erscheinen, da eine meßfehlerfreie Erhebung dauerhafter Gedächtnisinhalte unrealistisch ist. Wichtiger noch ist allerdings die Möglichkeit der Abbildung reziproker Beziehungen zwischen Variablen, die in dieser Form nur die Kausalanalyse bietet. Durch die Entwicklung und Schätzung eines nichtrekursiven Kausalmodells erscheint es zumindest theoretisch möglich, der Frage nachzugehen, ob die in Werbetrackingstudien erhobenen Variablen stärker durch das Kaufverhalten beeinflußt werden als sie selbst das Kaufverhalten beeinflussen. Die Klärung dieser Frage ist von elementarer Bedeutung, denn die Kaufverhaltensrelevanz der erhobenen Werbeindikatoren ist gewissermaßen der raison d'etre der gesamten angewandten Werbetrackingforschung. Die Mög-

[432] Vgl. Teel, Jesse E. / Beardon, William O. / Sharma, Subash (1986): Interpreting LISREL Estimates of Explained Variance in Nonrecursive Structural Equation Models, in: Journal of Marketing Research, Vol.23, May 1986, p.165.

lichkeit der Abbildung komplexer Modellbeziehungen im Rahmen der Kausalanalyse erlaubt es ferner, der berechtigten Kritik am Determinismus der klassischen Stufenmodelle durch die Aufnahme alternativer Sequenzen der Werbewirkung Rechnung zu tragen.
Den großen Vorzügen der Kausalanalyse stehen aber auch einige nicht zu unterschätzende Nachteile gegenüber. Hier ist vor allem das letztlich ungelöste Problem der Identifikation der Modellgleichungen zu nennen, aber auch die sehr restriktiven Anwendungsvoraussetzungen. Wo immer es im Rahmen dieser Untersuchung möglich erscheint, auf die anerkannten multivariaten Analyseverfahren der ersten Generation zurückzugreifen, sollen diese zum Einsatz kommen, weil sie i.d.R. auf sehr viel weniger restriktiven Voraussetzungen aufbauen.[433]

Das Ziel dieser Arbeit besteht in Überprüfung von Zusammenhängen zwischen ökonomischen und vorökonomischen Erfolgskriterien der Werbewirkung unter gleichzeitiger Berücksichtigung der Einflüsse von Marketing-Mix-Variablen. Die Kausalanalyse wird daher im wesentlichen konfirmatorisch, d. h. hypothesenprüfend angewandt. Der Vorwurf des theorielosen „Modellfittens", der mit der exploratorischen Anwendung der Kausalanalyse und hier v. a. mit wiederholten Modellmodifikationen gelegentlich verbunden wird,[434] könnte damit zwar umgangen werden, doch weisen die Proponenten der exploratorischen Anwendung mit einiger Berechtigung darauf hin, daß viele sozialwissenschaftliche Theorien nicht so ausgereift erscheinen, daß die Ableitung eines einzigen substanzwissenschaftlich fundierten Modells zu rechtfertigen wäre.[435] Das gilt - wie die Kritik der theoretischen Grundlagen der Werbetrackingforschung gezeigt hat - in besonderem Maße für die Werbewirkungsforschung, daher wird auf Modellmodifikationen zur Abbildung alternativer Strukturen nicht vollständig ver-

---

[433] In rekursiven Modellen läßt sich die Kausalanalyse in vielen Fällen durch eine kombinierte Anwendung der konfirmatorischen Faktorenanalyse und der Regresssionsanalyse ersetzen. Ein Vergleich beider Vorgehensweisen findet sich z. B. bei Benz, Jochen (1990): Kausalanalyse in der Marketingforschung auf verschiedenen Wegen - Kombination „traditioneller Verfahren" oder simultane Methoden?, in: Marketing ZFP, Heft 4, 1990, S.241-249. Ein Beispiel für eine jüngere Untersuchung der Werbewirkung durch eine Kombination von Faktoren- und Regressionsanalyse findet sich bei Gierl, Heribert / Wölfel, Matthias: Die Wirkung von Werbung für Teleshopping, in: Planung und Analyse 6/96, S.42-45. Ein Beispiel für eine Kombination des LISREL-Ansatzes mit der Varianzanalyse zur Analyse der Werbewirkung findet sich bei Chow, Simeon / Rose, Randall L. / Clarke, Darral G. (1992): Sequence: Structural Equations Estimation of New Copy Effectiveness, in: Journal of Advertising Research, July/August 1992, pp.60-72.

[434] Vgl. z. B. Lücking, Joachim (1995): S.81. Auf ein solches Vorgehen trifft in hohem Maße die Kritik von Greenwald et al. zu, daß Modelle in der Konsumentenforschung häufig so lange modifiziert werden, bis sie vorhersagegemäße Resultate produzieren, mit der Konsequenz, daß die Untersuchungsergebnisse „nearly useless" sind. Vgl. Greenwald, Anthony G. et al. (1986): Under What Conditions Does Theory Obstruct Research Progress?, in: Psychological Review, Vol.93, No.2, 1986, p.219 sowie die Diskussion dieser Behauptung bei Petty, Richard E. / Cacioppo, John T. (1996): Adressing Disturbing and Disturbed Consumer Behavior: Is It Necessary to Change the Way We Conduct Behavioral Science?, in: Journal of Marketing Research, Vol.33, February 1996, p.5.

[435] Vgl. Homburg, Christian (1989): S.50.

zichtet werden können. In Übereinstimmung mit der wissenschaftlichen Konvention soll sich die exploratorische Analyse aber auf das Strukturgleichungsmodell beschränken.[436]

3.2 Modellentwicklung

3.2.1 Anforderungen an das Modell

Im Rahmen der kritischen Würdigung der Werbetrackingforschung (vgl. 2.3) wurde bereits eine Reihe von Forderungen erhoben, die ein Werbewirkungsmodell erfüllen muß, um den gegenwärtigen Stand der Werbewirkungsforschung angemessen widerzuspiegeln. An dieser Stelle soll der Forderungskatalog daher lediglich um jene zusätzlichen Anforderungen ergänzt werden, die sich aus der Erweiterung der klassischen Werbewirkungsmodelle zu einem umfassenden detailanalytischen Marketing-Mix-Modell ergeben.

Der Anspruch, die Zusammenhänge zwischen Werbewirkung und Markterfolg im Modell abzubilden, verlangt eine vollständige Erfassung aller kurzfristig beeinflußbaren absatzpolitischen Instrumente, worunter hier in Anlehnung an die übliche Einteilung des Marketing-Mix[437] Instrumente der Preispolitik, der Distributionspolitik und der Kommunikationspolitik gefaßt werden sollen.[438] Die Produktpolitik ist dagegen strategischer Natur und kann kurzfristig in der Regel nicht beeinflußt werden. Bei der Operationalisierung der Marketing-Mix-Variablen ist darauf zu achten, daß der makroanalytische Charakter des Modells gewahrt bleibt, d. h. alle Variablen sollten in aggregierter Form in das Modell eingehen. Gleiches gilt für die Messung der Marktreaktion. Neben der Vollständigkeit der Modellvariablen und einem einheitlichen Aggregationsniveau ist als dritte wesentliche Anforderung an die Modellentwicklung die Abbildung sogenannter Wirkungsphänomene absatzpolitischer Instrumente zu stellen, darunter fallen v. a. Konkurrenzeffekte, temporale Effekte wie Wirkungsübertragungen und -verzögerungen sowie Wechselwirkungen zwischen einzelnen Instrumenten.[439] Es ist allerdings darauf zu achten, daß die - theoretisch wünschenswerte - Einbeziehung dieser Phänomene das Modell nicht so komplex werden läßt, daß die Modellparameter nicht mehr schätzbar sind und das Modell sich somit nicht validieren läßt.

---

436 Vgl. a.a.O.: S.44.

437 Vgl. z. B.: Diller, Hermann [Hrsg.] (1992): S.682. Nieschlag, Robert / Dichtl, Erwin / Hörschgen, Hans (1991): S.15f.

438 Die kurzfristig beeinflußbaren absatzpolitischen Maßnahmen werden auch als „taktische" Instrumente bezeichnet, vgl. Steffenhagen, Hartwig (1978): S.43.

439 Vgl. die Diskussion dieser Effekte bei Weber, Adelheid (1993): S.12-14 sowie die ausführliche Darstellung bei Steffenhagen, Hartwig (1978): S.155-235.

3.2.2 Präzisierung der Antezedenzbedingungen

Im Rahmen der kritischen Würdigung der Werbetrackingforschung wurde bereits mehrfach betont, daß die mangelhafte Spezifikation exakter Antezedenzbedingungen gemeinhin als Hauptmangel der klassischen Stufenmodelle der Werbewirkung betrachtet wird (vgl. 2.3.2.2). Aus diesem Grund soll im folgenden eine Präzisierung der Antezedenzbedingungen des zu entwickelnden Modells vorgenommen werden. Diese beginnt sinnvollerweise mit dem Ausmaß an Involvement als notwendige, aber nicht hinreichende Antezedenzbedingung der Werbewirkung. Da das Involvement einer direkten Messung nicht zugänglich ist, soll das Produktinvolvement als Anhaltspunkt für den zugrundeliegenden Kaufentscheidungsprozeß herangezogen werden. Bei FMCGs, für welche die Mehrzahl der Werbetrackingstudien durchgeführt wird, kann aufgrund der geringen Bedeutung, die ein Kauf dieser Produkte für den Käufer hat, von einem geringen Produktinvolvement ausgegangen werden und aufgrund der weitgehenden Konzentration der Werbeausgaben auf den „Low-Involvement-Werbeträger" TV bei gleichzeitig stark wachsendem Werbeaufkommen von Low-Involvement-Kommunikationsbedingungen im allgemeinen. Da eine ausreichende Datenbasis für einen Modelltest nur für FMCGs zur Verfügung steht, beschränkt sich das zu entwickelnde Werbewirkungsmodell auf Kaufentscheidungen bei geringem Involvement. Der subjektiv perzipierte Grad der Markendifferenzierung wird nicht als eigenständige Antezedenzbedingung aufgefaßt, sondern als eine Ursache des Involvement: Weil die wahrgenommene Markendifferenzierung angesichts weitgehend austauschbarer Produkteigenschaften vieler Konsumgüter des täglichen Bedarfs gering sein dürfte, ist das Produktinvolvement gering.

Eine weitere Eingrenzung der Gültigkeit des zu entwickelnden Modells muß - wie im Rahmen der theoretischen Kritik dargelegt - bezüglich der Produkterfahrung vorgenommen werden. Da im Mittelpunkt des Modells die wechselseitigen Einflüsse zwischen der Verwendung und den dauerhaften Gedächtnisreaktionen stehen, sollen nur langjährig etablierte Marken betrachtet werden, bei denen davon ausgegangen werden kann, daß ein Teil der Befragten über Verwendungserfahrungen mit der jeweiligen Marke verfügt. Diese Annahme ist gerechtfertigt, weil die Quotierungsvorgabe aller herangezogenen Werbetrackingstudien die Verwendung in der jeweiligen Produktklasse bzw. Warengruppe beinhaltet. Wenig bedeutende Marken mit sehr geringen Marktanteilen sollen unberücksichtigt bleiben, da diese wie neue Marken über einen zu geringen Verwenderanteil in der Stichprobe der Werbetrackingerhebungen verfügen. Die Gestaltung der Werbung (informativ oder emotional) wird nicht als eigenständige Antezedenzbedingung betrachtet, da - wie in Kapitel 5 gezeigt werden wird - viele Werbemittel sowohl informative als auch emotionale Elemente aufweisen und eine Diskriminierung anhand der Unterscheidung informativ/emotional daher nicht möglich ist.

3.2.3 Herkunft und Operationalisierung der Modellvariablen

3.2.3.1 Marketing-Mix-Variablen (Stimuli)

Der Anspruch der Vollständigkeit der einzubeziehenden Variablen erfordert, daß die Aktionsparameter Preis und Distribution sowie als wesentliche Elemente des Kommunikationsmix Werbeausgaben und Verkaufsförderungsaktivitäten (Promotions) berücksichtigt werden.[440]

1. Preis

   Angaben über Endverbraucherpreise werden verschiedenen Verbraucherpanels der GfK-Panel-Services entnommen.[441] Alle Preise liegen als Durchschnittswerte auf Monatsbasis vor. Als Operationalisierungsform wird jedoch nicht der absolute Preis in DM/Stück gewählt, sondern der relative Preis als Preis der untersuchten Marke dividiert durch den Durchschnittspreis der Warengruppe in der jeweils betrachteten Periode. Der relative Preis nimmt immer dann den Wert 1 an, wenn der Preis der betrachteten Marke genau im Durchschnitt der Preise aller Anbieter der Warengruppe liegt. Gegenüber dem absoluten Preis weist der relative Preis den Vorteil aus, daß Konkurrenzpreise berücksichtigt werden, wodurch eine realistischere Abbildung der Preisreaktion ermöglicht wird, da der Absatz einer Marke nicht nur von ihrem eigenen Preis abhängig ist, sondern auch von denen konkurrierender Marken der gleichen Warengruppe.[442] Dies gilt insbesondere bei einer als gering empfundenen Markendifferenzierung, von der bei den hier untersuchten FMCGs auszugehen ist. Für den Ansatz dieser Arbeit stellt der relative Preis sogar die einzig mögliche Operationalisierung dar, da absolute Preise bei einer markt- bzw. warengruppenübergreifenden Betrachtung aufgrund der mangelnden Vergleichbarkeit wenig aussagekräftig sind.

2. Distribution

   Angaben zur Distribution der einbezogenen Marken werden den Handelspanels der GfK-Panel-Services entnommen.[443] Da der Erhebungsrhythmus des Handelspanels zwei Monate beträgt, müssen für die Zwischenmonate Werte durch Interpolation gewonnen werden, um

---

440 Die Tatsache, daß Promotions in der Regel auch ein Instrument des Preismix darstellen, da sie in der Praxis häufig mit Sonderpreisaktionen verbunden werden, soll unberücksichtigt bleiben.

441 Vgl. zum Begriff Verbraucherpanel: Hammann, Peter / Erichson, Bernd (1994): S.140f.

442 Vgl. Simon, Hermann (1992): Preismanagement - Analyse, Strategie, Umsetzung, 2. Aufl., Wiesbaden, S.99f.

443 Vgl. zum Begriff Handelspanel: Hammann, Peter / Erichson, Bernd (1994): S.141f.

kompatible Zeitreihen zu erhalten. Aufgrund der bei etablierten Marken geringen Schwankungen der Distributionsgrade erscheint dieses Vorgehen gerechtfertigt. Als Operationalisierungsform wird der gewichtete Distributionsgrad in % gewählt, um zu berücksichtigen, daß von der Präsenz einer Marke am Point of Sale bei großflächigen Betriebstypen des Einzelhandels ein höheres Kontaktpotential ausgeht, und damit eine höhere Wahrnehmungs- und Kaufwahrscheinlichkeit als bei kleinflächigen Betriebstypen besteht.[444]

3. Promotions

Die Berücksichtigung von Promotions stellt bezüglich der Operationalisierung besondere Anforderungen, da es sich bei Verkaufsförderungsaktivitäten in vielen Fällen um den kombinierten Einsatz verschiedener Marketing-Mix-Instrumente handelt, die zudem zeitlich und räumlich eng begrenzt eingesetzt werden. Angaben zu Handelsinsertionen, die häufiger Bestandteil von Promotions sind und Statistiken wie IMP entnommen werden können, stehen nicht für alle im Rahmen dieser Arbeit untersuchten Warengruppen zur Verfügung, so daß auf ihre Einbeziehung verzichtet werden muß. Stattdessen wird zur Erfassung der Promotionaktivitäten auf den Displayshare aus dem Handelspanel der GfK-Panel-Services zurückgegriffen. Der Displayshare gibt an, welcher Anteil des Absatzes einer Marke über Displays realisiert wird. Aufgrund der zweimonatlichen Berichtsbasis des Handelspanels war zur Generierung einer monatlichen Datenbasis ebenfalls eine Interpolation notwendig. Da Displays ein wesentlicher Bestandteil von Promotions sind, kann der Displayshare zumindest als Korrelat der gesamten Promotionaktivität im Berichtszeitraum aufgefaßt werden. Der Vorschlag von VOSS, den Displayshare mit der absoluten Zweitplazierungsmenge zu multiplizieren, um das höhere kaufstimulierende Kontaktpotential großer Displays zu berücksichtigen, wurde in einer regressionsanalytischen Voruntersuchung zu dieser Arbeit aufgegriffen.[445] Da die Varianzerklärung für die Markenbekanntheit als abhängige Variable bei einer derartigen Operationalisierung jedoch deutlich geringer war als bei der Heranziehung des alleinigen Displayshares in %, wird auf eine Multiplikation mit der Zweitplazierungsmenge im folgenden verzichtet.

4. Werbeausgaben

Im Rahmen der kritischen Würdigung der Werbetrackingforschung wurde bereits darauf hingewiesen, daß die kontaktmäßige Operationalisierung von Werbeaktivitäten keinen wesentlichen Vorteil gegenüber einer monetären Operationalisierung bietet (vgl. 2.3.3.1).

---

444 Vgl. Voss, Wolf-Dieter (1983): S.151.

445 Vgl. Voss, Wolf-Dieter (1983): S.160.

Da darüber hinaus forschungsökonomische Gründe für die monetäre Operationalisierung sprechen, wird die Herstellerwerbung im Rahmen dieser Arbeit durch die monatlichen Werbeausgaben in TDM je Marke gemessen. Dieses Vorgehen entspricht zudem der üblichen Operationalisierung werblicher Aktivitäten in Werbetrackingstudien. Eine medienspezifische oder regionale Differenzierung ist auf Basis der vorliegenden Nielsen S&P Daten möglich, erscheint aber für den Untersuchungszweck nicht erforderlich. Zum einen konzentrieren sich die Werbeausgaben aller untersuchten FMCGs zu ca. 90% auf den Werbeträger TV, zum anderen werden alle anderen Modellvariablen repräsentativ für Gesamtdeutschland erhoben, so daß eine regionale Betrachtung den räumlichen Bezug unzulässig verändern würde. Naheliegend erscheint dagegen die alternative Operationalisierung der Werbeausgaben in der Form des Share of Advertising (SoA). Da aus Nielsen S&P die Werbeausgaben aller wesentlichen Marken einer Warengruppe bekannt sind, läßt sich der SoA leicht berechnen. Die Heranziehung des SoA anstelle der Werbeausgaben ermöglicht die Einbeziehung von Konkurrenzaktivitäten. Es leuchtet intuitiv ein, daß sowohl die vorökonomischen als auch die ökonomischen Werbewirkungsgrößen nicht unbeeinflußt von Werbeausgaben konkurrierender Anbieter sind.[446] Dennoch wird auf die Operationalisierung der Werbung in Form des SoA aus zwei Gründen verzichtet. Erstens moderiert das Ausmaß an Produktvertrautheit der Adressaten die Stärke der Interferenzeffekte der Konkurrenzwerbung. Je höher die Produktvertrautheit ist, desto geringer ist der Einfluß der Konkurrenzwerbung. Für die Werbeerinnerung ist dieser Zusammenhang empirisch belegt worden.[447] Da im Rahmen dieser Arbeit ausschließlich etablierte Marken betrachtet werden, ist von einem hohen Maß an Produktvertrautheit sowohl durch Verwendungserfahrungen als auch durch frühere Werbeausgaben auszugehen. Demnach kann im vorliegenden Fall von einem relativ geringen Einfluß der Konkurrenzwerbung auf die Werbeerinnerung und unter der Annahme einer Wirkungshierarchie auch auf die nachgelagerten psychographischen Variablen ausgegangen werden.

Zweitens spricht die Saisonalität der Werbeausgaben gegen eine Heranziehung des SoA: Es kann anhand der Nielsen S&P Statistiken festgestellt werden, daß die Werbeausgaben in vielen Warengruppen deutliche saisonale Schwankungen aufweisen. Diese Saisonalität stellt für die Heranziehung des SoA kein Problem dar, solange alle Marken einer Waren-

[446] Theoretisch läßt sich dieser Gedanke für die vorökonomischen Erfolgskriterien sogar auf alle Werbeaktivitäten, auch aus anderen Warensegmenten, übertragen, da alle Werbemittel um die begrenzte Aufmerksamkeit der Zuschauer konkurrieren.

gruppe eine annähernd gleiche temporale Verteilung der Werbeausgaben aufweisen, d. h. in den gleichen Monaten wie die Wettbewerber „on air“ sind. Dies ist jedoch nicht der Fall. Es läßt sich in vielen Warengruppen beobachten, daß insbesondere die Hersteller von Marken, die über ein sehr geringes Werbebudget verfügen, die Werbepausen dominierender Marken mit großen Budgets gezielt nutzen, um in diesen Zeiträumen zu werben.[448] Dadurch ist es möglich, daß mit minimalem Budgeteinsatz sehr hohe Werte für den SoA erzielt werden. Die Wirkung auf die vorökonomischen wie ökonomischen Erfolgskriterien bleibt jedoch aufgrund des absolut betrachtet sehr geringen Werbeeinsatzes marginal. Der SoA verzerrt folglich bei einer marken- wie marktübergreifenden Betrachtung den Einfluß der Werbung und soll daher im Rahmen dieser Arbeit nicht berücksichtigt werden.

3.2.3.2 Psychographische Werbewirkungsvariablen (Organism)

Die in das Modell einfließenden psychographischen (vorökonomischen) Erfolgsgrößen der Werbewirkung stammen ohne Ausnahme aus den Erhebungen des GfK-Werbeindikators ATS®. Die gewählte Form der Operationalisierung folgt aus den Ergebnissen der Diskussion über die Eignung der Werbetrackingvariablen hinsichtlich der Kriterien Reagibilität und Kaufverhaltensrelevanz in Kapitel 2. Im einzelnen gehen in das Modell die folgenden Variablen ein:

- Die gestützte Werbeerinnerung in % innerhalb der Zielgruppe, d. h. der Anteil der Befragten, die sich an Werbung für die namentlich genannte Marke erinnern.
- Die ungestützte Markenbekanntheit in % innerhalb der Zielgruppe, d. h. der Anteil der Befragten, welche die betreffende Marke aus einer namentlich genannten Warengruppe kennen.
- Die Werbesympathie in % als Anteil der Werbeerinnerer, welche die Werbung einer Marke auf einer 6-Rating-Skala mit 1 („hat mir sehr gut gefallen“) oder 2 („hat mir gut gefallen“) beurteilen (Top Boxes) oder der Aussage „Diese Werbung ist mir sympathisch“ zustimmen.[449]

---

[447] Vgl. Kent, Robert J. / Allen, Chris T. (1994): Competitive Interference Effects in Consumer Memory for Advertising: The Role of Brand Familiarity, in: Journal of Marketing, Vol.58, No.3, 1994, pp.97-105.

[448] Ein solches antizyklisches Verhalten ist durchaus erfolgversprechend, vgl. Schroer, James C. (1990): Ad Spending: Growing Market Share, in: Harvard Business Review, January/February 1990, p.47.

[449] In der Regel wird die Werbesympathie im GfK-Werbeindikator ATS® skaliert abgefragt, lediglich in Einzelfällen mußte auf nichtskalierte Erhebungen zurückgegriffen werden.

- Die Markensympathie in % als Anteil der Werbeerinnerer, die der Aussage „Ist eine sympathische Marke“ zustimmen oder die gleiche Aussage auf einer 6er-Ratingskala mit 1 („trifft voll und ganz zu“) oder 2 („trifft zu“) bewerten.
- Die Erstpräferenz in % als Anteil der Befragten, die angeben, die betreffende Marke „am meisten“ zu bevorzugen.
- Die Zweitpräferenz in % als Anteil der Befragten, die angeben, die betreffende Marke „am zweitmeisten“ zu bevorzugen.

Für die psychographischen Variablen liegen Meßwerte, die für die Modellschätzung verwendet werden können, nur für die jeweiligen Erhebungszeitpunkte vor. Die Anzahl der verfügbaren Werte pro Marke entspricht somit der Anzahl der Befragungswellen. Die z. T. großen und nicht immer regelmäßigen zeitlichen Abstände zwischen einzelnen Erhebungen führen bei einer dynamischen Betrachtung zu Zeitreihen, die von den monatlichen bzw. zweimonatlichen Werten für die Marketing-Mix- und Marktreaktions-Variablen abweichen. Um kompatible, äquidistante Zeitreihen zu erhalten, können zum einen Interpolationen vorgenommen werden, zum anderen aber auch verschiedene statistische Verfahren der Missing-Data-Generierung.[450]

Diese Verfahren setzen jedoch alle ex-ante-Annahmen über Wirkungszusammenhänge voraus, die im vorliegenden Fall nicht getroffen werden können. Zwar erscheint es z. B. aufgrund der hinreichenden Reagibilität der gestützten Werbeerinnerung auf Werbeausgaben möglich, fehlende Zeitreihenwerte für die Werbeerinnerung regressionsanalytisch zu ermitteln, da die Verteilung der Werbeausgaben in den Zeiträumen zwischen den Erhebungen bekannt ist, doch würde damit ein Zusammenhang zwischen zwei Modellvariablen ex ante festgelegt, dessen Höhe erst im Rahmen des Modelltests bestimmt werden soll. Für alle anderen psychographischen Variablen ist eine regressionsanalytische Bestimmung fehlender Zeitreihenwerte gänzlich unmöglich, da ein eindeutiger Zusammenhang mit der Höhe der Werbeausgaben oder mit anderen unabhängigen Variablen nicht besteht (vgl. 2.3.2.3). Interpolationen sind ebenfalls nicht empfehlenswert, da ihnen jede theoretische Begründung fehlt. Möglicherweise bestehende Zusammenhänge zwischen der Höhe des Einsatzes von Marketing-Mix-Variablen und den psychographischen Variablen würden bei einer Interpolation verloren gehen. Aus diesen Gründen sollen die Zeitreihen der Modellvariablen auf Zeitpunkte beschränkt werden, für die Meßwerte aller Variablen vorliegen. Das bedeutet, daß die Anzahl der Erhebungswel-

[450] Vgl. Little, Roderick J. A. / Rubin, Donald B. (1987): Statistical Analysis with Missing Data, New York, insbesondere pp.1-87.

len die Anzahl der Werte pro Zeitreihe bestimmt. Die dadurch entstehenden Intervalle zwischen zwei Erhebungen ermöglichen es, auf die Abbildung wirkungsdynamischer Effekte zu verzichten. Dies stellt einen erheblichen Vorteil für die Modellschätzung dar, da für detailanalytische Makromodelle bis heute keine befriedigende Operationalisierung von Wirkungsverzögerungen und Wirkungsübertragungen vorliegt.[451] Die Berücksichtigung derartiger Effekte durch die bei globalanalytischen Makromodellen gebräuchlichen „Distributed-Lag"-Modelle[452] ist mit einer Reihe schätztechnischer wie theoretischer Probleme verbunden. Die Abbildung von Wirkungs*verzögerungen* auf der Ebene der psychographischen Variablen setzt beispielsweise die Kenntnis individueller Kontakthäufigkeiten und Reaktionsmuster voraus, die jedoch bei Werbetrackingerhebungen nicht gegeben ist (vgl. 2.3.3.1). Nicht minder problematisch ist die Abbildung von Wirkungs*übertragungen* der psychographischen Variablen, die im wesentlichen durch das Behalten und Vergessen von Gedächtnisinhalten erklärt werden. Wenn man als Erklärung für das Vergessen etwa die Theorie des zeitlichen Verfalls heranzieht, müßten zur Bestimmung der Wirkungsübertragung individuelle Vergessensraten bekannt sein.[453]

Derartige Parameterheterogenitäten werden jedoch bei der Erhebung der psychographischen Variablen nicht berücksichtigt. Die Parameterheterogenität wird zudem nicht nur durch die individuell verschiedene Stärke der Wirkungszusammenhänge verursacht, sondern auch durch unterschiedliche temporale Wirkungsstrukturen. Von der Länge des individuellen Kaufintervalls kann es z. B. abhängen, ob der Zusammenhang zwischen einer psychographischen Variablen wie etwa der Präferenz und der Marktreaktion kontemporär oder verzögert erscheint.[454] Wenn man die Erhebungsintervalle der Modellvariablen verlängert, also den zeitlichen Abstand zwischen zwei Messungen vergrößert, umgeht man die skizzierten Probleme, da intertemporale Wirkungen auf disaggregierter wie aggregierter Ebene „verschleiert" werden, d. h., obwohl beispielsweise ein Anstieg der Präferenz einem Anstieg des Marktanteils zeitlich vorausgegangen sein kann, degeneriert der Zusammenhang innerhalb des Erhebungsintervalls zu einer kontemporären Beziehung, so daß auf die Abbildung von Wirkungsübertragungen verzichtet werden kann.[455] Gleiches gilt für intertemporale Effekte zwischen den psy-

---

451 Vgl. Langkamp, Peter (1984): Die Erfassung von Carryover-Effekten im Marketing - Kritische Analyse ökonometrischer Modelle zur Messung periodenübergreifender Werbewirkungen, Diss., Frankfurt/Main, S.285.

452 Vgl. Rönning, Gerd (1983): Distributed Lag-Modelle in der Marktforschung, in: Marketing ZFP, Heft 1, 1983, S.37-46.

453 Langkamp, Peter (1984): S.276.

454 Vgl. a.a.O.: S.277.

455 Steffenhagen, Hartwig (1978): S.238.

chographischen Variablen, im Falle der Lernhierarchie etwa für den Zusammenhang zwischen Bekanntheit und Einstellung. Für den Wirkungszusammenhang zwischen psychographischen Variablen und Marktreaktionsgrößen ist von einem kontemporären Zusammenhang v. a. dann auszugehen, wenn die Erhebungsintervalle länger sind als die durchschnittlichen Kaufintervalle. Da im Rahmen dieser Arbeit ausschließlich FMCGs betrachtet werden, die - per definitionem - über kurze Kaufintervalle verfügen, kann auch in dieser Hinsicht auf die Modellierung von Wirkungsübertragungen verzichtet werden. Damit wird zugleich eine ganze Reihe schätztechnischer Probleme vermieden, die mit der Anwendung von Distributed-Lag-Modellen verbunden sind, als Beispiele seien hier nur Multikollinearität und Autokorrelation der Residuen genannt.[456]

3.2.3.3 Marktreaktionsvariablen (Response)

Der Anspruch, die Zusammenhänge zwischen Werbewirkung und Markterfolg abzubilden, erfordert eine Operationalisierung der Marktreaktion, die als Kriterium für den Markterfolg allgemein anerkannt ist. Prinzipiell kommt dafür das Absatzvolumen ebenso wie der Marktanteil in Frage.[457] Der Marktanteil weist jedoch gegenüber dem Absatzvolumen bekanntlich eine Reihe von Vorteilen für die Marktreaktionsmessung auf. Als Beispiele seien die Unabhängigkeit vom Marktvolumen, das auf reifen Märkten in der Regel nicht von Marketingaktivitäten beeinflußt werden kann, sowie die Berücksichtigung von Konkurrenzeinflüssen genannt. Die zentrale Bedeutung, die der Marktanteil für die Umsatz- und Gewinnsituation eines Unternehmens hat, spricht ebenfalls für seine Heranziehung als Erfolgsmaßstab.[458] Der Marktanteil integriert das Markenwahlverhalten, die Kauffrequenz und die Kaufmenge zu einer einzigen

---

[456] Vgl. zu diesen Problemem die Darstellungen bei: Langkamp, Peter (1984): S.280f., Steffenhagen, Hartwig (1978): S.234-237 sowie Hooley, Graham J. / Wilson, Nick. / Wigodsky, P. (1987): Modelling the Effects of Advertising: Some Methodological Issues, in: Journal of the Market Research Society, Vol.30, No.1, pp.45-59. So mußte z. B. VOSS die Lag-Variablen seiner Regressionsgleichungen aufgrund hoher Multikollinearität entfernen, vgl. Voss, Wolf-Dieter (1983): S.224. Bei Verwendung des Koyck-Modells (Vgl. Erichson, Bernd / Maretzki, Jürgen (1993): S.538-543) ist zudem die Interpretation der Erhaltungsrate sowie der Einfluß der Länge des Lag-Effektes auf das Ergebnis umstritten. Vgl. Aaker, David A. / Carman, James M. / Jacobson, Robert (1982): Modeling Advertising-Sales Relationships Involving Feedback: A Time Series Analysis of Six Cereal Brands, in: Journal of Marketing Research, Vol.19, February 1982, p.116 sowie: Dekimpe, Marnik G. / Hanssens, Dominique M. (1995): The Persistence of Marketing Effects on Sales, in: Marketing Science, Vol.14, No.1, 1995, p.3 und p.18.

[457] Vgl. dazu die Übersicht bei Rao, Vithala R. / Sabavala, Darius J. (1986): p.29-36.

[458] Vgl. z. B. Buzzell, Robert D. / Gale B.T. (1989): Das PIMS-Programm: Strategien und Unternehmenserfolg, Wiesbaden. Hildebrandt, Lutz (1992): Wettbewerbssituation und Unternehmenserfolg - Empirische Analysen, in: Zeitschrift für Betriebswirtschaft, 62.Jg., Heft 10, 1992, S.1069-1084 sowie insbesondere die Meta-Analyse von Szymanski, David M. / Bharadwaj, Sundar G. / Varadarajan, P. Rajan (1993): An Analysis of the Market Share-Profitability Relationship, in: Journal of Marketing, Vol.57, July 1993, pp.1-18. Porter, Michael E. (1992): Wettbewerbsstrategie, 7. Aufl., Frankfurt, S.71-74 und S.196-198.

Erfolgsgröße. Kauffrequenz und Kaufmenge weisen zwar häufig starke saisonale Schwankungen auf, doch geht man in empirischen Untersuchungen in der Regel von der Annahme aus, daß sich diese Steigerungen gleichmäßig auf alle Marken einer Warengruppe auswirken, so daß saisonale Schwankungen bei der Wirkungsanalyse außer acht gelassen werden können. STEFFENHAGEN hat darauf hingewiesen, daß die damit verbundene Annahme, Kaufmenge und Kauffrequenz seien unabhängig von der Markenwahl, „nicht ganz realistisch ist",[459] dennoch werden saisonale Schwankungen des Marktanteils in der Marktreaktionsmessung im allgemeinen nicht berücksichtigt.[460] Mit der Verwendung des Marktanteils sind aber auch einige Nachteile verbunden. In Multimarken-Modellen ist z. B. die Einführung von Nebenbedingungen erforderlich, um die logische Konsistenz zu wahren, worunter die Restriktion auf Werte zwischen 0 und 1 verstanden wird.[461] Ein weiteres Problem ist die geringe Trennschärfe des Marktanteils für die Erfassung einzelner Dimensionen des beobachtbaren Kaufverhaltens. Eine Veränderung des Marktanteils läßt keinen Rückschluß zu, ob dafür eine Veränderung des Markenwahlverhaltens, der Kauffrequenz, der Kaufmenge oder eine Kombination dieser Dimensionen verantwortlich ist. Die Kenntnis derartiger Unterschiede kann für die Zurechnung des Erfolgsbeitrags einzelner Marketing-Mix-Aktivitäten aufschlußreich sein. Es ist z. B. denkbar, daß Werbeaktivitäten primär auf das Markenwahlverhalten einwirken, während Kauffrequenz und Kaufmenge stärker von Sonderpreisaktionen beeinflußt werden. Eine weitgehend trennscharfe Messung des Markenwahlverhaltens ist durch den Käuferanteil einer Marke möglich.[462]

Der Käuferanteil einer Marke läßt sich berechnen, indem die Anzahl der Käufer der Marke durch die Anzahl der Käufer in der Warengruppe dividiert wird. Multipliziert man den Käuferanteil mit der Kaufhäufigkeit und der Menge pro Kauf, so erhält man den mengenmäßigen Marktanteil.[463] Der Käuferanteil ist als Maßgröße der Marktreaktion für das im Rahmen dieser Arbeit zu entwickelnde Kausalmodell besonders geeignet, weil er das Pendant zur Variable „aktuelle Verwendung" aus den Werbetrackingerhebungen darstellt. Die aktuelle Verwendung gibt den Anteil der Befragten an, der die betreffende Marke nach eigenem Be-

---

459 Steffenhagen, Hartwig (1978): S.85. Es ist durchaus denkbar, daß saisonal bedingte höhere Kaufmengen und Kauffrequenzen, wie etwa bei Eiskrem im Hochsommer, die Markenwahl beeinflussen, indem beispielsweise vermehrt zu preisgünstigeren Marken gegriffen wird.

460 Daß eine Berücksichtigung saisonaler Schwankungen des Marktanteils möglich und sinnvoll ist, zeigen Cooper, Lee G. / Nakanishi, Masao (1988): pp.79-81.

461 Die Nowendigkeit der Einführung derartiger Restriktionen hängt vom Funktionstyp der Marktreaktion ab. Vgl. Hanssens, Dominique M. / Parsons, Leonard J. / Schultz, Randall L. (1990): pp.47/48.

462 Vgl. Tolle, Elisabeth / Steffenhagen, Hartwig (1994): Kategorien des Markenerfolges und einschlägige Meßmethoden, in: Markenartikel, Heft 8, 1994, S.379.

463 Vgl. Hammann, Peter / Erichson, Bernd (1994): S.382.

kunden derzeit verwendet oder zuletzt gekauft hat. Da alle Befragten gemäß der Quotierungsvorgabe Verwender der jeweiligen Warengruppe sind, kann der aktuelle Verwenderanteil definiert werden als Anzahl der Verwender einer Marke dividiert durch die Anzahl der Verwender der Warengruppe. Angesichts der Kürze der Kaufzyklen bei den zu untersuchenden FMCGs dürften Kauf und aktuelle Verwendung im Rahmen der Meßmöglichkeiten als weitgehend kontemporäre Größen erscheinen. Wenn die Stichproben der Werbetrackingerhebungen repräsentativ sind, und die „aktuelle Verwendung" eine valide und reliable Größe zur Messung des Verwendungsverhaltens zum Zeitpunkt der Erhebung darstellt, müßte die „aktuelle Verwendung" eine hohe Korrelation mit den Käuferanteilen im gleichen Zeitraum aufweisen. Aus diesem Grund werden die „aktuelle Verwendung" und der Käuferanteil als Modellvariablen zur Messung der Marktreaktion herangezogen.

Als Datenquelle für Käufer- und (mengenmäßige) Marktanteile dienen die Verbraucherpanel der GfK-Panel-Services. Die Berücksichtigung weiterer abgeleiteter Größen des Kaufverhaltens wie z. B. Erst- und Wiederkaufrate[464] ist im Rahmen dieser Arbeit nicht möglich, da dafür keine Werte zur Verfügung stehen. Die Ermittlung der Erst- und Wiederkaufrate einer Marke setzt eine konstante Masse von Panelteilnehmern voraus, die über den gesamten Beobachtungszeitraum durchgehend berichten. Bei der Länge der hier betrachteten Zeiträume ist die Berechnung der durchgehenden Masse aufgrund der hohen Panelsterblichkeit[465] faktisch unmöglich. Auch die Penetration, d. h. die temporale Käuferkumulation einer Marke dividiert durch die Käuferkumulation in der Produktklasse, setzt eine konstante Masse von Panelteilnehmern voraus und kann daher ebenfalls nicht herangezogen werden. Die Käuferreichweite (Zahl der Käufer einer Marke / Zahl der Panelteilnehmer) ist dagegen auch ohne Berücksichtigung der durchgehenden Masse bestimmbar, sie eignet sich aber nicht für eine warengruppenübergreifende Betrachtung, da ihre Höhe nicht allein von Aktivitäten des Marketing-Mix, sondern auch von der Warengruppe abhängig ist, so weisen z. B. Grundnahrungsmittel generell eine sehr hohe Käuferreichweite auf, Produkte des spezifischeren Bedarfs wie etwa Maschinengeschirrspülmittel dagegen eine niedrige.

Eine Berücksichtigung des individuellen Markenwahlverhaltens ist mit den zur Verfügung stehenden Datenquellen folglich nicht möglich. Daher kann auch nicht der Frage nachgegan-

---

[464] Vgl. Hammann, Peter / Erichson, Bernd (1994): S.149. Eine Darstellung weiterer Kaufverhaltensgrößen aus Panels findet sich bei: Decker, Reinhold (1994): Analyse und Simulation des Kaufverhaltens auf Konsumgütermärkten, Diss., Frankfurt/Main, S.54-59.

[465] Zum Begriff der Panelsterblichkeit vgl. Nieschlag, Robert / Dichtl, Erwin / Hörschgen, Hans (1991): S.731. Die Panelsterblichkeit kann bei Verbraucherpanels bereits nach drei Perioden 50% überschreiten, vgl. Hammann, Peter / Erichson, Bernd (1994): S.144.

gen werden, ob Werbung primär dabei hilft, Stammkäufer zu Wiederholungskäufen zu bewegen[466] oder Gelegenheitskäufer zum Markenwechsel.[467] Da die Markenwahl lediglich eine Dimension des Kaufverhaltens abdeckt, ist es erforderlich, die Beziehungen zwischen Käuferanteilen und Marktanteilen als Maßgröße des Markterfolgs zu berücksichtigen.

Abb. 20 faßt alle in das Modell einfließenden Variablen zusammen und verdeutlicht den Gedanken einer „integrierten Trackingforschung" im Sinne einer Zusammenführung von vorökonomischen Werbewirkungs- und Marktreaktionsdaten als Basis einer umfassenden, kontinuierlichen Ermittlung der Reaktion von Konsumenten auf Marketing-Mix-Aktivitäten.

---

466 Diese Ansicht wird v. a. von Ehrenberg seit Jahrzehnten vertreten. Vgl. Ehrenberg, Andrew S. C. (1974): Repetitive Advertising and the Consumer, in: Journal of Advertising Research, Vol.14, April 1974, p.33 sowie zum Begriff des „Repeat Buying" Ehrenberg, Andrew S. C. (1988): Repeat-Buying - Facts, Theory and Applications, London/New York, pp.33-53. Experimentelle Untersuchungen, die diese Auffassung im wesentlichen bestätigen, finden sich bei Deighton, John (1984): The Interaction of Advertising and Evidence, in: Journal of Consumer Research, Vol.11, December 1984, pp.763-770. Hoch, Stephen J. / Ha, Young-Won (1986): Consumer Learning: Advertising and the Ambiguity of Product Experience, in: Journal of Consumer Research, Vol.13, September 1986, pp.221-233. Eine nichtexperimentelle Untersuchung findet sich bei Tellis, Gerard J. (1988): Advertising Exposure, Loyality and Brand Purchase: A Two-Stage Model of Choice, in: Journal of Marketing Research, Vol.25, May 1988, pp.134-144.

467 Diese Auffassung vertreten z. B. Deighton et al. als Ergebnis einer empirischen Untersuchung. Danach hat die Werbung bei etablierten Marken keinerlei Einfluß auf das Wiederkaufverhalten, dafür aber einen deutlichen Einfluß auf das Markenwechselverhalten. Die Autoren erklären dieses Ergebnis damit, daß Werbung Gelegenheitskäufer an die Existenz der Marke erinnert, während Stammkäufer dieser Erinnerung aufgrund der dauerhaften Verwendung der Marke gar nicht bedürfen. Vgl. Deighton, John / Henderson, Caroline M. / Neslin, Scott A. (1994): The Effects of Advertising on Brand Switching and Repeat Purchasing, in: Journal of Marketing Research, Vol.31, February 1994, p.42.

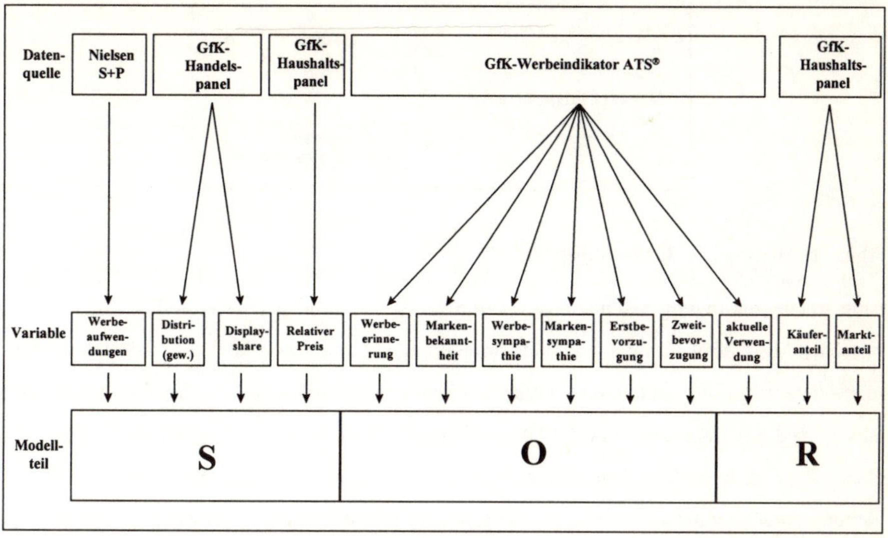

Quelle: Eigene Darstellung

Abb. 20: Datenquellen integrierter Trackingforschung

3.2.4 Spezifikation der Modellstruktur

Nachdem die Herkunft und die Operationalisierung der Modellvariablen geklärt sind, soll im folgenden die funktionale Verknüpfung der Variablen zu einem S-O-R-Kausalmodell vorgenommen werden. Die Spezifikation der Modellstruktur orientiert sich am Aufbau eines vollständigen LISREL-Modells. Zuerst sollen deshalb die Meßmodelle spezifiziert werden, bevor die latenten Variablen anschließend im Strukturmodell in Beziehung gesetzt werden.

3.2.4.1 Meßmodelle

3.2.4.1.1 Meßmodell der Gedächtnispräsenz

Wie in Abschnitt 2.3.2.3 erläutert, spielt die Gedächtnispräsenz von Marke und Werbemittel eine zentrale Rolle im Low-Involvement-Werbewirkungsprozeß. Die Gedächtnispräsenz soll daher als latente Variable in das Kausalmodell eingehen. Repräsentiert wird sie durch die beiden Indikatoren „gestützte Werbeerinnerung" und „ungestützte Markenbekanntheit"(vgl. Abb. 21).

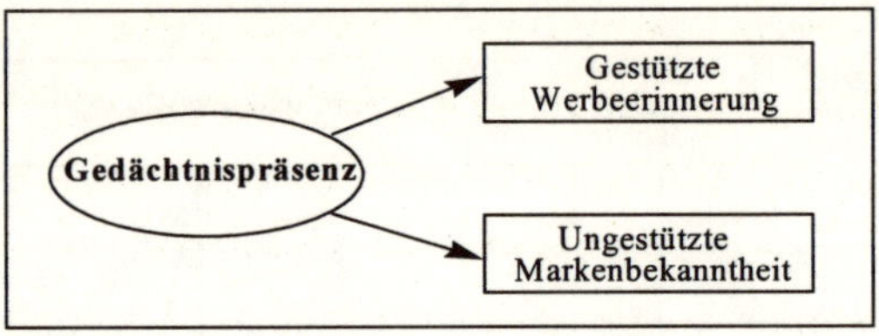

Quelle: Eigene Darstellung

Abb. 21: Meßmodell „Gedächtnispräsenz“

Eine solche Zuordnung erscheint gerechtfertigt, da aufgrund der dargestellten Beziehungen zwischen Markenbekanntheit und Werbeerinnerung unterstellt werden kann, daß sich die Korrelation zwischen den Indikatorvariablen auf eine gemeinsame Größe zurückführen läßt. Dies ist notwendig, da Konvergenzvalidität nur dann gegeben ist, wenn Indikatoren, die dem gleichen Faktor, d. h. der gleichen latenten Variable zugeordnet sind, eine ausreichend starke Beziehung untereinander aufweisen. Da die gestützte Werbeerinnerung im wesentlichen von den Werbeausgaben abhängt, die ungestützte Markenbekanntheit dagegen durch eine Reihe weiterer Marketing-Mix-Variablen beeinflußt wird, ist andererseits nicht davon auszugehen, daß die Korrelation zwischen den Indikatorvariablen so hoch ist, daß beide Variablen faktisch den gleichen Sachverhalt messen und daher ein Indikator überflüssig wäre.[468]

3.2.4.1.2 Meßmodell der Sympathie

Die Konstruktkategorie der Einstellungen soll durch die latente Variable „Sympathie“ dargestellt werden, repräsentiert durch die Indikatorvariablen „Sympathische Werbung“ und „Sympathische Marke“.

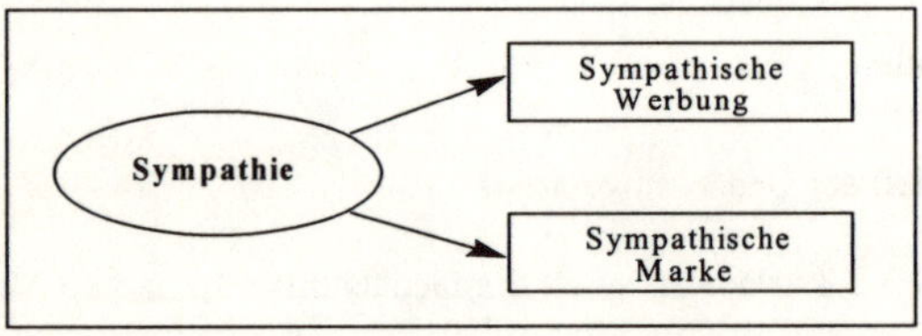

Quelle: Eigene Darstellung

Abb. 22: Meßmodell „Sympathie“

Für eine Korrelation zwischen den Indikatoren spricht das Paradigma der A_{ad}-Forschung, nach dem zwischen der Werbesympathie und der Markensympathie ein Zusammenhang besteht. Wie die Diskussion der A_{ad}-Forschungsergebnisse gezeigt hat, ist jedoch der Einfluß der Ein-

[468] Erst Korrelationen > 0,9 werden als problematisch angesehen. Vgl. Backhaus, Klaus et al. (1996): S.397.

stellung zur Werbung auf die Einstellung zur Marke bei vorhandener Verwendungserfahrung, von der im Rahmen der Modellentwicklung gemäß den spezifizierten Antezedenzbedingungen ausgegangen wird, gering. Aus diesem Grund könnte die Konvergenzvalidität des Meßmodells „Sympathie" beeinträchtigt sein. Auf eine Abbildung eines direkten kausalen Zusammenhangs zwischen der Werbesympathie und der Markensympathie im Sinne des klassischen Forschungsdesigns der A_{ad}-Forschung muß verzichtet werden, da keine Indikatoren zur Verfügung stehen, die es erlauben würden, die Sympathievariablen selbst als latente Konstrukte aufzufassen, zwischen denen eine kausale Beziehung abgebildet werden kann. Daher kann auch nicht dem Hinweis von STEFFENHAGEN nachgegangen werden, daß die Beziehung zwischen der Einstellung zur Werbung und der Einstellung zur Marke bei produktvertrauten Adressaten möglicherweise wechselseitiger Natur ist. STEFFENHAGEN kritisiert, daß die A_{ad}-Forschung bei verwendungserfahrenen Adressaten nicht ausreichend berücksichtigt, daß die Einstellung zur Marke auch die Einstellung zur Werbung beeinflussen könnte, weil z. B. die Werbung besonders vertrauter und beliebter Marken grundsätzlich besser beurteilt wird.[469] Gegen diese These spricht jedoch das Ergebnis der Untersuchung von MACHLEIT et al., nach der zwischen der Pre-Exposure-Markeneinstellung und der Post-Exposure-Werbeeinstellung lediglich eine geringe Korrelation (<0,10) besteht.[470]

3.2.4.1.3 Meßmodell der Präferenz

Die kritische Würdigung der theoretischen Grundlagen der Werbetrackingforschung hat gezeigt, daß Kaufabsichten aufgrund ihrer starken Situationsabhängigkeit als Bestandteil eines Werbewirkungsmodells nur bedingt geeignet sind, während Präferenzen als generelle Kaufneigung diesen Nachteil nicht aufweisen. Daher soll die Präferenz als latente Variable in das Kausalmodell eingehen. Als Indikatoren kommen die beiden manifesten Variablen „Erstbevorzugung" und „Zweitbevorzugung" in Frage. Die Einbeziehung der am zweitmeisten bevorzugten Marke ist jedoch nicht unproblematisch, da davon auszugehen ist, daß etablierte Marken über einen erheblichen Anteil an Stammkäufern verfügen, welche entsprechend ihrer Bindung nur eine Marke bevorzugen. Der „Erstbevorzugung" wird daher eine erheblich größere Kaufverhaltensrelevanz zukommen als der „Zweitbevorzugung", die sich v. a. dann auf das Kaufverhalten auswirken dürfte, wenn die erstpräferierte Marke nicht erhältlich ist oder aber andere Marketing-Mix-Aktivitäten wie z. B. Sonderpreisaktionen einen zusätzlichen Kaufanreiz schaffen. Diese Erkenntnis würde dafür sprechen, daß die latente Varia-

[469] Vgl. Steffenhagen, Hartwig (1996): S.139f.

ble „Präferenz" lediglich durch den Indikator „Erstbevorzugung" repräsentiert wird. Ein solches Einzelindikator-Konstrukt ist in Kausalmodellen jedoch wenig wünschenswert, da es zur Skalierung einer latenten Variable notwendig ist, die Korrelation (Faktorladung) bzw. die Kovarianz[471] eines beliebigen Indikators mit dem Konstrukt (λ_i) auf den Wert Eins festzusetzen.[472] Ohne eine solche Skalenrestriktion sind die Parameter der Varianzen nicht identifizierbar, da die latenten Variablen keine Skaleneinheit aufweisen. Ist nur ein einzelner Indikator vorhanden, muß der zugehörige Parameter (λ_i) zwangsläufig auf den Wert Eins festgelegt werden.[473] Das bedeutet inhaltlich, daß der betreffende Indikator das Konstrukt perfekt repräsentiert, d. h., es wird eine fehlerfreie Messung unterstellt. Aussagen über die Reliabilität des Meßmodells, die einen zentralen Vorteil der Kausalanalyse darstellen, sind in diesem Fall nicht möglich.

Da eine fehlerfreie Messung der Präferenz unrealistisch ist, soll die latente Variable „Präferenz" durch die Erst- und die Zweitbevorzugung repräsentiert werden, ungeachtet der Vermutung, daß die Kaufverhaltensrelevanz der Zweitbevorzugung geringer sein müßte als die der Erstbevorzugung. Auf diese Weise ist es möglich, Werte für die Reliabilität der Messung zu erhalten.

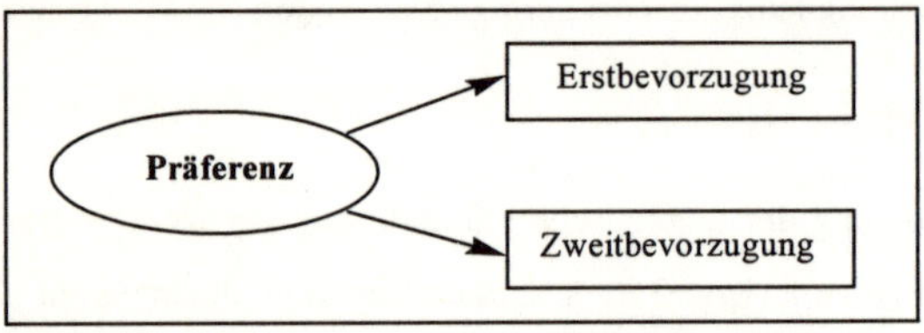

Quelle: Eigene Darstellung

Abb. 23: Meßmodell „Präferenz"

3.2.4.1.4 Meßmodell der Verwendung bzw. des Kaufs

Zur Messung der aktuellen Markenverwendung steht nur die Variable „derzeitige Verwendung" zur Verfügung. Der GfK-Werbeindikator ATS® enthält zwar zusätzlich die Frage

---

470 Vgl. Machleit, Karen A. / Allen, Chris T. / Madden, Thomas J. (1993): p.78.

471 Die Interpretation des λy-Koeffizienten als Faktorladung ist grundsätzlich nur bei der komplett standardisierten Lösung zulässig.

472 Vgl. Jöreskog, Karl G. / Sörbom, Dag (1989): p.18.

473 Eine solche Skalenrestriktion beeinflußt das Meßergebnis nicht, da es sich lediglich um eine Lineartransformation der Parameter handelt. Vgl. Hildebrandt, Lutz (1983): S.81. Die Skalenrestriktion kann jedoch einen Einfluß auf die Signifikanz der Modellparameter ausüben. Vgl. De Pijper, W. M. / Saris, W. E. (1982): The Effect of Identification Restrictions on The Test Statistics in Latent Variable Models, in: Jöreskog, Karl G. / Wold, Herman O.A. [eds.] (1982): Systems under Indirect Observation. Causality - Structure - Prediction, Part 1, Amsterdam, pp.180-182.

„Haben Sie Marke X schon mal verwendet?“,[474] doch diese Variable ist weitgehend unbrauchbar für die Erfassung des Kaufverhaltens, da aus ihr nicht hervorgeht, wann die Verwendung und damit auch der Kauf stattgefunden hat. Bezüge zum aktuellen Kaufverhalten sind somit nicht herzustellen. Bei etablierten Marken diskriminiert die Variable „Schon mal verwendet“ zudem nur in sehr geringem Maße, da fast jede Marke irgendwann einmal verwendet wurde: Die Zustimmung zur genannten Frage liegt bei führenden Marken regelmäßig bei Werten über 80%. Für die latente Variable „Verwendung“ steht daher aus dem GfK-Werbeindikator ATS® nur der Indikator „derzeitige Verwendung“ zur Verfügung.

Wie in Abschnitt 3.2.3.3 dargelegt, dürften die aktuelle Verwendung einer Marke und der zugrundeliegende Kauf auf Basis der vorliegenden Daten als weitgehend kontemporäre Ereignisse erscheinen. Um zu überprüfen, ob das Ausmaß der aktuellen Verwendung einer Marke aus dem GfK-Werbeindikator ATS® mit den entsprechenden Käuferanteilen aus dem Haushaltspanel übereinstimmt, werden beide Größen in ein Meßmodell integriert. Die latente Variable „Verwendung“ zur Messung der Marktreaktion wird somit auf die beiden in Abb. 24 dargestellten Größen „derzeitige Verwendung“ und „Käuferanteil“ zurückgeführt. Auf diese Weise ist eine umfassende Messung der Marktreaktion aus zwei unterschiedlichen Datenquellen möglich.

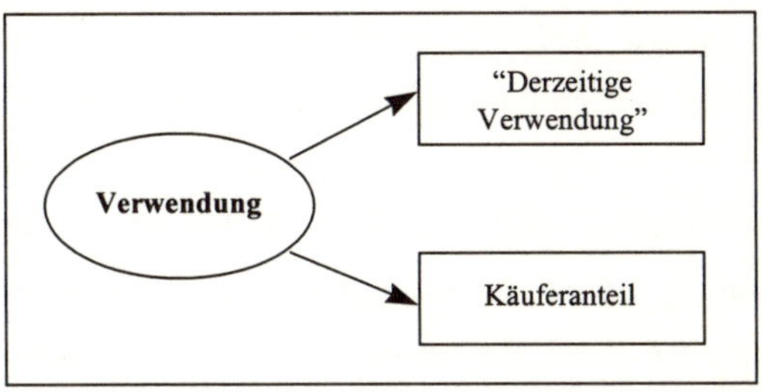

Quelle: Eigene Darstellung

Abb. 24: Meßmodell „Verwendung“

Das Verhältnis von Indikatoren zu latenten Variablen beträgt in den vorgestellten Meßmodellen folglich Zwei und entspricht damit dem üblichen Verhältnis im Rahmen der kausalanalytischen Forschung, wie BAUMGARTNER / HOMBURG anhand einer Literaturauswertung führender Marketing-Fachzeitschriften zeigen.[475] Die in der kausalanalytischen Literatur ausgesprochene Empfehlung, eine latente Variable mit mindestens drei Indikatoren zu erfassen,

[474] Vgl. den Fragebogen im Anhang dieser Arbeit.
[475] Vgl. Baumgartner, Hans / Homburg, Christian (1996): p.145.

um Identifikationsprobleme und unplausible Schätzergebnisse zu vermeiden,[476] kann in der Forschungspraxis oft nicht eingehalten werden. Daß keines der hier vorgestellten Meßmodelle über die empfohlenen drei Indikatoren verfügt, ist zweifellos ein schätztechnischer Nachteil, auf der anderen Seite ist eine derartige Empfehlung aber nicht unproblematisch, da sie letztlich den Primat der Theorie vor der Empirie verletzt: Es kann nicht darum gehen, den Meßmodellen aufgrund schätztechnischer Erfordernisse irgendwelche Indikatoren hinzuzufügen. Ein solches Vorgehen ist nur dann gerechtfertigt, wenn aufgrund theoretischer Überlegungen davon ausgegangen werden kann, daß sich die in Frage kommenden Indikatoren auf einen gemeinsamen Faktor zurückführen lassen.

3.2.4.2 Strukturmodell

3.2.4.2.1 Modellelemente der Low-Involvement-Hierarchie

Die Verknüpfung der latenten Variablen im Rahmen des Strukturmodells muß sich einerseits an den spezifizierten Antezedenzbedingungen orientieren, andererseits am Ziel dieser Arbeit, nicht ein gänzlich neues Werbewirkungsmodell zu entwerfen, sondern gut bestätigte Bestandteile bereits existierender Modelle integrativ zu verknüpfen. Da die wesentlichen Antezedenzbedingungen „geringes Involvement" und „vorhandene Verwendungserfahrung" lauten, erscheint es sinnvoll, zunächst die Low-Involvement-Modellelemente abzubilden. Wie die Diskussion der klassischen Werbewirkungshierarchien gezeigt hat, wirkt bei geringem Involvement die Gedächtnispräsenz einer Marke aufgrund des „kognitiv-konativen" Kurzschlusses kaufentscheidend. Gleichzeitig geben die bisherigen Erfahrungen der Werbetrackingforschung Anlaß zu der Vermutung, daß die Verwendung einer Marke die Gedächtnispräsenz beeinflußt. Empirische Evidenz für diese Vermutung veranschaulicht Abb. 25. Dargestellt sind Indexwerte für die gestützte Werbeerinnerung und die ungestützte Markenbekanntheit aus dem GfK-Werbeindikator ATS® und dem IP Werbekompaß. Die Grundgesamtheit der Befragten wurde mit einem Index = 100 versehen. Anschließend wurde berechnet, wie hoch die gestützte Werbeerinnerung und die ungestützte Markenbekanntheit bei den Verwendern einer Marke sind und wie hoch bei den Nichtverwendern. Die jeweiligen Werte wurden dabei ebenfalls als Indizes dargestellt. Es zeigt sich deutlich, daß die Verwender einer Marke eine erheblich höhere Gedächtnispräsenz als die Grundgesamtheit aufweisen, die Nichtverwender

476 Vgl. Balderjahn, Ingo (1986): S.93. Bentler, Peter M. / Chou, C. P. (1987): Practical Issues in Structural Modeling, in: Sociological Methods and Research, Vol.16, No.1, 1987, p.94. Balderjahn, Ingo (1986): S.93. Baumgartner, Hans / Homburg, Christian (1996): S.144.

dagegen eine geringere Gedächtnispräsenz. Die große Übereinstimmung zwischen den Ergebnissen des GfK-Werbeindikators ATS® und des Werbewirkungskompasses IP Deutschland spricht für die Reliabilität der Messungen.[477]

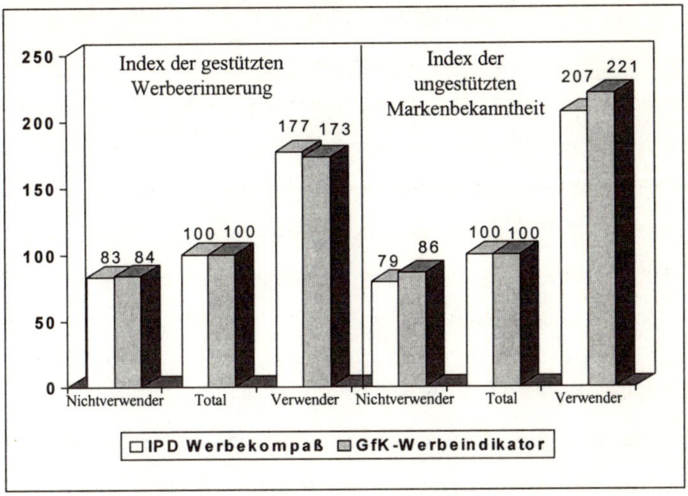

Quelle: Datenbank Werbekompaß IP Deutschland, entnommen aus: Münzer, Barbara (1997): Mehr als reine Nasenzählerei, in: W&V 4/97 sowie Datenbank des GfK-Werbeindikators ATS®, eigene Berechnung

Abb. 25: Werbeerinnerung und Markenbekanntheit bei Verwendern und Nichtverwendern

Um diese wechselseitigen Einflüsse zu berücksichtigen, sollen als Modellelemente der Low-Involvement-Hierarchie die Gedächtnispräsenz einer Marke und die Verwendung als reziproke Kausalbeziehungen dargestellt werden:

[477] Die Zahlen des Werbewirkungskompasses IP Deutschland wurden folgender Quelle entnommen: Münzer, Barbara (1997): Mehr als reine Nasenzählerei, in: Werben und Verkaufen 4/97, S.7. Die Werte des GfK-Werbeindikators ATS® beruhen auf einer vom Autor vorgenommenen Auswertung der ATS®-Datenbank für 20 marktanteilsstarke FMCG's (∅ Marktanteil 18%). Es wurden bewußt nur marktanteilsstarke Marken betrachtet, da Randmarken sehr geringe Fallzahlen für die Verwender aufweisen und dementsprechend anfällig für Zufallsschwankungen sind. Die geringen Fallzahlen lassen auch das Vorgehen einiger Marktforschungsinstitute problematisch erscheinen, die Verwender zu unterteilen in solche mit und ohne Werbeerinnerung, um auf diese Weise Unterschiede in der Beurteilung bestimmter Imagedimensionen aufzudecken. Vgl. z. B. Vöhl-Hitscher, Frank (1997): Wenn der werbliche Besitzstand von Marken zu einer Belastung wird, in: Planung und Analyse 2/97, S.19.

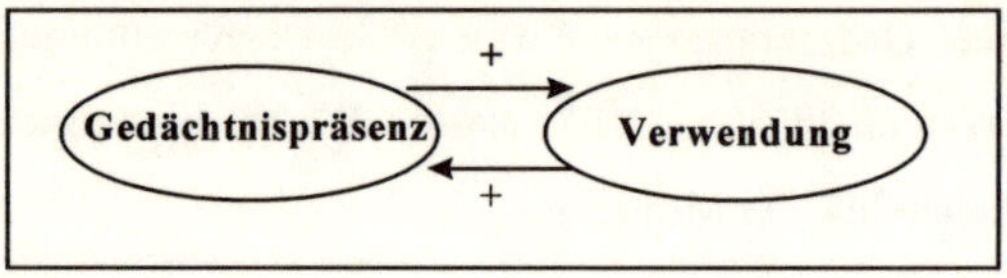

Quelle: Eigene Darstellung

Abb. 26: Modellelemente der Low-Involvement-Hierarchie

Die den kausalen Beziehungen zugrundeliegenden Hypothesen lauten:

Hypothese 1: Je größer die Gedächtnispräsenz einer Marke ist, desto höher ist die Verwendung.

Hypothese 2: Je höher die Verwendung einer Marke ist, desto größer ist ihre Gedächtnispräsenz.

3.2.4.2.2 Modellelemente der Lernhierarchie

Wie die kritische Würdigung der theoretischen Grundlagen der Werbetrackingforschung gezeigt hat, ist es auch bei geringem Involvement möglich, daß Einstellungen und Präferenzen dem Kaufverhalten vorangehen. Aus diesem Grund wird das zu entwickelnde Strukturmodell um die klassischen Konstrukte der Lernhierarchie ergänzt.

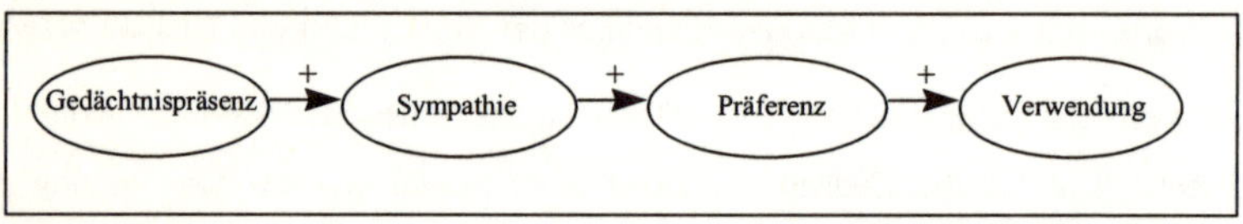

Quelle: Eigene Darstellung

Abb. 27: Modellelemente der Lernhierarchie

Die abgebildeten Kausalhypothesen lauten:

Hypothese 3: Je größer die Gedächtnispräsenz von Marke und Werbemittel ist, desto sympathischer werden Marke und Werbemittel beurteilt.

Diese Forschungshypothese läßt sich unterschiedlich begründen. Zum einen sind Kenntnisse in der Lernhierarchie Voraussetzung zur Bildung von Einstellungen, zum anderen ist aufgrund informationsökonomischer Erkenntnisse davon auszugehen, daß besonders bekannte und vertraute Marken einen Sympathiebonus besitzen, in dem sich das Markenvertrauen widerspiegelt. Für die Werbeerinnerung und die Werbesympathie könnte ein analoger Zusammenhang vorliegen, allerdings ist es auch denkbar, daß negative „Wear-out-Effekte" auftreten.

Hypothese 4: Je größer die Sympathie ist, desto höher ist die Präferenz.

Diese Hypothese folgt der Auffassung der Lernhierarchie, nach der die relative Vorzugswürdigkeit einer Marke eine Folge der (affektiven) Einstellung zu dieser Marke ist. Präferenzen ohne vorangegangene Einstellungsbildung, wie sie bei vereinfachten, routinemäßigen Kaufentscheidungen denkbar erscheinen, sind im Rahmen der Lernhierarchie nicht möglich.

Hypothese 5: Je höher die Präferenz ist, desto höher ist die Verwendung.

Die Verwendung einer Marke ist in der Lernhierarchie eine direkte Folge der Präferenz. Der Zusammenhang zwischen Präferenz und Verwendung kann aber durch die Nichterhältlichkeit einer präferierten Marke oder durch POS-Einflüsse ebenso beeinträchtigt werden wie durch „Variety-Seeking"- Prozesse.

3.2.4.3 Entwurf eines integrativen Werbewirkungsmodells

Nachdem die Strukturmodellelemente der Low-Involvement- und der Lernhierarchie separat dargestellt wurden, soll im folgenden ein Werbewirkungsmodell entworfen werden, das beide Hierarchietypen miteinander verknüpft. Abb. 28 zeigt die Struktur eines solchen integrativen Werbewirkungsmodells.

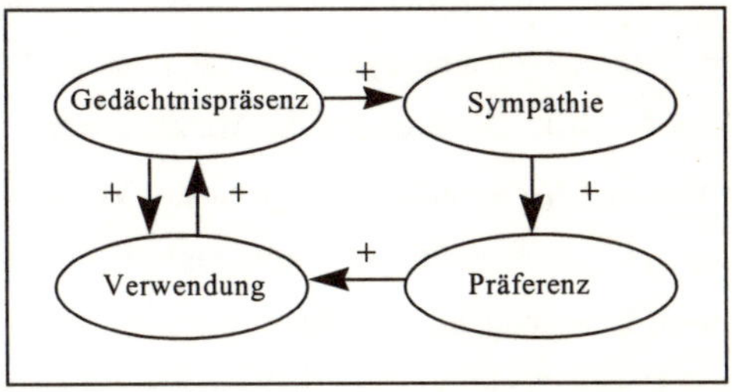

Quelle: Eigene Darstellung

Abb. 28: Strukturmodell eines integrativen Werbewirkungsmodells

Was auf den ersten Blick wie eine unzulässige Kombination alternativer Werbewirkungsverläufe aussieht, da beide Hierarchieelemente ursprünglich für unterschiedliche, sich ausschließende Antezedenzbedingungen entwickelt wurden, weist bei genauerer Betrachtung eine Reihe zentraler Vorteile gegenüber den „klassischen" Werbewirkungsmodellen auf:

- Die Integration der Low-Involvement- mit der Lernhierarchie trägt der Erkenntnis Rechnung, daß die klassischen Konstrukte der Werbewirkung (Kenntnisse, Einstellungen, Präferenzen) auch bei geringem Involvement Bestandteile des Werbewirkungsprozesses sein können, aber nicht zwingend sein müssen.

- Durch die Abbildung alternativer Werbewirkungsverläufe bei gleichen Antezedenzbedingungen wird der strenge Determinismus der traditionellen Werbewirkungsmodelle überwunden.

- Der nichthierarchische Charakter des integrativen Werbewirkungsmodells erlaubt die explizite Berücksichtigung von Wechselwirkungen zwischen den Konstrukten. Der Einfluß der Verwendung auf die Gedächtnispräsenz wird direkt, der Einfluß auf Sympathie und Präferenz indirekt über die zwischengelagerten Konstrukte im Rahmen eines kausalen Kreislaufs[478] erfaßt.

- die Berücksichtigung von Verwendungserfahrungen läßt das Modell für etablierte Marken geeignet erscheinen. Die implizite Fiktion des Erstkaufs einer neuen Marke, die den traditionellen Werbewirkungsmodellen inhärent ist, wird dadurch überwunden. So kann der aufschlußreichen Frage nachgegangen werden, ob die Lernhierarchie und die Low-Involvement-Hierarchie, die in einer Vielzahl von Pretest-ähnlichen Untersuchungen bestätigt werden konnten, auch dann noch anwendbar sind, wenn Verwendungserfahrungen vorliegen.

Es handelt sich folglich um ein nichthierarchisches Werbewirkungsmodell mit alternativen Sequenzen bei gleichen Antezedenzbedingungen. Das dargestellte Modell hat den Charakter eines vollständigen S-O-R-Modells. Die Messung der Marktreaktion ergibt sich durch die Integration von Käuferanteil und Verwenderanteil. Wenn die Verwendung eine reliable und repräsentative Größe darstellt, dann müßte der Verwenderanteil - wie in Abschnitt 3.2.3.3 erläutert - stark mit dem Käuferanteil aus dem Haushaltspanel korrelieren und sich folglich auf eine latente Variable „Verwendung", die das Kaufverhalten erfaßt, zurückführen lassen.

Die Stimuli-Variablen werden als direkter Einfluß manifest exogener Variablen auf die latenten endogenen Variablen konzeptionalisiert. Die Kausalhypothesen lauten im einzelnen:

Hypothese 6: Je höher die Werbeausgaben sind, desto höher ist die Gedächtnispräsenz der beworbenen Marke.

Diese Hypothese erklärt sich aus der Erkenntnis der Werbetrackingforschung, daß die Werbeerinnerung im wesentlichen von den Werbeausgaben abhängig ist und auch die Markenbekanntheit, obwohl von einer Reihe weiterer Variablen beeinflußt, durch Werbeausgaben erhöht werden kann.

---

[478] Vgl. Spirtes, Peter / Glymour, Clark / Scheines, Richard (1993): Causation, Prediction, and Search, New York, pp.359/360.

Hypothese 7: Je höher der Displayshare einer Marke ist, desto höher ist ihre Gedächtnispräsenz.

Diese Hypothese berücksichtigt, daß Displays ein erhebliches Wahrnehmungspotential darstellen und damit eine Quelle für die Gedächtnispräsenz.

Hypothese 8: Je höher die (gewichtete) Distribution einer Marke ist, desto höher ist ihre Gedächtnispräsenz.

Die bloße Präsenz einer Marke am POS stellt ebenfalls ein erhebliches Wahrnehmungspotential dar.[479] Marken, die überall erhältlich sind, sollten daher über eine größere Gedächtnispräsenz verfügen als Marken, die nur eine geringe Distribution aufweisen.

Hypothese 9: Je höher der Displayshare einer Marke ist, desto höher ist die Verwendung.

Diese Hypothese reflektiert die kaufstimulierende Wirkung von Displays. Nicht nur bei Impulskaufartikeln, sondern bei den hier untersuchten FMCGs im allgemeinen sollte sich der Displayshare positiv auf die Verwendung auswirken.

Hypothese 10: Je höher die Distribution einer Marke ist, desto höher ist die Verwendung.

Die Präsenz einer Marke am POS stellt nicht nur ein Wahrnehmungs-, sondern auch ein Kaufpotential dar. Ist eine Marke nicht überall erhältlich, dürfte die Verwendung geringer sein, da bei FMCGs davon auszugehen ist, daß nur ein geringer Teil der Verwender bereit ist, bei Nichterhältlichkeit eine weitere Einkaufsstätte aufzusuchen.[480]

Hypothese 11: Je höher der relative Preis einer Marke ist, desto geringer ist die Verwendung.

Marken, die über ein Preispremium im Vergleich zu ihrer Warengruppe verfügen, sollten gemäß der negativen Steigung einer Preisabsatzfunktion über einen geringeren Verwenderanteil verfügen. Eventuelle „Snobeffekte" sind bei FMCGs im allgemeinen auszuschließen. Hypothese 11 ist die einzige Kausalbeziehung mit einem negativen Vorzeichen. Darauf ist bei der

479 Vgl. Heeler, Roger M. (1986): On the Awareness Effects of Mere Distribution, in: Marketing Science, Vol.14, No.3, Summer 1986, p.273 sowie Kilzer, Franz (1997): Marken- und Marktanalysen als Werbewirkungsforschung, in: Planung und Analyse 2/97, S.63.

480 Vgl. Reibstein, David J. / Farris, Paul W. (1995): Market Share and Distribution: A Generalization, A Speculation, and Some Implications, in: Marketing Science, Vol.14, No.3, Part 2 of 2, 1995, p.G.190.

Bewertung der nomologischen Validität besonders zu achten. Abb. 29 zeigt das vollständig spezifizierte Kausalmodell.

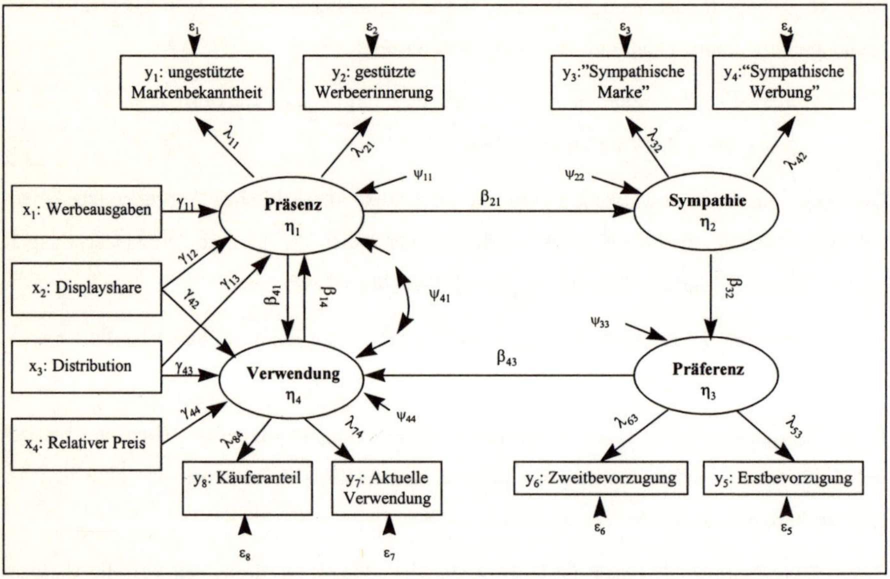

Quelle: Eigene Darstellung

Abb. 29: Vollständig spezifiziertes integratives Werbewirkungsmodell

Die Konzeptionalisierung der Stimuli-Variablen als direkter Einfluß manifest exogener Variablen auf die latenten endogenen Variablen entspricht inhaltlich der Abbildung einer Ursache-Wirkungs-Beziehung und formal einer multiplen Regression der Marketing-Mix-Einflüsse auf die Konstrukte „Gedächtnispräsenz“ und „Verwendung“. Derartige Einflußgrößen auf einen Faktor werden auch als formative oder kausale Indikatoren bezeichnet, im Gegensatz zu reflektiven oder Effekt-Indikatoren, die im Sinne der traditionellen Faktorenanalyse als durch einen Faktor verursacht angesehen werden.[481] Da in dem abgebildeten Kausalmodell $x = \xi$ gilt, existieren keine latenten exogenen Variablen (ξ). Die kausal zu interpretierenden Beziehungen zwischen x und η werden mit γ bezeichnet. Untrennbar verbunden ist mit einer solchen Konzeptionalisierung die Annahme einer meßfehlerfreien Messung der manifest exogenen Variablen ($\Theta_\delta = 0$). Da es sich bei diesen ausschließlich um Panelgrößen (Displayshare, Distribution, Relativer Preis) bzw. um Daten aus Sekundärstatistiken (Werbeausgaben) handelt, ist diese Annahme durchaus gerechtfertigt. Aufgrund der Spezifikation $x = \xi$ weist

LISREL die Korrelationen zwischen den x-Variablen als Teil der „Correlation Matrix of Eta and Ksi“ aus. Diese sind in Tabelle 9 dargestellt. Die Höhe der Korrelationen gibt keinen Anhaltspunkt für das Vorliegen starker Multikollinearität, welche die Aufnahme der x-Variablen in den regressionsanalytischen Modellteil problematisch erscheinen lassen würde.

"Phi" (ψ)	x_1	x_2	x_3	x_4
x_1 (Werbeaufwendungen)	1			
x_2 (Displayshare)	0,25	1		
x_3 (Distribution)	0,17	0,40	1	
x_4 (Relativer Preis)	-0,10	-0,20	-0,04	1

Quelle: Eigene Berechnung

Tabelle 9: Korrelationen zwischen den Marketing-Mix-Variablen

Hypothesen über die Stärke der Modellzusammenhänge, wie sie in regressionsanalytisch zu schätzenden Modellen aufgestellt werden, sind bei einer kausalanalytischen Validierung wenig sinnvoll, da die Stärke der Beziehungen zwischen den latenten Variablen davon abhängt, wie gut ihre Repräsentation durch die jeweiligen Indikatoren gelingt und zudem indirekte Effekte berücksichtigt werden müssen.[482]

[481] Vgl. Homburg, Christian / Giering, Anette (1996): S.6. Bollen, Kenneth A. (1989): p.65.

[482] Vgl. Backhaus, Klaus et al. (1996): S.389f.

3.2.5 Identifikation der Modellstruktur

Im folgenden soll die theoretische Identifikation des spezifizierten Kausalmodells algebraisch nachgewiesen werden. Die Beweisführung orientiert sich an der Darstellung bei JÖRESKOG und SÖRBOM.[483]

3.2.5.1 Algebraischer Nachweis

Es gilt: $\xi_i \equiv x_i \Leftrightarrow \Lambda_x\ (4x4) = I;\ \Theta_\delta = 0$

1. Strukturmodell

$$\begin{pmatrix} \eta_1 \\ \eta_2 \\ \eta_3 \\ \eta_4 \end{pmatrix} = \begin{pmatrix} 0 & 0 & 0 & \beta_{14} & 0 \\ \beta_{21} & 0 & 0 & 0 & 0 \\ 0 & \beta_{32} & 0 & 0 & 0 \\ \beta_{41} & 0 & \beta_{43} & 0 & 0 \end{pmatrix} x \begin{pmatrix} \eta_1 \\ \eta_2 \\ \eta_3 \\ \eta_4 \end{pmatrix} + \begin{pmatrix} \gamma_{11} & \gamma_{12} & \gamma_{13} & 0 \\ 0 & 0 & 0 & 0 \\ 0 & 0 & 0 & 0 \\ 0 & \gamma_{42} & \gamma_{43} & \gamma_{44} \end{pmatrix} x \begin{pmatrix} \xi_1 \\ \xi_2 \\ \xi_3 \\ \xi_4 \end{pmatrix} + \begin{pmatrix} \varsigma_1 \\ \varsigma_2 \\ \varsigma_3 \\ \varsigma_4 \end{pmatrix}$$

2. Meßmodell der latenten endogenen Variablen

$$\begin{pmatrix} y_1 \\ y_2 \\ y_3 \\ y_4 \\ y_5 \\ y_6 \\ y_7 \\ y_8 \end{pmatrix} = \begin{pmatrix} 1 & 0 & 0 & 0 & 0 \\ \lambda_{21} & 0 & 0 & 0 & 0 \\ 0 & 1 & 0 & 0 & 0 \\ 0 & \lambda_{42} & 0 & 0 & 0 \\ 0 & 0 & 1 & 0 & 0 \\ 0 & 0 & \lambda_{63} & 0 & 0 \\ 0 & 0 & 0 & 1 & 0 \\ 0 & 0 & 0 & \lambda_{84} & 1 \end{pmatrix} \times \begin{pmatrix} \eta_1 \\ \eta_2 \\ \eta_3 \\ \eta_4 \end{pmatrix} + \begin{pmatrix} \varepsilon_1 \\ \varepsilon_2 \\ \varepsilon_3 \\ \varepsilon_4 \\ \varepsilon_5 \\ \varepsilon_6 \\ \varepsilon_7 \\ \varepsilon_8 \end{pmatrix}$$

Da $\xi \equiv x$ und Φ keinerlei Restriktionen unterliegen, folgt daraus $\Phi = \Sigma_{xx}$, geschätzt als S_{xx}.

Die Ψ-Matrix (4x4) hat die Form: $\begin{pmatrix} \psi_{11} & & & \\ 0 & \psi_{22} & & \\ 0 & 0 & \psi_{33} & \\ \psi_{41} & 0 & 0 & \psi_{44} \end{pmatrix}$

mit $\psi_{ii} = \mathrm{var}(\varsigma_i)$ und $\psi_{41} = \mathrm{cov}(\varsigma_1, \varsigma_4)$. Die Matrix Θ_ε ist eine Diagonalmatrix, deren diagonale Elemente $\theta_{ii}^{(\varepsilon)}$ die Varianzen der Meßfehlervariablen $\mathrm{var}(\varepsilon_i)$ angeben. Da $\xi \equiv x$ ist, läßt sich das Strukturmodell schreiben als

$$\eta = \mathrm{B}\eta + \Gamma x + \zeta \qquad (3.23)$$

483 Vgl. Jöreskog, Karl G. / Sörbom, Dag (1989): pp.177-179.

mit der reduzierten Form

$$\eta = (\mathrm{I} - \mathrm{B})^{-1}\Gamma x + (\mathrm{I} - \mathrm{B})^{-1}\zeta \qquad \det(\mathrm{I} - \mathrm{B})^{-1} \neq 0 \qquad (3.24)$$

Ferner gilt:

$$y = \Lambda_y \eta + \varepsilon = \Lambda_y (\mathrm{I} - \mathrm{B})^{-1}\Gamma x + \Lambda_y (\mathrm{I} - \mathrm{B})^{-1}\zeta + \varepsilon = \mathrm{P}x + t \qquad (3.25)$$

mit:

$$\mathrm{P} = \Sigma_{xy}\Sigma_{xx}^{-1} = \Lambda_y (\mathrm{I} - \mathrm{B})^{-1}\Gamma = \Lambda_y \Pi \qquad (3.26)$$

sowie:

$$t = \Lambda_y (\mathrm{I} - \mathrm{B})^{-1}\zeta + \varepsilon \qquad (3.27)$$

Da Ψ unbeschränkt ist, folgt aus Gleichung (3.24) für beliebige B und Γ eine Entsprechung zwischen Ψ und der Kovarianzmatrix von η, genannt Ω, der Form:

$$\Omega = \begin{pmatrix} \omega_{11} & & & \\ \omega_{21} & \omega_{22} & & \\ \omega_{31} & \omega_{32} & \omega_{33} & \\ \omega_{41} & \omega_{42} & \omega_{43} & \omega_{44} \end{pmatrix}$$

Aus (3.25) folgt:

$$\Sigma_{yy} = \Lambda_y \Omega \Lambda_y{}' + \Theta_\varepsilon = \begin{pmatrix} 1 & 0 & 0 & 0 & 0 \\ \lambda_{21} & 0 & 0 & 0 & 0 \\ 0 & 1 & 0 & 0 & 0 \\ 0 & \lambda_{42} & 0 & 0 & 0 \\ 0 & 0 & 1 & 0 & 0 \\ 0 & 0 & \lambda_{63} & 0 & 0 \\ 0 & 0 & 0 & 1 & 0 \\ 0 & 0 & 0 & \lambda_{84} & 1 \end{pmatrix} \times \begin{pmatrix} \omega_{11} & & & \\ \omega_{21} & \omega_{22} & & \\ \omega_{31} & \omega_{32} & \omega_{33} & \\ \omega_{41} & \omega_{42} & \omega_{43} & \omega_{44} \end{pmatrix} \times \begin{pmatrix} 1 & \lambda_{21} & 0 & 0 & 0 & 0 & 0 & 0 \\ 0 & 0 & 1 & \lambda_{42} & 0 & 0 & 0 & 0 \\ 0 & 0 & 0 & 0 & 1 & \lambda_{63} & 0 & 0 \\ 0 & 0 & 0 & 0 & 0 & 0 & 1 & 0 \\ 0 & 0 & 0 & 0 & 0 & 0 & \lambda_{84} & 1 \end{pmatrix}$$

$$+ \begin{pmatrix} \theta_{11}^{(\varepsilon)} & 0 & 0 & 0 & 0 & 0 & 0 & 0 \\ 0 & \theta_{22}^{(\varepsilon)} & 0 & 0 & 0 & 0 & 0 & 0 \\ 0 & 0 & \theta_{33}^{(\varepsilon)} & 0 & 0 & 0 & 0 & 0 \\ 0 & 0 & 0 & \theta_{44}^{(\varepsilon)} & 0 & 0 & 0 & 0 \\ 0 & 0 & 0 & 0 & \theta_{55}^{(\varepsilon)} & 0 & 0 & 0 \\ 0 & 0 & 0 & 0 & 0 & \theta_{66}^{(\varepsilon)} & 0 & 0 \\ 0 & 0 & 0 & 0 & 0 & 0 & \theta_{77}^{(\varepsilon)} & 0 \\ 0 & 0 & 0 & 0 & 0 & 0 & 0 & \theta_{88}^{(\varepsilon)} \end{pmatrix}$$

$$= \begin{pmatrix} \omega_{11} & & & \\ \lambda_{21}\omega_{11} & & & \\ \omega_{21} & \omega_{22} & & \\ \lambda_{42}\omega_{21} & \lambda_{42}\omega_{22} & & \\ \omega_{31} & \omega_{32} & \omega_{33} & \\ \lambda_{63}\omega_{31} & \lambda_{63}\omega_{32} & \lambda_{63}\omega_{33} & \\ \omega_{41} & \omega_{42} & \omega_{43} & \omega_{44} \\ \lambda_{84}\varpi_{41} & \lambda_{84}\omega_{42} & \lambda_{84}\omega_{43} & \lambda_{84}\omega_{44} \end{pmatrix} \times \begin{pmatrix} 1 & \lambda_{21} & 0 & 0 & 0 & 0 & 0 & 0 \\ 0 & 0 & 1 & \lambda_{42} & 0 & 0 & 0 & 0 \\ 0 & 0 & 0 & 0 & 1 & \lambda_{63} & 0 & 0 \\ 0 & 0 & 0 & 0 & 0 & 0 & 1 & 0 \\ 0 & 0 & 0 & 0 & 0 & 0 & \lambda_{84} & 1 \end{pmatrix} + \begin{pmatrix} \theta_{11}^{(\varepsilon)} & 0 & 0 & 0 & 0 & 0 & 0 \\ 0 & \theta_{22}^{(\varepsilon)} & 0 & 0 & 0 & 0 & 0 \\ 0 & 0 & \theta_{33}^{(\varepsilon)} & 0 & 0 & 0 & 0 \\ 0 & 0 & 0 & \theta_{44}^{(\varepsilon)} & 0 & 0 & 0 \\ 0 & 0 & 0 & 0 & \theta_{55}^{(\varepsilon)} & 0 & 0 \\ 0 & 0 & 0 & 0 & 0 & \theta_{66}^{(\varepsilon)} & 0 \\ 0 & 0 & 0 & 0 & 0 & 0 & \theta_{77}^{(\varepsilon)} \\ 0 & 0 & 0 & 0 & 0 & 0 & 0 \end{pmatrix}$$

$$= \begin{pmatrix} \omega_{11} + \theta_{11}^{(\varepsilon)} & \omega_{11}\lambda_{21} & & & & & & \\ \lambda_{21}\omega_{11} & (\lambda_{21})^2 \omega_{11} + \theta_{22}^{(\varepsilon)} & & & & & & \\ \omega_{21} & \lambda_{21}\omega_{21} & \omega_{22} + \theta_{33}^{(\varepsilon)} & \lambda_{42}\omega_{22} & & & & \\ \lambda_{42}\omega_{21} & \lambda_{21}\lambda_{421}\omega_{21} & \lambda_{42}\omega_{22} & (\lambda_{42})^2 \omega_{22} + \theta_{44}^{(\varepsilon)} & & & & \\ \omega_{31} & \lambda_{21}\omega_{31} & \omega_{32} & \lambda_{42}\omega_{32} & \omega_{33} + \theta_{55}^{(\varepsilon)} & \lambda_{63}\omega_{33} & & \\ \lambda_{63}\omega_{31} & \lambda_{21}\lambda_{63}\omega_{31} & \lambda_{63}\omega_{32} & \lambda_{42}\lambda_{63}\omega_{32} & \lambda_{63}\omega_{33} & (\lambda_{63})^2 \omega_{33} + \theta_{66}^{(\varepsilon)} & & \\ \omega_{41} & \lambda_{21}\omega_{41} & \omega_{42} & \lambda_{42}\omega_{42} & \omega_{43} & \lambda_{63}\omega_{43} & \omega_{44} + \theta_{77}^{(\varepsilon)} & \lambda_{84}\omega_{44} \\ \lambda_{84}\omega_{41} & \lambda_{21}\lambda_{84}\omega_{41} & \lambda_{84}\omega_{42} & \lambda_{42}\lambda_{84}\omega_{42} & \lambda_{84}\omega_{43} & \lambda_{63}\lambda_{84}\omega_{43} & \lambda_{84}\omega_{44} & (\lambda_{84})^2 \omega_{44} + \theta_{88}^{\varepsilon} \end{pmatrix}$$

Weiter folgt aus (3.26): $\Pi = (\mathrm{I} - \mathrm{B})^{-1} \times \Gamma$

$$\Pi = \begin{pmatrix} \frac{1}{z} & \frac{\beta_{14}\beta_{32}\beta_{43}}{z} & \frac{\beta_{14}\beta_{43}}{z} & \frac{\beta_{14}}{z} & 0 \\ \frac{\beta_{21}}{z} & \frac{1-\beta_{14}\beta_{41}}{z} & \frac{\beta_{14}\beta_{21}\beta_{43}}{z} & \frac{\beta_{14}\beta_{21}}{z} & 0 \\ \frac{\beta_{21}\beta_{32}}{z} & \frac{\beta_{32}(1-\beta_{14}\beta_{41})}{z} & \frac{1-\beta_{14}\beta_{41}}{z} & \frac{\beta_{14}\beta_{21}\beta_{32}}{z} & 0 \\ \frac{\beta_{41}+\beta_{21}\beta_{32}\beta_{43}}{z} & \frac{\beta_{32}\beta_{43}}{z} & \frac{\beta_{43}}{z} & \frac{1}{z} & 0 \\ & & & & 1 \end{pmatrix} \times \begin{pmatrix} \gamma_{11} & \gamma_{12} & \gamma_{13} & 0 \\ 0 & 0 & 0 & 0 \\ 0 & 0 & 0 & 0 \\ 0 & \gamma_{42} & \gamma_{43} & \gamma_{44} \\ 0 & 0 & 0 & 0 \end{pmatrix}$$

mit $z := 1 - \beta_{14}\beta_{41} - \beta_{14}\beta_{21}\beta_{32}\beta_{43} \neq 0$

$$\Pi = \begin{pmatrix} \frac{1}{z}\gamma_{11} & \frac{1}{z}\gamma_{12} + \frac{\beta_{14}}{z}\gamma_{42} & \frac{1}{z}\gamma_{13} + \frac{\beta_{14}}{z}\gamma_{43} & \frac{\beta_{14}}{z}\gamma_{44} \\ \frac{\beta_{21}}{z}\gamma_{11} & \frac{\beta_{21}}{z}\gamma_{12} + \frac{\beta_{14}\beta_{21}}{z}\gamma_{42} & \frac{\beta_{21}}{z}\gamma_{13} + \frac{\beta_{14}\beta_{21}}{z}\gamma_{43} & \frac{\beta_{14}\beta_{21}}{z}\gamma_{44} \\ \frac{\beta_{21}\beta_{32}}{z}\gamma_{11} & \frac{\beta_{21}\beta_{32}}{z}\gamma_{12} + \frac{\beta_{14}\beta_{21}\beta_{32}}{z}\gamma_{42} & \frac{\beta_{21}\beta_{32}}{z}\gamma_{13} + \frac{\beta_{14}\beta_{21}\beta_{32}}{z}\gamma_{43} & \frac{\beta_{14}\beta_{21}\beta_{32}}{z}\gamma_{44} \\ \frac{\beta_{41}+\beta_{21}\beta_{32}\beta_{43}}{z}\gamma_{11} & \frac{\beta_{41}+\beta_{21}\beta_{32}\beta_{43}}{z}\gamma_{12} + \frac{1}{z}\gamma_{42} & \frac{\beta_{41}+\beta_{21}\beta_{32}\beta_{43}}{z}\gamma_{13} + \frac{1}{z}\gamma_{43} & \frac{1}{z}\gamma_{44} \end{pmatrix}$$

Weiterhin gilt $\mathrm{P} = \Lambda_y\,\Pi$ aus Gleichung (3.26)

$$\mathrm{P} = \begin{pmatrix} 1 & 0 & 0 & 0 & 0 \\ \lambda_{21} & 0 & 0 & 0 & 0 \\ 0 & 1 & 0 & 0 & 0 \\ 0 & \lambda_{42} & 0 & 0 & 0 \\ 0 & 0 & 1 & 0 & 0 \\ 0 & 0 & \lambda_{63} & 0 & 0 \\ 0 & 0 & 0 & 1 & 0 \\ 0 & 0 & 0 & \lambda_{84} & 1 \end{pmatrix} \times \begin{pmatrix} \frac{1}{z}\gamma_{11} & \frac{1}{z}\gamma_{12} + \frac{\beta_{14}}{z}\gamma_{42} & \frac{1}{z}\gamma_{13} + \frac{\beta_{14}}{z}\gamma_{43} & \frac{\beta_{14}}{z}\gamma_{44} \\ \frac{\beta_{21}}{z}\gamma_{11} & \frac{\beta_{21}}{z}\gamma_{12} + \frac{\beta_{14}\beta_{21}}{z}\gamma_{42} & \frac{\beta_{21}}{z}\gamma_{13} + \frac{\beta_{14}\beta_{21}}{z}\gamma_{43} & \frac{\beta_{14}\beta_{21}}{z}\gamma_{44} \\ \frac{\beta_{21}\beta_{32}}{z}\gamma_{11} & \frac{\beta_{21}\beta_{32}}{z}\gamma_{12} + \frac{\beta_{14}\beta_{21}\beta_{32}}{z}\gamma_{42} & \frac{\beta_{21}\beta_{32}}{z}\gamma_{13} + \frac{\beta_{14}\beta_{21}\beta_{32}}{z}\gamma_{43} & \frac{\beta_{14}\beta_{21}\beta_{32}}{z}\gamma_{44} \\ \frac{\beta_{41}+\beta_{21}\beta_{32}\beta_{43}}{z}\gamma_{11} & \frac{\beta_{41}+\beta_{21}\beta_{32}\beta_{43}}{z}\gamma_{12} + \frac{1}{z}\gamma_{42} & \frac{\beta_{41}+\beta_{21}\beta_{32}\beta_{43}}{z}\gamma_{13} + \frac{1}{z}\gamma_{43} & \frac{1}{z}\gamma_{44} \\ \frac{\beta_{54}(\beta_{41}+\beta_{21}\beta_{32}\beta_{43})}{z}\gamma_{11} & \frac{\beta_{54}(\beta_{41}+\beta_{21}\beta_{32}\beta_{43})}{z}\gamma_{12} + \frac{\beta_{54}}{z}\gamma_{42} & \frac{\beta_{54}(\beta_{41}+\beta_{21}\beta_{32}\beta_{43})}{z}\gamma_{13} + \frac{\beta_{54}}{z}\gamma_{43} & \frac{\beta_{54}}{z}\gamma_{44} \end{pmatrix}$$

$$
P = \begin{pmatrix}
\frac{1}{z}\gamma_{11} & \frac{1}{z}\gamma_{12}+\frac{\beta_{14}}{z}\gamma_{42} & \frac{1}{z}\gamma_{13}+\frac{\beta_{14}}{z}\gamma_{43} & \frac{\beta_{14}}{z}\gamma_{44} \\
\lambda_{21}\left(\frac{1}{z}\gamma_{11}\right) & \lambda_{21}\left(\frac{1}{z}\gamma_{12}+\frac{\beta_{14}}{z}\gamma_{42}\right) & \lambda_{21}\left(\frac{1}{z}\gamma_{13}+\frac{\beta_{14}}{z}\gamma_{43}\right) & \lambda_{21}\left(\frac{\beta_{14}}{z}\gamma_{44}\right) \\
\frac{\beta_{21}}{z}\gamma_{11} & \frac{\beta_{21}}{z}\gamma_{12}+\frac{\beta_{14}\beta_{21}}{z}\gamma_{42} & \frac{\beta_{21}}{z}\gamma_{13}+\frac{\beta_{14}\beta_{21}}{z}\gamma_{43} & \frac{\beta_{14}\beta_{21}}{z}\gamma_{44} \\
\lambda_{42}\left(\frac{\beta_{21}}{z}\gamma_{11}\right) & \lambda_{42}\left(\frac{\beta_{21}}{z}\gamma_{12}+\frac{\beta_{14}\beta_{21}}{z}\gamma_{42}\right) & \lambda_{42}\left(\frac{\beta_{21}}{z}\gamma_{13}+\frac{\beta_{14}\beta_{21}}{z}\gamma_{43}\right) & \lambda_{42}\left(\frac{\beta_{14}\beta_{21}}{z}\gamma_{44}\right) \\
\frac{\beta_{21}\beta_{32}}{z}\gamma_{11} & \frac{\beta_{21}\beta_{32}}{z}\gamma_{12}+\frac{\beta_{14}\beta_{21}\beta_{32}}{z}\gamma_{42} & \frac{\beta_{21}\beta_{32}}{z}\gamma_{13}+\frac{\beta_{14}\beta_{21}\beta_{32}}{z}\gamma_{43} & \frac{\beta_{14}\beta_{21}\beta_{32}}{z}\gamma_{44} \\
\lambda_{63}\left(\frac{\beta_{21}\beta_{32}}{z}\gamma_{11}\right) & \lambda_{63}\left(\frac{\beta_{21}\beta_{32}}{z}\gamma_{12}+\frac{\beta_{14}\beta_{21}\beta_{32}}{z}\gamma_{42}\right) & \lambda_{63}\left(\frac{\beta_{21}\beta_{32}}{z}\gamma_{13}+\frac{\beta_{14}\beta_{21}\beta_{32}}{z}\gamma_{43}\right) & \lambda_{63}\left(\frac{\beta_{14}\beta_{21}\beta_{32}}{z}\gamma_{44}\right) \\
\frac{\beta_{41}+\beta_{21}\beta_{32}\beta_{43}}{z}\gamma_{11} & \frac{\beta_{41}+\beta_{21}\beta_{32}\beta_{43}}{z}\gamma_{12}+\frac{1}{z}\gamma_{42} & \frac{\beta_{41}+\beta_{21}\beta_{32}\beta_{43}}{z}\gamma_{13}+\frac{1}{z}\gamma_{43} & \frac{1}{z}\gamma_{44} \\
\lambda_{84}\left(\frac{\beta_{41}+\beta_{21}\beta_{32}\beta_{43}}{z}\gamma_{11}\right) & \lambda_{84}\left(\frac{\beta_{41}+\beta_{21}\beta_{32}\beta_{43}}{z}\gamma_{12}+\frac{1}{z}\gamma_{42}\right) & \lambda_{84}\left(\frac{\beta_{41}+\beta_{21}\beta_{32}\beta_{43}}{z}\gamma_{13}+\frac{1}{z}\gamma_{43}\right) & \lambda_{84}\left(\frac{1}{z}\gamma_{44}\right)
\end{pmatrix}
$$

Es lassen sich folgende Übereinstimmungen zwischen den Matrizen P und Π erkennen:

	P-Matrix	entspricht	**Π -Matrix**
	Zeile 1	⇔	Zeile 1
I.	Zeile 2	⇔	λ_{21} Zeile 1
	Zeile 3	⇔	Zeile 2
II.	Zeile 4	⇔	λ_{42} Zeile 2
	Zeile 5	⇔	Zeile 3
III.	Zeile 6	⇔	λ_{63} Zeile 3
	Zeile 7	⇔	Zeile 4
IV.	Zeile 8	⇔	λ_{84} Zeile 4

I. $P^{(2)} = \lambda_{21}\Pi^{(1)} = \lambda_{21}P^{(1)} \Rightarrow \lambda_{21} = \frac{P_{2j}}{P_{1j}}, j = 1,\ldots,4$

II. $P^{(4)} = \lambda_{42}\Pi^{(2)} = \lambda_{42}P^{(3)} \Rightarrow \lambda_{42} = \frac{P_{4j}}{P_{3j}}, j = 1,\ldots,4$

III. $P^{(6)} = \lambda_{63}\Pi^{(3)} = \lambda_{63}P^{(5)} \Rightarrow \lambda_{63} = \frac{P_{6j}}{P_{5j}}, j = 1,\ldots,4$

IV. $P^{(8)} = \lambda_{84}\Pi^{(4)} = \lambda_{84}P^{(7)} \Rightarrow \lambda_{84} = \frac{P_{8j}}{P_{7j}}, j = 1,\ldots,4$

=> Da sich die Matrix Π durch Zeilen der Matrix P darstellen läßt, folgt daraus, daß Π identifiziert ist.

Aus Π läßt sich berechnen:

$$\pi_{21} = \beta_{21}\pi_{11} \Rightarrow \beta_{21} = \frac{\pi_{21}}{\pi_{11}}$$

$$\pi_{31} = \beta_{32}\pi_{21} \Rightarrow \beta_{32} = \frac{\pi_{31}}{\pi_{21}}$$

$$\pi_{14} = \beta_{14}\pi_{44} \Rightarrow \beta_{14} = \frac{\pi_{14}}{\pi_{44}}$$

Es sei:

$$\tilde{\Pi} = z\Pi$$

$$\Rightarrow \Pi = z^{-1}\tilde{\Pi}$$

$$\Pi = z^{-1} \times \begin{pmatrix} \gamma_{11} & \gamma_{12} + \beta_{14}\gamma_{42} & \gamma_{13} + \beta_{14}\gamma_{43} & \beta_{14}\gamma_{44} \\ \beta_{21}\tilde{\pi}_{11} & \beta_{21}\tilde{\pi}_{12} & \beta_{21}\tilde{\pi}_{13} & \beta_{21}\tilde{\pi}_{14} \\ \beta_{32}\tilde{\pi}_{21} & \beta_{32}\tilde{\pi}_{22} & \beta_{32}\tilde{\pi}_{23} & \beta_{32}\tilde{\pi}_{24} \\ (\beta_{41} + \beta_{21}\beta_{32}\beta_{43})\gamma_{11} & (\beta_{41} + \beta_{21}\beta_{32}\beta_{43})\gamma_{12} + \gamma_{42} & (\beta_{41} + \beta_{21}\beta_{32}\beta_{43})\gamma_{13} + \gamma_{43} & \gamma_{44} \end{pmatrix}$$

Da die Matrix-Einträge $\tilde{\pi}_{11}, \tilde{\pi}_{12}, \tilde{\pi}_{13}, \tilde{\pi}_{41}, \tilde{\pi}_{42}, \tilde{\pi}_{43}, \tilde{\pi}_{44}$ alle relevanten Informationen zur Lösung der noch unbekannten Modellparameter γ_{11}, γ_{12}, γ_{13}, γ_{42}, γ_{43}, γ_{44}, β_{41} und β_{43} enthalten, kann die weitere Betrachtung auf diese Matrix-Einträge begrenzt werden.

Es sei $\tilde{z} := \beta_{41} + \beta_{21}\beta_{32}\beta_{43}$. Annahme: Die noch nicht identifizierten Elemente von $\tilde{z}$ (β_{41} und β_{43}) seien bekannt. Dann lassen sich die folgenden Gleichungen I. bis VI. mit den Unbekannten γ_{11}, γ_{12}, γ_{13}, γ_{42}, γ_{43}, γ_{44} aufstellen:

I.a) $\tilde{\pi}_{11} = \gamma_{11}$ I.b) $\tilde{\pi}_{44} = \gamma_{44}$

II. $\tilde{\pi}_{12} = \gamma_{12} + \beta_{14}\gamma_{42}$

III. $\tilde{\pi}_{42} = \tilde{z}\gamma_{12} + \gamma_{42}$

IV. $\tilde{\pi}_{13} = \gamma_{13} + \beta_{14}\gamma_{43}$

V. $\tilde{\pi}_{43} = \tilde{z}\gamma_{13} + \gamma_{43}$

VI. $\tilde{\pi}_{41} = \tilde{z}\gamma_{11}$

II. und III. in Matrizenschreibweise: $\begin{pmatrix} 1 & \beta_{14} \\ \tilde{z} & 1 \end{pmatrix} \times \begin{pmatrix} \gamma_{12} \\ \gamma_{42} \end{pmatrix} = \begin{pmatrix} \tilde{\pi}_{12} \\ \tilde{\pi}_{42} \end{pmatrix}$

IV. und V. in Matrizenschreibweise: $\begin{pmatrix} 1 & \beta_{14} \\ \tilde{z} & 1 \end{pmatrix} \times \begin{pmatrix} \gamma_{13} \\ \gamma_{43} \end{pmatrix} = \begin{pmatrix} \tilde{\pi}_{13} \\ \tilde{\pi}_{43} \end{pmatrix}$

$$\text{Es gilt: } C = \begin{vmatrix} 1 & \beta_{14} \\ \tilde{z} & 1 \end{vmatrix} = 1 - \beta_{14} \tilde{z}$$

$$= z$$

$$= 0 \text{ (nach Voraussetzung)}$$

Wenn also β_{41} und β_{43} bekannt wären, dann wären $\gamma_{11}, \gamma_{12}, \gamma_{13}, \gamma_{42}, \gamma_{43}, \gamma_{44}$ identifiziert. Nicht benutzt wurde bisher Gleichung VI. Aus dieser müßten die beiden Parameter β_{41} und β_{43} bestimmt werden. Da somit lediglich eine Gleichung zur Bestimmung von zwei Unbekannten zur Verfügung steht, folgt daraus, daß die B-Matrix nur dann identifizierbar ist, wenn entweder β_{41} auf den Wert von β_{43} restringiert wird, oder einer der beiden Parameter auf einen bestimmten Wert fixiert wird. Um zu überprüfen, ob das Gesamtmodell unter dieser Bedingung identifiziert ist, müssen abschließend nur noch die Meßfehlervariablen betrachtet werden:

Aus $\sum_{yy}$ sind ablesbar (da $\lambda_{21}, \lambda_{42}, \lambda_{63}$ bekannt):

$$\begin{matrix} \omega_{11} & & & \\ \omega_{21} & \omega_{22} & & \\ \omega_{31} & \omega_{32} & \omega_{33} & \\ \omega_{41} & \omega_{42} & \omega_{43} & \omega_{44} \\ \downarrow & \downarrow & \downarrow & \downarrow \\ & & & \\ 1. & 3. & 5. & 7. \text{ Spalte} \end{matrix}$$

Damit sind $\Theta_{11}^{(\varepsilon)}; \Theta_{22}^{(\varepsilon)}; \Theta_{33}^{(\varepsilon)}; \Theta_{44}^{(\varepsilon)}; \Theta_{55}^{(\varepsilon)}; \Theta_{66}^{(\varepsilon)} \Theta_{77}^{(\varepsilon)} \Theta_{88}^{(\varepsilon)}$ aus der Hauptdiagonalen bestimmbar und damit ebenfalls identifiziert. Der einzige Modellparameter, der nicht im Rahmen der Parameterschätzung des Gesamtmodells ermittelt werden kann, ist somit entweder β_{41} oder β_{43}. Dieses Problem ist durch die Berechnung eines Startwertes zur Modellidentifikation lösbar.

3.2.5.2 Berechnung eines Startwertes zur Modellidentifikation

Damit alle Modellparameter aus den Varianzen und Kovarianzen der empirischen Variablen berechnet werden können, muß entweder β_{41} oder β_{43} restringiert werden oder einen festen Wert zugewiesen bekommen. Auf diese Weise verringert sich die Zahl der zu schätzenden Parameter um Eins und das Modell ist theoretisch identifiziert, da alle anderen Parameter wie dargelegt aus der empirischen Kovarianzmatrix bestimmt werden können. Die einfachste Möglichkeit zur Verringerung der Anzahl der zu schätzenden Modellparameter stellt die Ermittlung von Startwerten für den Iterationsprozeß dar. Die Vorgabe begründeter Startwerte kann zu einer realitätsnäheren Schätzung des Gesamtmodells führen.[484] Begründet ist ein Startwert dann, wenn er entweder aufgrund theoretischer Erkenntnisse auf einen bestimmten Wert festgelegt werden kann oder aber durch eine separate Vorschätzung einer Teilstruktur des Kausalmodells gewonnen wird. Da im vorliegenden Kausalmodell keine berechtigten a-priori-Aussagen über den Einfluß der Gedächtnispräsenz auf die Verwendung (β_{41}) bzw. der Präferenz auf die Verwendung (β_{43}) getroffen werden können, muß eine Teilstruktur-Vorschätzung durchgeführt werden. Dabei sollte dem Parameter β_{43} der Vorzug gegeben werden, da dieser nicht Teil einer reziproken Beziehung ist. Das entsprechende Submodell ist in Abb. 30 dargestellt.

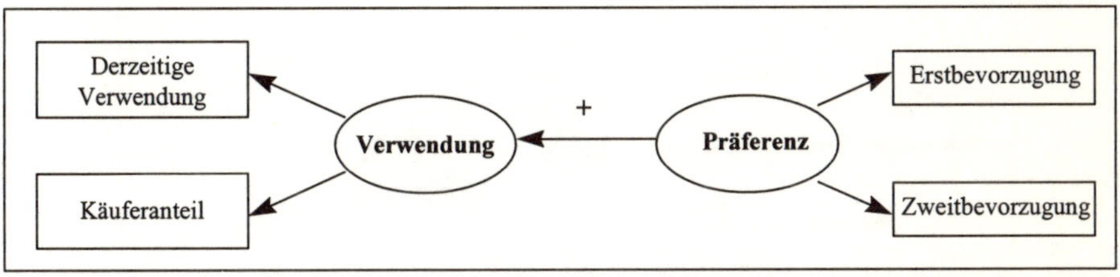

Quelle: Eigene Darstellung

Abb. 30: Submodell „Präferenz und Verwendung“

Es handelt sich bei der Modellschätzung um eine Regression mit der Verwendung als (latenter) abhängiger und der Präferenz als (latenter) unabhängiger Variable, wobei die Präferenz über die Indikatoren Erst- und Zweitpräferenz, die Verwendung über die Indikatoren „Derzeitige Verwendung“ gemessen wird. Auf eine detaillierte Darstellung des Prüfschemas und der Ergebnisse der Submodell-Schätzung soll aufgrund der simplen Modellstruktur verzichtet werden, dazu wird auf den Anhang verwiesen. LISREL liefert für den kausal interpretierbaren Zusammenhang zwischen Präferenz und Verwendung einen Wert von $\beta_{43} = 0,78$, bei einem Modellfit (AGFI) von 0,98. Dieser Wert soll als Startwert in die Modellschätzung eingehen. Es muß noch einmal betont werden, daß mit der Vorgabe des Startwertes die Stärke des Zusammenhangs zwischen Präferenz und Verwendung im Kontext des Gesamtmodells offen bleibt. Der vorgegebene Startwert wird ebenso wie alle von LISREL selbst generierten Startwerte in einem iterativen Prozeß bestmöglich an die empirische Datenstruktur angepaßt.

---

[484] Vgl. Riedel, Frank (1994): S.95.

4 DIE MESSUNG DER ZUSAMMENHÄNGE ZWISCHEN WERBEWIRKUNG UND MARKTERFOLG

4.1 Datenbasis

4.1.1 Umfang und Struktur

Die benötigten Modellvariablen stehen für insgesamt 68 FMCGs zur Verfügung. Abb. 31 zeigt die Verteilung der Marken auf die einbezogenen Warengruppen.

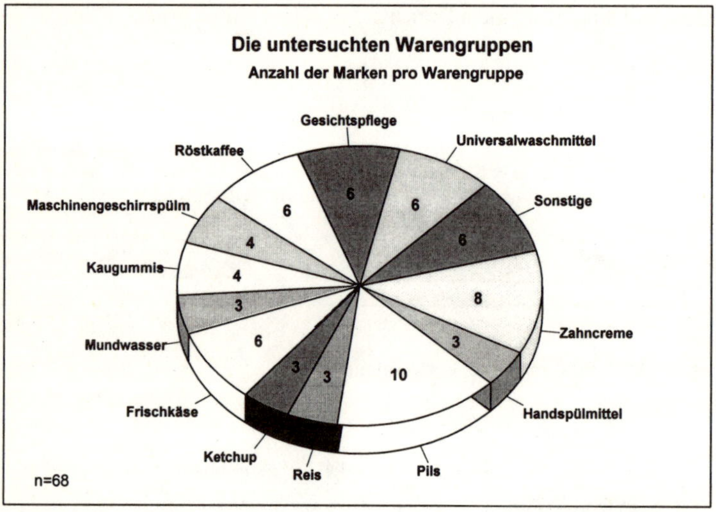

Quelle: Eigene Darstellung

Abb. 31: Anzahl der Marken pro untersuchter Warengruppe in der Datenbasis

Würden Durchschnittswerte der Variablenausprägungen im Zeitverlauf als Datenbasis zur Modellschätzung herangezogen, so wie dies bei der Gegenüberstellung der Werbeausgaben und der gestützten Werbeerinnerung in Abb. 13 demonstriert wurde, stünden nur 68 Datenpunkte zur Verfügung. Um ausreichende Fallzahlen für die Schätzung des Kausalmodells zu erhalten, werden die Daten gepoolt. Unter dem Begriff „Pooling" versteht man die Zusammenfassung von Längsschnitt- und Querschnittsdaten für ökonometrische Analysen, die im Gegensatz zur Aggregation keine mathematischen Operationen enthält, sondern eine simultane Betrachtung darstellt.[485] Die Querschnittsobjekte sind im vorliegenden Fall die 68 Mar-

[485] Vgl. Kucher, Eckhard (1985): Scannerdaten und Preissensitivität bei Konsumgütern, Wiesbaden, S.156. Der Begriff des Längsschnitts wird häufig mit dem der Zeitreihe gleichgesetzt. Vgl. Sayrs, Lois W. (1989): Pooled Time Series Analysis, Sage University Paper Series on Quantitative Applications in the Social

ken, die Längsschnittobjekte die Zeitpunkte der Erhebung der einzelnen Variablen. Im Rahmen der Operationalisierung der psychographischen Variablen 3.2.3.2 wurde bereits darauf hingewiesen, daß es die Beschränkung der Zeitreihenwerte auf die Erhebungswellen des Werbeindikators ohne Interpolation oder Schätzung von Werten zwischen zwei Erhebungen aufgrund der zeitlichen Abstände zwischen den Befragungen ermöglicht bzw. erforderlich macht, auf die Abbildung von Wirkungsübertragungen zu verzichten. Insofern wäre der Informationsverlust bei einer temporalen Aggregation durchaus akzeptabel, nicht aber die damit verbundene geringe Fallzahl sowie die geringere Variation gepoolter Daten.

Sieht man äquidistante Meßzeitpunkte als konstitutives Element einer Zeitreihe an,[486] dürfte man im Fall der vorliegenden Längsschnitte gar nicht von einer Zeitreihe sprechen, da der Erhebungsrhythmus der Wellenbefragungen variiert. Da zudem die Stichproben der Erhebungen wechseln, darf auch nicht von Paneldaten gesprochen werden, da diese per definitionem eine weitgehend gleichbleibende Stichprobe voraussetzen.[487] Neben Paneldaten unterscheidet MENARD als weitere Form longitudinaler Daten „wiederholte Querschnittsdaten" (repeated cross-section) und faßt darunter wiederholte Messungen oder Beobachtungen der gleichen Variablen bei unterschiedlichen Individuen/Stichproben zusammen.[488] Um solche wiederholten Querschnittsdaten handelt es sich bei der hier vorliegenden Datenbasis. Auf eine Prüfung der Zulässigkeit des Pooling kann daher verzichtet werden, zumal sich die traditionellen Prüfkriterien auf OLS-Schätzungen beziehen.[489]

Prinzipiell stellen gepoolte Daten für Kovarianzstrukturmodelle keine besonderen Probleme dar, allerdings muß auch hier der Möglichkeit korrelierter Meßfehler Rechnung getragen werden, indem die Θ_ε-Matrix entsprechend spezifiziert wird.[490] Das Ziel der Verwendung gepoolter Daten in Kausalmodellen ist insbesondere die Prüfung der Zeitpräzedenz als Bedingung der Kausalität, doch sind dafür Paneldaten erforderlich. Stehen diese zur Verfügung, wird es potentiell möglich, auf nichtrekursive Kausalmodelle zur Abbildung reziproker Kausalität zu

Sciences, No.70, Beverly Hills and London, p.7. Dielmann, Terry E. (1989): Pooled Cross-Sectional and Time Series Data Analysis, New York / Basel, p.1.

486 Wie z. B. bei Sayrs, Lois W. (1989): p.7.

487 Darüber hinaus beruhen Paneldaten auf regelmäßigen Erhebungsabständen, vgl. Hamann, Peter / Erichson, Bernd (1990): S.134.

488 Vgl. Menard, Scott (1991): Longitudinal Research, Sage University Paper Series on Quantitative Applications in the Social Sciences, No.76, Beverly Hills and London, pp.1-5. Eine derartige Unterscheidung verschiedener Formen longitudinaler Daten wird jedoch nicht immer vorgenommen. Jöreskog und Sörbom setzen z. B. longitudinale Daten mit Paneldaten gleich, vgl. Jöreskog, Karl G. / Sörbom, Dag (1989): p.199.

489 Vgl. Kucher, Eckhard (1985): S.158-168.

490 Die LISREL-Voreinstellung muß geändert werden, da Θ_ε bei korrelierten Meßfehlern nicht diagonal ist. Vgl. Jöreskog, Karl G. / Sörbom, Dag (1989): p.200.

verzichten, indem temporale Unterschiede der wechselseitigen Einflüsse analysiert werden.[491] Im Rahmen dieser Arbeit wird die Datenbasis dagegen ausschließlich deshalb gepoolt, damit die erforderlichen Fallzahlen für die Parameterschätzung erzielt werden. Für die 68 zu untersuchenden Marken liegen durchschnittlich ca. 11 Erhebungswellen vor, so daß durch Pooling eine Fallzahl von n = 720 erreicht wird. Ein Datenpunkt X_{it} gibt folglich die Ausprägung einer Variablen X für die Marke i zum Erhebungszeitpunkt t an.

4.1.2 Deskriptive Statistik

Die Tabellen 10 bis 12 geben eine Übersicht ausgewählter statistischer Maße zur Beschreibung der verwendeten Datenbasis. Bei den Stimulus-Variablen fällt zunächst das hohe arithmetische Mittel des relativen Preises von 122 auf. Hier muß man sich vor Augen führen, daß die Datenbasis ausschließlich Markenartikel umfaßt, für die ein Preispremium charakteristisch ist,[492] und daß in einigen betrachteten Warengruppen preisgünstige Handelsmarken eine bedeutende Rolle spielen, so daß der Durchschnittspreis entsprechend niedrig ist. Die hohe Standardabweichung weist auf eine erhebliche Streuung des relativen Preises hin.

Variable	Arith. Mittel	Minimum	Maximum	Standard-Abweichung
Relativer Preis in %	122	61	275	40
Displayshare in %	19	2	37	8
Gew. Distribution in %	87	17	100	17
Werbeausgaben in TDM/Monat, Ø (t, t-1, t-2)	1.920	0	16.000	2.541

Quelle: GfK Handels- und Haushaltspanel, Nielsen S&P

Tabelle 10: Statistische Kennzahlen der Marketing-Mix-Variablen

Der hohe Displayshare von durchschnittlich 19% rechtfertigt die Annahme einer erheblichen Wirkung von Zweitplazierungen auf Wahrnehmung und Verwendung einer Marke.[493] Die

---

491 Vgl. Finkel, Steven E. (1995): Causal Analysis with Panel Data, Sage University Paper Series on Quantitative Applications in the Social Sciences, No.105, Beverly Hills and London, pp.22/23.

492 Vgl. Dichtl, Erwin (1992): Grundidee, Varianten und Funktionen der Markierung von Waren und Dienstleistungen, in: Dichtl, Erwin / Eggers, Walter [Hrsg.] (1992): Marke und Markenartikel als Instrumente des Wettbewerbs, München, S.21.

493 Die Datenbasis einer jüngeren Untersuchung zum Einfluß von Promotions und Werbung auf das Markenwahlverhalten für 9 von den Autoren nicht näher bezeichnete, aber als charakteristisch angesehene FMCGs

hohe gewichtete Distribution spiegelt sowohl den ubiquitären Charakter von Markenartikeln wider als auch die Konzentration auf langjährig etablierte Marken. Die Werbeintensität bei FMCGs findet ihren Niederschlag in den monatlichen Werbeausgaben von durchschnittlich fast zwei Millionen Mark. In das Modell gehen jedoch nicht die Werbeausgaben im Monat der Erhebung in TDM ein, sondern zur Berücksichtigung der Aufwendungen im Zeitraum zwischen den (überwiegend vierteljährlichen) Messungen das arithmetische Mittel der Werbeausgaben der Monate t (Meßzeitpunkt), t-1 und t-2.

Ein hohes Maß an Markenvertrautheit zeigt sich an den vergleichsweise hohen Werten für die gestützte Werbeerinnerung und die ungestützte Markenbekanntheit. Der durchschnittliche Verwenderanteil von 16% sowie die hohen Präferenzwerte sind Ausdruck der Marktanteilsstärke der untersuchten Marken. Bei den Sympathievariablen ist noch einmal darauf hinzuweisen, daß die in Tabelle 11 enthaltenen Werte auf Basis der Werbeerinnerer ermittelt wurden, nicht wie die anderen psychographischen Variablen auf Basis der Gesamtstichprobe der Erhebungen.

Variable	Arith. Mittel	Minimum	Maximum	Standard-Abweichung
Gestützte Werbeerinnerung in %	29	2	66	13
Ungestützte Markenbekanntheit in %	54	2	98	22
Sympathische Werbung in %	38	7	73	12
Sympathische Marke in %	49	16	79	14
Erstpräferenz in %	15	0	63	11
Zweitpräferenz in %	13	1	43	7
derzeitige/aktuelle Verwendung in %	16	0	48	11

Quelle: GfK-Werbeindikator ATS®

Tabelle 11: Statistische Kennzahlen der Werbewirkungsvariablen

Obwohl zur Messung der Marktreaktion neben der „derzeitigen Verwendung" aus dem GfK-Werbeindikator ATS® lediglich der „Käuferanteil" als Indikator zur Erfassung der latenten Variable „Verwendung" in das spezifizierte Kausalmodell eingeht, umfaßt Tabelle 12 eben-

wies einen durchschnittlichen Displayshare von 11% auf. Vgl. Mela, Carl F. / Gupta, Sunil / Lehmann, falls Marktanteile und Käuferreichweiten der zu untersuchenden Marken. Die Zusammenhänge zwischen Käuferanteilen und Marktanteilen sollen im Anschluß an den Modelltest ermittelt werden, um festzustellen, ob der Käuferanteil eine hinreichend valide Größe zur Abbildung von Marktentwicklungen darstellt.

Variable	Arith. Mittel	Minimum	Maximum	Standard-Abweichung
Marktanteil in %	12	0,6	78	11
Käuferanteil in %	14	1	64	10
Käuferreichweite in %	4	0,02	57	5

Quelle: GfK-Haushaltspanel

Tabelle 12: Statistische Kennzahlen der Marktreaktionsvariablen

Die extreme Spannbreite der Käuferreichweite bestätigt die Vorbehalte gegen eine Heranziehung dieser Kaufverhaltensgröße im Rahmen einer markt-, d. h. warengruppenübergreifenden Betrachtung. Daher soll die Käuferreichweite nicht in das Modell eingehen.

4.2 Modelltest

4.2.1 Parameterschätzung

Wie in Abschnitt 3.1.5.3.3 erläutert, stellt LISREL zur Anpassung der empirischen Kovarianzmatrix an die modelltheoretische Kovarianzmatrix fünf verschiedene iterative Schätzverfahren zur Verfügung, deren Anwendbarkeit von Annahmen über die Verteilung der Ausgangsvariablen sowie von der Stichprobengröße abhängig ist. Mit 720 Fällen bei 12 Variablen (4 X-, 8Y-Variablen) erfüllt die Datenbasis dieser Untersuchung die Mindeststichprobengröße für die Anwendung der ML-/GLS-Schätzung.[494] Eine Überprüfung der Verteilung der Ausgangsvariablen zeigt jedoch z. T. erhebliche Abweichungen von der Normalverteilung. Deutlich wird dies anhand der in Tabelle 13 dargestellten Unterschiede zwischen Mittelwert, Median und Modalwert der Verteilungen sowie der daraus resultierenden Schiefe. Die Kurtosis oder Wölbung der Verteilung zeigt ebenfalls deutliche Abweichungen von der Normalverteilung an.

Donald R. (1996): pp.9/10.

494 Nach der in Abschnitt 3.1.5.3.3 dargestellten Formel beträgt der Mindeststichprobenumfang für die WLS/DWLS-Methoden bei 12 Variablen n = 66 (Korrelationsmatrix) bzw. n = 78 (Kovarianzmatrix).

Variable	Mittel-wert	Median	Modal-wert	Schiefe	Kurtosis
GestützteWerbeerinnerung	29	26	24	0,551	-0,241
Ungestützte Markenbekanntheit	54	55	39	-0,084	-0,649
"Sympathische Marke"	49	49	60	-0,01	-0,991
"Sympathische Werbung"	37	37	41	0,037	-0,293
Erstpräferenz	15	13	5	0,922	0,874
Zweitpräferenz	13	13	4	0,454	-0,027
Verwendung	16	13	8	0,888	0,137
Käuferanteil	14	11	18	1,760	5,046
Werbeausgaben	1920	1200	0	2,437	6,427
Displayshare	19	19	20	0,039	-0,523
gew. Distribution	88	92	99	-2,253	4,937
Relativer Preis	122	112	80	1,701	2,499

Quelle: Eigene Berechnung

Tabelle 13: Die Verteilung der Modellvariablen

Wie ersichtlich, weichen bei den Marketing-Mix-Variablen v. a. die Werbeausgaben und die gewichtete Distribution hinsichtlich Schiefe und Wölbung von der Normalverteilung ab. Anhand des Vorzeichens der Schiefe läßt sich erkennen, daß die Werbeausgaben eine linkssteile, die gewichtete Distribution dagegen eine rechtssteile Verteilung aufweist.[495] Bei den psychographischen Variablen sind insbesondere die Erstpräferenz und die Verwendung schief (linkssteil) verteilt, ebenso wie der Käuferanteil zur Erfassung der Marktreaktion. Die entsprechenden Histogramme sowie die Ergebnisse der von PRELIS durchgeführten Tests auf uni- wie multivariate Normalverteilung finden sich im Anhang dieser Arbeit.

Um nicht vorschnell auf eine ML-Schätzung zu verzichten, wurde versucht, die deutlich von einer Normalverteilung abweichenden Variablen durch verschiedene Transformationen (Logarithmierung, Potenzierung) einer Normalverteilung anzunähern. Dies gelang zwar, doch führte die ML-Schätzung auf Basis der transformierten Variablen zu offensichtlich unsinnigen Ergebnissen.[496] Daher muß im folgenden auf eine Anwendung der ML-Methode sowie der GLS-Methode verzichtet werden. Zur Modellschätzung stehen somit nur die grundsätzlich

---

[495] Vgl. zur Berechnung von Schiefeparametern: Assenmacher, Walter (1996): Deskriptive Statistik, Berlin / Heidelberg 1996, S.115-120.

auch bei nicht normalverteilten Ausgangsdaten konsistenten Schätzverfahren ULS, WLS und DWLS zur Verfügung. Zur Ermittlung der Paralleltestreliabilität ist ein Vergleich der Ergebnisse aller drei Schätzverfahren wünschenswert, doch scheitert dieser daran, daß die ULS-Methode skalenabhängig ist und daher als Eingabematrix eine Korrelationsmatrix erforderlich ist, während das WLS-Verfahren einer Kovarianzmatrix als Eingabematrix bedarf, um zu konsistenten Schätzungen zu gelangen (vgl. 3.1.5.3.3). Aus diesem Grund soll auf die WLS-Methode verzichtet werden. Die Parameterschätzung des entwickelten Kausalmodells wird mit Hilfe der ULS- und der DWLS-Methode auf der Basis von Korrelationsmatrizen durchgeführt. Die DWLS-Schätzmethode soll dabei jedoch nur im Sinne der Paralleltestreliabilität ergänzend hinzugezogen werden, da die Stichprobengröße von n = 720 nach den bisherigen Erfahrungen mit asymptotisch verteilungsfreien Schätzverfahren zu gering ist, um zu aussagefähigen Gütemaßen der Modellschätzung zu gelangen.[497] Zur Erhöhung der Paralleltestreliabilität soll zusätzlich das nicht-iterative Schätzverfahren TSLS herangezogen werden.

[497] Zu geringe Stichproben führen bei asymptotisch verteilungsfreien Schätzverfahren zu einer zu häufigen Modellablehnung, vgl.: West, Stephen G. / Finch, John F. / Curran, Patrick J. (1995): p.67. Byrne, Barbara M. (1995): One Application of Structural Equation Modeling From Two Perspectives - Exploring the EQS and LISREL Strategies, in: Hoyle, Rick H. [ed.] (1995): p.157.

4.2.2 Beurteilung der Schätzergebnisse

4.2.2.1 Plausibilität und Anpassungsgüte

Abb. 32 zeigt das Ergebnis der ULS-Modellschätzung. Eine Beurteilung der Schätzergebnisse wird anhand der in Tabelle 7 zusammengefaßten Global- und Detailkriterien vorgenommen.

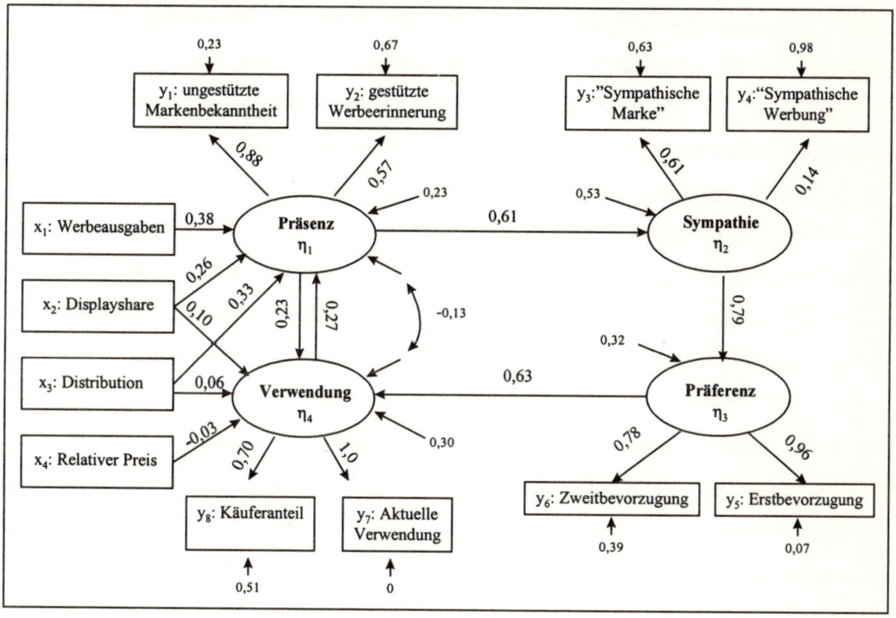

Quelle. Eigene Berechnung

Abb. 32: Ergebnisse der Modellschätzung

❒ Plausibilität der Parameterschätzungen

Es ist festzuhalten, daß mit Ausnahme des negativen Vorzeichens des Modellparameters ψ_{41}, der die Kovarianz zwischen den Strukturfehlervariablen ζ_1 und ζ_4 angibt, keinerlei unplausible Schätzwerte wie z. B. Korrelationen > Eins o.ä. vorliegen, die einen Hinweis auf eine mögliche Fehlspezifikation liefern könnten. Da die Vorzeichen aller Kausalbeziehungen im Modell zudem der Formulierung der Hypothesen 1-11 entsprechen, muß keine der Kausalhypothesen zurückgewiesen werden. Dies gibt bereits einen ersten Hinweis auf die nomologische Validität des Modells. Eine negative Korrelation oder Kovarianz zwischen den Fehlervariablen latenter endogener Größen mit positiv postulierten Kausalbeziehungen wird zwar z. T. als Zeichen einer Fehlspezifikation aufgefaßt, zugleich aber auch als typisches Phänomen nichtrekursiver Kausalmodelle.[498] DUNCAN et al. haben daher vorgeschlagen, nicht das Vorzeichen, sondern die Höhe der negativen Fehlerkorrelation zum Entscheidungskriterium zu erheben, ob die Fehlspezifikation als so gravierend anzusehen ist, daß das Modell abgelehnt werden muß.[499] Je niedriger die Fehlerkorrelation ist, um so geringer ist die Fehlspezifikation. Hohe Werte verstoßen gegen die Annahme nichtkorrelierter Residualgrößen, die allen Kovarianzstrukturmodellen zugrunde liegt. Im vorliegenden Kausalmodell ist die Fehlerkorrelation mit einem Wert von -0,13 nicht erheblich, so daß die Fehlspezifikation nach der Konvention der Forschungspraxis als gering bezeichnet werden kann. Da in nichtrekursiven Kausalmodellen eine deutliche Residualkorrelation selbst dann entstehen kann, wenn der Einfluß nichtberücksichtigter Drittvariableneffekte gering ist, hat LUSKIN vorgeschlagen, die Höhe der Residualkorrelation im Zusammenhang mit der Höhe der residualen Pfadkoeffizienten zu beurteilen. Eine nennenswerte Korrelation zwischen Residuen mit hohen Pfadkoeffizienten indiziere eine gravierendere Fehlspezifikation als die gleiche Residualkorrelation zwischen Residuen mit niedrigen Pfadkoeffizienten.[500] Übertragen auf den LISREL-Ansatz, in dem zwischen Meß- und Strukturfehlervariablen unterschieden werden sollte, bedeutet dies, daß die Kovarianz zwischen zwei Strukturfehlervariablen im Zusammenhang mit der Höhe der Strukturfehler, d. h. der nichterklärten Varianz der latenten endogenen Variablen, beurteilt werden sollte. Da im Kausalmodell in Abb. 32 die Strukturfehlervariablen ζ_1 und ζ_4 mit 0,23 bzw. 0,30 geringer ausgeprägt sind als der Durchschnitt aller Strukturfehler im Modell (0,35), kann auch unter Berücksichtigung der Höhe der Strukturfehler von einer hinnehmbaren Fehlspezifikation gesprochen werden.[501]

---

498 Vgl. dazu die Diskussion bei Asher, Herbert B. (1983): pp.63/64. ANDRES zeigt, daß unter der Annahme, daß die Fehlervariablen nicht konstant sind, ein negatives Vorzeichen ihrer Kovarianz sogar vorliegen muß, damit die wechselseitige positive Beeinflussung der latenten Variablen endlich ist, d. h. die B-Matrix konvergiert. Vgl. Andres, Johannes (1990): Grundlagen linearer Strukturgleichungsmodelle, Diss., Frankfurt/Main, S.90-95.

499 Vgl. Duncan, O. D. / Haller, A. O. / Portes, A. (1968): p.131.

500 Vgl. Luskin, R. C.(1978): Estimating and Interpreting Correlations Between Disturbances and Residual Path Coefficients in Nonrecursive (and Recursive) Causal Models, in: American Journal of Political Science, Vol.22, May 1978, pp.453/454.

501 Dieses gilt auch nach der noch zu beschreibenden Korrektur des Anteils der erklärten Varianz in nichtrekursiven Kausalmodellen.

I. Globalkriterien							
GFI = 0,961 AGFI = 0,925 RMR = 0,086 Stability Index = 1,028							
II. Detailkriterien							
a) Meßmodelle							b) Strukturmodell
Konstrukt	Indikator	Indikator-reliabilität ρx	Konvergenzvalidität ρv	ρc	Diskriminanzvalidität ρv	$> \varphi_{ij}^2$ max	Nomologische Validität qmK
η_1 Präsenz	λ_{11} λ_{21}	0,77 0,33	0,55	0,70	0,55	$> 0,48\ (\varphi_{21}^2)$	0,77
η_2 Sympathie	λ_{32} λ_{42}	0,37 0,02	0,20	0,26	0,20	$< 0,68\ (\varphi_{32}^2)$	0,47
η_3 Präferenz	λ_{53} λ_{63}	0,93 0,61	0,77	0,87	0,77	$> 0,68\ (\varphi_{32}^2)$	0,68
η_4 Verwendung	λ_{74} λ_{84}	1,00 0,49	0,75	0,85	0,75	$> 0,63\ (\varphi_{43}^2)$	0,70

Quelle: Eigene Berechnung

Tabelle 14: Global- und Detailkriterien der Anpassungsgüte

❒ Beurteilung der Gesamtstruktur

Mit einem GFI von 0.961, einem AGFI von 0,925 sowie einem RMR von 0,086 weist das Modell eine akzeptable Anpassungsgüte an die Ausgangsdaten auf.[502] Alle drei Gütemaße der Gesamtstruktur übersteigen die geforderten Mindestausprägungen. Auf eine deskriptive Interpretation des Verhältnisses zwischen dem Chi-Quadrat-Wert und der Anzahl der Freiheitsgrade soll sowohl aufgrund der Abweichung der Ausgangsvariablen von der Normalverteilung als auch aufgrund des großen Stichprobenumfangs verzichtet werden. Der Stabilitätsindex liegt mit einem Wert von 1,028 geringfügig über dem kritischen Wert von Eins, allerdings handelt es sich bei diesem Grenzwert nicht um ein notwendiges Kriterium, das erfüllt sein muß, damit die totalen Effekte der reziproken Beziehungen begrenzt sind. Um zu überprüfen, ob die totalen Effekte dennoch begrenzt sind, kann eine einfache Prüfregel angewendet werden. Sie besagt:

> „Wenn die Elemente der B-Matrix positiv sind und die Summe der Elemente in jeder Spalte der Matrix kleiner als Eins ist, dann sind auch die Eigenwerte kleiner als Eins"[503]

[502] Der RMSEA weist mit 0,11 einen außerordentlich schlechten Wert auf. Um der Frage nachzugehen, ob dies auf die nicht gegebene Normalverteilung sowie den Stichprobenumfang zurückzuführen ist oder auf eine Fehlspezifikation des Modells, wurde die Zeitdimension aus der Datenbasis entfernt und das Modell auf der Basis der 68 Querschnittswerte (Marken) geschätzt. Hier ergab sich ein P-Wert von 0,993 für die Wahrscheinlichkeit, daß der RMSEA < 0,05 ist, demnach handelt es sich bei dem schlechten RMSEA-Wert der Original-Datenbasis nicht um eine schlechte Anpassung des Modells (Vgl. den Ausdruck im Anhang dieser Arbeit).

[503] Bollen, Kenneth A. (1989): Structural Equations with Latent Variables, New York, pp.382/383, eigene Übersetzung.

Diese Bedingung ist für die vorliegende B-Matrix erfüllt, da die Summe der Spaltenelemente maximal 0,97 beträgt. Da es sich bei dieser Prüfregel um eine hinreichende Bedingung handelt, können folglich begrenzte totale Effekte zwischen η_1 und η_4 angenommen werden.

❐ Beurteilung der Meßmodelle

Wie bei der Beurteilung der Gesamtstruktur sind auch bei der Beurteilung der Teilstrukturen alle Kriterien unbrauchbar, die eine Normalverteilung voraussetzen (Standardisierte Residuen, Q-Plots, T-Werte). Die Diskussion beschränkt sich daher auf die zentralen Reliabilitäts- und Validitätsmaße. Bei der Festlegung des kritischen Wertes der Indikatorreliabilität muß der Stichprobenumfang berücksichtigt werden. Wie in Tabelle 6 dargestellt, wird bei Fallzahlen von 400-1000 eine Indikatorreliabilität von 0,2 bis 0,4 für erforderlich gehalten. Da die vorliegende Stichprobe mit n = 720 etwa in der Mitte dieser Spannbreite liegt, soll dementsprechend eine Indikatorreliabilität von 0,3 gefordert werden. Diese Mindestausprägung erfüllt der Indikator „Sympathische Werbung" nicht. Hier liegt eine wenig reliable Größe vor, was sich entsprechend in einem sehr hohen Anteil nichterklärter Varianz (98%) niederschlägt. Die weiteren y-Variablen des spezifizierten Kausalmodells können dagegen als zuverlässige Indikatoren der jeweiligen latenten Variablen aufgefaßt werden. Die Gedächtnispräsenz, die Präferenz und die Verwendung weisen ein hohes Maß an Konvergenzvalidität auf: Die durchschnittlich erfaßte Varianz und die Konstruktreliabilität liegen für beide latenten Variablen über der geforderten Mindestausprägung von 0,5 bzw. 0,6. Das gleiche Bild zeigt sich auch bei der Diskriminanzvalidität. Die durchschnittlich erfaßte Varianz ist bei der Präsenz, der Präferenz und der Verwendung jeweils höher als die höchste quadrierte Korrelation dieser Konstrukte mit einem anderen Modellkonstrukt. Bei der Sympathie ist dagegen keine Diskriminanzvalidität gegeben, wobei anzumerken ist, daß das hier verwendete Fornell/Larcker-Kriterium ein außerordentlich strenges ist. Um so zufriedenstellender ist es, daß für die Gedächtnispräsenz, Präferenz und Verwendung diskriminierende Validität nachgewiesen werden konnte. Dieses Ergebnis ist besonders wichtig, weil damit die These widerlegt werden kann, daß alle Werbetrackingvariablen so stark mit der Verwendung korrelieren, daß ihre Messung von tautologischem Erkenntnisgehalt ist.[504]

[504] So wie beispielsweise Ehrenberg dies in bezug auf die Ermittlung des Markenwerts behauptet. Vgl. die Diskussion in Abschnitt 2.3.3.3 und die dort angegebene Literatur.

❒ Beurteilung des Strukturmodells

Abschließend soll die Beurteilung des Strukturmodells mit Hilfe der quadrierten multiplen Korrelationen als weiterer Ausweis der nomologischen Validität des Kausalmodells erfolgen. Obwohl, wie in Abschnitt 3.1.5.3.4.3.3 erläutert, die Vorgabe eines kritischen Wertes umstritten ist, soll ein Wert von 0,4 als Mindestanforderung betrachtet werden. Das bedeutet, daß der Anteil der erklärten Varianz einer latenten Variable mindestens 40% betragen sollte, um von einer ausreichend starken Kausalbeziehung im Strukturmodell sprechen zu können. Wie aus Tabelle 14 ersichtlich, erfüllen alle latenten Variablen des spezifizierten Kausalmodells diese Anforderung. Es gilt allerdings zu bedenken, daß die erklärte Varianz der Präsenz und der Verwendung aufgrund der wechselseitigen Beziehung um denjenigen Anteil an Varianzerklärung bereinigt werden muß, der auf die Strukturfehlervariable des jeweils gegenüberstehenden Konstrukts zurückzuführen ist. Gemäß der in Abschnitt 3.1.4 vorgestellten Formel läßt sich die korrigierte erklärte Varianz wie folgt ermitteln:

$$\text{qmK}_{\text{korr}}(\eta_1) = \text{qmK}(\eta_1) - \left(\frac{\beta_{41}}{1-\beta_{41}\beta_{14}}\right) \times \text{var}(\zeta_1) \quad (4.1)$$

$$= 0{,}77 - \left(\frac{0{,}23}{1-0{,}23 \times 0{,}27}\right) \times 0{,}23 \quad (4.2)$$

$$= 0{,}71$$

sowie analog für (η_4):

$$\text{qmK}_{\text{korr}}(\eta_4) = \text{qmK}(\eta_4) - \left(\frac{\beta_{14}}{1-\beta_{14}\beta_{41}}\right) \times \text{var}(\zeta_2) \quad (4.3)$$

$$= 0{,}70 - \left(\frac{0{,}27}{1-0{,}27 \times 0{,}23}\right) \times 0{,}30 \quad (4.4)$$

$$= 0{,}61$$

Auch nach dieser Korrektur liegt der Anteil erklärter Varianz deutlich über der Mindestanforderung von 40%. Es kann daher von ausgeprägten Kausalbeziehungen im Strukturmodell gesprochen werden.

Das Vertrauen in die Struktur des spezifizierten Kausalmodells wird gestärkt durch das Ergebnis separater Teilschätzungen des lernhierachischen Modellteils, d. h. ohne die Pfade β_{14} und β_{41} sowie des Low-Involvement-Modellteils, d. h. ohne das Sympathie- und Präferenzkonstrukt. Für den lernhierachischen Modellteil ergab sich eine geringfügig schlechtere Anpassungsgüte (GFI 0,952, AGFI 0,922, RMR 0,084, vgl. Anhang), für den Low-Involvement-

Modellteil waren die Globalkriterien der Anpassungsgüte mit einem GFI von 0,987, einem AGFI von 0,958 sowie einem RMR von 0,052 zwar akzeptabel bis gut, doch ergaben sich unplausible Schätzwerte wie quadrierte Korrelationen > 1, so daß das Modell abzulehnen war. Eine gute Anpassung bei gleichzeitig plausiblen Schätzergebnissen ließ sich für den Low-Involvement-Modellteil lediglich ohne eine Abbildung korrelierter Strukturfehlervariablen erzielen. Das Ergebnis dieser Submodellschätzung zeigt Abb. 33.

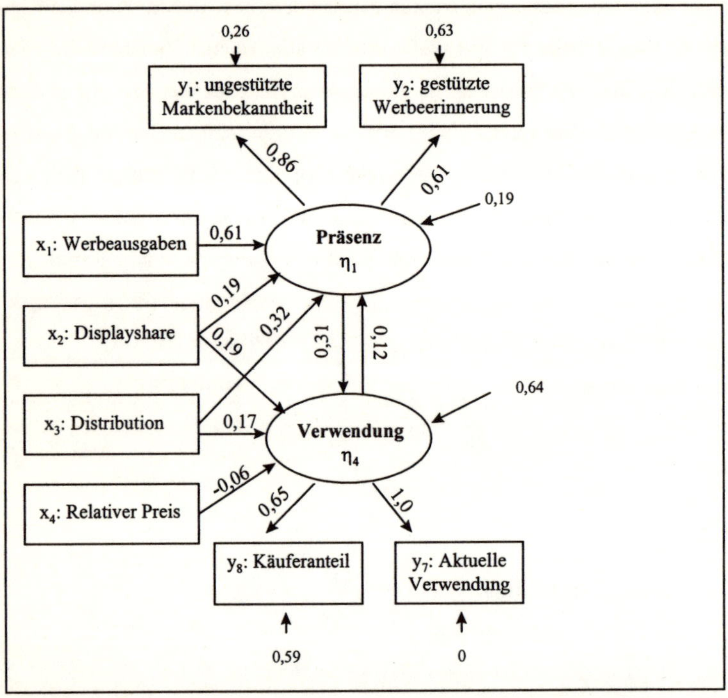

Quelle: Eigene Berechnung

Abb. 33: Schätzergebnisse des Low-Involvement-Submodells

Obwohl das geschätzte Submodell mit einem GFI von 0,988, einem AGFI von 0,957 sowie einem RMR von 0,051 eine gute Globalanpassung aufweist (vgl. Anhang), sollte dem Gesamtmodell aus zwei Gründen der Vorzug gegeben werden: Erstens konnten im Submodell plausible Schätzwerte nur unter der in nichtrekursiven Kausalmodellen unrealistischen Annahme unkorrelierter Strukturfehlervariablen erzielt werden, zweitens zeigt der hohe Anteil nichterklärter Varianz der latenten Variable Verwendung, daß sich die Verwendung einer Marke allein durch die Gedächtnispräsenz nicht ausreichend erklären läßt.

Abschließend stellt sich die Frage, ob das entwickelte Kausalmodell aufgrund der geringen Konvergenz- und Diskriminanzvalidität des Sympathiekonstrukts abgelehnt werden muß, oder ob eine Annahme zu rechtfertigen ist, da alle Globalkriterien und 80% der Detailkriterien erfüllt sind.[505]

Zur Beantwortung dieser Frage müssen potentielle Ursachen der geringen Reliabilität und Validität der Sympathie evaluiert werden. Zunächst ist anzumerken, daß die Erhebung der Sympathie-Variablen unterschiedlich operationalisiert wurde (Skalierung versus Zuordnungsverfahren), hierin könnte bereits eine Ursache liegen. Problematisch ist ebenfalls die geringere Fallzahl der Befragten bei der Ermittlung der Sympathievariablen, da diese im Gegensatz zu allen anderen Modellvariablen auf einer anderen Basis, nämlich der der Werbeerinnerer erhoben wurden, so daß die Stichprobe anfälliger für Zufallsschwankungen ist. Weiterhin handelt es sich bei der Erfassung der Sympathie um eine stark vereinfachte Messung des sehr komplexen Konstruktes „Einstellung", die möglicherweise eine zu geringe Komplexität aufweist, um Aufschluß über die affektive Einschätzung einer Marke und ihres Werbeauftritts zu geben. Die geringe Indikatorreliabilität der Werbetrackingvariable „Sympathische Werbung" könnte aber auch darauf zurückzuführen sein, daß die befragten Verbraucher keine Einstellung zur Werbung haben und die Sympathiebeurteilung lediglich aus dem Zwang zum Urteil im Rahmen der Befragung resultiert. Wenn dies zutrifft, sollte jedoch das Antwortverhalten durch einen Zentralitätseffekt, d. h. durch eine Tendenz zur Mitte gekennzeichnet sein.[506] Gegen diese Annahme spricht die deutliche Standardabweichung des Urteils „Sympathische Werbung" (vgl. Tabelle 11), die allerdings auch durch Zufallsschwankungen im Zeitablauf verursacht worden sein könnte. Um dieser Frage nachzugehen, wurde die Zeitdimension aus der Datenbasis entfernt. Anschließend wurden Durchschnittswerte für die Ausprägung der Variablen „Sympathische Werbung" und „Sympathische Marke" errechnet, die folglich lediglich auf Querschnittsdaten beruhen und angeben, wie eine Marke und ihr Werbeauftritt im Durchschnitt aller Erhebungswellen beurteilt wurden. Abb. 34 zeigt diese Werte für die 68 Marken der Datenbasis in Form eines Scatterplots.

[505] 4 von 20 Detailkriterien der Konstrukte Präsenz, Sympathie, Präferenz und Verwendung sind nicht erfüllt.

[506] Vgl. zur Problematik von Ratingskalen in der Einstellungsmessung z. B. Hammann, Peter / Erichson, Bernd (1994): S.274f.

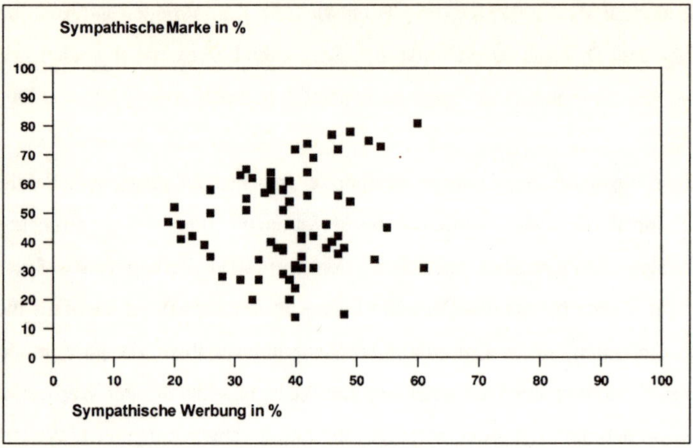

Quelle: GfK-Werbeindikator ATS®

Abb. 34: Korrelation der Werbe- und Markensympathie

Auffällig ist die geringe Korrelation der Werbe- und der Markensympathie (r=0,02). Das bedeutet, daß es Marken gibt, die über einen Zeitraum von mehr als drei Jahren kontinuierlich als sympathisch beurteilt werden, deren Werbeauftritt aber im gleichen Zeitraum als wenig sympathisch empfunden wird und umgekehrt. Dieses Ergebnis widerspricht der Grundannahme der A_{ad}-Theorie, nach der eine positive Einstellung zur Werbung zu einer positiven Einstellung zur Marke führt. Es gibt jedoch eine Reihe von Gründen, die dieses überraschende Ergebnis durchaus plausibel erscheinen lassen. Eine nähere Betrachtung der untersuchten Marken ergab, daß es sich bei Marken mit hoher Marken- und geringer Werbesympathie zum Teil um Subbrands von Dachmarken handelt. Subbrands wurden nur dann in die Datenbasis aufgenommen, wenn sie über einen eigenständigen Werbeauftritt verfügten, so daß die Gefahr eventueller Verwechslungen mit Werbeauftritten anderer Subbrands der gleichen Dachmarke reduziert wurde. Hier könnte zumindest eine Ursache für die Unterschiede in der Sympathiebeurteilung liegen: Die Markensympathie überträgt sich im Sinne eines Imagetransfers[507] von der Dachmarke auf die Subbrand und kann daher hoch ausgeprägt sein, obwohl der Werbeauftritt der Subbrand nicht als sympathisch empfunden wird.[508] Da jedoch nur

507 Vgl. zum Konzept des Imagetransfers z. B. Mayer, Anneliese / Mayer, Ralf Ulrich (1987): Imagetransfer, Hamburg, S.26-33. Meffert, Heribert / Heinemann, Gerrit (1990): Operationalisierung des Imagetransfers, in: Marketing ZFP, Heft 1, 1990, S.5f. Reiter, Gerhard (1991): Strategien des Imagetransfers, in: Jahrbuch der Absatz- und Verbrauchsforschung, 3/91, S.211f.

508 Dieser Image- oder Markengoodwilltransfer ist explizites Ziel einer Brand- oder Lineextension. Vgl. dazu grundlegend Hätty, Holger (1989): Der Markentransfer, Diss., Heidelberg, S.284-302. Aaker, David A. (1990): Brand Extension: The Good, the Bad, and the Ugly, in: Sloan Management Review, Vol.31, Summer 1990, pp.47-56.

sechs der untersuchten 68 Marken Subbrands sind, läßt sich die geringe Korrelation zwischen Marken- und Werbesympathie nicht allein durch einen Imagetransfer erklären. Der gegensätzliche Fall, in dem die Werbesympathie hoch, die Markensympathie dagegen gering ist, betrifft Mono- wie Dachmarken. Einen potentiellen Erklärungsansatz bietet hier die These von CHATTOPADHYAY / NEDUNGADI, nach der bei geringem Involvement eine hohe Werbesympathie verhindert, daß sich eine dauerhaft positive Markeneinstellung bildet, weil sich die begrenzte Aufmerksamkeit ausschließlich auf das Werbemittel konzentriert.[509] Diese Behauptung, die v. a. in der Diskussion über die Wirkung von Humor in der Werbung (vgl. 5.2.1) eine Rolle spielt, ist im vorliegenden Fall jedoch unplausibel, da die Abfrage der Werbesympathie auf Basis der Werbeerinnerer erfolgt, und die Abfrage der Werbeerinnerung wiederum gestützt durch die Marke durchgeführt wird, so daß sichergestellt ist, daß die Absenderanbindung des zu beurteilenden Werbemittels nicht verloren gegangen ist. Die Aufmerksamkeit war demnach ausreichend hoch, um die beworbene Marke im Gedächtnis zu verankern.

Als sinnvolle Erklärung für die geringe Korrelation zwischen Marken- und Werbesympathie verbleibt die Erkenntnis von MACHLEIT et al., nach welcher der Zusammenhang zwischen diesen Größen immer dann außerordentlich gering ist, wenn es sich um etablierte Marken handelt, bei denen ein erhebliches Maß an Produktvertrautheit durch Verwendungserfahrungen vorliegt. Dies trifft, wie mehrfach erwähnt, auf die hier untersuchten Marken in vollem Umfang zu. Als Folge der geringen Korrelation lassen sich die Indikatoren „Sympathische Werbung“ und „Sympathische Marke“ nicht auf einen gemeinsamen Hintergrundfaktor „Sympathie“ zurückführen, so daß die geringe Validität des Meßmodells „Sympathie“ einen substanzwissenschaftlichen Hintergrund haben könnte. Es erscheint realistisch, daß vorhandene Verwendungserfahrungen einen dominanten Einfluß auf die Beurteilung einer Marke haben, die Werbesympathie hingegen eine untergeordnete Rolle spielt. In diesem Sinne wäre die Abbildung eines direkten Einflusses der Verwendung auf die Sympathie im Rahmen des spezifizierten Kausalmodells wünschenswert, doch würde dies zu einer noch komplexeren Modellstruktur bei gleicher Indikatorzahl führen und daher Identifikationsprobleme aufwerfen, die nur durch eine weitere Vorschätzung einzelner Parameter lösbar wären. Zudem wurde das Urteil „Sympathische Werbung“ auf Basis der Werbeerinnerer erhoben, so daß im Sinne der Lernhierarchie die Präsenz der Sympathie stets vorangegangen sein muß. Da die nachgewiesene nomologische Validität der Sympathie gegen einen Verzicht auf die Abbildung der

[509] Vgl. dazu die Darstellung der Aad-Forschungsergebnisse in Abschnitt 2.3.2.3.3.3.

Konstrukte der Lernhierarchie spricht, und darüber hinaus alle Globalkriterien erfüllt sind, wird das spezifizierte Kausalmodell vorbehaltlich des Nachweises seiner Stabilität angenommen. Aufschluß über die Stabilität der Modellschätzung sollen Ermittlungen der Paralleltestreliabilität und der Kreuzvalidität geben.

4.2.2.2 Paralleltestreliabilität und Kreuzvalidität

Die bisher diskutierte Modellschätzung beruht ausschließlich auf der ULS-Methode. Zur Ermittlung der Paralleltestreliabilität soll das gleiche Modell mit anderen Schätzverfahren getestet werden. Die Diskussion der Verteilungsannahmen und der notwendigen Spezifikation der Eingangsmatrizen (Korrelation versus Kovarianz) hat gezeigt, daß unter den iterativen Schätzverfahren für einen Vergleich mit ULS lediglich die DWLS-Methode in Frage kommt. Ferner soll das nicht-iterative Schätzverfahren TSLS Anwendung finden. Eine Gegenüberstellung der Ergebnisse der Modellschätzung mit allen drei Verfahren zeigt Tabelle 15.

Parameter	ULS	DWLS	TSLS
λ_{11}	0,57	0,60	1,00
λ_{21}	0,88	0,83	1,26
λ_{32}	0,61	0,65	1,00
λ_{42}	0,14	0,19	0,11
λ_{53}	0,96	0,98	0,90
λ_{63}	0,78	0,78	1,00
λ_{74}	1,00	0,85	1,00
λ_{84}	0,70	0,79	1,00
β_{21}	0,61	0,56	0,29
β_{32}	0,79	0,73	0,78
β_{43}	0,63	0,63	0,81
β_{41}	0,23	0,25	0,31
β_{14}	0,27	0,41	0,40
γ_{11}	0,38	0,41	0,33
γ_{12}	0,26	0,23	0,04
γ_{13}	0,33	0,30	0,11
γ_{42}	0,10	0,09	-0,02
γ_{43}	0,06	0,07	0,07
γ_{44}	-0,03	-0,02	-0,20
ψ_{11}	0,23	0,16	0,10
ψ_{22}	0,53	0,54	3,77
ψ_{33}	0,32	0,37	2,54
ψ_{44}	0,30	0,30	0,21
ψ_{41}	-0,12	-0,18	-0,14
$\theta\varepsilon_{11}$	0,67	0,65	-
$\theta\varepsilon_{22}$	0,23	0,31	-
$\theta\varepsilon_{33}$	0,63	0,58	-
$\theta\varepsilon_{44}$	0,98	0,97	-
$\theta\varepsilon_{55}$	0,07	0,05	-
$\theta\varepsilon_{66}$	0,39	0,40	-
$\theta\varepsilon_{77}$	0,51	0,46	-
$\theta\varepsilon_{88}$	0,00	0,03	-

Quelle: Eigene Berechnung

Tabelle 15: Vergleich der Schätzergebnisse bei unterschiedlichen Schätzverfahren

Die TSLS-Schätzung ist als nicht-iteratives Schätzverfahren nur begrenzt mit den iterativen Schätzverfahren vergleichbar. Dies gilt insbesondere für feste Parameter, da die zur Skalierung der latenten Variablen notwendige Fixierung der Kovarianz eines beliebigen Indikators mit dem Konstrukt auf den Wert Eins dazu führt, daß diese festen Parameter im Gegensatz zu den iterativen Verfahren nicht mitgeschätzt werden. Bei TSLS entsprechen die Startwerte (Initial Estimates) den Endwerten der Parameterschätzung (Final Estimates).

Bei der ULS- und der DWLS-Schätzung sind die Unterschiede zwischen den geschätzten Modellparametern gering, so daß das Vertrauen in die Reliabilität der Modellschätzung steigt.

Eine Kreuzvalidierung durch Stichprobenteilung ist trotz der rein konfirmatorischen Modellentwicklung sinnvoll, um festzustellen, wie hoch die prädiktive Validität des Modells für andere Datensätze ist. Der von LISREL automatisch berechnete Kreuzvalidierungsindex „ECVI" kann jedoch im vorliegenden Fall nicht verwendet werden, da er normalverteilte Ausgangsvariablen voraussetzt.[510] Eine Stichprobenteilung zur Messung der Halbierungsreliabilität ist dagegen aufgrund des hohen Stichprobenumfangs problemlos möglich und soll vorgenommen werden, um die Stabilität der Modellschätzung zu evaluieren. Nur ein stabiles Modell mit hoher prädiktiver Validität darf die Grundlage für Generalisierungen der Modellzusammenhänge bilden. Die Halbierung der Gesamtstichprobe (n=720) wurde mit zwei verschiedenen Zufallsgeneratoren durchgeführt. Zunächst wurde der zum Softwareprogramm PRELIS gehörende „Bootstrap"-Algorithmus zur Zufallsteilung von Stichproben verwendet.[511] Zusätzlich wurde der Zufallsgenerator des Tabellenkalkulationsprogramms MS-Excel herangezogen. Auf diese Weise ist eine ergänzende Überprüfung der Reliabilität der Zufallsgeneratoren möglich. Tabelle 16 zeigt das Ergebnis.

---

510 Vgl. Browne, Michael W. / Cudeck, Robert (1989): p.451.

511 Vgl. Jöreskog, Karl G. / Sörbom, Dag (1993): pp.174-175. Es wurde jedoch kein Bootstrapping im eigentlichen Sinne durchgeführt, sondern lediglich die zufallsgesteuerte Ziehung von jeweils n=360 Elementen der Stichprobe (mit Zurücklegen). Zum Bootstrapping vgl. Efron, Bradley / Tibshirani, Robert J. (1993): An Introduction to the Bootstrap, Monographs on Statistics and Applied Psychology No.57, New York, pp.1-28.

Parameter	Gesamt-stichprobe	PRELIS Split 1	PRELIS Split 2	Excel Split 1	Excel Split2
λ_{11}	0,57	0,57	0,54	0,59	0,60
λ_{21}	0,88	0,84	0,91	0,84	0,85
λ_{32}	0,61	0,70	0,72	0,59	0,62
λ_{42}	0,14	0,17	0,18	0,17	0,12
λ_{53}	0,96	0,97	0,97	0,96	0,97
λ_{63}	0,78	0,82	0,80	0,74	0,81
λ_{74}	1,00	0,96	1,01	0,94	0,99
λ_{84}	0,70	0,72	0,68	0,70	0,75
β_{21}	0,61	0,66	0,62	0,66	0,67
β_{32}	0,79	0,70	0,70	0,79	0,81
β_{43}	0,63	0,67	0,65	0,60	0,65
β_{41}	0,23	0,12	0,31	0,31	0,19
β_{14}	0,27	0,16	0,27	0,26	0,19
γ_{11}	0,38	0,36	0,32	0,38	0,41
γ_{12}	0,26	0,37	0,31	0,23	0,20
γ_{13}	0,33	0,35	0,29	0,35	0,39
γ_{42}	0,10	0,16	0,02	0,06	0,13
γ_{43}	0,05	0,07	0,06	0,04	0,05
γ_{44}	-0,02	-0,06	-0,03	0,05	0,05
ψ_{11}	0,23	0,23	0,29	0,22	0,25
ψ_{22}	0,53	0,51	0,52	0,47	0,48
ψ_{33}	0,32	0,46	0,43	0,31	0,30
ψ_{44}	0,30	0,26	0,29	0,30	0,29
ψ_{41}	-0,12	-0,02	-0,15	-0,12	-0,09
$\theta\varepsilon_{11}$	0,67	0,68	0,71	0,66	0,64
$\theta\varepsilon_{22}$	0,23	0,30	0,18	0,30	0,27
$\theta\varepsilon_{33}$	0,63	0,51	0,48	0,66	0,62
$\theta\varepsilon_{44}$	0,98	0,97	0,97	0,97	0,99
$\theta\varepsilon_{55}$	0,07	0,07	0,06	0,08	0,05
$\theta\varepsilon_{66}$	0,39	0,33	0,36	0,45	0,35
$\theta\varepsilon_{77}$	0	-0,02	0,03	0	0,05
$\theta\varepsilon_{88}$	0,51	0,43	0,52	0,47	0,50

Quelle: Eigene Berechnung

Tabelle 16: Halbierungsreliabilität der Schätzergebnisse

Ein Vergleich der vier Splits mit den Ergebnissen auf Basis der Gesamtstichprobe zeigt, daß die geschätzten Parameter weitgehend übereinstimmen. Das Kausalmodell ist offensichtlich in der Lage, die modelltheoretische Kovarianzmatrix aus verschiedenen Datensätzen zu generieren, die geschätzten Modellparameter kapitalisieren demnach nicht nur Zufallsstreuungen. Der Nachweis der prädiktiven Validität erlaubt innerhalb der Grenzen der Antezedenzbedingungen und der zugrundeliegenden theoretischen Fundierung die Ableitung von Generalisierungen der Modellzusammenhänge, so daß die sich anschließende Bestimmung der totalen kausalen Effekte verallgemeinerungsfähige Erkenntnisse über die Beziehungen zwischen den latenten Variablen erbringt.

4.2.3 Bestimmung der kausalen Effekte im Strukturmodell

Da die Beta-Koeffizienten in einem nichtrekursiven Strukturmodell lediglich die direkten Basis-Effekte zwischen den latenten endogenen Variablen angeben, ist eine Bestimmung der totalen kausalen Effekte nicht durch einfaches Ablesen der Pfadkoeffizienten bei direkten Beziehungen sowie durch eine Multiplikation der Pfadkoeffizienten bei der Beteiligung von Drittvariablen und anschließender Addition zu einem totalen kausalen Effekt möglich.[512] Ein solches Vorgehen würde die durch die Feedback-Schleife hervorgerufenen Multiplikatoreffekte negieren (vgl. 3.1.5.4). Tabelle 17 enthält die totalen kausalen Effekte zwischen allen Konstrukten des Strukturmodells aus Abb. 29, die im LISREL-Output unter der Rubrik „Standardized Total Effects of Eta on Eta" ausgewiesen werden.[513]

Modellkonstrukte	η_1 Präsenz	η_2 Sympathie	η_3 Präferenz	η_4 Verwendung
η_1 Präsenz	η_{11} 0,17	η_{12} 0,16	η_{13} 0,20	η_{14} 0,32
η_2 Sympathie	η_{21} 0,71	η_{22} 0,10	η_{23} 0,12	η_{24} 0,19
η_3 Präferenz	η_{31} 0,56	η_{32} 0,86	η_{33} 0,10	η_{34} 0,15
η_4 Verwendung	η_{41} 0,62	η_{42} 0,58	η_{43} 0,74	η_{44} 0,17

Quelle: Eigene Berechnung

Tabelle 17: Totale kausale Effekte im Strukturmodell

In nichtrekursiven Modellstrukturen ist es möglich, daß latente Variablen zwar keinen direkten, wohl aber einen totalen Effekt auf sich selbst ausüben.[514] Wie dieser Effekt ermittelt werden kann, soll beispielhaft anhand des Konstrukts „Präsenz" gezeigt werden. Eine Erhöhung der Präsenz führt über zwei unterschiedliche Pfade zu einem totalen Effekt auf die Präsenz: Pfad I verläuft über die Konstrukte Sympathie, Präferenz, Verwendung und schließlich zurück zur Präsenz, Pfad II über die Verwendung und direkt zurück zur Präsenz. Der totale Effekt

---

[512] Vgl. dazu die ausführliche Darstellung der Berechnung kausaler Effekte in nichtrekursiven Kausalmodellen bei Hayduk, Leslie (1987): pp.244-267.

[513] Vgl. dazu den Anhang dieser Arbeit. Alternativ ist eine Bestimmung der totalen kausalen Einflüsse durch Einsetzen der entsprechenden Pfadkoeffizienten in den Ausdruck $(I-B)^{-1}-I$ möglich.

[514] Vgl.: Jöreskog, Karl G. / Sörbom, Dag (1989): p.33.

(E_{total}) der Präsenz auf die Präsenz ist durch eine Addition der um die Multiplikatorwirkung korrigierten Effekte beider Pfade bestimmbar:

$$E_{total}\,(\eta_1 \Rightarrow \eta_1) = \left(\frac{\beta_{21}}{1-\beta_{14}\times\beta_{41}}\right)\times(\beta_{32})\times\left(\frac{\beta_{43}}{1-\beta_{14}\times\beta_{41}}\right)\times\left(\frac{\beta_{14}}{1-\beta_{14}\times\beta_{41}}\right)+\left(\frac{\beta_{41}\times\beta_{14}}{1-\beta_{14}\times\beta_{41}}\right) \quad (4.5)$$

$$= \left(\frac{0{,}61}{1-0{,}27\times 0{,}23}\right)\times\ 0{,}79\ \times\left(\frac{0{,}63}{1-0{,}27\times 0{,}23}\right)\times\left(\frac{0{,}27}{1-0{,}27\times 0{,}23}\right)+\left(\frac{0{,}23\times 0{,}27}{1-0{,}27\times 0{,}23}\right)$$

$$= 0{,}17 \quad (4.6)$$

Für das Forschungsziel dieser Arbeit ist die Berechnung der totalen kausalen Effekte der Modellkonstrukte Präsenz, Sympathie und Präferenz auf die Verwendung hervorzuheben, da diese Aufschluß über die Zusammenhänge zwischen Werbewirkung und Markterfolg im Rahmen der Modellstruktur geben. Abb. 35 verdeutlicht die Berechnung der totalen kausalen Effekte.[515]

[515] Die geringfügigen Unterschiede zu den Werten in Tabelle 17 erklären sich durch Rundungsfehler.

Berechnung der totalen kausalen Effekte der Werbewirkungskonstrukte auf die Verwendung

I. Totaler kausaler Effekt der Präsenz auf die Verwendung

a) Präsenz ⇒ Verwendung:

$$\left(\frac{\beta_{41}}{1-\beta_{14}\times\beta_{41}}\right)=\left(\frac{0{,}23}{1-0{,}27\times 0{,}23}\right)=0{,}25$$

b) Präsenz ⇒ Sympathie ⇒ Präferenz ⇒Verwendung:

$$\left(\frac{\beta_{21}}{1-\beta_{14}\times\beta_{41}}\right)\times(\beta_{32})\times\left(\frac{\beta_{43}}{1-\beta_{14}\times\beta_{41}}\right)=$$

$$\left(\frac{0{,}61}{1-0{,}27\times 0{,}23}\right)\times\ 0{,}79\ \times\left(\frac{0{,}63}{1-0{,}27\times 0{,}23}\right)=0{,}35$$

Totaler kausaler Effekt der Präsenz auf die Verwendung = 0,25 + 0,35 = 0,60

II. Totaler kausaler Effekt der Sympathie auf die Verwendung

Sympathie ⇒ Präferenz ⇒ Verwendung:

$$(\beta_{32})\times\left(\frac{\beta_{43}}{1-\beta_{14}\times\beta_{41}}\right)=\ 0{,}79\ \times\left(\frac{0{,}63}{1-0{,}27\times 0{,}23}\right)=0{,}53$$

Totaler kausaler Effekt der Sympathie auf die Verwendung = 0,53

III. Totaler kausaler Effekt der Präferenz auf die Verwendung

Präferenz ⇒ Verwendung:

$$\left(\frac{\beta_{43}}{1-\beta_{14}\times\beta_{41}}\right)=\left(\frac{0{,}63}{1-0{,}27\times 0{,}23}\right)=0{,}67$$

Totaler kausaler Effekt der Präferenz auf die Verwendung = 0,67

Quelle: Eigene Berechnung

Abb. 35: Die Berechnung der totalen kausalen Effekte der Werbewirkungskonstrukte auf die Verwendung

Akzeptiert man die Abbildung zweier alternativer Wirkungspfade in Form der klassischen Low-Involvement und der Lernhierarchie, übt die Präsenz einen deutlich stärkeren kausalen Effekt auf die Verwendung aus als die Verwendung auf die Präsenz. Aber selbst wenn man lediglich dem Low-Involvement-Pfad des Modells folgt, ist der Einfluß der Präsenz auf die Verwendung mit 0,23 fast so hoch wie der Einfluß der Verwendung auf die Präsenz mit 0,27.[516] Durch das vorliegende Kausalmodell ist es damit gelungen, die Frage der Stärke und der Richtung des Einflusses zwischen der Verwendung einer Marke und ihrer Gedächtnispräsenz

[516] Eine separate Betrachtung der direkten kausalen Effekte der beiden Wirkungspfade des Strukturmodells ist allerdings streng genommen nur bei getrennter Schätzung der Low-Involvement- und der Lernhierarchie-Bestandteile zulässig, da die Höhe der angegebenen Beta-Koeffizienten nur für den Gesamtmodell-Zusammenhang gültig ist.

zu beantworten. Indirekt wurde dieser wechselseitige Zusammenhang auch zwischen der Verwendung und der Sympathie bzw. der Präferenz nachgewiesen: Die Sympathie wird über die Präsenz von der Verwendung beeinflußt (totaler Effekt = 0,19), beeinflußt ihrerseits aber auch wieder über die Präferenz die Verwendung (totaler Effekt = 0,58). Die Präferenz wird über die Präsenz und die Sympathie von der Verwendung beeinflußt (totaler Effekt = 0,15); die Präferenz selbst übt wiederum einen starken direkten Einfluß auf die Verwendung aus (totaler Effekt = 0,74).[517]

Durch die nachgewiesene Reliabilität des Konstrukts „Verwendung" ist gewährleistet, daß es sich hierbei um eine Erfassung der tatsächlichen Marktreaktion handelt. Die Abfrage der „derzeitigen Verwendung" in Werbetrackingerhebungen ist demnach geeignet, Marktentwicklungen abzubilden. Allerdings spiegeln die Käuferanteile die Marktreaktion noch nicht hinreichend wider, da sie lediglich das Markenwahlverhalten abbilden. Der Zusammenhang zwischen dem Käuferanteil und dem Marktanteil als Zielgröße der Marktreaktion wurde daher außerhalb des Modelltests durch eine einfache lineare Regression ermittelt, bei welcher der Marktanteil die abhängige und der Käuferanteil die unabhängige Variable darstellte. Es ergab sich ein R^2-Wert von 0,87, der einem Korrelationskoeffizienten von 0,93 entspricht. Die hohe erklärte Varianz des Marktanteils durch den Käuferanteil verdeutlicht, daß eine Veränderung des Marktanteils im wesentlichen auf eine Veränderung des Käuferanteils zurückgeführt werden kann, und daß die Kaufmenge und die Kaufhäufigkeit eine untergeordnete Rolle für die Erklärung der Marktanteilsentwicklung spielen.

Neben den Beziehungen zwischen den Modellkonstrukten können auch die Einflüsse der Marketing-Mix-Faktoren auf die Gedächtnispräsenz und die Verwendung kausal interpretiert werden. In Übereinstimmung mit den bisherigen Erkenntnissen der Werbewirkungsforschung üben die Werbeausgaben von allen Elementen des Marketing-Mix den stärksten direkten kausalen Einfluß auf die Gedächtnispräsenz einer Marke aus (γ_{11} = 0,38). Auffallend ist, daß aber auch die Distribution (γ_{13} = 0,33) und der Displayshare (γ_{12} = 0,26) einer Marke einen deutlichen direkten Einfluß auf die Gedächtnispräsenz haben. Dieses Ergebnis bestätigt nach-

[517] Der starke kausale Einfluß der Sympathie auf die Präferenz läßt vermuten, daß zwischen diesen Konstrukten keine Diskriminanzvalidität gegeben wäre, wenn zur Messung der „Sympathie" nur der reliable Indikator „Sympathische Marke" herangezogen würde. In diesem Fall könnte man die drei Indikatoren „Sympathische Marke", „Erstpräferenz" und „Zweitpräferenz" als Meßgrößen eines Konstrukts „Einstellung" zusammenfassen. Eine empirische Überprüfung dieser Hypothese ergab jedoch keine Lösung, da die modelltheoretische Kovarianzmatrix sich nicht an die empirische Kovarianzmatrix anpassen ließ, was auf eine Fehlspezifikation hinweist.

drücklich, daß die Präsenz einer Marke am POS und ihre Hervorhebung durch Zweitplazierungen ein erhebliches Kontaktpotential darstellen.

Die geringeren direkten kausalen Einflüsse des Displayshares, der Distribution und des relativen Preises auf die Verwendung verdeutlichen, daß sich die Verwendung etablierter Marken nur begrenzt auf Variationen im Marketing-Mix zurückführen läßt. Auch wenn die T-Werte aufgrund der nicht gegebenen Normalverteilung mit Vorsicht zu interpretieren sind, muß doch darauf hingewiesen werden, daß die Einflüsse auf die Verwendung zudem statistisch nicht signifikant sind und es möglicherweise auch bei einer ML-Schätzung nicht wären. Besonders überrascht der sehr schwache, wenngleich erwartungsgemäß negative, direkte Einfluß des relativen Preises auf die Verwendung (γ_{44} = -0,03). Dieses Ergebnis steht jedoch durchaus im Einklang mit früheren markenübergreifenden Untersuchungen, in denen ein signifikanter Wirkungsbeitrag der Instrumentalvariablen Preis auf den Markterfolg lediglich bei isolierter Betrachtung, nicht aber im Verbund mit anderen Marketing-Mix-Variablen nachweisbar war.[518] Zum Verständnis der geringen Wirkung des relativen Preises auf die Verwendung muß zudem darauf hingewiesen werden, daß die Datenbasis ausschließlich aus Markenartikeln besteht. Diese weisen als Resultat ihres differenzierten Leistungsversprechens tendenziell eine relativ geringe Preissensitivität auf.[519]

Die Abbildung eines direkten Einflusses der Werbung auf die Verwendung ist aus schätztechnischen wie theoretischen Erwägungen nicht sinnvoll. Zum einen wäre das dargestellte Kausalmodell dann unteridentifiziert, zum anderen würde durch dieses Vorgehen auch der Kontext eines S-O-R-Modells verlassen. Ein direkter kausaler Einfluß des relativen Preises auf die Gedächtnispräsenz ist theoretisch nicht zu begründen.[520] Zur Ermittlung der totalen kausalen Effekte der Marketing-Mix-Variablen auf die Modellkonstrukte müssen analog zu den Beziehungen zwischen den Werbewirkungskonstrukten und dem Kauf einer Marke der Multiplikatoreffekt der reziproken Kausalität und die indirekten kausalen Effekte berücksichtigt werden. Da im Rahmen des spezifizierten Kausalmodells $x = \xi$ gilt, sind die totalen Effekte im LISREL-Output der „Regression Matrix Eta on X (Standardized)“ oder (identisch) im Rahmen der komplett standardisierten Lösung der Matrix „Standardized Total Effects of X on Eta“ zu entnehmen:

---

[518] Vgl. z. B. Voss, Wolf-Dieter (1983): S.224.

[519] Was nicht zuletzt auf den Einfluß der Werbung zurückgeführt wird. Vgl. die Diskussion bei Mela, Carl F. / Gupta, Sunil / Lehmann, Donald R. (1996): pp.5-8. Allerdings ist anzunehmen, daß die Preissensitivität bei der Analyse einzelner Marken höher ausgefallen wäre.

Konstrukt \ Variable	x_1 Werbe-ausgaben	x_2 Display-share	x_3 Distribu-tion (gew.)	x_4 Relativer Preis
η_1 Präsenz	γ_{11} 0,44	γ_{12} 0,33	γ_{13} 0,41	γ_{14} –0,01
η_2 Sympathie	γ_{21} 0,27	γ_{22} 0,20	γ_{23} 0,25	γ_{24} –0,01
η_3 Präferenz	γ_{31} 0,21	γ_{32} 0,16	γ_{33} 0,19	γ_{34} 0,00
η_4 Verwendung	γ_{41} 0,24	γ_{42} 0,27	γ_{43} 0,28	γ_{44} –0,03

Quelle: Eigene Berechnung

Tabelle 18: Totale kausale Effekte der Marketing-Mix-Variablen auf die Modellkonstrukte

Zwischen den direkten und den totalen kausalen Effekten der Marketing-Mix-Variablen auf die Modellkonstrukte bestehen z. T. erhebliche Unterschiede. Der totale kausale Einfluß der Distribution auf die Verwendung ist mit 0,28 beispielsweise um ein Vielfaches höher als der direkte kausale (nicht signifikante) Einfluß (γ_{43}) mit 0,05. Die deutliche Differenz resultiert v.a. daraus, daß die Distribution simultan auf zwei Modellkonstrukte (Präsenz und Verwendung) einen kausalen Einfluß ausübt. Die Berechnung des totalen Einflusses der Distribution auf die Verwendung verdeutlicht dies:

$$E_{total}(x_3 \Rightarrow \eta_4) = \left(\frac{\gamma_{43}}{1-\beta_{14}\times\beta_{41}}\right) + \gamma_{13}\times\left(\frac{\beta_{41}}{1-\beta_{14}\times\beta_{41}}\right) + \gamma_{13}\times\left(\frac{\beta_{21}}{1-\beta_{14}\times\beta_{41}}\right) \times(\beta_{32})\times\left(\frac{\beta_{43}}{1-\beta_{14}\times\beta_{41}}\right) \tag{4.7}$$

$$= \left(\frac{0{,}05}{1-0{,}27\times0{,}23}\right) + 0{,}33\times\left(\frac{0{,}23}{1-0{,}27\times0{,}23}\right) + 0{,}33\times\left(\frac{0{,}61}{1-0{,}27\times0{,}23}\right) \times 0{,}79\times\left(\frac{0{,}63}{1-0{,}27\times0{,}23}\right) = 0{,}25^{521} \tag{4.8}$$

Dem Untersuchungsziel dieser Arbeit folgend, sollen abschließend die totalen kausalen Effekte der Marketing-Mix-Variablen auf das Kaufverhalten erörtert werden. Diese sind mit Ausnahme des Preises so deutlich ausgeprägt, daß sie trotz der z. T. nicht signifikanten direkten kausalen Einflüsse vermutlich auch bei Anwendung einer ML-Schätzung statistisch signifikant wären. Zunächst ist darzulegen, wie die Effekte berechnet werden können. Eine vollständige Berechnung, wie sie am Beispiel des totalen kausalen Effektes der Distribution auf die Verwendung dargestellt wurde, ist dazu nicht erforderlich, da auf die Ergebnisse der Be-

520 Zudem wäre das spezifizierte Kausalmodell auch in diesem Fall nicht identifiziert.

521 Der geringfügige Unterschied zum Wert in Tabelle 18 erklärt sich durch Rundungsfehler.

rechnung der totalen kausalen Einflüsse zwischen den Modellkonstrukten zurückgegriffen werden kann (vgl. Abb. 35).

Berechnung der totalen kausalen Effekte der Marketing-Mix-Variablen auf die Verwendung
I. Totaler kausaler Effekt der Werbeausgaben auf die Verwendung: $E_{total}(x_1 \Rightarrow \eta_4) = \gamma_{11} \times E_{total}(\eta_1 \Rightarrow \eta_4) = 0{,}38 \times 0{,}62 = 0{,}24$
II. Totaler kausaler Effekt des Displayshares auf die Verwendung: $E_{total}(x_2 \Rightarrow \eta_4) = \gamma_{42} + \gamma_{12} \times E_{total}(\eta_1 \Rightarrow \eta_4) = 0{,}10 + 0{,}26 \times 0{,}62 = 0{,}26$
III. Totaler kausaler Effekt der Distribution auf die Verwendung: $E_{total}(x_3 \Rightarrow \eta_4) = \gamma_{43} + \gamma_{13} \times E_{total}(\eta_1 \Rightarrow \eta_4) = 0{,}06 + 0{,}33 \times 0{,}62 = 0{,}26$
IV. Totaler kausaler Effekt des relativen Preises auf die Verwendung: $E_{total}(x_4 \Rightarrow \eta_4) = \gamma_{44} = -0{,}03$

Quelle: Eigene Berechnung

Abb. 36: Die Berechnung der totalen kausalen Effekte der Marketing-Mix-Variablen auf den Kauf

Die Werbeausgaben üben von allen Marketing-Mix-Variablen den stärksten totalen kausalen Einfluß auf die Präsenz, die Sympathie und die Präferenz aus. Die simultanen Wirkungen des Displayshares und der Distribution sowohl auf die Präsenz als auch auf die Verwendung führen jedoch dazu, daß der totale kausale Effekt auf den Kauf bei den Marketing-Mix-Variablen Displayshare und Distribution am größten ist. Der Einfluß des relativen Preises auf den Kauf ist marginal und statistisch nicht signifikant.

4.3 Modellmodifikation

4.3.1 Überlegungen zur Struktur eines modifizierten Modells

Nachdem sich das Sympathiekonstrukt als wenig valide und reliable Größe und damit als Schwachpunkt des spezifizierten Kausalmodells herausgestellt hat, erhebt sich die Frage, ob auf eine Heranziehung dieses Modellkonstruktes verzichtet werden kann, ohne gegen die Antezedenzbedingungen, die theoretischen Grundlagen und den integrativen Charakter des Modells zu verstoßen. Da alternative Variablen zur Messung der Einstellung nicht zur Verfügung stehen, bedeutet ein Verzicht auf das Sympathiekonstrukt zugleich den Verzicht auf eine Betrachtung von Einstellungen insgesamt und damit eine Aufgabe der Lernhierarchie. Um dennoch zwei alternative Sequenzen der Werbewirkung abzubilden, bietet sich die Aufnahme des

Konstruktes „Relevant Set", gemessen durch die Werbetrackingvariable „kommt beim Kauf in Frage" (vgl. 2.3.2.3.4.1) als Substitut für das Sympathiekonstrukt an. Wie die Kritik der theoretischen Grundlagen der Werbetrackingforschung gezeigt hat, resultiert das Konzept des Relevant bzw. Evoked Set zwar ursprünglich aus der Low-Involvement-Forschung, es wird jedoch aufgrund neuerer Untersuchungsergebnisse auch bei stärkerem Involvement für plausibel erachtet (vgl.2.3.2.3.2.3). Die Angemessenheit der Aufnahme des Relevant Set in das Kausalmodell ergibt sich aus mehreren Gründen:

1. Die Streitfrage, ob die Aufnahme einer Marke ins Relevant Set von der Verwendung oder von der Gedächtnispräsenz abhängt, wird im Rahmen der Modellstruktur dadurch überwunden, daß sowohl die Verwendung (mittelbar) als auch die Gedächtnispräsenz (unmittelbar) einen Einfluß auf die Zusammensetzung des Relevant Set ausüben.

2. Die Modellannahme, daß die Gedächtnispräsenz einer Marke eine Bedingung für die Aufnahme ins Relevant Set darstellt, geht von einem bestimmten Ausmaß an Involvement aus. Bei sehr geringem Involvement ist die Gedächtnispräsenz keine Bedingung für die Aufnahme ins Relevant Set, in diesem Fall reicht das bloße Wiedererkennen einer Marke am POS aus, um diese in das Relevant Set aufsteigen zu lassen. Insofern folgt der Modellpfad Präsenz $\Rightarrow$ Relevant Set $\Rightarrow$ Präferenz $\Rightarrow$ Verwendung wie die Lernhierarchie der Annahme eines bestimmten Ausmaßes an Involvement, das zu einem komplexeren Werbewirkungsablauf führt als bei sehr geringem Involvement, wo die bloße Gedächtnispräsenz bereits kaufentscheidend wirkt. Andererseits dürfte der moderierende Einfluß des Involvement auf die Werbewirkung aber auch im konzeptionellen Rahmen des Relevant Set nicht so gravierend sein, daß die weiterhin unterstellte Gültigkeit des Modells bei hohem wie niedrigem Involvement unhaltbar wäre.

3. Die zentrale Antezedenzbedingung der Anwendung des Relevant Set Konzepts, die geringe subjektive Markendifferenzierung, kann bei der im Rahmen dieser Arbeit analysierten Datenbasis unterstellt werden, sofern man die Existenz geringer objektiver Unterschiede zwischen den Marken einer Warengruppe -wie sie bei FMCGs angenommen werden kann- als Hilfskriterium akzeptiert.

4. Durch die Berücksichtigung des Präferenzkonstruktes zwischen dem Relevant Set und der Verwendung einer Marke wird der Erkenntnis Rechnung getragen, daß das Relevant Set alleine noch keine Aussagen über die Kaufwahrscheinlichkeit einzelner Marken erlaubt, weil es stets mehrere Marken umfaßt. Den Zusammenhang zum Kaufverhalten für die

Marken innerhalb des Relevant Set stellen die Präferenzen her. Das Relevant Set darf und wird in der vorliegenden Operationalisierung nicht als Kaufabsicht interpretiert werden.

Mit der Substitution des Sympathiekonstruktes durch das Relevant Set ist allerdings neben dem Verzicht auf die Abbildung von Einstellungen ein weiterer Nachteil verbunden. Da für die Ermittlung des Relevant Set nur eine Variable zur Verfügung steht, handelt es sich um ein weiteres Einzelindikator-Konstrukt, das keine Aussagen über die Reliabilität der Messung erlaubt und das Verhältnis von Indikatoren zu Konstrukten im Gesamtmodell weiter verschlechtert.

4.3.2 Beurteilung und Vergleich der Schätzergebnisse

Abb. 37 zeigt die Parameter der Modellschätzung auf der Basis des ULS-Verfahrens.

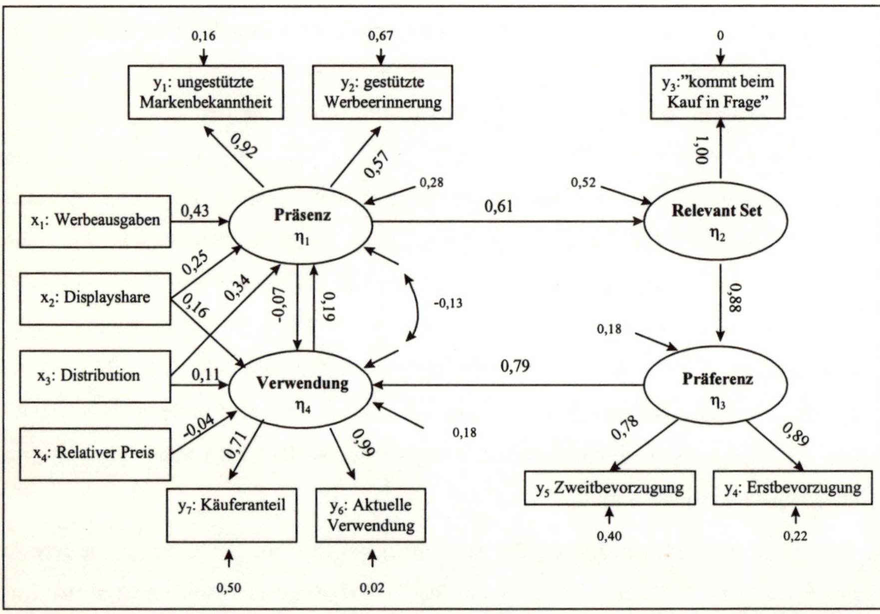

Quelle: Eigene Berechnung

Abb. 37: Ergebnisse der Parameterschätzung des modifizierten Modells

Die Beurteilung der Schätzergebnisse erfolgt analog zur ursprünglichen Modellversion anhand der in Tabelle 19 zusammengefaßten Global- und Detailkriterien sowie der Plausibilität der Parameterschätzungen. Letztere ist bei der modifizierten Modellversion nicht in vollem Umfang gegeben. Es treten zwar weder standardisierte Koeffizienten mit Ausprägungen größer als Eins noch negative Varianzen oder sonstige Indizien einer Fehlspezifikation auf, allerdings entspricht das Vorzeichen der Kausalbeziehung zwischen Präsenz und Verwendung nicht der Erwartung.

I. Globalkriterien						
GFI = 0,984 AGFI = 0,967 RMR = 0,062 Stability Index = 1,147						
II. Detailkriterien						
a) Meßmodelle						b) Strukturmodell
Konstrukt	Indikator	Indikator-reliabilität ρx	Konvergenzvalidität ρv	ρc	Diskriminanzvalidität ρv > φ_{ij}^2 max	Nomologische Validität qmK
η_1 Präsenz	λ_{11} λ_{21}	0,84 0,32	0,59	0,73	0,59 > 0,49 (φ_{21}^2)	0,72
η_2 Relevant Set	λ_{32}	1,00	1,00	1,00	1,00 > alle (φ_{ij}^2)	0,48
η_3 Präferenz	λ_{43} λ_{53}	0,78 0,60	0,69	0,82	0,69 < 0,83 (φ_{32}^2)	0,82
η_4 Verwendung	λ_{64} λ_{74}	0,98 0,50	0,74	0,85	0,74 < 0,77 (φ_{43}^2)	0,82

Quelle: Eigene Berechnung

Tabelle 19: Global- und Detailkriterien der Anpassungsgüte des modifizierten Modells

Die Gesamtstruktur des Modells weist eine bessere Anpassungsgüte an die Ausgangsdaten auf als die ursprüngliche Modellversion. Die Gütemaße GFI (0,984 versus 0,961), AGFI (0,967 versus 0,925) und RMR (0,062 versus 0,086) belegen dies nachdrücklich. Es gilt jedoch zu beachten, daß der GFI und der RMR-Index nur bedingt zum Modellvergleich geeignet sind, da sie den Verlust an Freiheitsgraden bei der Schätzung der modifizierten Modellversion (32 versus 41 Freiheitsgrade) nicht berücksichtigen. Der Stabilitätsindex-Wert von 1,147 überschreitet deutlich den kritischen Wert von 1,0. Da die Spaltensumme der Elemente der B-Matrix jedoch auch bei der modifizierten Modellversion jeweils kleiner als Eins ist, kann dennoch von begrenzten totalen Effekten zwischen der Präsenz und der Verwendung ausgegangen werden, so daß die notwendige Voraussetzung für die Stabilität eines rekursiven Kausalmodells erfüllt ist. Trotzdem muß das modifizierte Kausalmodell abgelehnt werden. Dies ergibt sich nicht nur aus dem unplausiblen Vorzeichen des Einflusses der Präsenz auf die Verwendung, sondern auch aus der Betrachtung der Detailkriterien. Die Modellkonstrukte „Präferenz" und „Verwendung" erfüllen nicht das Fornell/Larcker-Kriterium der Diskriminanzvalidität, da die erklärte Varianz dieser Konstrukte niedriger ist als die quadrierte Korrelation mit anderen Konstrukten.[522] Da es sich bei der Präferenz und der Verwendung um konvergenzvalide Größen mit reliablen Indikatoren handelt, ist eine überzeugende empirische

[522] Höher als die erklärte Varianz ist bei der Präferenz die quadrierte Korrelation mit dem Relevant Set-Konstrukt und bei der Verwendung die quadrierte Korrelation mit dem Präferenz-Konstrukt.

Begründung der mangelnden Eignung im Gegensatz zum Sympathie-Konstrukt der ursprünglichen Modellversion nicht zu erkennen. Die Beurteilung der Schätzergebnisse des modifizierten Modells kann daher an dieser Stelle abgebrochen werden, das Modell ist abzulehnen.

4.4 Modellbewertung

Der Modelltest hat gezeigt, daß das im Rahmen dieser Arbeit entwickelte integrative Werbewirkungsmodell geeignet ist, die Zusammenhänge zwischen Werbewirkung und Markterfolg in valider und reliabler Form abzubilden. Abschließend soll zusammengefaßt werden, inwieweit das Modell nicht nur die an ein Kausalmodell zu stellenden Gütekriterien erfüllt, sondern auch den Anforderungen gerecht wird, die in Abschnitt 1.1 in empirischer, theoretischer und normativer Hinsicht an eine Weiterentwicklung des Werbetracking gestellt wurden:

- Mit dem entwickelten Kausalmodell wurde ein umfassendes, testbares Theoriegefüge erstellt, das Aufschluß sowohl über die Zusammenhänge zwischen den Modellkonstrukten als auch zwischen den Modellkonstrukten und ihren zentralen Indikatoren gibt. Die Überprüfung der Konstruktvalidität, die als dringendster empirischer Forschungsbedarf charakterisiert wurde, konnte evaluiert werden. Die Bestimmung der prognostischen Validität der Werbetrackinggrößen i.e.S., die aus Sicht der Marktforschungspraxis das zentrale Desiderat darstellte, konnte nicht durchgeführt werden, da sich Werbewirkung und Marktreaktion im Rahmen der Meßmöglichkeiten der zur Verfügung stehenden Instrumente als kontemporäre Einflüsse erwiesen.
- Die Anforderungen, die aus der Kritik der theoretischen Grundlagen der Werbetrackingforschung abgeleitet wurden, erfüllt das entwickelte Kausalmodell in hohem Maße. Die Antezedenzbedingungen sind durch die Eingrenzung auf etablierte Marken mit potentiell vorhandener Verwendungserfahrung - wie gefordert - hinreichend präzise eingegrenzt worden. An beiden zentralen Konstruktkategorien der Werbewirkungsmodelle (Gedächtnispräsenz und Einstellungen) wurde festgehalten. Zudem konnten Aussagen zur Validität und Reliabilität der zentralen Werbetrackingvariablen getroffen werden. Die unterschiedliche Eignung einzelner Indikatoren hinsichtlich Reagibilität und Kaufverhaltensrelevanz wurde berücksichtigt, wechselseitige Einflüsse wurden ebenso einbezogen wie alternative Wirkungsverläufe bei gleichen Antezedenzbedingungen, so daß der deterministische Charakter der klassischen Werbewirkungsmodelle auf diese Weise zumindest verringert wurde. Die Modellschätzung hat gezeigt, daß die Modellparameter auf der Grundlage konkreter

Datenbasen bestimmbar sind, so daß das Modell trotz seiner hohen Komplexität prüf- und damit falsifizierbar geblieben ist. Wie gefordert, wurde der verwirrenden Vielzahl konkurrierender Werbewirkungsmodelle nicht ein weiteres Modell hinzugefügt; stattdessen wurden mit der Low-Involvement- und der Lernhierarchie empirisch gut bestätigte Bestandteile bereits existierender Werbewirkungsmodelle integrativ zusammengeführt. Da die Mehrzahl der bisherigen empirischen Überprüfungen dieser Werbewirkungsmodelle auf Pretest-Ergebnissen für neue oder fiktive Marken beruht, konnte durch die Übertragung auf etablierte Produkte die Frage beantwortet werden, ob vergleichbare Modellzusammenhänge auch dann Gültigkeit haben, wenn vorhandene Verwendungserfahrung explizit berücksichtigt wird.

- In normativer Hinsicht erfüllt das Modell in hohem Maße den Anspruch der Werbetrackingforschung, die Zusammenhänge zwischen Werbewirkung und Markterfolg abzubilden, ohne dabei in eine „Korrelationsfalle" zu tappen. Ungeachtet der vielfältigen Operationalisierungsprobleme bei der Markenwertmessung stellt die Quantifizierung wechselseitiger Einflüsse zwischen den Modellkonstrukten, welche zugleich zentrale Markenwertdeterminanten darstellen, auch hinsichtlich der Messung des Markenwerts einen Erkenntnisfortschritt dar, da detailanalytische Makromodelle der Markenwertmessung wechselseitige Einflüsse bisher nicht berücksichtigen.[523] Die von EHRENBERG ausgelöste Kontroverse um die Frage, ob nicht aufgrund der Korrelation der meisten Markenwertdeterminanten mit dem Marktanteil die Konstrukte „Markenwert" bzw. „Markenstärke" das gleiche messen wie der Marktanteil und damit überflüssig sind, kann vor dem Hintergrund der Ergebnisse der Modellschätzung differenziert beurteilt werden: Einerseits ist eine derartige Korrelation zweifellos vorhanden, andererseits spricht die nachgewiesene Diskriminanzvalidität der meisten Modellkonstrukte jedoch eindeutig gegen EHRENBERGs These identischer Sachverhalte. Die Abbildung der wechselseitigen Zusammenhänge widerlegt zudem die von EHRENBERG implizit getroffene Annahme eines unidirektionalen Einflusses des Marktanteils auf die Markenwertdeterminanten.

Als letzte zentrale Anforderung verbleibt schließlich, den Beitrag des Modells zur Werbeeffizienzmessung zu überprüfen. Im Rahmen der normativen Kritik wurde bemängelt, daß qualitative Einflüsse z. B. der Werbemittelgestaltung auf die Werbeeffizienz im Rahmen von Werbetrackingstudien nicht berücksichtigt werden, da Werbung als Marketing-Mix-Variable aus-

[523] Vgl. z. B. Riedel, Frank (1994): S.100.

schließlich monetär operationalisiert wird. Dies gilt ebenso für das spezifizierte Kausalmodell. Aus diesem Grund soll im folgenden Kapitel der Frage nachgegangen werden, wie unter Berücksichtigung der gewonnenen Erkenntnisse der Werbewirkung eine verbesserte Werbeeffizienzmessung auf der Basis von Werbetrackingstudien aussehen könnte.

5 ERFOLGSFAKTOREN DER WERBEEFFIZIENZ

5.1 Implikationen der Modell-Zusammenhänge für die Beurteilung der Werbeeffizienz

Der Modelltest in Kapitel 4 hat gezeigt, daß die Gedächtnispräsenz einer Marke nicht nur direkt von Marketing-Mix-Einflüssen abhängig ist, sondern auch von der Verwendung, die ihrerseits wiederum z. T. auf Marketing-Mix-Aktivitäten zurückgeführt werden kann. Diese Erkenntnis wird in der traditionellen Werbeeffizienzmessung im Rahmen von Werbetrackingstudien nicht berücksichtigt. Das in Abb. 13 (S.70) dargestellte „Effizienzchart“ führt die gestützte Werbeerinnerung als zentrales Erfolgsmaß der vorökonomischen Werbewirkung auf die Höhe der Werbeausgaben zurück. Zur Erklärung der Unterschiede in der Werbeeffizienz können potentiell Elemente der Werbemittelgestaltung, der Werbekontakte (z. B. Reichweite, Kontaktmenge und -verteilung) u. v. m. herangezogen werden.
Bevor jedoch derartige markenindividuelle, theoretisch kurzfristig veränderbare und vom werbetreibenden Unternehmen steuerbare Einflußfaktoren auf die Werbeeffizienz betrachtet werden, sollte überlegt werden, ob nicht die Werte für die gestützte Werbeerinnerung um den Einfluß der Verwendung korrigiert werden müßten, um zu aussagefähigen Ergebnissen zu gelangen. Im Rahmen der normativen Kritik wurde bereits bemängelt, daß die gleiche Lage zweier Punkte im Effizienzchart die gleiche Werbeeffizienz impliziert, daß dies aber nicht auf eine vergleichbar gute Werbegestaltung oder Werbestreuung zurückgeführt werden darf, da eine marktanteilsstarke Marke mehr Verwender in der Stichprobe der Werbetrackingstudien aufweist und durch den nachgewiesenen Einfluß der Verwendung auf die Gedächtnispräsenz und damit auf die Werbeerinnerung per se über eine höhere Werbeeffizienz verfügt, ohne daß dies als kommunikativer Erfolg zu werten wäre. Die Benachteiligung marktanteilsschwacher Marken kann als Ausdruck des „Double Jeopardy“-Phänomens interpretiert werden. Mit diesem Begriff wurde ursprünglich die in vielen Warengruppen zu beobachtende Tatsache beschrieben, daß Marken mit geringem Marktanteil nicht nur von wenigen Käufern gekauft

werden, sondern von diesen auch noch weniger oft, d. h., daß Käuferanteil und Kaufhäufigkeit geringer sind als bei marktanteilsstärkeren Marken.

Nach EHRENBERG ist dieses Phänomen auch auf die Mehrzahl der „Brand Performance"-Maße übertragbar, eine marktanteilsschwache Marke weise eine geringere Präsenz, geringere Sympathiewerte usw. auf.[524] Das entwickelte Kausalmodell kann als Bestätigung dieser These aufgefaßt werden, weil es darlegt, daß die von Ehrenberg postulierten Zusammenhänge Ursache und Wirkung zugleich darstellen: Eine Marke mit einem geringen Verwenderanteil weist z. B. eine geringere Gedächtnispräsenz auf und die geringere Gedächtnispräsenz hat wiederum einen geringeren Verwenderanteil zur Folge. Diese Benachteiligung ist ein Faktum, das bei einer ausschließlichen Betrachtung der Zusammenhänge zwischen Werbeerinnerung und Werbeausgaben berücksichtigt werden muß: Wenn beispielsweise eine Marke mit einem dreiprozentigen Verwenderanteil in der Stichprobe bei Werbeausgaben von durchschnittlich 2 Millionen DM/Monat eine Werbeerinnerung von 33% erzielt, dann ist dies ein größerer kommunikativer Erfolg, als wenn eine Marke mit zwanzigprozentigem Verwenderanteil und gleichen Werbeausgaben ebenfalls eine gestützte Werbeerinnerung von 33% erreicht. Eine sehr einfache Möglichkeit, dies zu berücksichtigen, stellt die Einführung von Korrekturfaktoren dar. Wie Abb. 25 gezeigt hat, weisen die Verwender einer Marke in der GfK-Werbeindikator-Datenbank einen Index der gestützten Werbeerinnerung von 173 auf, d. h., sie erinnern sich 1,73 Mal so oft an die betreffende Werbung wie alle Befragten in der Stichprobe, während Nichtverwender einen Indexwert der gestützten Werbeerinnerung von 84 aufweisen, also sich nur 0,84 Mal so oft wie alle Befragten an Werbung erinnern. Wenn eine Marke z. B. eine gestützte Werbeerinnerung von 33% aufweist und 10% Verwender in der Stichprobe sind, läßt sich die um den Einfluß der Verwendung korrigierte gestützte Werbeerinnerung ($GW_{korrigiert}$) wie folgt berechnen:

$$GW_{korrigiert} = \frac{\text{Gestützte Werbeerinnerung} \times \text{Verwenderanteil}}{\text{Index der Verwender}} + \frac{\text{Gestützte Werbeerinnerung} \times \text{Nichtverwenderanteil}}{\text{Index der Nichtverwender}}$$

$$GW_{korrigiert} = \frac{33\% \times 10\%}{1{,}73} + \frac{33\% \times 90\%}{0{,}84} = 37\% \qquad (5.1)$$

Abb. 38 zeigt das Ergebnis dieser Korrektur für alle Marken des Effizienzcharts aus Abb. 13.

---

524 Ehrenberg, Andrew (1997): pp.10/11.

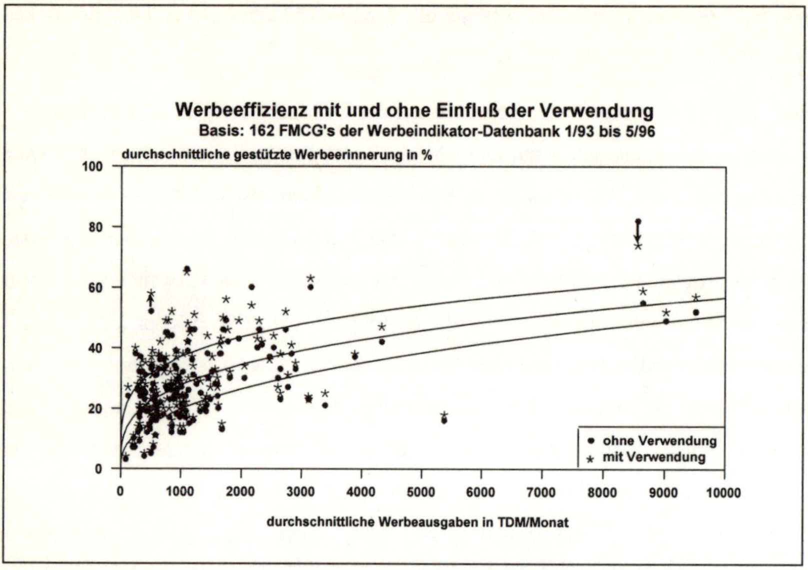

Quelle: Eigene Berechnung auf der Basis der GfK-Werbeindikator-Datenbank ATS®

Abb. 38: Die gestützte Werbeerinnerung mit und ohne Einfluß der Verwendung

Es fällt auf, daß lediglich einige wenige Marken nach der Bereinigung des Einflusses der Verwendung über eine deutlich veränderte Werbeerinnerung verfügen. Für die Mehrzahl der Marken ist der Unterschied dagegen gering. Es gilt jedoch zu bedenken, daß das Effizienzchart wie bereits die Datenbasis der Modellentwicklung überwiegend etablierte, marktanteils- und damit verwendungsstarke Marken enthält (durchschnittlicher Verwenderanteil = 16%). Wie Abb. 39 verdeutlicht, liegt ein Verwenderanteil von 16% in einem Bereich, in dem die Korrektur relativ geringe Auswirkungen hat, weil sich die Überschätzung der Werbeerinnerung bei den Verwendern und die Unterschätzung bei den Nichtverwendern in hohem Maße gegenseitig kompensieren. Bei geringen oder sehr großen Verwenderanteilen in der Stichprobe kann die korrigierte gestützte Werbeerinnerung dagegen erheblich von der nichtkorrigierten Form abweichen.

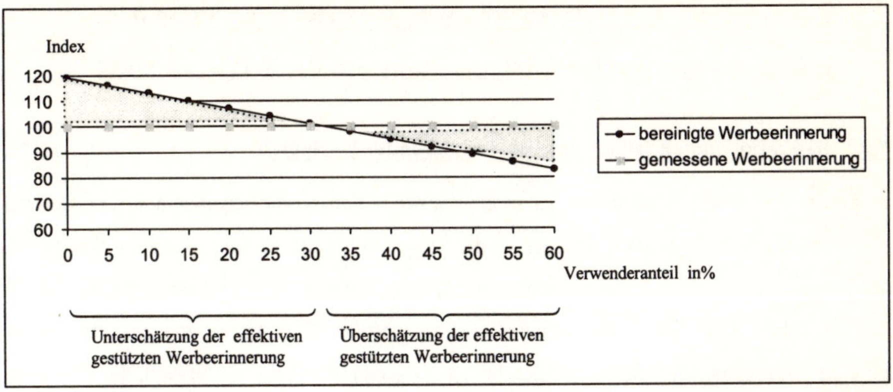

Quelle: Eigene Darstellung

Abb. 39: Die gestützte Werbeerinnerung in Abhängigkeit vom Verwenderanteil

Da bei einem Verwenderanteil von 31% der korrigierte Wert dem nichtkorrigierten Wert entspricht, kann man folgern, daß bei kleineren Verwenderanteilen als 31% die Werbeerinnerung ohne Korrektur systematisch *unter*schätzt, bei Verwenderanteilen über 31% dagegen systematisch *über*schätzt wird. Praxisrelevant wird die dargelegte Korrektur v. a. bei Marken mit sehr kleinem Verwenderanteil sein, da extrem hohe Verwenderanteile nur bei sehr marktanteilsstarken Marken zu erwarten sind, die es nur in wenigen Warengruppen geben dürfte.

Nachdem der Einfluß der Verwendung auf die Werbeerinnerung eliminiert wurde, zeigt sich, daß die Unterschiede in der Werbeeffizienz weiterhin gravierend sind. Im folgenden soll deshalb ein Untersuchungsdesign konzeptionalisiert werden, mit dessen Hilfe sich ermitteln läßt, ob die Spotgestaltung Ansatzpunkte zur Erklärung von Unterschieden in der Werbeeffizienz bietet, so daß der Kritik an der ausschließlich monetären und damit quantitativen Erfassung der Werbeaktivitäten Rechnung getragen werden kann. Wenn im folgenden von der gestützten Werbeerinnerung gesprochen wird, ist damit immer die um den Einfluß der Verwendung korrigierte Version gemeint.

5.2 Konzeption eines Untersuchungsdesigns zur Ermittlung des Einflusses der Werbemittelgestaltung auf die Werbeeffizienz

5.2.1 Sammlung potentiell erfolgsdiskriminierender Variablen

Angesichts der Vielzahl denkbarer Faktoren, die neben den Werbeausgaben einen Einfluß auf die Werbeerinnerung ausüben könnten, ist die Frage berechtigt, warum gerade die Spotgestaltung als potentielle Ursache herangezogen wird, da es grundsätzlich denkbar und plausibel erscheint, daß z. B. die inter- wie intramediale Streuung der Werbemittel, die zeitliche Verteilung der Werbeausgaben (kontinuierlich oder in sogenannten „Flights/Bursts"), die Spotlänge oder auch die Warengruppe einen Einfluß auf die Werbeerinnerung ausüben.[525] Bei den 162 Marken aus Abb. 13, die im folgenden untersucht werden sollen, können eine Reihe dieser nicht-gestaltungsbezogenen Einflußfaktoren jedoch ausgeschlossen werden. Zunächst einmal umfaßt die Datenbasis ausschließlich FMCGs, bei denen ein relativ geringes Produktinvolvement sowie eine grundsätzlich begrenzte Aktivierung bei Kontakten mit einem Werbemittel vorausgesetzt werden kann, sofern man von situations- und personenspezifischen Involvementdeterminanten abstrahiert.[526] Warengruppenspezifische Unterschiede im Ausmaß der Werbeerinnerung aufgrund eines unterschiedlichen Produktinvolvements können daher nicht überzeugend begründet werden. Da die 162 zu untersuchenden Marken im Beobachtungszeitraum (Januar 1993 bis Mai 1996) fast 90% ihres Werbebudgets auf den Werbeträger TV konzentrierten, können intermediale Unterschiede in der Werbewirkung ebenfalls vernachlässigt werden. Detaillierte Streupläne, die intramediale Wirkungsunterschiede aufdecken könnten, stehen nur für wenige der untersuchten Marken zur Verfügung. Die temporale Verteilung der Werbeausgaben über den Beobachtungszeitraum ist dagegen bekannt und soll neben den Gestaltungseinflüssen in ihrer Wirkung untersucht werden. Da die Spotlänge abgesehen von wenigen Remindern bei nahezu allen Marken 20 oder 30 Sekunden beträgt, ist hierin kein erfolgsdiskriminierender Effekt zu erwarten.

Aus der Vielzahl der Elemente der Spotgestaltung müssen solche herausgefiltert werden, von denen einerseits nach den bisherigen Erkenntnissen der Werbewirkungsforschung angenommen werden kann, daß von ihnen ein positiver oder negativer erfolgsdiskriminierender Effekt

---

[525] Vgl. dazu Klupacek, Gudrun / Seitz, Irmtraud (1997): Länger, größer, öfter - Schlüsselwörter zum Erfolg?, in: Planung und Analyse 2/97, S.30-34 sowie Pieters, Rik G. M. / Bijmolt, Tammo H. A. (1997): Consumer Memory for Television Advertising: A Field Study of Duration, Serial Position, and Competition Effects, in: Journal of Consumer Research, Vol.23, March 1997, pp.362-372.

[526] Vgl. Kroeber-Riel, Werner (1990): S.98f.

auf die Werbeerinnerung ausgehen könnte, die andererseits aber auch eine gewisse Konstanz im Beobachtungszeitraum aufweisen, da bei Marken mit permanent wechselnder Spotgestaltung aufgrund der zum Teil mehrere Monate umfassenden Zeitspanne zwischen zwei Erhebungen ein Einfluß kurzzeitig verwendeter spezifischer Elemente der Spotgestaltung nicht zuordenbar wäre. Bisherige Untersuchungen zum Einfluß der Gestaltung eines TV-Spots auf die Werbewirksamkeit arbeiten überwiegend mit Pretest-Ergebnissen.[527] Es hat sich dabei gezeigt, daß die Spotgestaltung einen unterschiedlichen erfolgsdiskriminierenden Effekt auf die Aufmerksamkeitsstärke, das Verstehen und/oder die Überzeugungsstärke eines Commercials ausüben kann.[528] Interessant erscheint die Frage, inwieweit sich diese auf Pretests beruhenden Erkenntnisse auf Posttest-Daten übertragen lassen. Die einzige dem Verfasser bekannte Untersuchung zum Einfluß der Spotgestaltung auf in Werbetrackingstudien und damit in Posttests erhobene Zielgrößen (Werbeerinnerung, Markenbekanntheit, Kaufabsicht) konnte diese Frage nur bedingt klären, da eine Vielzahl weiterer potentiell erfolgsdiskriminierender Einflußgrößen (u. a. Markt- und Warengruppencharakteristika) zusammen mit den Gestaltungselementen faktoranalytisch verdichtet wurden, so daß eine exakte Zuordnung des Einflusses der Gestaltungselemente nicht möglich war, und zudem die Datenbasis aus lediglich 29 Marken mit durchschnittlich jeweils vier Meßzeitpunkten (Wellen) bestand.[529]

Die 162 Marken der Datenbasis weisen alle einen relativ kontinuierlichen Werbeauftritt auf und sind somit grundsätzlich geeignet, Aufschluß über die Forschungsfrage zu geben. Insgesamt wurden sie im Beobachtungszeitraum mit 754 verschiedenen TV-Spots beworben, die alle im Rahmen der Analyse zu berücksichtigen waren. Zur Codierung der Elemente der Spotgestaltung wurde der werbliche Auftritt aller Marken anhand der GfK-Digi*base Datenbank zurückverfolgt. Digi*base ist ein Werbedokumentationssystem, das auf CD-ROM Werbemittel in digitalisierter Form zur Verfügung stellt und zudem eine Klassifikation der Werbemittel nach formalen und inhaltlichen Kriterien enthält. Diese Klassifikation umfaßt neben Angaben zur Hauptaussage und zur Argumentation des Werbemittels eine Reihe von Angaben zur Werbemittelgestaltung, so z. B. zur Verwendung bestimmter Stilmittel wie Humor oder Musik und ist damit als Datenquelle für die Ermittlung der Spotgestaltungselemente im Rah-

---

[527] Vgl. Stewart, David W. / Furse, David (1986): Effective Television Advertising. Lexington, 1986. Stewart, David W. / Koslow, Scott (1989): Executional Factors and Advertising Effectiveness: A Replication, in Journal of Advertising Research, Vol.18, No.3, 1989, pp.21-31. Laskey, Henry A. / Fox, Richard J. / Crask, Melvin R. (1994): Investigating the Impact of Executional Style on Television Commercial Effectiveness, in: Journal of Advertising Research, November/December 1994, pp.9-16.

[528] Vgl. Laskey, Henry A. / Fox, Richard J. / Crask, Melvin R. (1994): p.10.

[529] Vgl. Batra, Rajeev et al. (1995): p.31.

men dieser Untersuchung nutzbar.[530] Was in der Digi*base-Datenbank jedoch fehlt, ist eine grundlegende Kategorisierung von TV-Spots, die nicht auf die Existenz bestimmter Gestaltungselemente abstellt, sondern den generellen Charakter von TV-Spots als „Oberkategorie" erfaßt. Daher wurde das Kategoriensystem von SHIMP herangezogen, um zusätzlich grundlegende Spotkategorien zu erfassen.[531] Die Reliabilität dieses Kategoriensystems wurde empirisch mehrfach bestätigt.[532] SHIMP unterscheidet elf Spottypen, die sich in vier grundlegende Kategorien einordnen lassen:

A. Personenorientierung
  1. Star als Testimonial
  2. Normalverbraucher als Testimonial
  3. Präsenter
  4. Persönlichkeit

B. Handlungsorientierung
  5. „Off"-Kamera-Drama
  6. „On"-Kamera-Drama
  7. Erzählung

C. Produktorientierung
  8. Produktdemonstration
  9. Produktabbildung

D. Technikorientierung
  10. Phantasieelemente
  11. Analogiebeweis

Eine jüngere Untersuchung von LASKY/FOX/CRASK auf der Basis von 1.178 in Pretests gezeigten TV-Spots ergab, daß die Kategorien „Normalverbraucher als Testimonial", „Präsenter" und „Phantasieelemente" statistisch signifikante, überdurchschnittliche Recall-Werte erzielen.[533]

---

[530] Vgl. zur Typologisierung von TV-Spots auf der Basis eines Kategoriensystems z. B. Dunn, S. Watson et al. (1990): Advertising - It's Role in Modern Marketing, Chicago u. a., pp.319-335.

[531] Vgl. Shimp, Terrence A. (1976): Methods of Commercial Presentation Employed by National Television Advertisers, in: Journal of Advertising, Vol.5, No.4, 1976, pp.30-36.

[532] Vgl. Reid, Leonard N. et al. (1985): Methods of Presentation Used in Clio-Winning Television Commercials, in: Journalism Quarterly, Vol.62, No.4, 1985, pp.553-558. Vgl. Shimp, Terrence A. (1976): p.34.

[533] Vgl. Laskey, Henry A. / Fox, Richard J. / Crask, Melvin R. (1994): p.13.

Eine Sichtung der 754 TV-Spots der Datenbasis durch den Verfasser dieser Arbeit ergab, daß eine Codierung aller elf Spottypen zu geringe Fallzahlen generiert hätte, um zu aussagekräftigen Ergebnissen zu gelangen. Aus diesem Grund wurden lediglich die Oberkategorien der Klassifikation von SHIMP codiert, allerdings mußte auf die „Technikorientierung" vollständig verzichtet werden, da nur sehr wenige der analysierten TV-Spots in diese Oberkategorie fielen. Es verbleiben als formale Kategorien der Spotgestaltung somit die Personen-, die Handlungs- und die Produktorientierung. Als personenorientiert werden folglich alle TV-Spots bezeichnet, in denen ein Darsteller im Mittelpunkt steht, unabhängig davon, ob dieser die Rolle eines Präsenters (z. B. eines Experten), eines Testimonials (d. h. eines Benutzers des beworbenen Produkts) oder einer sonstigen Persönlichkeit einnimmt. Als handlungsorientiert werden alle TV-Spots codiert, die eine „Story" mit erkennbarer Handlungskontinuität erzählen. Als Indiz dafür wird die Existenz eines Spannungsbogens herangezogen. In produktorientierten TV-Spots steht dagegen ausschließlich das Produkt im Mittelpunkt, i.d.R. existiert kein Darsteller, die Stimme kommt aus dem „Off" . Alle TV-Spots werden eindeutig einer formalen Kategorie der Spotgestaltung zugewiesen, der Auffassung von SHIMP folgend, daß sein Kategoriensystem überschneidungsfrei (exclusive) und erschöpfend (exhaustive) anwendbar ist.[534]

Neben diesen in Anlehnung an SHIMP codierten Kategorien sollen weitere Elemente der Spotgestaltung aus der GfK-Digi*base-Datenbank herangezogen werden. Zur Erfassung der Tonalität, also der Stimmung oder Atmosphäre eines TV Spots, wird in Digi*base jeder Spot einer der folgenden Tonalitätsausprägungen zugeordnet:

1. Rational

Bei rationalen Spots steht die Argumentation im Mittelpunkt, die durch Bild und Ton lediglich unterstützt wird. Ein Spot wird in Digi*base nur dann als rational bezeichnet, wenn sowohl die Bildersequenzen als auch der Ton einen informativen Charakter aufweisen.[535]

2. Emotional

Ein Spot gilt in der Digi*base-Codierung als emotional, wenn die Übermittlung eines erlebnisorientierten Eindrucks im Mittelpunkt steht. Emotionale Spots kommunizieren ihre Botschaft häufig mit ansprechenden Bildern und Stilelementen wie Erotik, Humor

---

[534] Vgl. Shimp, Terrence A. (1976): p.33.

und dominanter Musik, eine Informationsvermittlung oder gar eine Argumentation findet allenfalls implizit statt.

3. Emotional und Rational

Ein Spot wird als emotional und rational klassifiziert, wenn er zu annähernd gleichen Teilen emotionale und rationale Elemente aufweist, die Gefühl und Verstand gleichermaßen ansprechen. Eine typische Erscheinung dieser Tonalität sind Spots, bei denen emotional anmutende bildliche Sequenzen mit einer nüchtern-rationalen Off-Stimme verbunden werden.

Die aus dem ELM und seinen Derivaten (vgl. Abschnitt 2.3.2.3.3.3) resultierende Erkenntnis einer „peripheren" Einstellungsbildung bei geringem Involvement hat dazu geführt, daß die Stilmittel emotionaler Spotgestaltung im Mittelpunkt vieler Untersuchungen zur Wirkung von Werbung stehen.[536] Die Digi*base-Datenbank berücksichtigt die zentrale Rolle einer emotionalen Spotgestaltung, indem drei zentrale Stilmittel emotionaler Spots codiert werden, die alle im Rahmen dieser Untersuchung Verwendung finden sollen. Im Gegensatz zu den Spotkategorien und der Tonalität sind hier jedoch Mehrfachcodierungen möglich, d. h. ein Spot kann mehrere Stilmittel aufweisen; es kann aber auch sein, daß ein Spot über keines der genannten Stilmittel verfügt. Die Codierung ist folglich weder erschöpfend noch überschneidungsfrei:

1. Humor

Codiert wird in Digi*base Humor, der offensichtlich beabsichtigt ist. Unter den Begriff Humor werden sowohl inhaltliche Humorarten (z. B. Situationskomik, Ironie, Übertreibung, Blödeleien/Klamauk, Pointe, Parodie) zusammengefaßt als auch formale Elemente humoriger Spotgestaltung (z. B. verzerrte Darstellungen von Menschen, die Verwendung einer Mundart usw.).[537]

---

535 Die Bezeichnung „rational" kann weitgehend mit der Bezeichnung „informativ" gleichgesetzt werden. So unterscheidet Kroeber-Riel beispielsweise als grundlegende Beeinflussungsziele der Werbung Aktualisierung, Emotion und Information, vgl. Kroeber-Riel, Werner (1990): p.33.

536 Vgl. zur Wirkung von Emotionen in der Werbung z. B. die Darstellungen bei Holbrook, Morris B. / Batra, Rajeev (1987): Assessing the Role of Emotions as Mediators of Consumer Responses to Advertising, in: Journal of Consumer Research, Vol.14, No.3, December 1987, pp.404-420. Edell, Julie A. / Burke, Marian C. (1987): The Power of Feelings in Understanding Advertising Effects, in: Journal of Consumer Research, Vol.14, No.3, December 1987, pp.421-433.

537 Zum Wirkung von Humor in der Werbung vgl. beispielsweise Madden, Thomas J. / Weinberger, Marc C. (1984): Humor in Advertising: A Practitioner View, in: Journal of Advertising Research, Vol.24, No.4, August/September 1984, pp.23-26. Spieker, Heiner (1987): Die Wirksamkeit humoriger Werbung. Marketing ZFP, Heft 2, 1987, S.85-92. Chattopadhyay, Amitava / Basu, Kunal (1990): Humor in Advertising: The Moderating Role of Prior Brand Evaluation, in: Journal of Marketing Research, Vol.27, November 1990, pp.466-476. Moser, Klaus (1994): Die Wirkung unterschiedlicher Arten humoriger Werbung, in: Jahrbuch der Absatz- und Verbrauchsforschung 2/94, S.199-214. Empirische Belege für einen positiven Einfluß des

2. Erotik

Erotik als Schlüsselreiz wird in Digi*base nicht auf (partielle) Nacktheit begrenzt. Auch andere erotisch anmutende Bildelemente wie z. B. ein roter Mund oder verführerische Augen werden als Erotik codiert; die erotische Wirkung eines Spots kann darüber hinaus durch bestimmte Tonelemente unterstützt werden.[538]

3. Musik

Da fast alle TV-Spots eine musikalische Untermalung aufweisen, wird das Stilmittel Musik in Digi*base in unterschiedlichen Ausprägungen codiert. Als „dominant" gilt Musik nur dann, wenn sie eine zentrale Rolle spielt, sei es durch die Lautstärke oder durch eine charakteristische Ausprägung in Form eines typischen Werbelieds oder eines musikuntermalten Slogans („Jingle").[539]

Neben den Stilelementen emotionaler Spotgestaltung soll als weiteres Stilelement der Einsatz von Schlüsselbildern (Key-Visuals) berücksichtigt werden. Unter einem Key-Visual versteht man ein Bildmotiv, das den visuellen und konzeptionellen Kern einer Werbebotschaft enthält.[540] Durch ein dauerhaftes visuelles Grundmotiv wird eine gleichbleibende inhaltliche und visuelle Stoßrichtung der gesamten Kommunikation erreicht und die Entstehung eines „inneren Bildes" einer Marke angeregt. Die Entstehung, Verarbeitung, Speicherung und Verhaltenswirkung innerer Bilder wird als „Imagery" bezeichnet. Nach den Ergebnissen der Imagery-Forschung werden durch Bilder vermittelte Inhalte besser behalten und erinnert.[541] In Digi*base werden Schlüsselbilder als „Werbefiguren" codiert. Dabei kann es sich um Symbolpersonen, Tiere, künstliche und gegenständliche Werbefiguren handeln. Ein bekanntes

Humors auf die mit einem Werbemittel erzielte Aufmerksamkeit bzw. Einstellung finden sich u. a. bei Madden, Thomas J. / Weinberger, Marc C. (1982): The Effects of Humor on Attention in Magazine Advertising, in: Journal of Advertising, Vol.11, No.1, 1982, pp.8-11. Gelb, Beth D. / Pickett, C. M. (1983): Attitude-Toward-The-Ad: Links to Humor and to Advertising Effectiveness, in: Journal of Advertising, Vol.12, No.2, 1983, pp.34-42. Calvin, P. Duncan / Nelson, James E. (1985): Effects of Humor In a Radio Advertising Experiment, in: Journal of Advertising, Vol.14, No.2, 1985, pp.32-39.

538 Zum Einfluß der Erotik auf die Werbeerinnerung vgl. grundlegend Scheid, Dieter (1984): Psychophysiologische Aktivierung und Erinnerungsleistung als Reaktionen auf erotische Reize, Diss., Saarbrücken, 1984.

539 Zur Rolle der Musik in der Werbung vgl. z. B.: Steiner-Hall, Dieter (1990): Musik in der Fernsehwerbung, 2. Aufl., Frankfurt/Main 1990. Tauchnitz, Jürgen (1990): Werbung mit Musik: Theoretische Grundlagen und experimentelle Studien zur Wirkung von Hintergrundmusik in der Rundfunk- und Fernsehwerbung, Diss., Heidelberg 1990. Vinh, Alexander-Long (1994): Die Wirkungen von Musik in der Fernsehwerbung, Diss., St. Gallen/Hallstadt 1994.

540 Vgl. Kroeber-Riel, Werner (1993): S.306.

541 Vgl. a.a.O. S.26.

Beispiel für ein Key-Visual ist die rote Tomate der Zahnbürstenmarke Dr. Best, die anschaulich den USP „Zahnfleischschutz“ visualisiert.[542]

Tabelle 20 faßt alle codierten Elemente der Spotgestaltung zusammen und gibt an, wie häufig die jeweiligen Elemente in der Datenbasis vorkommen.

A. Formale Kategorien der Spotgestaltung	Häufigkeit
1. Personenorientierung	24%
2. Handlungsorientierung	43%
3. Produktorientierung	33%
B. Tonalität der Spotgestaltung	
1. Rational	12%
2. Emotional	60%
3. Emotional und Rational	28%
C. Stilmittel emotionaler Spotgestaltung*	
1. Humor	36%
2. Erotik	5%
3. Musik	35%
D. Imagery-Stilmittel der Spotgestaltung*	
1. Key-Visuals	20%

* = weder erschöpfende noch überschneidungsfreie Codierung

Quelle: Eigene Darstellung

Tabelle 20: Die Verteilung der Spotkategorien und Gestaltungselemente in der Datenbasis

Eine Zuordnung der einzelnen Spotelemente ist aufgrund der individuell unterschiedlichen affektiven und kognitiven Wirkungen (z. B. hinsichtlich Humor oder Erotik) mit Schwierigkeiten verbunden. Um dennoch eine intersubjektiv nachvollziehbare Klassifizierung der TV-Spots zu ermöglichen, ist eine exakte Operationalisierung jedes einzelnen Spotelements notwendig. Eine umfassende Untersuchung zur Reliabilität der Codierung von Gestaltungselementen auf Basis der Digi*base Datenbank ergab, daß für die o.g. Spotelemente von einem Reliabilitätskoeffizienten von 0,8 ausgegangen werden kann. Das bedeutet, wenn verschiedene Personen dieselben Spots mit Hilfe eines einheitlichen Klassifikationsschemas codieren, sind die zugeordneten Kriterien zu über 80% identisch.[543] Dieses Ergebnis spricht für die Reliabilität der Codierungen. Eine Überprüfung der Digi*base-Inhaltsanalysen aller 754 TV-Spots durch den Verfasser bestätigte dieses Resultat, da nur in sehr wenigen Fällen widersprüchliche oder subjektiv nicht nachvollziehbare Codierungen auftraten.

542 Vgl. Michael, Bernd M. (1997): Tops oder Flops?, in: Absatzwirtschaft - Mit Marken Zeichen setzen, Sonderausgabe zum 25. Deutschen Marketing-Tag, Oktober 1997, S.157.

543 Vgl. Schulz, Tanja Marlen (1997): Klassifikation und Typologisierung von Fernsehwerbespots, Diss., Lohmar/Köln 1997. Die Intercodierer-Reliabilität liegt damit in der Größenordnung früherer Untersuchungen, vgl. z. B.: Laskey, Henry A. / Fox, Richard J. / Crask, Melvin R. (1994): p.11.

5.2.2 Operationalisierung des Einflusses der Werbemittelgestaltung

Das Ziel der Untersuchung besteht in der Aufdeckung von Einflüssen der Spotgestaltung auf die Werbeeffizienz, definiert als Verhältnis der gestützten Werbeerinnerung zu den getätigten Werbeausgaben. Ausgangspunkt der Untersuchung ist das traditionelle Effizienzchart (Abb. 13), das eine statische Betrachtung darstellt, so daß auf eine Abbildung von Carryover-Effekten verzichtet werden muß. Der regressionsanalytische Ansatz, der die im Beobachtungszeitraum durchschnittlich erreichte Werbeerinnerung als abhängige und die im gleichen Zeitraum durchschnittlich getätigten Werbeausgaben als unabhängige Variable operationalisiert, soll um die Kategorien und Elemente der Spotgestaltung erweitert werden.

Eine Berücksichtigung derartiger qualitativer, d. h. nominalskalierter Variablen ist in Regressionsanalysen durch Dummyvariablen problemlos möglich, sofern die Annahmen der Regression erfüllt sind.[544] Eine Dummyvariable erhält den Wert Eins, wenn das betreffende Merkmal vorliegt, und Null, wenn das Merkmal nicht vorliegt. Bei der Codierung der Dummyvariablen gilt es zu unterscheiden, ob es sich wie bei den Kategorien und der Tonalität der Spotgestaltung um erschöpfende und überschneidungsfreie Variablen handelt, oder ob Mehrfachcodierungen wie bei den Gestaltungselementen Humor, Erotik, Musik und Key-Visuals möglich sind. Bei erschöpfenden und überschneidungsfreien Variablen mit j Ausprägungen sind j-1 Dummyvariablen zu codieren, bei Mehrfachcodierungen hingegen j Dummyvariablen. Der Grund dafür liegt in den Annahmen der Regression und kann am besten anhand eines Beispiels erklärt werden: Wenn man die drei Ausprägungen der Tonalität (emotional, rational, emotional und rational) durch drei Dummyvariablen darstellt, die jeweils den Wert Eins annehmen, wenn das betreffende Merkmal vorliegt, und Null sonst, würde eine Dummyvariable redundante Informationen enthalten. Wenn z. B. bei den Variablen „emotional" und „rational" jeweils eine Null codiert wurde, ist aufgrund der umfassenden und überschneidungsfreien Erfassung bei der dritten Dummyvariable „emotional und rational" nur noch die Ausprägung Eins möglich, denn wenn ein Spot nicht ausschließlich emotional oder ausschließlich rational ist, kann er nur emotional und rational zugleich sein. Wenn umgekehrt bei der Variable „emotional" eine Null und bei der Variable „rational" eine Eins codiert wurde, ist ebenfalls klar, daß bei der dritten Variable „emotional und rational" nur noch eine weitere Null folgen kann, da die Überschneidungsfreiheit eine Mehrfachcodierung ausschließt. Jede Variable ist damit eine Linearkombination der beiden verbleibenden Variablen ohne eigenständigen In-

---

544 Vgl. Lewis-Beck, Michael S. (1980): Applied Regression - An Introduction, Sage University Paper Series on Quantitative Applications in the Social Sciences, No.22, Beverly Hills and London, p.67.

formationsgehalt, somit liegt perfekte Multikollinearität vor, welche gegen eine zentrale Annahme der Regression verstößt.[545] Vermeiden läßt sich dies, indem nur j-1 Dummyvariablen codiert werden.

Für die Tonalität kann z. B. eine Dummyvariable die Bezeichnung „emotional" erhalten und immer dann den Wert Eins zugeordnet bekommen, wenn es sich um einen ausschließlich emotionalen Spot handelt sowie Null sonst, und eine weitere Dummyvariable die Bezeichnung „emotional und rational" mit der Ausprägung Eins beim Vorliegen emotionaler und rationaler Elemente sowie Null sonst. Die Ausprägung „rational" liegt in diesem Fall immer dann vor, wenn die beiden Dummyvariablen den Eintrag Null aufweisen. Die rationalen TV-Spots bilden somit die Referenzgruppe. Die geschätzten Regressionskoeffizienten der beiden Dummyvariablen geben dann die Differenzen der Werbeerinnerung im Vergleich zur Referenzgruppe an und geben so Auskunft über die Frage, ob das Vorliegen einer bestimmten Tonalitätsausprägung einen Einfluß auf die abhängige Variable ausübt.

Die Wahl der Referenzgruppe ist aus statistischer Sicht unerheblich, sie hat keinerlei Einfluß auf das Ergebnis der Regression.[546] Bei der Interpretation der Ergebnisse einer Dummy-Regression, bei der wie im vorliegenden Fall einige Variablen erschöpfend und überschneidungsfrei, andere dagegen weder erschöpfend noch überschneidungsfrei codiert wurden, ist jedoch auf die unterschiedlichen Referenzgruppen zu achten (vgl. den folgenden Abschnitt). Die Referenzgruppe der Kategorien der Spotgestaltung sollen im folgenden die personenorientierten Spots bilden, die Referenzgruppe der Tonalität die rationalen TV-Spots. Die ursprünglich zehn qualitativen Variablen werden damit im Regressionsansatz durch acht Dummyvariablen repräsentiert. Da die bivariaten Korrelationen der verbleibenden unabhängigen Variablen keinen Hinweis auf Multikollinearität geben, kann auf weitere multikollinearitätsreduzierende Maßnahmen verzichtet werden.[547]

Die Annahme einer abnehmenden Grenzrate der Werbeerinnerung, operationalisiert durch eine Logarithmierung der Werbeausgaben, wird beibehalten. Darüber hinaus soll die abhängige Variable einer Logit-Transformation unterzogen werden, d. h. statt der gestützten Werbeerinnerung (GW) soll der natürliche Logarithmus des Ausdrucks GW/1-GW herangezogen

---

[545] Vgl. Hardy, Melissa A. (1993): Regression with Dummy-Variables, Sage University Paper Series on Quantitative Applications in the Social Sciences, No.93, Beverly Hills and London, p.8. Berry, William D. (1993): Understanding Regression Assumptions, Sage University Paper Series on Quantitative Applications in the Social Sciences, No.92, Beverly Hills and London, p.25.

[546] Vgl. Hardy, Melissa A. (1993): pp.9/10.

[547] Die Korrelationskoeffizienten liegen alle unter 0,75, vgl. dazu den Ausdruck im Anhang dieser Arbeit.

werden.[548] Diese Transformation bewirkt, daß die abhängige Variable logisch konsistent ist, d. h. selbst bei - theoretisch möglichen - extremen Ausprägungen der unabhängigen Variablen auf ein Intervall von 0 bis 1 bzw. von 0 bis 100 Prozent beschränkt bleibt.[549] Die Zuordnungsvorschrift der Regressionsfunktion lautet:

$$\ln\left(\frac{GW}{100-GW}\right) = a + b \times \ln WA + c_i \times DV_i + u \qquad (5.2)$$

mit: GW = ∅ gestützte Werbeerinnerung in %

WA = ∅ Werbeausgaben pro Monat in TDM

DV_i = Dummyvariablen der Kategorien bzw. Gestaltungselemente (i =1 bis 8)

a, b, c_i = zu schätzende Parameter (i =1 bis 8)

u = Störterm

5.3 Ergebnisse der Dummy-Regressionen

5.3.1 Erfolgsfaktoren der Werbeerinnerung

Tabelle 21 zeigt das Ergebnis der durchgeführten multiplen Regression. Es zeigt sich, daß auf dem in der Forschungspraxis üblichen - für eine Dummy-Regression allerdings sehr strengen - Signifikanzniveau von 5% neben den Werbeausgaben die Verwendung eines Key-Visuals und die Handlungsorientierung einen positiven erfolgsdiskriminierenden Effekt auf die Werbeerinnerung ausüben.

---

548 Vgl. Cooper, Lee G. / Nakanishi, Masao (1988): p.106.

549 Daneben ist die Logit-Transformation auch eine Möglichkeit, eine logistische Funktion zu linearisieren und damit einen S-förmigen Funktionsverlauf mittels linearer Regression zu schätzen. Vgl. Menard, Scott (1995): Applied Logistic Regression Analysis, Sage University Paper Series on Quantitative Applications in the Social Sciences, No.106, Beverly Hills and London, pp.7-13.

Variable	B	SE B	Beta	T	Sig T
Werbeausgaben	0,483588	0,055014	0,578232	8,790	0,0000
Produktorientierung	-0,078786	0,118567	-0,055704	-0,664	0,5074
Handlungsorientierung	0,231774	0,110773	0,170744	2,092	0,0381
Emotional	-0,006132	0,151379	-0,004476	-0,041	0,9677
Emotional und Rational	-0,047219	0,152586	-0,031327	-0,309	0,7574
Erotik	0,109079	0,198746	0,035649	0,549	0,5839
Humor	0,132386	0,100100	0,094768	1,323	0,1880
Key-Visual	0,284042	0,110480	0,170163	2,571	0,0111
Musik	-0,051928	0,097509	-0,036714	-0,533	0,5951
(Constant)	-4,360400	0,423030		-10,308	0,0000

Quelle: Eigene Berechnung

Tabelle 21: Ergebnisse der Dummy-Regression für die Werbeerinnerung

Bevor das Ergebnis weiter erläutert wird, muß zunächst geprüft werden, ob Homoskedastizität vorliegt, ob also die Varianz der Residualgröße in den jeweiligen Teilgruppen identisch ist. Wenn dies nicht der Fall ist, liegt Heteroskedastizität vor, d. h., daß die Teilgruppen keine unverzerrte Schätzung der Varianz der Gesamtpopulation (n=162) darstellen. Das Resultat sind verzerrte Standardfehler der Regressionskoeffizienten.[550] Ein Vergleich der Mean-Square-Residual-Werte der Teilgruppen gibt Aufschluß über die Varianz. Liegt perfekte Homoskedastizität vor, muß die Varianz identisch sein ($\sigma_1^2 = \sigma_2^2$), also das Verhältnis der beiden Varianzen der Teilgruppen dem Wert 1 entsprechen. Je weiter das Verhältnis von Eins abweicht, desto unsicherer wird die Annahme gleicher Varianz. Wenn die Residuen normalverteilt sind und die Annahme der Homoskedastizität zutrifft, folgt das Verhältnis der Varianzen einer F-Verteilung und kann daher als Teststatistik gegen die Nullhypothese gleicher Varianz H_0: $\sigma_1^2 = \sigma_2^2$ getestet werden.[551] Die F-Teststatistik berechnet sich wie folgt:

$$F_{n_1-k_1-1,n_2-k_2-1} = \frac{RSS_1 / n_1 - k_1 - 1}{RSS_2 / n_2 - k_2 - 1} \qquad (5.3)$$

mit: RSS_1 = Residual Sum of Squares der Teilgruppe mit der höheren Fehlervarianz

RSS_2 = Residual Sum of Squares der Teilgruppe mit der geringeren Fehlervarianz

n = Anzahl der Fälle in der jeweiligen Teilgruppe

---

550 Vgl. Backhaus, Klaus et al. (1996): S.35. Eine ausführliche Darstellung der Entstehung und Überprüfung von Heteroskedastizität findet sich bei Berry, William D. / Feldman, Stanley (1985): Multiple Regression in Practice, Sage University Paper Series on Quantitative Applications in the Social Sciences, No.50, Beverly Hills and London, p.73-89.

551 Vgl. Hardy, Melissa A. (1993): p.55.

k = Anzahl der unabhängigen Variablen in der Regression der Teilgruppen

Um die signifikant erfolgsdiskriminierenden Dummyvariablen „Handlungsorientierung" und „Key-Visual" auf Homoskedastizität zu überprüfen, wurden separate Regressionen für die jeweiligen Teilgruppen (mit/ohne Handlungsorientierung bzw. mit/ohne Schlüsselbildern) durchgeführt. Die entsprechenden F-Werte lauten:

Handlungsorientierung: $$F_{(93-8-1,\,69-8-1)} = \frac{25{,}90811/93-7-1}{13{,}06293/69-7-1} = 1{,}42$$

Key Visual: $$F_{(129-8-1,\,33-8-1)} = \frac{29{,}90312/129-8-1}{10{,}36924/33-8-1} = 0{,}57$$

Bei den jeweiligen Freiheitsgraden des Nenners und der entsprechenden Zahl der erklärenden Variablen sind beide empirischen F-Werte kleiner als die theoretischen F-Werte. Die Nullhypothese, daß Homoskedastizität vorliegt, wird folglich angenommen.

Nachdem Heteroskedastizität ausgeschlossen ist, soll das Ergebnis der Regression eingehend erläutert werden. Es ergibt sich, daß TV-Spots, die ein Schlüsselbild dauerhaft verwenden, und TV-Spots, die eine Geschichte mit Handlungskontinuität und Spannungsbogen erzählen, ein Ausmaß an Werbeerinnerung erzielen, das in Relation zu ihren Werbeausgaben überdurchschnittlich ist, d. h. mit anderen Worten, daß die Werbeeffizienz dieser Spots signifikant höher ist. Das Ausmaß der erhöhten Effizienz kann anhand der Regressionskoeffizienten (B) abgelesen werden. Es gilt aber zu bedenken, daß die abhängige Variable vor der Regression logarithmiert wurde. In diesem Fall gibt der Regressionskoeffizient der Dummyvariable die relative Veränderung der abhängigen Variablen beim Vorliegen des betreffenden Merkmals in Einheiten des natürlichen Logarithmus der abhängigen Variablen an. Um den relativen Effekt der Dummyvariable auf die abhängige Variable zu bestimmen, ist daher eine Entlogarithmierung notwendig. Der prozentuale Unterschied in der Ausprägung der abhängigen Variablen beim Vorliegen eines dummycodierten Merkmals gegenüber der Referenzgruppe lautet:[552]

$100\,[\exp(B)-1]$ mit B= Regressionskoeffizient der Dummyvariable

Für die Variable „Handlungsorientierung" ergibt sich ein Wert von 100[exp(0,231774)-1] = 26,1. Das bedeutet jedoch nicht, daß TV-Spots mit Handlungsorientierung ceteris paribus, d. h. bei gleichen Werbeausgaben und abgesehen von den Kategorien der formalen Spotgestaltung gleichen Gestaltungselementen, eine durchschnittlich 26,1% höhere gestützte Werbeerinnerung aufweisen als personenorientierte TV-Spots, welche die Referenzgruppe bilden, da

[552] a.a.O.: p.59.

die abhängige Variable nach der Entlogarithmierung nicht die gestützte Werbeerinnerung (GW) angibt, sondern den Ausdruck GW/100-GW.

Um den prozentualen Unterschied in der gestützten Werbeerinnerung zu ermitteln, ist die in Tabelle 22 dargestellte Umrechnung erforderlich. Die erste Spalte enthält beispielhafte Werte für die gestützte Werbeerinnerung der Referenzgruppe, die zweite Spalte die entsprechenden Werte für den Ausdruck GW/100-GW. In der dritten Spalte finden sich die Werte der zweiten Spalte, multipliziert mit dem Faktor 1,261, um eine 26,1 prozentige Erhöhung der abhängigen Variable abzubilden. Die Werte für die gestützte Werbeerinnerung der TV-Spots mit Handlungsorientierung in Spalte 4 erhält man, indem man die Werte der dritten Spalte (y) in den Ausdruck y = GW/100-GW einsetzt und nach GW auflöst. Der prozentuale Unterschied zwischen der gestützten Werbeerinnerung handlungsorientierter TV-Spots und der gestützten Werbeerinnerung personenorientierter TV-Spots, welche die Referenzgruppe bilden, läßt sich aus Spalte 5 erkennen. Lesebeispiel: Wenn ein personenorientierter TV-Spot eine angenommene gestützte Werbeerinnerung von durchschnittlich 40% erzielt, erreicht ein handlungsorientierter TV-Spot ceteris paribus, d. h. bei gleichen Werbeausgaben und gleichen sonstigen Gestaltungselementen eine gestützte Werbeerinnerung von 46%. Dies entspricht einer 15 Prozent höheren gestützten Werbeerinnerung.

GW(Person) in %	GW/ 100-GW	1,261*(GW/ 100-GW)	GW(Handlung) in %	GW-Differenz in % von GW(Person)
10	0,11	0,139	12	20
20	0,25	0,315	24	20
30	0,43	0,542	35	17
40	0,67	0,845	46	15
50	1,00	1,261	56	12
60	1,50	1,892	56	8
70	2,33	2,938	75	7
80	4,00	5,044	83	4
90	9,00	11,349	92	2

Quelle: Eigene Berechnung

Tabelle 22: Die Berechnung der erfolgsdiskriminierenden Wirkung handlungsorientierter TV-Spots

Die gleiche Umformung wurde auch für TV-Spots mit Key-Visual vorgenommen. Die Entlogarithmierung ergab hier einen Wert von 100[exp(0,284042)-1] = 32,8. Die Werte für die transformierte gestützte Werbeerinnerung von TV-Spots mit Key-Visual im Vergleich zu TV-Spots ohne Key-Visual, die hier die Referenzgruppe bilden, finden sich in den Spalten 4 und 1 der Tabelle 23. Die 5. Spalte gibt wiederum den relativen Vorteil der TV-Spots mit Key-Visual an.

GW (ohne (Key-Visual) in %	GW/ 100-GW	1,328*(GW/ 100-GW)	GW(Key-Visual) in %	GW-Differenz in % von GW(ohne K-V)
10	0,11	0,146	13	30
20	0,25	0,332	25	25
30	0,43	0,571	36	20
40	0,67	0,890	47	18
50	1,00	1,328	57	14
60	1,50	1,992	67	12
70	2,33	3,094	76	9
80	4,00	5,312	84	5
90	9,00	11,952	92	2

Quelle: Eigene Berechnung

Tabelle 23: Die Berechnung der erfolgsdiskriminierenden Wirkung von TV-Spots mit Key-Visual

Das Ergebnis der Regression bestätigt damit die Forschungshypothese, daß qualitative Kriterien der Spotgestaltung einen deutlichen Einfluß auf die Werbeeffizienz ausüben können. Abb. 40 veranschaulicht dieses Ergebnis für die Key-Visuals. Leicht zu erkennen ist, daß überdurchschnittlich viele TV-Kampagnen mit Key-Visuals zur „Top-Gruppe“ der Werbeeffizienz gehören.

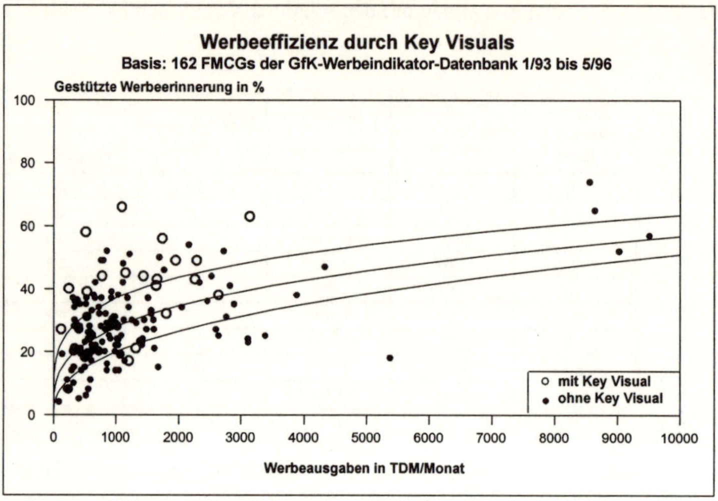

Quelle: Eigene Berechnung auf der Basis des GfK-Werbeindikators ATS®

Abb. 40: Werbeeffizienz durch Key-Visuals

Neben den Elementen der Spotgestaltung wurde auch überprüft, ob die zeitliche Verteilung der Werbeausgaben (kontinuierlich versus Wellen) einen erfolgsdiskriminierenden Einfluß auf die Höhe der Werbeerinnerung hat, doch konnte ein solcher Effekt nicht nachgewiesen werden. Ebensowenig konnten Interaktionseffekte zwischen den Werbeausgaben und den erfolgsdiskriminierenden Variablen „Handlungsorientierung" und „Key-Visual" festgestellt werden.[553]

Was bedeutet dieses Ergebnis? Die Schlußfolgerung kann natürlich nicht lauten, einfach ein beliebiges Key-Visual zu verwenden oder irgendeine Geschichte zu erzählen. Die Wirkung dieser Gestaltungselemente lebt auch davon, daß sie nicht von allen Werbungtreibenden in gleicher Art und Weise angewendet werden. Andererseits ist die erfolgsdiskriminierende Wirkung der Key-Visuals eine deutliche Bestätigung für die Bedeutung des Aufbaus eines klaren inneren Markenbildes.[554] Die Chance, in der Flut konkurrierender TV-Spots wahrgenommen zu werden, steigt bei der Verwendung eines Key-Visuals.[555] Studien der GfK-Markt-

553 Vgl. dazu den Anhang dieser Arbeit sowie zur Existenz von Interaktionseffekten in der Werbewirkung Batra, Rajeev et al. (1995): p.29. Eine ausführliche Darstellung der Operationalisierung und Interpretation von Interaktionseffekten findet sich bei Jaccard, James / Turrisi, Robert / Wan, Choi K. (1990): Interaction Effects in Multiple Regression, Sage University Paper Series on Quantitative Applications in the Social Sciences, No.72, Beverly Hills and London, pp.7-49.

554 Vgl. Kroeber-Riel, Werner (1993): S.245-272.

555 Dieser erfolgsdiskriminierende Effekt gilt offenbar auch bei Anzeigen mit Key-Visual, er ist also nicht an einen bestimmten Werbeträger gebunden, vgl. Esch, Franz Rudolf (1995): Die Spur zum Konsumenten - Neue Erkenntnisse zur Durchgängigkeit der Werbung über Zeit und Medien, Handout zum Vortrag auf dem

forschung haben jedoch gezeigt, daß ein Key-Visual nur dann einen Einfluß auf die Präferenzbildung ausübt, wenn es eine kaufverhaltensrelevante Imagedimension stützt.[556] Die Annahme, daß Key-Visual gleich Key-Visual ist, wie sie dem dargestellten Regressionsansatz zugrunde liegt, gilt daher nur für die Wahrnehmung, nicht für die Präferenzbildung.

Daß TV-Spots mit Handlungskontinuität überdurchschnittlich erinnert werden, überrascht auf den ersten Blick, da in der Werbewirkungsforschung immer wieder die Auffassung vertreten wird, daß zuviel Handlung ebenso wie die Verwendung von Stilmitteln emotionaler Spotgestaltung wie z. B. Humor oder Erotik von der beworbenen Marke ablenke.[557] Diese These kann durch die vorliegende Untersuchung nicht bestätigt werden. Die Vorgabe von Marken bei der Abfrage der Werbeerinnerung stellt sicher, daß die Werbung unter dem Markennamen abgespeichert wurde. Die gedankliche Verknüpfung von Werbemittel und beworbener Marke ist also nicht verlorengegangen.

Kritisch muß aber angemerkt werden, daß die Handlungskontinuität als generelle Spotkategorie begrifflich sehr viel weiter gefaßt ist als das spezifische Gestaltungselement „Key-Visual", und daß das Vorliegen von Handlungskontinuität noch nichts über die Art der Einbindung der Marke in die Handlung aussagt. Diese Einbindung dürfte einen erheblichen Einfluß auf die erfolgreiche Verknüpfung von Werbemittel und Marke haben.

5.3.2 Exkurs: Erfolgsfaktoren der Werbesympathie

Im vorangegangenen Abschnitt wurde der Einfluß von Elementen der Werbemittelgestaltung auf die Werbeerinnerung dargelegt. Für die Gestaltungselemente „Handlungsorientierung" und „Key-Visuals" konnte ein statistisch signifikanter positiver Einfluß auf die Werbeerinnerung bei gleichen Werbeausgaben nachgewiesen werden. Diese Erkenntnis läßt die Frage interessant erscheinen, ob Elemente der Werbemittelgestaltung nicht nur einen Einfluß auf die Werbeerinnerung, sondern auch auf die Werbesympathie ausüben, d. h., ob Spots mit Handlungsorientierung und Key-Visual nicht nur besser erinnert, sondern auch sympathischer empfunden werden. Um diese Frage zu beantworten, sollen analoge Dummy-Regressionen durchgeführt werden, bei denen die abhängige Variable nicht die gestützte Werbeerinnerung,

---

ICON-Kongreß: „Wechsel, Wandel, Vielfalt - Was hält die Marke aus? Strategische Konzepte für den Markenerfolg", Nürnberg, 10.11.1995, S.19/20.

556 GfK-Marktforschung [Hrsg.] (o.J.): Target®Positioning: Das Tool zur Strategischen Markenführung, Nürnberg.

557 Vgl. z. B. Wells, William D. (1994): Effective and Ineffective Drama in Advertising, in: Advances in Consumer Research, Vol.21, p.375. Belch, George E. / Belch, Michael A. (1990):pp.158-193.

sondern die Zustimmung zum Urteil „sympathische Werbung“ darstellt und die unabhängigen Variablen die Werbeausgaben und die Dummyvariablen der Elemente der Spotgestaltung.[558] Die Tatsache, daß sich die Werbesympathie im Modellzusammenhang als wenig reliable Größe herausgestellt hat, spricht nicht gegen dieses Vorgehen, denn die geringe Reliabilität war - wie in Abschnitt 4.2.2.1 ausführlich dargelegt - auf den Versuch zurückzuführen, die Werbesympathie im Modellrahmen zusammen mit der Markensympathie durch ein gemeinsames Sympathie-Konstrukt abzubilden.

Die Zuordnungsvorschrift der Regressionsfunktion lautet:

$$\ln\left(\frac{SW}{100-SW}\right) = a + b \times \ln WA + c_i \times DV_i + u \qquad (5.4)$$

mit: SW = ∅ Zustimmung zum Urteil „Sympathische Werbung“ in %

WA = ∅ Werbeausgaben pro Monat in TDM

DV_i = Dummyvariablen der Kategorien bzw. Gestaltungselemente (i =1 bis 8)

a, b, c_i = zu schätzende Parameter (i =1 bis 8)

u = Störterm

Die Werbeausgaben sollen als unabhängige Variable in analoger logarithmischer Operationalisierung herangezogen werden. Das Vorzeichen des Regressionskoeffizienten könnte aufgrund theoretischer Überlegungen und empirischer Untersuchungsergebnisse jedoch sowohl positiv als auch negativ sein. Für einen positiven Zusammenhang zwischen Werbeausgaben und Werbesympathie sprechen „Wear-in-“, für einen negativen Zusammenhang „Wear-out-Effekte“ wiederholter Werbemittelkontakte.[559]

---

558 Allerdings stehen nur für 108 der insgesamt 162 Marken Werbesympathie-Werte zur Verfügung.

559 Vgl. dazu die Metaanalyse empirischer Untersuchungsergebnisse bei Pechmann, Cornelia / Stewart, David W. (1990): Advertising Repetition: A Critical Review of Wear-In and Wear-Out, MSI Working Paper, Report No.90-106, Cambridge, MA, pp.3-26.

Variable	B	SE B	Beta	T	Sig T
Werbeausgaben	-0,004465	0,060876	-0,007315	-0,073	0,9417
Produktorientierung	0,215870	0,140071	0,207070	1,541	0,1265
Handlungsorientierung	0,051528	0,135748	0,050496	0,380	0,7051
Emotional	0,305280	0,160051	0,297489	1,907	0,0594
Emotional und Rational	-0,046216	0,168490	-0,040485	-0,274	0,7844
Erotik	0,270193	0,358949	0,072001	0,753	0,4534
Humor	0,100482	0,112190	0,094257	0,896	0,3726
Key-Visual	0,002860	0,142823	0,001955	0,020	0,9841
Musik	-0,030645	0,104683	-0,029762	-0,293	0,7703
(Constant)	-0,790294	0,477975		-1,653	0,1014

Quelle: Eigene Berechnung

Tabelle 24: Ergebnisse der Dummy-Regression für die Werbesympathie

Tabelle 24 zeigt das Ergebnis der Regressionsanalyse. Wie ersichtlich, läßt sich auf einem fünfprozentigen Signifikanzniveau für keines der untersuchten Gestaltungselemente ein signifikanter Einfluß auf die Werbesympathie feststellen, allerdings scheitert das Gestaltungselement „Emotional“ mit einem T-Wert von 1,907 nur knapp. Akzeptiert man ein sechsprozentiges Signifikanzniveau, weisen emotionale TV-Spots eine überdurchschnittliche Sympathiebeurteilung auf. Es fällt auf, daß keines der spezifischeren Elemente emotionaler Werbemittelgestaltung einen erfolgsdiskriminierenden Effekt auf die Werbesympathie ausübt. Selbst Werbung mit Humor ist demnach kein Garant für eine überdurchschnittliche Sympathiebeurteilung. Dieses Ergebnis mag auf den ersten Blick überraschen, es steht aber durchaus im Einklang mit jüngeren Erkenntnissen der A_{ad}-Forschung, nach denen das Gefallen eines Werbemittels (Likeability) ein außerordentlich komplexes Konstrukt ist, das nicht auf die Existenz bestimmter Stilelemente reduziert werden kann.[560] Bedenkt man darüber hinaus, daß der Zusammenhang zwischen Werbe- und Markensympathie, wie im Modelltest gezeigt, bei vorhandener Verwendungserfahrung keineswegs so eindeutig positiv linear ist, wie dies in den Anfängen der A_{ad}-Theorie postuliert wurde, so ist das Ergebnis, daß Werbung mit Key-Visual und Spannungsbogen nicht besser beurteilt, sondern besser erinnert wird, auch unter dem Gesichtspunkt der Kaufverhaltensrelevanz positiv zu bewerten.

[560] Vgl. Du Plessis, Erik (1994): pp.11-13.

6 ZUSAMMENFASSUNG UND AUSBLICK

6.1 Zusammenfassung

Die vorliegende Arbeit verfolgte das Ziel, einen Erklärungsbeitrag zur Bestimmung der Zusammenhänge zwischen Werbewirkung und Markterfolg zu leisten. „Werbewirkung“ wurde dabei anhand vorökonomischer Erfolgskriterien aus Werbetrackingstudien gemessen, „Markterfolg“ anhand von Panelgrößen. Mit Hilfe dieser Integration von Markt- und Werbetrackingdaten im Sinne einer integrierten Trackingforschung konnte die Frage beantwortet werden, ob vorökonomisch erfolgreiche Werbung auch am Markt zu entsprechenden Erfolgen führt.

In Kapitel 2 wurde versucht, den derzeitigen Stand der Werbetrackingforschung zu evaluieren. Dazu wurde die Werbetrackingforschung in den Kontext der Werbewirkungsforschung eingeordnet und einer kritischen Würdigung unterzogen. Diese ergab, daß hinsichtlich der Voraussetzungen, die an empirische Erhebungen zu stellen sind, v.a. die Reliabilität und die Validität der Werbetrackingstudien nicht in vollem Umfang gewährleistet sind, da die erhobenen Variablen i.d.R. keinen Bestandteil eines umfassenden, testbaren Theoriegefüges darstellen.

Die Mehrzahl der in Werbetrackingstudien erhobenen Variablen wird durch die Theorie der Werbewirkungsmodelle gerechtfertigt. Daher standen im Mittelpunkt der Kritik der theoretischen Grundlagen zwangsläufig die zentralen Modelle der Werbewirkung. Hinsichtlich der Antezedenzbedingungen stellte sich heraus, daß diese in vielen empirischen Untersuchungen überhaupt nicht spezifiziert, und wenn doch, dann i.d.R. auf das Ausmaß an Involvement beschränkt werden. Die Diskussion jüngerer Forschungsergebnisse hat gezeigt, daß diese Beschränkung nicht zu rechtfertigen ist, da das Involvement nicht zwingend unterschiedliche Werbewirkungsverläufe begründet. Einen stärker diskriminierenden Effekt auf die Aufnahme, Speicherung und Verarbeitung von Werbeimpulsen hat nach neueren Erkenntnissen dagegen die Verwendungserfahrung. Es wurde daher die Forderung erhoben, Verwendungserfahrungen als eigenständige Antezedenzbedingung stärker zu berücksichtigen, als dies bisher in der Werbewirkungsforschung der Fall ist. Die Eignung der zentralen Variablen der Werbetrackingstudien - Werbekenntnisse, Markenbekanntheit, Einstellungen und Kaufabsichten - wurde jeweils anhand der Möglichkeiten der Operationalisierung dieser Größen, ihrer Reagibilität auf Marketing-Mix-Aktivitäten und ihrer Kaufverhaltensrelevanz überprüft. Letztere erwies sich als besonders problematisch, weil sie vielfach lediglich aus der Theorie der Werbewirkung abgeleitet wird. Vereinzelte empirische Überprüfungen beschränken sich i.d.R. auf weitere vorökonomische, nachgelagerte Größen, für deren Kaufverhaltensrelevanz es keine eindeutigen Belege gibt. Damit wurde zugleich auch die in normativer Hinsicht entscheidende Schwachstelle der Werbetrackingstudien angesprochen, nämlich die mangelhafte Messung des Beitrags der Werbung zum Markterfolg.

Bisherige Versuche in Forschung und Praxis beschränken sich auf die Betrachtung von Korrelationen zwischen Werbewirkungs- und Marktreaktionsgrößen. Es wurde gezeigt, daß dieses Vorgehen angreifbar ist, da es theoretische Erkenntnisse wie empirische Evidenz gibt, daß das tatsächliche Kaufverhalten die Gedächtnisreaktionen ebenso beeinflußt wie die Gedächtnisreaktionen im Sinne der Werbewirkungsmodelle das Kaufverhalten, und daher aus einer Korrelation nicht auf einen Ursache-Wirkungs-Zusammenhang geschlossen werden sollte.

Als Forschungsbedarf wurde entsprechend die Entwicklung und der Test eines Werbewirkungsmodells angesehen, das es erlaubt, wechselseitige Einflüsse zwischen vorökonomischen und ökonomischen Variablen aufzudecken und dabei insbesondere den Einfluß der Verwendung auf die zentralen Werbewirkungsgrößen berücksichtigt. Ferner wurde die Forderung erhoben, daß ein solches Modell gleichzeitig die Einflüsse der Marketing-Mix-Variablen auf die vorökonomischen wie ökonomischen Modellvariablen erfassen sollte und darüber hinaus alternative Wirkungsverläufe auch bei gleichen Antezedenzbedingungen zugelassen werden müßten, um den als unrealistisch erkannten Determinismus der traditionellen Werbewirkungsmodelle zu überwinden

Kapitel 3 umfaßte die Konzeption der empirischen Untersuchung zur Bestimmung des Zusammenhangs zwischen Werbewirkung und Markterfolg. Dazu waren zunächst der Terminus der Kausalität sowie die Grundstrukturen rekursiver und nichtrekursiver Kausalmodelle zu klären. Es folgte eine Darstellung des LISREL-Ansatzes der Kausalanalyse und eine Bewertung dieses Verfahrens für das Forschungsvorhaben dieser Arbeit. Es bestätigte sich, daß der LISREL-Ansatz grundsätzlich auch auf nichtrekursive Kausalmodelle übertragbar ist und damit die Möglichkeit bietet, wechselseitige Beziehungen zwischen Variablen zu schätzen, daß aber die Identifikation der Modellstruktur durch einen algebraischen Nachweis überprüft werden muß, um zu singulären Ergebnissen der Modellschätzung zu gelangen.

Zur Modellentwicklung war zunächst eine Beschreibung der Modellanforderungen und eine Präzisierung der Antezedenzbedingungen notwendig. Im Anschluß wurde die Herkunft und die Operationalisierung der Modellvariablen geklärt. Als Marketing-Mix-Variablen gingen in das Modell die Werbeausgaben in TDM/Monat, der Displayshare in %, die gewichtete Distribution in % sowie der relative Preis in % ein. Alle vorökonomischen oder psychographischen Modellvariablen stammten aus Werbetrackingstudien der GfK-Marktforschung. Herangezogen wurden jeweils als Prozentsatz in der Marketing-Zielgruppe die gestützte Werbeerinnerung, die ungestützte Markenbekanntheit, die Zustimmung zu den Urteilen „Sympathische Werbung" und „Sympathische Marke" sowie die Erst- und Zweitpräferenz. Zur Erfassung der Marktreaktion wurde die Angabe der „derzeitigen Verwendung" aus Werbetrackingstudien mit den Käuferanteilen aus dem Haushaltspanel der GfK-Marktforschung zusammengefaßt, nachdem die Eignung zur Erfassung des Markenwahlverhaltens geklärt wurde. Die genannten Variablen wurden in vier Meßmodellen spezifiziert. Es folgte der Entwurf eines integrativen Werbewirkungsmodells, das Modellelemente der Low-Involvement-Hierarchie mit denen der klassischen Lernhierarchie kombiniert. Der algebraische Nachweis der Modellidentifikation ergab die Notwendigkeit zur Berechnung eines Startwertes für die Modellschätzung.

Das spezifizierte Kausalmodell konnte in Kapitel 4 anhand der Werbetrackingdaten von 68 FMCGs getestet werden, die über einen Zeitraum von bis zu 41 Monaten beobachtet wurden. Zur Modellschätzung wurde die Datenbasis gepoolt, d. h. Längs- und Querschnittsdaten wurden simultan analysiert. Als Ergebnis der Parameterschätzung ließ sich festhalten, daß das spezifizierte Kausalmodell die in der Forschungspraxis geforderten Gütemaße erfüllt. Eine geringe Reliabilität wies jedoch die Modellvariable „Sympathische Werbung" auf. Diese konnte auf eine nicht vorhandene Korrelation mit der Variable „Sympathische Marke" zurückgeführt werden. Die Modellschätzung bestätigte damit die in der neueren A_{ad}-Forschung gewonnene Erkenntnis, daß ein Transfer der Werbesympathie auf die Markensympathie, der sich in einer Korrelation der beiden Größen manifestieren müßte, dann nicht zutrifft, wenn Verwendungserfahrungen vorliegen, da diese einen stärkeren Einfluß auf die Markensympathie ausüben als kommunikative Maßnahmen. Eine alternative Schätzung eines modifizierten Modells ohne Sympathiekonstrukt mußte abgelehnt werden, da die Anpassungsgüte nicht die erforderliche Mindestausprägung aufwies.

Eine Überprüfung der Paralleltestreliabilität und der Kreuzvalidität der ursprünglichen Modellversion ergab, daß die Schätzergebnisse ausreichend stabil sind, so daß von einer hohen prädiktiven Validität ausgegangen werden kann, welche eine Generalisierung der Modellzusammenhänge erlaubt. Mit Hilfe des Modells gelang es, nachzuweisen, daß die Verwendung einer Marke die klassischen Konstrukte der Werbewirkung (Gedächtnispräsenz, Einstellungen, Präferenzen) ebenso beeinflußt wie diese ihrerseits die Verwendung. Die Verwendung (erhoben im Rahmen von Werbetrackingerhebungen) wies wiederum eine hohe Übereinstimmung mit den Käuferanteilen aus dem Haushaltspanel im gleichen Zeitraum auf, so daß die Ermittlung der aktuellen Verwendung im Rahmen von Befragungen geeignet erscheint, Marktentwicklungen annähernd abzubilden. Von den untersuchten Modellkonstrukten wies die Präferenz einer Marke den stärksten kausalen Effekt auf den Kauf aus, gefolgt von der Gedächtnispräsenz, bestehend aus gestützter Werbeerinnerung und ungestützter Markenbekanntheit, sowie der Sympathie. Bezüglich der kausalen Einflüsse der Marketing-Mix-Variablen ergab sich ein annähernd gleich starker Einfluß der Werbeausgaben, des Displayshares und der Distribution auf den Kauf, während sich der Einfluß des relativen Preises auf den Kauf als vernachlässigbar herausstellte. Durch den Nachweis von Diskriminanzvalidität konnte weitgehend ausgeschlossen werden, daß die Modellkonstrukte identische Sachverhalte messen.

Im Rahmen von Kapitel 5 wurde erläutert, welche Implikationen die gewonnenen Erkenntnisse für die Werbeeffizienzmessung haben. Darüber hinaus stand im Mittelpunkt dieses Kapitels die Ermittlung von Erfolgsfaktoren der Werbemittelgestaltung auf die Werbeeffizienz, gemessen am Verhältnis der Werbeausgaben zur erreichten gestützten Werbeerinnerung. Es zeigte sich dabei, daß TV-Spots, die mit Key-Visuals arbeiten und TV-Spots, die eine Story mit Handlungskontinuität erzählen, ceteris paribus eine überdurchschnittliche Werbeeffizienz aufweisen.

Wie alle empirischen Untersuchungen weist auch die vorliegende Arbeit einige Beschränkungen auf, die es bei der Interpretation der Ergebnisse zu berücksichtigen gilt. In schätztechnischer Hinsicht wäre die Anwendung der Maximum-Likelihood-Methode sowie die Einbeziehung weiterer Marketing-Mix- und Werbewirkungsvariablen wünschenswert gewesen, welche möglicherweise die Abbildung zusätzlicher direkter reziproker Beziehungen (z. B. zwischen Präferenz und Verwendung) ermöglicht hätte, die ohne weitere Modellvariablen aus Gründen der Modellidentifikation nicht möglich war. Hinsichtlich der Marketing-Mix-Variablen erscheint eine bessere Abbildung der Promotionaktivität, beispielsweise durch Angaben zur Handelsinsertion aus IMP-Daten, ein Desiderat. Eine getrennte Erfassung von Normal- und Sonderangebotspreisen würde ferner eine bessere Erfassung der Preisreaktion ermöglichen. Bezüglich der Erfassung der Marktreaktion wäre eine Integration der Erst- und Wiederkauf- bzw. Bedarfsdeckungsrate wünschenswert, um Aufschluß über den Einfluß der Werbung auf die Markentreue zu erhalten, allerdings ist dafür bei längeren Zeitreihen eine außerordentlich aufwendige Berechnung der durchgehenden Masse erforderlich, welche die GfK-Panel-Services im vorliegenden Fall nicht zur Verfügung stellen konnte.

6.2 Implikationen und Ausblick

Zum Abschluß sollen die Implikationen der vorliegenden Arbeit für die Theorie und die Praxis der Werbewirkungsforschung dargelegt und mögliche Anknüpfungspunkte weiterer wissenschaftlicher Untersuchungen skizziert werden:

1. Der Nachweis verschiedener Werbewirkungspfade bei gleichen Antezedenzbedingungen unterstreicht die Notwendigkeit, den Determinismus der klassischen Stufenmodelle der Werbewirkung nicht allein durch die Abbildung alternativer Pfade bei unterschiedlichen Antezedenzbedingungen zu überwinden, sondern zu akzeptieren, daß Werbung auch dann unterschiedlich wirken kann, wenn hinsichtlich der Antezedenzbedingungen weitgehende Übereinstimmung besteht.

2. Bei den zentralen Werbewirkungsindikatoren der Werbetrackingstudien muß mit Ausnahme der Werbeerinnerung bei etablierten Marken mit einer geringen Reagibilität auf werbliche Aktivitäten gerechnet werden, die sich u. a. aus Niveaueffekten und externen Einflüssen erklärt. Selbst bei einer deutlichen Steigerung der Werbeausgaben können nicht immer nennenswerte Zuwächse der Markenbekanntheit, der Sympathiebeurteilungen oder der Präferenzen erwartet werden.

3. Vom Nachweis einer Kaufverhaltensrelevanz der Werbewirkungsindikatoren kann nur dann gesprochen werden, wenn eine Marktreaktionsgröße am Ende der getesteten Wirkungskette steht. Die Messung der Kaufverhaltensrelevanz an nachgelagerten vorökonomischen Größen (z. B. Präferenzen oder Kaufabsichten) ist nicht aussagekräftig genug.

4. Die Erkenntnis, daß die Verwendung einen Einfluß auf die vorökonomischen Erfolgsgrößen der Werbung hat, bedeutet nicht, daß die Durchführung von Werbetrackingstudien sinnlos ist. Erstens hat sich gezeigt, daß die vorökonomischen Größen ihrerseits ebenfalls einen kausalen Einfluß auf die Verwendung ausüben, zweitens bieten solche Studien neben der Werbeerfolgskontrolle eine Vielzahl diagnostischer Hinweise, die im Rahmen dieser Arbeit nicht behandelt werden konnten, die aber für die inhaltliche Gestaltung des werblichen Auftritts wertvolle Hilfe leisten.

5. Es ist denkbar, daß die Verwendung einer Marke und ihre Gedächtnispräsenz sowie weitere vorökonomische Erfolgsmaße nur im Rahmen der Meßmöglichkeiten von Werbetrackingerhebungen als kontemporäre Phänomene erscheinen. Ein wichtiges Desiderat ist deshalb die Analyse kürzerer Intervalle zwischen zwei Erhebungen. Sollte sich beispielsweise bei wöchentlichem Werbetracking herausstellen, daß eine Veränderung der Wer-

beerinnerung einer Veränderung der Marktentwicklung zeitlich vorausgeht, wäre dies im Sinne der Zeitpräzedenz ein deutlicher Hinweis auf unidirektionale Kausalität und damit eine Möglichkeit, auf die Abbildung wechselseitiger Zusammenhänge zu verzichten. Sofern nur Mehrwellenerhebungen mit größeren zeitlichen Abständen, wie sie in der Praxis des Werbetracking üblich sind, zur Verfügung stehen, und die Kaufintervalle der betrachteten Produkte kurz sind, sollte von wechselseitigen Einflüssen ausgegangen werden. In methodischer Hinsicht bedeutet dies, daß aus einer beobachteten Korrelation nicht auf einen Ursache-Wirkungs-Zusammenhang geschlossen werden sollte und der Einsatz der Regressionsanalyse aufgrund der Unmöglichkeit, die abhängige und die unabhängige Variable eindeutig festzulegen, nicht zulässig ist.

6. Der erhebliche Einfluß der Verwendungserfahrung auf die zentralen Werbewirkungsindikatoren mahnt zur Vorsicht bei der Übertragung von Erkenntnissen der Werbewirkung, die in Pretest-Designs mit neuen oder fiktiven Marken gewonnen wurden, auf etablierte Marken. Das gilt insbesondere für das Verhältnis von Werbe- und Markensympathie. Die Grundannahme der Attitude-toward-the-ad-Forschung, nach der dem Gefallen der Werbung bei geringem Involvement eine zentrale Rolle für das Gefallen der Marke und damit für die (affektive) Einstellungsbildung zukommt, ist nach den Ergebnissen der vorliegenden Arbeit bei etablierten Marken nicht aufrechtzuerhalten. Weitere Studien zum Verhältnis zwischen Werbe- und Markensympathie bei bereits existierenden Marken sind notwendig, um festzustellen, ob sich dieses Ergebnis verallgemeinern läßt.

7. Ein interessante Implikation ergibt sich für die Interpretation von Erkenntnissen der Werbewirkung, die im Rahmen von Single-Source-Ansätzen gewonnen wurden. Ein wichtiges Ergebnis der Single-Source-Werbewirkungsforschung ist die Entdeckung „synergetischer" Effekte zwischen Werbung und POS-Promotions. Die Absatzwirkung dieser Marketing-Mix-Instrumente ist demnach bei kombiniertem Einsatz höher als bei einem isolierten Einsatz dieser Instrumente.[561] BATRA et al. fanden in einer auf Werbetrackingdaten basierenden empirischen Untersuchung heraus, daß ein solcher synergetischer Effekt auch für vorökonomische Größen existieren kann, da die Werbeerinnerung für Marken, für die gleichzeitig Promotions durchgeführt wurden, überdurchschnittlich hoch war: „This could either be because highly trade promoted brands are already high awareness brands, or because the trade promotions draw consumer attention to these brands' ads."[562] Nach den im

[561] Vgl. dazu die Literaturquellen in Fußnote 23 bis 26.
[562] Batra, Rajeev et al. (1995): p.30.

Rahmen der vorliegenden Arbeit gewonnenen Erkenntnissen ist hingegen ein gänzlich anderer Erklärungsansatz denkbar: Daß die Promotionintensität einen positiven Einfluß auf die Werbeerinnerung ausübt, ist nicht auf synergetische Effekte zwischen Promotions und Werbeausgaben zurückzuführen, sondern auf die simple Tatsache, daß Promotions kurzfristig den Kauf und damit die Verwendung positiv beeinflussen, und dies zu einem höheren Verwenderanteil in den Stichproben der Werbetrackingerhebungen führt, der sich wiederum in einer erhöhten Werbeerinnerung niederschlägt. Nicht die Promotions lenken demnach die Aufmerksamkeit auf die Werbung, sondern die aus den Promotions resultierende Verwendung.

8. Ein weiteres Desiderat ist die Übertragung des im Rahmen dieser Arbeit entwickelten Multi-Marken-Modells auf eine einzelne Marke, für welche die Anforderungen an die Datenbasis jedoch hoch sind. Die Variablen müssen zum einen eine erhebliche Variation im Zeitablauf aufweisen und zum anderen mindestens 50 Datenpunkte für den Einsatz der Kausalanalyse bereitstellen. Sofern diese Bedingungen erfüllt sind, lassen sich die Modellzusammenhänge auch in diesem Fall bestimmen. Eventuelle Unterschiede in der Stärke der kausalen Einflüsse bei einzelnen Marken geben dabei Aufschluß sowohl über die Wirksamkeit des eingesetzten Marketing-Mix als auch über eventuelle Probleme in der Übertragung der Werbewirkung. Die im Multi-Marken-Modell gewonnenen Erkenntnisse können dabei als Vergleichsmaßstab im Sinne durchschnittlicher Ausprägungen der Modellzusammenhänge interpretiert werden.

Literaturverzeichnis

A.C. Nielsen Werbeforschung S & P, in: Gruner und Jahr [Hrsg.] (1997): Werbetrend, Hamburg.

Aaker, David A. (1990): Brand Extension: The Good, the Bad, and the Ugly, in: Sloan Management Review, Vol.31, Summer 1990, pp.47-56.

Aaker, David A. (1991): Managing Brand Equity, New York.

Aaker, David A. (1996): Measuring Brand Equity Across Products and Markets, in: California Management Review, Vol.38, No.3, Spring 1996, pp.102-120.

Aaker, David A. / Carman, James M. (1982): Are You Overadvertising?, in: Journal of Advertising Research, Vol.22, No.4, August/September 1982, pp.57-70.

Aaker, David A. / Carman, James M. / Jacobson, Robert (1982): Modeling Advertising-Sales Relationships Involving Feedback: A Time Series Analysis of Six Cereal Brands, in: Journal of Marketing Research, Vol.19, February 1982, pp.116-125.

Aaker, David A. / Day, George S. (1974): A Dynamic Model of Relationships among Advertising, Consumer Awareness, Attitudes, and Behavior, in: Journal of Applied Psychology, Vol.59, No.3, 1974, pp.281-286.

Abraham, Magid M. / Lodish, Leonard M. (1990): Getting the Most Out of Advertising and Promotion, in: Harvard Business Review, May/June 1990, pp.50-60.

Alba, Joseph W. / Chattopadhyay, Amitava (1986): Salience Effects in Brand Recall, in: Journal of Marketing Research, Vol.28, November 1986, pp.363-369.

Alba, Joseph W. / Hutchinson, J. Wesley / Lynch, John G. (1991): Memory and Decision Making, in: Kassarjian, Harold / Robertson, Thomas [eds.] (1991): Handbook of Consumer Behavior, Englewood Cliffs, pp.1-49.

Ambler, Tim (1993): Brand Equity Is O.K., in: Admap, December 1993, pp.15-16.

Amstad, Peter (1994): Werbewirkungsmessung heute - Methodologische Überlegungen aus psychologischer Sicht, in: Tomczak, Torsten / Reinecke, Sven [Hrsg.] (1994): Marktforschung, St. Gallen, S.250-255.

Andres, Johannes (1990): Grundlagen linearer Strukturgleichungsmodelle, Diss., Frankfurt/Main.

Asher, Herbert B. (1983): Causal Modeling, Sage University Paper Series on Quantitative Applications in the Social Sciences, No.3, Beverly Hills and London.

Assael, Henry / Day, George S. (1968): Attitudes and Awareness as Predictors of Market Share, in: Journal of Advertising Research, Vol.8, No.4, 1968, pp.3-10.

Assenmacher, Walter (1996): Deskriptive Statistik, Berlin / Heidelberg 1996, S.115-120.

Assmus, Gert / Farley, John U. / Lehmann, Donald R. (1984): How Advertising Affects Sales: Meta-Analysis of Econometric Results, in: Journal of Marketing Research, Vol.21, February 1984, pp.65-74.

Backhaus, Klaus et al. (1996): Multivariate Analyseverfahren, 8. Aufl., Berlin u. a.

Bagozzi, Richard P. (1980): Causal Models in Marketing, New York.

Bagozzi, Richard P. (1981): Attitudes, Intentions, and Behavior: A Test of Some Key Hypotheses, in: Journal of Personality and Social Psychology, Vol.41, 1981, pp.607-627.

Bagozzi, Richard P. / Baumgartner, Hans (1994): The Evaluation of Structural Equation Models and Hypothesis Testing, in: Bagozzi, Richard P. [ed.] (1994): Principles of Marketing Research, Cambridge, MA, pp.386-422.

Baker, William et al. (1986): Brand Familiarity and Advertising: Effects on the Evoked Set and Brand Preference, in: Advances in Consumer Research, Vol.13, pp.637-642.

Balderjahn, Ingo (1986a): Das umweltbewußte Konsumentenverhalten - Eine empirische Studie, Diss., Berlin.

Balderjahn, Ingo (1986b): The Robustness of LISREL Unweighted Least Squares Estimation against Small Sample Size in Confirmatory Factor Analysis Models, in: Gaul, Wolfang / Schader, Martin [eds.] (1986):Classification as a Tool of Research, Amsterdam, pp.3-10.

Balderjahn, Ingo (1988): Die Kreuzvalidierung von Kausalmodellen, in: Marketing ZFP, Heft 1, 1988, S.61-73.

Baldinger, Allan L. / Rubinson, Joel (1997): In Search of the Holy Grail: A Rejoinder, in: Journal of Advertising Research, January/February 1997, pp.18-20.

Banks, S. / Hart, E. W. (1977): Advertising and Promotional Methods, in: Ferber, Robert [ed.] (1977): A Synthesis of Selected Aspects of Consumer Behavior, Washington D.C.

Barnard, Neil (1990): What Can You Do With Tracking Studies and What Are Their Limitations?, in: Admap, April 1990, pp.21-26.

Barnard, Neil R. / Ehrenberg, Andrew S. C. (1995): Werbung als Markenpflege, in: Planung und Analyse 1/95, S.9-14.

Barry, Thomas / Howard, Daniel (1990): A Review and Critique of the Hierarchy of Effects in Advertising, in: International Journal of Advertising, Vol.9, No.2, 1990, pp.121-135.

Bass, Frank M. (1975): Unexplained Variance in Studies of Consumer Behavior, in: Farley, John U. / Howard, John A. [eds.] (1975): Control of „Error“ in Market Research Data, Lexington, pp.11-36.

Batra, Rajeev et al. (1995): When Does Advertising Have an Impact? A Study of Tracking Data, in: Journal of Advertising Research, September/October 1995, pp.19-32.

Batra, Rajeev / Ray, Michael L. (1985): How Advertising Works at Contact, in: Alwitt, Linda F. / Mitchell, Andrew A. [eds.] (1985): Psychological Processes and Advertising Effects - Theory, Research, and Applications, Hillsdale, pp.13-43.

Batra, Rajeev / Ray, Michael L. (1986): Situational Effects of Advertising Repetition: The Moderating Influence of Motivation, Ability, and Opportunity to Respond, in: Journal of Consumer Research, Vol.12, March 1986, pp.432-445.

Baumgartner, Hans / Homburg, Christian (1996): Applications of Structural Equation Modeling in Marketing and Consumer Research: A Review, in: International Journal of Research in Marketing, Vol.13, 1996, pp.139-161.

Beattie, Ann E. / Mitchell, Andrew A. (1985): The Relationship between Advertising Recall and Persuasion: An Experimental Investigation, in: Alwitt, Linda F. / Mitchell, Andrew A. [eds.] (1985): Psychological Processes and Advertising Effects - Theory, Research, and Applications, Hillsdale, pp.129-155.

Belch, George E. / Belch, Michael A. (1990): Introduction to Advertising and Promotion Management, Homewood/Boston.

Belk, Russell W. (1985): Issues in the Intention-Behavior Discrepancy, in: Sheth, Jagdish N. [ed.] (1985): Research in Consumer Behavior, Vol.1, London, pp.1-34.

Bentler, Peter M. (1985): Theory and Implementation of EQS. A Structural Equations Program, Los Angeles.

Bentler, Peter M. / Chou, C. P. (1987): Practical Issues in Structural Modeling, in: Sociological Methods and Research, Vol.16, No.1, 1987, pp.78-117.

Benz, Jochen (1990): Kausalanalyse in der Marketingforschung auf verschiedenen Wegen - Kombination „traditioneller Verfahren" oder simultane Methoden?, in: Marketing ZFP, Heft 4, 1990, S.241-249.

Berger, Ida E. / Mitchell, Andrew A. (1989): The Effect of Advertising on Attitude Accessibility, Attitude Confidence and the Attitude-Behavior Relationship, in: Journal of Consumer Research, Vol.15, No.3, 1989, pp.269-279.

Berry, William D. (1984): Nonrecursive Causal Models, Sage University Paper Series on Quantitative Applications in the Social Sciences, No.37, Beverly Hills and London.

Berry, William D. (1993): Understanding Regression Assumptions, Sage University Paper Series on Quantitative Applications in the Social Sciences, No.92, Beverly Hills and London.

Berry, William D. / Feldman, Stanley (1985): Multiple Regression in Practice, Sage University Paper Series on Quantitative Applications in the Social Sciences, No.50, Beverly Hills and London.

Biehal, G. / Stephens, D. / Curlo, E. (1992): Attitude Toward the Ad and Brand Choice, in: Journal of Advertising, No.3, 1992, pp.19-36.

Bird, Michael / Ehrenberg, Andrew S. C. (1966): Intentions-To-Buy and Claimed Brand Usage, in: Operational Research Quarterly, Vol.17, No.1, 1966, pp.27-46 sowie Vol.18, No.1, 1967, pp.65-66.

Bitner, Mary J. / Obermiller, Carl (1985): The Elaboration Likelihood Model: Limitations and Extensions in Marketing, in: Advances in Consumer Research, Vol.12, pp.420-425.

Blalock, H. M. Jr.(1962): Four-Variable Causal Models and Partial Correlations, in: Blalock Jr., H.M. [ed.] (1985): Causal Models in the Social Sciences, 2nd ed., New York, pp.23-38.

Blalock, H. M. Jr. (1963): Making Causal Inferences for Unmeasured Variables from Covariances among Indicators, in: American Journal of Sociology, Vol.69, No.1, pp.53-62.

Blalock, H. M. Jr. (1964): Causal Inferences in Nonexperimental Research, Chapel Hill.

Böcker, Franz / Frank, Peter (1988): Werbeindikator als Entscheidungshilfe, in: Jahrbuch der Absatz- und Verbrauchsforschung, 4/88, S.393-401.

Bode, Matthias (1996): Lesarten der Werbung - Eine Übersicht zur Bedeutungsperspektive der Werbeforschung, in: Marketing ZFP, Heft 3, 1996, S.164-178.

Bollen, Kenneth A. (1989): Structural Equations with Latent Variables, New York.

Boomsma, Anne (1983): On the Robustness of LISREL (Maximum Likelihood Estimation) against Small Sample Size and Non-Normality, Diss., Groningen.

Brisoux, Jaques E. / Laroche, Michel (1980): Evoked Set Formation and Composition: An Empirical Investigation Under a Routinized Response Behavior Situation, in: Advances in Consumer Research, Vol.8, pp.357-360.

Broadbent, Simon (1992): Using Data Better - A New Approach To Sales Analyses, in: Admap, January 1992, pp.48-54.

Broadbent, Simon (1995): Single-Source - The Breakthrough?, in: Admap, June 1995, pp.29-33.

Brown, Gordon (1985): Tracking Studies and Sales Effects: A U.K. Perspective, in: Journal of Advertising Research, Vol.25, No.1, February/March 1985, pp.52-64.

Brown, Gordon (1986): Modelling Advertising Awareness, in: The Statistician, Vol.35, pp.289-299.

Brown, Gordon / Farr, Andy (1994): Enhancement, in: Planung und Analyse 3/94, S.5-14.

Browne, Michael W. / Cudeck, Robert (1989): Single Sample Cross-Validation Indices for Covariance Structures, in: Multivariate Behavioral Research, Vol.24, 1989, pp.445-455.

Bruzzone, Donald E. / Tallyn, Deborah J. (1997): Linking Tracking to Pretesting with an 'ARM', in: Journal of Advertising Research, May/June 1997, pp.74-79.

Buzzell, Robert D. / Gale B.T. (1989): Das PIMS-Programm: Strategien und Unternehmenserfolg, Wiesbaden.

Byrne, Barbara M. (1995): One Application of Structural Equation Modeling From Two Perspectives - Exploring the EQS and LISREL Strategies, in: Hoyle, Rick H. [ed.] (1995): Structural Equation Modeling - Concepts, Issues, and Applications, Thousand Oaks/London/New Dehli, pp.138-157.

Calvin, P. Duncan / Nelson, James E. (1985): Effects of Humor in a Radio Advertising Experiment, in: Journal of Advertising, Vol.14, No.2, 1985.

Chattopadhyay, Amitava A. / Alba, Joseph W. (1989): The Relationship between Recall, Cognitive Responses, and Advertising Effectiveness: Effects of Delay and Context, MSI Working Paper, Report No.89-103, Cambridge, MA.

Chattopadhyay, Amitava A. / Basu, Kunal (1990): Humor in Advertising: The Moderating Role of Prior Brand Evaluation, in: Journal of Marketing Research, Vol.27, November 1990, pp.466-476.

Chattopadhyay, Amitava A. / Nedungadi, Prakash (1992): Does Attitude toward the Ad Endure? The Moderating Effects of Attention and Delay, in: Journal of Consumer Research, Vol.19, No.1, 1992, pp.26-33.

Chow, Simeon / Rose, Randall L. / Clarke, Darral G. (1992): Sequence: Structural Equations Estimation of New Copy Effectiveness, in: Journal of Advertising Research, July/August 1992, pp.60-72.

Cliff, Norman (1983): Some Cautions Concerning the Application of Causal Modeling Methods, in: Multivariate Behavioral Research, Vol. 18, 1983, pp.115-126.

Cole, Catherine et al. (1990): The Elaboration Likelihood Model (ELM): Replications, Extensions and Some Conflicting Findings, in: Advances in Consumer Research, Vol.17, 1990, pp.231-236.

Cooper, Lee G. / Nakanishi, Masao (1988): Market-Share Analysis - Evaluating Competitive Marketing Effectiveness, Boston.

Cramphorn, Michael F. (1992): Are There Bounds on Brand Equity? Working Paper, ESOMAR Seminar „The Challenge of Branding Today and in the Future", Brussels, October 1992, pp.41-54.

Creusen, Marielle E. H. / Schoormans, Jan P. L. (1997): The Nature of Differences Between Similarity and Preference Judgements - A Replication with Extensions, in: International Journal of Research in Marketing, Vol.14, pp.81-87.

Cudeck, Robert (1989): Analysis of Correlation Matrices Using Covariance Structure Models, in: Psychological Bulletin, Vol.105, No.2, 1989, p.317-327.

Cudeck, Robert / Browne, Michael W. (1983): Cross-Validation of Covariance Structures, in: Multivariate Behavioral Research, Vol.18, 1983, pp.147-168.

Day, George S. (1970): Buyer Attitudes and Brand Choice Behavior, New York.

De Pijper, W. M. / Saris, W. E. (1982): The Effect of Identification Restrictions on the Test Statistics in Latent Variable Models, in: Jöreskog, Karl G. / Wold, Herman O. A. [eds.] (1982): Systems under Indirect Observation. Causality - Structure - Prediction, Part 1, Amsterdam, pp.175-182.

Decker, Reinhold (1994): Analyse und Simulation des Kaufverhaltens auf Konsumgütermärkten, Diss., Frankfurt/Main.

Deighton, John (1984): The Interaction of Advertising and Evidence, in: Journal of Consumer Research, Vol.11, December 1984, pp.763-770.

Deighton, John / Henderson, Caroline M. / Neslin, Scott A. (1994): The Effects of Advertising on Brand Switching and Repeat Purchasing, in: Journal of Marketing Research, Vol.31, February 1994, pp.28-43.

Deimel, Klaus (1989): Grundlagen des Involvement und Anwendung im Marketing, in: Marketing ZFP, Heft 3, 1989, S.153-161.

Dekimpe, Marnik G. / Hanssens, Dominique M. (1995): The Persistence of Marketing Effects on Sales, in: Marketing Science, Vol.14, No.1, 1995, pp.1-21.

Dekimpe, Marnik, G. / Hanssens, Dominique M. (1995): Empirical Generalizations about Market Evolution and Stationarity, in: Marketing Science, Vol.14, No.3, 1995, pp.G109-G121.

Dichtl, Erwin (1992): Grundidee, Varianten und Funktionen der Markierung von Waren und Dienstleistungen, in: Dichtl, Erwin / Eggers, Walter [Hrsg.] (1992): Marke und Markenartikel als Instrumente des Wettbewerbs, München, S.1-24.

Dielmann, Terry E. (1989): Pooled Cross-Sectional and Time Series Data Analysis, New York / Basel.

Diller, Hermann [Hrsg.] (1992): Vahlens Großes Marketinglexikon, München.

Donius, James F. (1985): Market Tracking: A Strategic Reassessment and Planning Tool, in: Journal of Advertising Research, Vol.25, No.1, 1985, pp.15-19.

Du Plessis, Erik (1994): Likeable Ads Work Best, But What is 'Likeability'?, in: Admap, May 1994, pp.11-13.

Du Plessis, Erik (1994): Recognition versus Recall, in: Journal of Advertising Research, May/June 1994, pp.75-91.

Duncan, O. D. / Haller, A. O. / Portes, A. (1968): Peer Influence on Aspirations: A Reinterpretation, in: American Journal of Sociology, Vol.74, 1968, pp.119-137.

Dunn, S. Watson et al. (1990): Advertising - It's Role in Modern Marketing, Chicago u. a.

Dyson, Paul / Farr, Andy / Hollis, Nigel (1996): Understanding, Measuring, and Using Brand Equity, in: Journal of Advertising Research, November/December 1996, pp.9-21.

Dyson, Paul / Farr, Andy / Hollis, Nigel (1997): What Does The Marketing Team Need, Description or Prescription? - A Response to Comments by Andrew Ehrenberg, in: Journal of Advertising Research, January/February 1997, pp.13-17.

Eagly, Alice H. / Chaiken, Shelly (1993): The Psychology of Attitudes, Fort Worth.

Eastlack, Joseph O. / Rao, Abar G. (1986): Modeling Response to Advertising and Pricing Changes for „V-8" Cocktail Vegetable Juice, in: Marketing Science, Vol.5, No.3, Summer 1986, pp.245-259.

Edell, Julie A. / Burke, Marian C. (1986): The Relative Impact of Prior Brand Attitude and Attitude Toward the Ad on Brand Attitude After Ad Exposure, in: Olson, Jerry / Sentis, Keith [eds.] (1986): Advertising and Consumer Psychology, Vol.3, pp.93-108.

Edell, Julie A. / Burke, Marian C. (1987): The Power of Feelings in Understanding Advertising Effects, in: Journal of Consumer Research, Vol.14, No.3, December 1987, pp.421-433.

Efron, Bradley / Tibshirani, Robert J. (1993): An Introduction to the Bootstrap, Monographs on Statistics and Applied Psychology, No.57, New York.

Ehrenberg, Andrew S. C. (1974): Repetitive Advertising and the Consumer, in: Journal of Advertising Research, Vol.14, April 1974, pp.25-34.

Ehrenberg, Andrew S. C. (1988): Repeat-Buying - Facts, Theory and Applications, London/New York.

Ehrenberg, Andrew S. C. (1993a): If You're So Strong, Why Aren't You Bigger?, in: Admap, October 1993, pp.13-14.

Ehrenberg, Andrew S. C. (1993b): No Need for the Brand Equity Crutch?, in: Admap, December 1993, p.18.

Ehrenberg, Andrew S. C. (1995): Empirical Generalisations, Theory, and Method, in: Marketing Science, Vol.14, No.3, 1995, pp.G20-G28.

Ehrenberg, Andrew S. C. (1997): In Search of Holy Grails: Two Comments, in: Journal of Advertising Research, January/February 1997, pp.9-12.

Eliason, Scott R. (1993): Maximum Likelihood Estimation - Logic and Practice, Sage University Paper Series on Quantitative Applications in the Social Sciences, No.96, Beverly Hills and London.

Erichson, Bernd (1992): Repräsentanz - ein wachsendes Problem, in: Planung und Analyse, 1/92, S.19-24.

Erichson, Bernd / Maretzki, Jürgen (1993): Werbeerfolgskontrolle, in: Berndt, Ralph / Hermanns, Arnold [Hrsg.] (1993): Handbuch Marketing-Kommunikation, Wiesbaden, S.523-560.

Erichson, Bernd / Twardawa, Wolfgang (1994): Bedeutung der Konsumentenforschung für die Markenpolitik, in: Bruhn, Manfred [Hrsg.] (1994): Handbuch Markenartikel, Stuttgart, S.283-317.

Esch, Franz Rudolf (1995): Die Spur zum Konsumenten - Neue Erkenntnisse zur Durchgängigkeit der Werbung über Zeit und Medien, Handout zum Vortrag auf dem ICON-Kongreß: „Wechsel, Wandel, Vielfalt - Was hält die Marke aus?“ Strategische Konzepte für den Markenerfolg, Nürnberg, 10.11.1995.

Fazio, Russell H. / Zanna, Marc P. (1981): Direct Experience and Attitude-Behavior Consistency, in: Advances in Experimental Social Psychology, Vol.14, 1981, pp.161-202.

Feldwick, Paul (1990): What Should We Measure?, in: Admap, April 1990, pp.17-20.

Feldwick, Paul (1993): Big and Strong Brands, in: Admap, December 1993, p.17.

Feldwick, Paul (1996): Do we Really Need „Brand Equity“?, Working Paper, ESOMAR Conference: The Future of The Brand, November 1996.

Finkel, Steven E. (1995): Causal Analysis with Panel Data, Sage University Paper Series on Quantitative Applications in the Social Sciences, No.105, Beverly Hills and London.

Fornell, Claes (1986): A Second Generation of Multivariate Analysis: Classification of Methods and Implications for Marketing Research, Working Paper, University of Michigan, Ann Arbor.

Fornell, Claes / Larcker, David F. (1981): Evaluating Structural Equation Models with Unobservable Variables and Measurement Error, in: Journal of Marketing Research, Vol.19, February 1981, pp.39-50.

Förster, Friedrich et al. (1983): Moderne Verfahren der Kausalanalyse und ihre Bedeutung für Marketingwissenschaft und -praxis, Mannheim.

Fritz, Wolfgang (1992): Marktorientierte Unternehmensführung und Unternehmenserfolg, Grundlagen und Ergebnisse einer empirischen Untersuchung, Habil., Stuttgart.

Gelb, Betsy D. / Pickett, C. M. (1983): Attitude-Toward-The-Ad: Links to Humor and to Advertising Effectiveness, in: Journal of Advertising, Vol.12, No.2, 1983, pp.34-42.

GfK-Marktforschung [Hrsg.] (o.J.): Target®Positioning: Das Tool zur Strategischen Markenführung, Nürnberg.

Gierl, Heribert / Wölfel, Matthias (1996): Die Wirkung von Werbung für Teleshopping, in: Planung und Analyse 6/96, S.42-45.

Graf, Christine / Wildner, Raimund (1995): STAS - Werbewirkung oder was?, Sonderdruck aus Planung und Analyse 4/95.

Graybill, Franklin A. / Hariharan K. Iyer (1994): Regression Analysis: Concepts and Applications, Belmont, CA.

Greenwald, Anthony G. et al. (1986): Under What Conditions Does Theory Obstruct Research Progress?, in: Psychological Review, Vol.93, No.2, 1986, pp.216-229.

Griese, Ursula (1993): Single Source, in: Planung und Analyse 6/93, S.58-62.

Grünewald, Stephan / Szymkowiak, Frank (1997): Die Psychologie der Werbewirkung, in: Planung und Analyse 2/97, S.46-53.

Haley, Douglas F. (1985): Advertising Tracking Studies: Packaged Goods Case Histories, in: Journal of Advertising Research, Vol.25, No.1, Feburary/March 1985, pp.445-451.

Haley, Russell I. (1994): A Rejoinder to „Conclusions From the ARF's Copy Research Validity Project“, in: Journal of Advertising Research, May/June 1994, pp.33-34.

Haley, Russell I. / Baldinger, Allan L. (1991): The ARF Copy Research Validity Project, in: Journal of Advertising Research, May/June 1991, pp.11-32.

Hammann, Peter /Erichson, Bernd (1994): Marktforschung, 3., überarb. und erw. Aufl., Stuttgart/New York.

Hansen, Flemming (1995): Recent Developments in the Measurement of Advertising Effectiveness: The Third Generation, in: Marketing and Research Today, November 1995, pp.259-269.

Hanssens, Dominique M. / Parsons, Leonard J. / Schultz, Randall L. (1990): Market Response Models: Econometric and Time Series Analysis, Boston.

Hanssens, Dominique M. / Weitz, Barton A. (1980): The Effectiveness of Industrial Print Advertising Across Product Categories, in: Journal of Marketing Research, Vol.17, August 1980, pp.294-306.

Hardy, Melissa A. (1993): Regression with Dummy-Variables, Sage University Paper Series on Quantitative Applications in the Social Sciences, No.93, Beverly Hills and London.

Hätty, Holger (1989): Der Markentransfer, Diss., Heidelberg.

Hayduk, Leslie A. (1987): Structural Equation Modeling with LISREL, Baltimore.

Heeler, Roger M. (1986): On the Awareness Effects of Mere Distribution, in: Marketing Science, Vol.14, No.3, Summer 1986, p.273.

Henderson Blair, Margaret / Rosenberg, Karl E. (1994): Convergent Findings Increase Our Understanding of How Advertising Works, in: Journal of Advertising Research, May/June 1994, pp.35-45.

Hermann, Dieter (1984): Ausgewählte Probleme bei der Anwendung der Pfadanalyse, Diss, Frankfurt/Main u. a.

Higie, Robin A. / Sewall, Murphy A. (1991): Using Recall and Brand Preference to Evaluate Advertising Effectiveness, in: Journal of Advertising Research, April/May 1991, pp.56-63.

Hildebrand, Lutz (1984): Kausalanalytische Validierung in der Marketingforschung, in: Marketing ZFP, Heft 1, 1984, S.41-51.

Hildebrandt, Lutz (1983): Konfirmatorische Analysen von Modellen des Konsumentenverhaltens, Diss., Berlin.

Hildebrandt, Lutz (1992): Wettbewerbssituation und Unternehmenserfolg - Empirische Analysen, in: Zeitschrift für Betriebswirtschaft, 62.Jg., Heft 10, 1992, S.1069-1084.

Hoch, Stephen J. / Deighton, John (1989): Managing What Consumers Learn from Experience, in: Journal of Marketing, Vol.53, April 1989, pp.1-20.

Hoch, Stephen J. / Ha, Young-Won (1986): Consumer Learning: Advertising and the Ambiguity of Product Experience, in: Journal of Consumer Research, Vol.13, September 1986, pp.221-233.

Hodapp, Volker (1984): Analyse linearer Kausalmodelle, Bern/ Stuttgart/Toronto.

Högl, Siegfried (1988): Wann Werbung erinnert wird, in: Absatzwirtschaft 9/88, S.80-88.

Högl, Siegfried / Hubel, Walter (1990): Der GfK-Werbeindikator - Anwendung und Weiterentwicklung, in: Planung und Analyse 3/90, S.91-96.

Högl, Siegfried / Wildner, Raimund (1997): So wirkt Werbung im Marketing-Mix, in: GWA [Hrsg.]: So wirkt Werbung im Marketing-Mix - Die neue Effektivität der Werbung, Frankfurt/Main, 1997, S.11-56.

Holbrook, Morris B. / Batra, Rajeev (1987): Assessing the Role of Emotions as Mediators of Consumer Responses to Advertising, in: Journal of Consumer Research, Vol.14, No.3, December 1987, pp.404-420.

Hollis, Nigel (1995a): How To Show the Influence of Advertising on Sales, in: Admap, March 1995, pp.75-78.

Hollis, Nigel (1995b): Measuring Advertising Effectiveness, in: Admap, March 1995, pp.75-78.

Homburg, Christian (1989): Exploratorische Ansätze der Kausalanalyse als Instrument der Marketingplanung, Diss., Frankfurt/Main u. a.

Homburg, Christian (1991): Cross-Validation and Information Criteria in Causal Modeling, in: Journal of Marketing Research, Vol.28, May 1991, pp.137-144.

Homburg, Christian / Baumgartner, Hans (1995b): Beurteilung von Kausalmodellen - Bestandsaufnahme und Anwendungsempfehlungen, in: Marketing ZFP, Heft 3, 1995, S.162-176.

Homburg, Christian / Dobratz, Andreas (1991): Iterative Modellselektion in der Kausalanalyse, in: Zeitschrift für betriebswirtschaftliche Forschung 43 (3/1991), S.213-237.

Homburg, Christian / Giering, Anette (1996): Konzeptualisierung und Operationalisierung komplexer Konstrukte - Ein Leitfaden für die Marketingforschung, in: Marketing ZFP, Heft 1, 1996, S.5-24.

Homburg, Christian / Sütterlin, Stefan (1990): Kausalmodelle in der Marketingforschung - EQS als Alternative zu LISREL?, in: Marketing ZFP, Heft 3, 1990, S.181-192.

Homburg, Christian / Baumgartner, Hans (1995a): Die Kausalanalyse als Instrument der Marketingforschung, in: Zeitschrift für Betriebswirtschaft, 65. Jg. (1995), Heft 10, S.1091-1107.

Homer, Pamela M. (1990): The Mediating Role of Attitude Toward the Ad: Some Additional Evidence, in: Journal of Marketing Research, Vol.27, February 1990, pp.78-86.

Hooley, Graham J. / Wilson, Nick / Wigodsky, P. (1987): Modelling the Effects of Advertising: Some Methodological Issues, in: Journal of the Market Research Society, Vol.30, No.1, pp.45-59.

Howard, John A. / Shet, Jagdish N. (1969): The Theory of Buyer Behavior, New York.

Hoyer, Wayne D. / Brown, Steven P.(1990): Effects of Brand Awareness on Choice for a Common, Repeat-Purchase Product, in: Journal of Consumer Research, Vol.17, September 1990, pp. 141-148.

Hu, Li-tze / Bentler, Peter M. / Kano, Yutaka (1992): Can Test Statistics in Covariance Structure Analysis Be Trusted?, in: Psychological Bulletin, Vol.112, No.2, 1992, p.351-362.

Hu, Li-tze / Bentler, Peter M. (1995): Evaluating Model Fit, in: Hoyle, Rick H. [ed.] (1995): Structural Equation Modeling - Concepts, Issues, and Applications, Thousand Oaks/London/New Dehli, pp.76-99.

Hubel, Walter / Marganus, Martin (1986): Modellgestützte Werbewirkungsanalyse, in: Jahrbuch der Absatz- und Verbrauchsforschung, 4/86, S.344-354.

Huber, Bernd (1993): Strategische Marketing- und Imageplanung, Diss., Frankfurt u. a.

Jaccard, James / Turrisi, Robert / Wan, Choi K. (1990): Interaction Effects in Multiple Regression, Sage University Paper Series on Quantitative Applications in the Social Sciences, No.72, Beverly Hills and London.

Jeck-Schlottmann, Gabi (1988): Werbewirkung bei geringem Involvement, Arbeitspapier Nr. 1 der Forschungsgruppe Konsum und Verhalten der Universität Saarbrücken, Saarbrücken.

Jones, John Philip (1994): When Ads Work: New Proof of How Advertising Triggers Sales, Working Paper No.719, The Advertising Research Foundation, Chicago 1994.

Jones, John Philip (1995a): When Ads Work: New Proof of How Advertising Triggers Sales. New York, 1995.

Jones, John Philip (1995b): Single-Source Research Begins To Fulfill Its Promise, in: Journal of Advertising Research, May/June 1995, pp. 9-16.

Jones, John Philip (1995c): We Have a Breakthrough, in: Admap, June 1995, pp.33-35.

Jones, John Philip / Blair, Margaret H. (1996): Examining 'Conventional Wisdoms' About Advertising Effects with Evidence From Independent Sources, in: Journal of Advertising Research, November/December 1996, pp.37-52.

Jöreskog, Karl G. / Sörbom, Dag (1989): LISREL VII - User's Reference Guide, Second Printing (1994), Chicago.

Jöreskog, Karl G. / Sörbom, Dag (1993): LISREL 8: Structural Equation Modeling with the SIMPLIS Command Language, Third Printing (1995), Chicago.

Jöreskog, Karl G. / Sörbom, Dag (1995): PRELIS - A Program for Multivariate Data Screening and Data Summarization, Chicago.

Juchems, Arthur (1985): Aus der Werbemonitorpraxis: Werbung messen und verstehen, in: Holm, Karl-Friedrich [Hrsg.] (1985): Werbewirkungsforschung ohne Wirkung? Referate des 1. Planung und Analyse-Symposiums am 7. und 8. März 1985 in Neu-Isenburg, Band II, Hamburg, S.111-144.

Juchems, Arthur (1994): Tracking and the „Black Hole", in: Admap, May 1994, pp.15-18.

Kaas, Klaus Peter (1990): Langfristige Werbewirkung und Brand Equity, in: Werbeforschung und Praxis, 3/90, S.48-52.

Kall, Dirk / Steffenhagen, Hartwig (1992): Die Berücksichtigung von Unsicherheiten des Konsumenten bei der Bildung von Markenurteilen, Arbeitsbericht Nr. 92/06, Institut für Wirtschaftswissenschaften der RWTH, Aachen.

Kapferer, Jean-Noel / Laurent, Gilles (1985): Consumer's Involvement Profile: New Empirical Results, in: Advances in Consumer Research, Vol.12, pp. 290-295.

Kaplitza, Gabriele (1993): Werbeerinnerung als Wirkungsmessung, in: Planung und Analyse 1/93, S.20-23.

Kasprik, Rainald (1994): Werbewirkung auf dem Prüfstand, in: Marketing ZFP, Heft 4, 1994, S.247-256.

Keller, Kevin Lane (1993): Conceptualizing, Measuring, and Managing Customer-Based Brand Equity, in: Journal of Marketing, Vol.57, January 1993, pp.1-22.

Kenny, David A. (1979): Correlation and Causality, New York.

Kent, Robert J. / Allen, Chris T. (1994): Competitive Interference Effects in Consumer Memory for Advertising: The Role of Brand Familiarity, in: Journal of Marketing, Vol.58, No.3, 1994, pp.97-105.

Keppler, Martin (1993): Qualitätskriterien bei Recall-Tests, in: Planung und Analyse 1/93, S.61-64.

Kilzer, Franz (1997): Marken- und Marktanalysen als Werbewirkungsforschung, in: Planung und Analyse 2/97, S.60-63.

Klupacek, Gudrun/ Seitz, Irmtraud (1997): Länger, größer, öfter - Schlüsselwörter zum Erfolg?, in: Planung und Analyse 2/97, S.30-34.

Kölblin, Marco (1994): Werbeforschung - Drehen wir uns im Kreis, oder gibt es wirkliche Innovationen?, in: Tomczak, Torsten / Reinecke, Sven [Hrsg.] (1994): Marktforschung, St. Gallen.

Koschat, Martin A. / Sabavala, Darius J. (1995): Measuring Immediate Response to Advertising: What You See May Not Be What You Get, in: Journal of Advertising Research, May/June 1995, pp.25-33.

Kroeber-Riel, Werner (1990): Strategie und Technik der Werbung, Stuttgart.

Kroeber-Riel, Werner (1992): Konsumentenverhalten, 5., überarb. und erg. Aufl., München.

Krugmann, Herbert E. (1965): The Impact of Television Advertising: Learning without Involvement, in: Public Opinion Quarterly, Vol.29, Fall 1965, pp.349-356.

Krugmann, Herbert E. (1977): Memory without Recall, Exposure without Perception, in: Journal of Advertising Resarch, Vol.17, No.4, August 1977, pp.7-12.

Krugmann, Herbert E. (1986): Low Recall and High Recognition of Advertising, in: Journal of Advertising Research, February/March 1986, pp.79-86.

Kucher, Eckhard (1985): Scannerdaten und Preissensitivität bei Konsumgütern, Diss., Wiesbaden.

Langkamp, Peter (1984): Die Erfassung von Carryover-Effekten im Marketing - Kritische Analyse ökonometrischer Modelle zur Messung periodenübergreifender Werbewirkungen, Diss., Frankfurt/Main.

Lannon, Judie (1994): Mosaics of Meaning: Anthropology and Marketing, in: Journal of Brand Management, December 1994, pp.195-213.

Laroche, Michel / Brisoux, Jaques E. (1990): Development of a Non-Linear Model of Attitudes, Intentions and Competition, in: International Journal of Research in Marketing, Vol.6, 1989, pp.159-173.

Laskey, Henry A. / Fox, Richard J. / Crask, Melvin R. (1994): Investigating the Impact of Executional Style on Television Commercial Effectiveness, in: Journal of Advertising Research, November/December 1994, pp.9-16.

Laurant, Gilles / Kapferer, Jean-Noel / Roussel, Francoise (1995): The Underlying Structure of Brand Awareness Scores, in: Marketing Science, Vol.14, No.3, Part 2 of 2, 1995, pp.G170-G179.

Lavidge, Robert J. / Steiner, Gary H. (1961): A Model for Predictive Measurements of Advertising Effectiveness, in: Journal of Marketing, Vol.25, October 1961, pp.51-62.

Leone, Robert P. (1995): Generalizing What Is Known About Temporal Aggregation and Advertising Carryover, in: Marketing Science, Vol.14, No.3, Part 2 of 2, 1995, pp.G141-G150.

Lewis-Beck, Michael S. (1980): Applied Regression - An Introduction, Sage University Paper Series on Quantitative Applications in the Social Sciences, No.22, Beverly Hills and London.

Lipstein, Benjamin (1968): Anxiety, Risk and Uncertainty in Advertising Effectiveness Measurements, in: Adler, Lee / Crespi, Irving [eds.] (1968): Attitude Research on the Rocks, AMA Proceedings Series, Chicago 1968.

Little, John D. C. (1979): Aggregate Advertising Models: The State of the Art, in: Operations Research, Vol.27, September/October 1979, pp.629-667.

Little, Roderick J. A. / Rubin, Donald B. (1987): Statistical Analysis with Missing Data, New York.

Lodish, Leonard M. / Lubetkin, Beth (1992): General Truths? - Nine Key Findings From IRI Test Data, in: Admap, Feburary 1992, pp.9-15.

Lodish, Leonard M. et al. (1995): A Summary of Fifty-Five In-Market Experimental Estimates of the Long-Term Effect of TV-Advertising, in: Marketing Science, Vol.14, No.3, Part 2 of 2, 1995, pp.G133-G140.

Loehlin, John C. (1987): Latent Variable Models - An Introduction to Factor, Path, and Structural Analysis, Hillsdale.

Long, J. Scott (1983): Covariance Structure Models - An Introduction to LISREL, Sage University Paper Series on Quantitative Applications in the Social Sciences, No.34, Beverly Hills and London.

Lücking, Joachim (1995): Marktaggressivität und Unternehmenserfolg: Theoretische Ansätze und empirische Untersuchung in Märkten für technische Gebrauchsgüter, Diss., Berlin.

Luskin, R. C.(1978): Estimating and Interpreting Correlations Between Disturbances and Residual Path Coefficients in Nonrecursive (and Recursive) Causal Models, in: American Journal of Political Science, Vol.22, May 1978, pp.444-474.

MacCallum, Robert C. / Browne, Michael W. (1993): The Use of Causal Indicators in Covariance Structure Models: Some Practical Issues, in: Psychological Bulletin, Vol.114, No.3, 1993, pp.533-541.

Machleit, Karen A. / Allen, Chris T. / Madden, Thomas J. (1993): The Mature Brand and Brand Interest: An Alternative Consequence of Ad-Evoked Affect, in: Journal of Marketing, Vol.57, October 1993, pp.72-82.

Machleit, Karen A. / Madden, Thomas J. / Allen, Chris T. (1990): Measuring and Modeling Brand Interest as an Alternative Aad Effect with Familiar Brands, in: Advances in Consumer Behavior, Vol.17, pp.223-229.

MacInnis, Deborah J. / Jarkowski, Bernard J. (1991): The Differential Role of Characteristics of Music on High- and Low-Involvement Consumers' Processing of Ads, in: Journal of Consumer Research, Vol.18, September 1991, pp.161-173.

MacKenzie, Scott B. / Lutz, Richard J. / Belch, George E. (1986): The Role of Attitude Toward the Ad as a Mediator of Advertising Effectiveness: A Test of Competing Explanations, in: Journal of Marketing Research, Vol.23, May 1986, pp.130-143.

MacKenzie, Scott B. / Spreng, Richard (1992): How Does Motivation Moderate the Impact of Central and Peripheral Processing on Brand Attitudes and Intentions, in: Journal of Consumer Research, Vol.19, December 1992, pp.519-529.

Madden, Thomas J. / Weinberger, Marc C. (1982): The Effects of Humor on Attention in Magazine Advertising, in: Journal of Advertising, Vol.11, No.1,1982, pp.8-11.

Madden, Thomas J. / Weinberger, Marc C. (1984): Humor in Advertising: A Practitioner View, in: Journal of Advertising Research, Vol.24, No.4, 1984, pp.23-26.

March, James G. / Simon, Herbert A. (1958): Organizations, New York.

Maretzki, Jürgen / Wildner, Raimund (1994): Messung von Markenkraft, Markenartikel 3/94, S.101-105.

Mason, Robert / Halter, Albert N. (1968): The Application of a System of Simultaneous Equations to an Innovation Diffusion Model, in: Blalock, H.M. Jr. [ed.] (1985): Causal Models in the Social Sciences, Second Edition, pp.137-158.

Mayer, Anneliese / Mayer, Ralf Ulrich (1987): Imagetransfer, Hamburg, S.26-33.

Mayer, Hans (1990): Werbewirkung und Kaufverhalten unter ökonomischen und psychologischen Aspekten, Stuttgart.

Mayer, Hans / Pusler, Michael (1995): Erklärung persuasiver Wirkmechanismen auf der Basis der Einstellung zur Anzeige (Aad): Eine modellprüfende Studie, in: Werbeforschung und Praxis 2/1995, S.113-122.

McAlister, Leigh / Pessemier, Edgar (1982): Variety Seeking Behavior: An Interdisciplinary Review, in: Journal of Consumer Research, Vol.9, December 1982, pp.311-322.

McDonald, Colin (1995a): Single Source, in: Planung und Analyse 5/95, S.52-58.

McDonald, Colin (1995b): Breakthrough or Bun-Fight?, in: Admap, June 1995, pp.35-38.

Meffert, Heribert (1991): Marketing, 7. Aufl., Wiesbaden.

Meffert, Heribert / Heinemann, Gerrit (1990): Operationalisierung des Imagetransfers, in: Marketing ZFP, Heft 1, 1990, S.5-10.

Mehta, Abhilasha (1994): How Advertising Response Modeling (ARM) Can Increase Ad Effectiveness, in: Journal of Advertising Research, May/June 1994, p.62-74.

Mela, Carl F. / Gupta, Sunil / Lehmann, Donald R. (1996): The Long-Term Impact of Promotion and Advertising on Consumer Brand Choice. MSI Working Paper, Report No.96-127, December 1996, Cambridge, MA.

Menard, Scott (1991): Longitudinal Research, Sage University Paper Series on Quantitative Applications in the Social Sciences, No.76, Beverly Hills and London.

Menard, Scott (1995): Applied Logistic Regression Analysis, Sage University Paper Series on Quantitative Applications in the Social Sciences, No.106, Beverly Hills and London.

Merz, Jürgen / Schmies, Claudia / Wildner, Raimund (1993): Bestimmung des Einflusses der Werbequalität auf den Marktanteil, in: Jahrbuch der Absatz- und Verbrauchsforschung 2/93, S.176-191.

Meyer, Manfred (1990): Operations Research / Systemforschung: Eine Einführung in die praktische Bedeutung, 3., überarb. Aufl., Tübingen.

Michael, Bernd M. (1997): Tops oder Flops?, in: Absatzwirtschaft - Mit Marken Zeichen setzen, Sonderausgabe zum 25. Deutschen Marketing-Tag, Oktober 1997, S.156-159.

Milde, Heidrun (1993): Single Source, in: Planung und Analyse, 1/93, S.24-29.

Miniard, Paul W. / Bhatla, Sunil / Rose, Randall L. (1990): On the Formation and Relationship of Ad and Brand Attitudes: An Experimental and Causal Analysis, in: Journal of Marketing Research, Vol.23, August 1990, pp.290-303.

Miniard, Paul W. / Unnava, H. Rao / Bhatla, Sunil (1989): Inhibiting Brand Name Recall: A Test of the Salience Hypothesis, in: Advances in Consumer Research, Vol.16, 1989, pp.264-270.

Mitchell, Andrew A. (1986): The Effects of Verbal and Visual Components of Advertisements on Brand Attitudes and Attitude toward the Advertisement, in: Journal of Consumer Research, Vol.13, June 1986, pp.12-24.

Mitchell, Andrew A. / Olson, Jerry C. (1981): Are Product Attribute Beliefs the Only Mediator of Advertising Effects on Brand Attitude?, in: Journal of Marketing Research, Vol.18, August 1981, pp.318-332.

Mitra, Anusree (1995): Advertising and the Stability of Consideration Sets over Multiple Purchase Occasions, in: International Journal of Research in Marketing, Vol.12, 1995, pp.81-94.

Moore, Timothy (1988): The Case Against Subliminal Manipulation, in: Psychology and Marketing, Vol.5, No.4, Winter 1988, pp.297-316.

Morwitz, Vicki G. / Johnson, Eric / Schmittlein, David (1993): Does Measuring Intent Change Behavior?, in: Journal of Consumer Research, Vol.20, June 1993, pp.46-61.

Moser, Klaus (1994): Die Wirkung unterschiedlicher Arten humoriger Werbung, in: Jahrbuch der Absatz- und Verbrauchsforschung 2/94, S.199-214.

Moser, Klaus (1997): Modelle der Werbewirkung, in: Jahrbuch der Absatz- und Verbrauchsforschung 3/97, S.270-285.

Muehling, Darral D. / Laczniak, Russell N. (1988): Advertising's Immediate and Delayed Influence on Brand Attitudes: Considerations Across Message-Involvement Levels, in: Journal of Advertising, Vol.17, No.4, 1988, pp.23-34.

Muehling, Darral D. / Laczniak, Russell N. / Stoltman, Jeffrey J. (1991): The Moderating Effects of Ad Message Involvement: A Reassessment, in: Journal of Advertising, Vol.20, No.2, 1991, pp.28-38.

Mühlbacher, Hans (1982): Selektive Werbung, Linz.

Muliak, Stanley A. / James, Lawrence R. (1995): Objectivity and Reasoning in Science and Structural Equation Modeling, in: Hoyle, Rick H. [ed.] (1995): Structural Equation Modeling - Concepts, Issues, and Applications, Thousand Oaks/London/New Dehli, pp.118-137.

Müller, Wolfgang / Weber, Regina (1993): Werbewirkungsfunktionen: Erfolgsträume der Werbepraxis oder wissenschaftlich bestätigte Realität?, in: Werbeforschung und Praxis 5/93, S.172-181.

Münzer, Barbara (1997): Mehr als reine Nasenzählerei, in: Werben und Verkaufen 4/97, S.6-7.

Munzinger, Uwe Jörg (1996): Was Trackingstudien leisten: Werbemonitore im Vergleich, Tagungsunterlagen zum Vortrag auf der Konferenz: Mediawirkung auf dem Prüfstand, Hamburg, 17./18. Juni 1996.

Nakanishi, Masao / Cooper, Lee G. (1974): Parameter Estimation for a Multiplicative Competitive Interaction Model - Least Squares Approach, in: Journal of Marketing Research, Vol.11, August 1974, pp.303-311.

Narayana, Chem L. / Markin, Ron J. (1975): Consumer Behavior and Product Performance: An Alternative Conceptualization, in: Journal of Marketing, Vol.39, No.4, pp.1-6.

Nedungadi, Prakash (1990): Recall and Consumer Consideration Sets: Influencing Choice without Altering Brand Evaluations, in: Journal of Consumer Research, Vol.17, December 1990, pp.263-276.

Neibecker, Bruno (1990): Werbewirkungsanalyse mit Expertensystemen, Heidelberg.

Neibecker, Bruno (1996): Validierung eines Werbewirkungsmodells für Expertensysteme, in: Marketing ZFP, Heft 2, 1996, S.95-104.

Niehenke, Ulrich (1997): Was ist der Wert einer Marke?, in: Planung und Analyse 2/97, S.68-73.

Nieschlag, Robert / Dichtl, Erwin / Hörschgen, Hans (1991): Marketing, 16., durchges. Aufl., Berlin.

Norusis, Marija J. (1993): SPSS for Windows, Advanced Statistics, Release 6.0, Chicago.

o.V. (1996): Werbeerfolg muß besser meßbar sein. - Interview mit Heinz Wiezorek, Vorsitzender des Aufsichtsrates der Coca-Cola Deutschland GmbH, in: Werben und Verkaufen 39/96, S.70-74.

o.V. (1998): Gablers Wirtschaftslexikon, CD-ROM, 14. Aufl., Wiesbaden.

O'Keefe, Daniel J. (1990): Persuasion - Theory and Research, Newbury Park.

Opp, Karl-Dieter / Schmidt, Peter (1976): Einführung in die Mehrvariablenanalyse, Hamburg.

Palda, Kristian S. (1966): The Hypothesis of a Hierarchy of Effects: A Partial Evaluation, in: Journal of Marketing Research, Vol.3, February 1966, pp.13-24.

Park, C. Whan / Mittal, Banwari (1985): A Theory of Involvement in Consumer Behavior: Problems and Issues, in: Sheth, Jagdish N. [ed.] (1985): Research in Consumer Behavior, Vol.1, London, pp.201-231.

Park, C. Whan / Young, S. Mark. (1986): Consumer Response to Television Commercials: The Impact of Involvement and Background Music on Brand Attitude Formation, in: Journal of Marketing Research, Vol.23, February 1986, pp.11-24.

Park, Chan Su / Srinivasan, V. (1994): A Survey-Based Method for Measuring and Understanding Brand Equity and Its Extendibility, in: Journal of Marketing Research, Vol.31, May 1994, pp.271-288.

Pearal, Judea (1994): On the Identification of Nonparametric Structural Models, in: Berkane, Maia [ed.] (1994): Latent Variable Modeling and Applications to Causality, New York, 1997, pp.25-43.

Pechmann, Cornelia / Stewart, David W. (1990): Advertising Repetition: A Critical Review of Wear-In and Wear-Out, MSI Working Paper, Report No. 90-106, Cambridge, MA.

Peter, J. Paul (1979): Reliability: A Review of Psychometric Basics and Recent Marketing Practices, in: Journal of Marketing Research, Vol.16, January 1979, pp.6-17.

Petty, Richard E. / Cacioppo, John T. (1986): Communication and Persuasion: Central and Peripheral Routes to Attitude Change, New York.

Petty, Richard E. / Cacioppo, John T. (1996): Adressing Disturbing and Disturbed Consumer Behavior: Is It Necessary to Change the Way We Conduct Behavioral Science?, in: Journal of Marketing Research, Vol.33, February 1996, pp.1-8.

Petty, Richard E. / Cacioppo, John T. / Schumann, David (1983): Central and Peripheral Routes to Advertising Effectiveness: The Moderating Role of Involvement, in: Journal of Consumer Research, Vol.10, September 1983, pp.135-146.

Pfeifer, Andreas / Schmidt, Peter (1987): LISREL: Die Analyse komplexer Strukturgleichungsmodelle, Stuttgart / New York.

Phelps, Joseph / Thorson, Esther (1991): Brand Familiarity and Product Involvement Effects on the Attitude toward an Ad - Brand Attitude Relationship, in: Advances in Consumer Research, Vol.18, 1991, pp.202-209.

Pieters, Rik G. M. / Bijmolt, Tammo H. A. (1997): Consumer Memory for Television Advertising: A Field Study of Duration, Serial Position, and Competition Effects, in: Journal of Consumer Research, Vol.23, March 1997, pp.362-372.

Popper, Karl R. (1995): Lesebuch - Ausgewählte Texte zu Erkenntnistheorie, Philosophie und Naturwissenschaften, Metaphysik, Sozialphilosophie, herausgegeben von David Miller, Tübingen.

Porter, Michael E. (1992): Wettbewerbsstrategie, 7. Aufl., Frankfurt.

Prue, Terry (1994): The 1994 IPA Advertising Awards, in: Admap, November 1994, pp.36-39.

Rabuck, Michael J. / Rosenberg, Carl E. (1997): Some Observations on Advertising for Large Brands, in: Journal of Advertising Research, May/June 1997, pp.17-25.

Ram, S. / Jung, Hyung-Shik (1989): The Link Between Involvement, Use Innovativeness and Product Usage, in: Advances in Consumer Research, Vol.16, 1989, pp.160-166.

Rao, Vithala R. / Sabavala, Darius J. (1986): Measurement and Use of Market Response Functions for Allocating Marketing Resources, Technical Working Paper, MSI Report No.86-105, Cambridge, MA.

Ray, Michael L. (1982): Advertising and Communication Management, Englewood Cliffs.

Ray, Michael L. et al. (1973): Marketing Communication and the Hierarchy-of-Effects, in: Clarke, P. [ed.] (1973): New Models for Mass Communication Research, Beverly Hills, pp.147-176.

Reeves, Rosser (1986): Reality in Advertising, 16th printing, New York.

Reibstein, David J. / Farris, Paul W. (1995): Market Share and Distribution: A Generalization, A Speculation, and Some Implications, in: Marketing Science, Vol.14, No.3, Part 2 of 2, 1995, pp.G.190-G202.

Reid, Leonard N. et al. (1985): Methods of Presentation Used in Clio-Winning Television Commercials, in: Journalism Quarterly, Vol.62, No.4, 1985, pp.553-558.

Reinheimer, Stefan / Bodendorf, Freimut (1996): Electronic Market Mechanisms in the International Aircargo Business, in: Coelho, David et al. (1996): Proceedings of the 4th European Conference on Information Systems, Lisboa, July 2nd to 4th , Vol.2, pp.1017-1023.

Reiter, Gerhard (1991): Strategien des Imagetransfers, in: Jahrbuch der Absatz- und Verbrauchsforschung, 3/91, S.210-222.

Roberts, Andrew (1994): Media Exposure and Consumer Purchasing: An Improved Data Fusion Technique, in: Marketing and Research Today, August 1994, pp.159-172.

Roberts, John H. / Lattin, James M. (1997): Consideration: Review of Research and Prospects for Future Insights, in: Journal of Marketing Research, Vol.34, August 1997, pp.406-410.

Rönning, Gerd (1983): Distributed Lag-Modelle in der Marktforschung, in: Marketing ZFP, Heft 1, 1983, S.37-46.

Rosenstil, Lutz von (1969): Psychologie der Werbung, Rosenheim.

Ross, Harald L. (1982): Recall versus Persuasion, in: Journal of Advertising Research, January/February 1982, pp.13-16.

Rossiter, John R. (1987): Advertising and Promotion Management, New York.

Rossiter, John R. / Eagleson, Geoff (1994): Conclusions From the ARF's Copy Research Validity Project, in: Journal of Advertising Research, May/June 1994, pp.19-32

Rossiter, John R. / Percy, Larry / Donovan, Robert J. (1991): A Better Advertising Planning Grid, in: Journal of Advertising Research, October/November 1991, pp.11-21.

Saris, Willem E. / Stronkhorst, Henk L. (1984): Causal Modelling in Nonexperimental Research, Amsterdam.

Sayrs, Lois W. (1989): Pooled Time Series Analysis, Sage University Paper Series on Quantitative Applications in the Social Sciences, No.70, Beverly Hills and London.

Schaefer, Wolfgang (1985): Zu den Beziehungen zwischen Werbewirkungen und Kauf bzw. Verwendung, in: Holm, Karl-Friedrich [Hrsg.] (1985): Werbewirkungsforschung ohne Wirkung? Referate des 1. Planung und Analyse-Symposiums am 7. und 8. März 1985 in Neu-Isenburg, Band II, Hamburg, S.9-67.

Scheid, Dieter (1984): Psychophysiologische Aktivierung und Erinnerungsleistung als Reaktionen auf erotische Reize, Diss., Saarbrücken, 1984.

Schöffler, Herbert (1978): Pons-Globalwörterbuch Englisch-Deutsch, 1. Aufl., Stuttgart.

Schroer, James C. (1990): Ad Spending: Growing Market Share, in: Harvard Business Review, January/February 1990, pp.44-48.

Schulz, Tanja Marlen (1997): Klassifikation und Typologisierung von Fernsehwerbespots, Diss., Lohmar/Köln 1997.

Schürmann, Uwe (1993): Erfolgsfaktoren der Werbung im Produktlebenszyklus, Diss., Frankfurt/Main u. a.

Schützendorf, Robert (1995): Wissen wir wirklich, wie Werbung wirkt?, in: Planung und Analyse 5/95, S.49-51 und S.68.

Schweiger, Günter / Schrattenecker, Gertraud (1992): Werbung, 3. Aufl., Stuttgart.

Sen, Sankar / Johnson, Eric J. (1997): Mere-Possession Effect without Possession in Consumer Choice, in: Journal of Consumer Research, Vol.24, June 1997, pp.105-117.

Sengupta, Jaideep / Goodstein, Ronald C. / Boninger, David S. (1997): All Cues Are Not Created Equal: Obtaining Attitude Persistence Under Low-Involvement Conditions, in: Journal of Consumer Research, Vol.23, March 1997, pp.351-361.

Shapiro, Stewart / MacInnis, Deborah J. / Heckler, Susan E. (1997): The Effects of Incidental Ad Exposure on the Formation of Consideration Sets, in: Journal of Consumer Research, Vol.24, June 1997, pp.94-104.

Shiller, Sherman B. (1981): Accelerated Attrition, in: Journal of Advertising Research, Vol.21, No.1, 1981, pp.51-57.

Shimp, Terence A. / Stuart, Elnora W. / Engle, Randall W. (1991): A Program of Classical Conditioning Experiments Testing Variations in the Conditioned Stimulus and Contents, in: Journal of Consumer Research, Vol.18, June 1991, pp.1-12.

Shimp, Terrence A. (1976): Methods of Commercial Presentation Employed by National Television Advertisers, in: Journal of Advertising, Vol.5, No.4, 1976, pp.30-36.

Simon, Hermann (1982): ADPLUS: An Advertising Model with Wearout and Pulsation, in: Journal of Marketing Research, Vol.19, August 1982, pp. 352-363.

Simon, Hermann (1992): Preismanagement - Analyse, Strategie, Umsetzung, 2. Aufl., Wiesbaden.

Simon, Julian L. / Arndt, Johan (1980): The Shape of the Advertising Response Function, in: Journal of Advertising Research, Vol. 20, No.4, 1980, pp.11-28.

Smith, Robert E. (1993): Integrating Information From Advertising and Trial: Process and Effects on Consumer Response to Product Information, in: Journal of Marketing Research, Vol.30, May 1993, pp.204-219.

Smith, Robert E. / Swinyard, William R. (1982): Information Response Models: An Integrated Approach, in: Journal of Marketing, Vol.46, Winter 1982, pp.81-93.

Smith, Robert E. / Swinyard, William R. (1983): Attitude-Behavior Consistency: The Impact of Product Trial Versus Advertising, in: Journal of Marketing Research, Vol.22, August 1983, pp.257-267.

Sommer, Rudolf (1994): Werbeeffizienz, in: Planung und Analyse 5/94, S.7-11.

Spieker, Heiner (1987): Die Wirksamkeit humoriger Werbung. Marketing ZFP, Heft 2, 1987, S.85-92.

Spirtes, Peter / Glymour, Clark / Scheines, Richard (1993): Causation, Prediction, and Search, New York.

Steffenhagen, Hartwig (1976): Markenbekanntheit als Werbeziel - Theorie und Operationalisierung, in: Zeitschrift für Betriebswirtschaft, Heft 10, 1976, S.716-734.

Steffenhagen, Hartwig (1978): Wirkungen absatzpolitischer Instrumente - Theorie und Messung der Marktreaktion, Habil., Stuttgart.

Steffenhagen, Hartwig (1984a): Ansätze der Werbewirkungsforschung, in: Marketing ZFP, Heft 2, 1984, S.77-88.

Steffenhagen, Hartwig (1984b): Kommunikationswirkung - Kriterien und Zusammenhänge, Schriften der Heinrich-Bauer-Stiftung, Band 5, Hamburg.

Steffenhagen, Hartwig (1985): Ansätze der Werbewirkungsforschung im Überblick, in: Holm, Karl-Friedrich [Hrsg.] (1985): Werbewirkungsforschung ohne Wirkung?, Referate des 1. Planung und Analyse-Symposiums am 7. und 8. März 1985 in Neu-Isenburg, Band I, Hamburg, S.11-60.

Steffenhagen, Hartwig (1996): Wirkungen der Werbung: Konzepte - Erklärungen - Befunde, Aachen.

Steiner-Hall, Dieter (1990): Musik in der Fernsehwerbung, 2. Aufl., Frankfurt/Main 1990.

Steinmann, Horst / Schreyögg, Georg (1997): Management - Grundlagen der Unternehmensführung, 4., überarb. und erw. Aufl., Wiesbaden.

Stewart, David W. / Furse, David (1986): Effective Television Advertising, Lexington, 1986.

Stewart, David W. / Koslow, Scott (1989): Executional Factors and Advertising Effectiveness: A Replication, in: Journal of Advertising Research, Vol.18, No.3, 1989, pp.21-31.

Strotz, Robert H. / Wold, Herman O. A. (1960): Recursive versus Nonrecursive Systems: An Attempt at Synthesis, in: Blalock, H. M. Jr. [ed.] (1985): Causal Models in the Social Sciences, Second Edition, New York, 1985, pp.125-136.

Szymanski, David M. / Bharadwaj, Sundar G. / Varadarajan, P. Rajan (1993): An Analysis of the Market Share-Profitability Relationship, in: Journal of Marketing, Vol.57, July 1993, pp.1-18.

Tauchnitz, Jürgen (1990): Werbung mit Musik: Theoretische Grundlagen und experimentelle Studien zur Wirkung von Hintergrundmusik in der Rundfunk- und Fernsehwerbung, Diss., Heidelberg 1990.

Teel, Jesse E. / Beardon, William O. / Sharma, Subash (1986): Interpreting LISREL Estimates of Explained Variance in Nonrecursive Structural Equation Models, in: Journal of Marketing Research, Vol.23, May 1986, pp.164-168.

Tellis, Gerard J. (1988): Advertising Exposure, Loyality and Brand Purchase: A Two-Stage Model of Choice, in: Journal of Marketing Research, Vol.25, May 1988, pp.134-144.

Tolle, Elisabeth (1994): Informationsökonomische Erkenntnisse für das Marketing bei Qualitätsunsicherheiten der Konsumenten, in: Zeitschrift für betriebswirtschaftliche Forschung, 46 (11/94), S.926-938.

Tolle, Elisabeth / Steffenhagen, Hartwig (1994): Kategorien des Markenerfolges und einschlägige Meßmethoden, in: Markenartikel, Heft 8 1994, S.378-382.

Tong, Y. L. (1990): The Multivariate Normal Distribution, New York.

Trommsdorf, Volker (1975): Die Messung von Produktimages für das Marketing, Berlin u. a.

Vakratsas, Demetrios / Ambler, Tim (1996): Advertising Effects: A Taxonomy and Review of Concepts, Methods, and Results From the Academic Literature, MSI Working Paper, Report No.96-120, Cambridge, MA.

Vinh, Alexander-Long (1994): Die Wirkungen von Musik in der Fernsehwerbung, Diss., St. Gallen/Hallstadt 1994.

Vöhl-Hitscher, Frank (1997): Wenn der werbliche Besitzstand von Marken zu einer Belastung wird, in: Planung und Analyse 2/97, S.16-21.

Voss, Wolf-Dieter (1983): Modellgestützte Markenpolitik: Planung und Kontrolle markenpolitischer Entscheidungen auf der Grundlage computergestützter Informationssysteme, Diss., Wiesbaden.

Walker, David / Dubitsky, Tony M. (1994): Why Liking Matters, in: Journal of Advertising Research, May/June 1994, pp. 9-18.

Wansink, Brian / Ray, Michael L. (1992): Estimating an Advertisement's Impact on One's Consumption of a Brand, in: Journal of Advertising Research, Vol.32, May/June 1992, pp.9-16.

Warshaw, Paul R. (1980): Predicting Purchase and Other Behaviors from General and Contextually Specific Intentions, in: Journal of Marketing Research, Vol.17, February 1980, pp.26-33.

Weber, Adelheid (1993): Ein Zwei-Stufen-Modell der Marktreaktion: Ein Instrument zur Analyse und Planung des Marketing-Mix-Einsatzes im wettbewerblichen Umfeld, Diss., Frankfurt/Main.

Weber, Günter (1994): Strategische Marktforschung, München/Wien.

Wells, William D. (1994): Effective and Ineffective Drama in Advertising, in: Advances in Consumer Research, Vol.21, pp.373-378.

West, Stephen G. / Finch, John F. / Curran, Patrick J. (1995): Structural Equation Modeling With Nonnormal Variables, in: Hoyle, Rick H. [ed.] (1995): Structural Equation Modeling - Concepts, Issues, and Applications, Thousand Oaks/London/New Dehli, pp.56-75.

Wildner, Raimund (1994): Die Grenzen von Single Source, in: Planung und Analyse 1/94, S.22-27.

Wöhe, Günter (1986): Einführung in die allgemeine Betriebswirtschaftslehre, 16., überarb. Aufl., München.

Woodside, Arch G. / Beardon, William O. (1977): Longitudinal Analysis of Consumer Attitude, Intention, and Behavior toward Beer Brand Choice, in: Advances in Consumer Research, Vol.4, pp.349-356.

Woodside, Arch G. / Wilson, Elizabeth J. (1985): Effects of Consumer Awareness of Brand Advertising on Preference, in: Journal of Advertising Research, July/August 1985, pp.41-48.

Wright, Alice A. / Lynch, John G. Jr. (1995): Communication Effects of Advertising Versus Direct Experience, When Both Search and Experience Attributes Are Present, in: Journal of Consumer Research, Vol.21, March 1995, pp.708-718.

Zinkhan, George M. / Fornell, Claes (1989): A Test of the Learning Hierarchy in High- and Low-Involvement Situations, in: Advances in Consumer Research, Vol.16, pp.152-159.

STICHWORTVERZEICHNIS

L

M